中国社会科学院创新工程学术出版资助项目

汉语方言全浊声母演变研究

夏俐萍 著

中国社会科学出版社

图书在版编目（CIP）数据

汉语方言全浊声母演变研究/夏俐萍著.—北京：中国社会科学出版社，2020.3

ISBN 978-7-5203-6311-2

Ⅰ.①汉… Ⅱ.①夏… Ⅲ.①汉语方言—声母—方言研究 Ⅳ.①H17

中国版本图书馆 CIP 数据核字（2020）第 064935 号

出 版 人	赵剑英
责任编辑	张　林
特约编辑	张　虎
责任校对	季　静
责任印制	戴　宽

出　　版	中国社会科学出版社
社　　址	北京鼓楼西大街甲 158 号
邮　　编	100720
网　　址	http://www.csspw.cn
发 行 部	010-84083685
门 市 部	010-84029450
经　　销	新华书店及其他书店

印　　刷	北京明恒达印务有限公司
装　　订	廊坊市广阳区广增装订厂
版　　次	2020 年 3 月第 1 版
印　　次	2020 年 3 月第 1 次印刷

开　　本	710×1000　1/16
印　　张	19.75
插　　页	2
字　　数	321 千字
定　　价	108.00 元

凡购买中国社会科学出版社图书，如有质量问题请与本社营销中心联系调换
电话：010-84083683
版权所有　侵权必究

序

  打开夏俐萍的《汉语方言全浊声母演变研究》，我的思绪马上回到了十几年前，那时我们正在热火朝天地开展《汉语方言地图集》的编写工作。

  "汉语方言地图集"于2001年底立项，2002年编写调查手册、工作手册，进行试验调查，2003—2006年开展正式调查。夏俐萍是2006年考入北京语言大学的，这一届博士研究生入校后，地图集工作开始由田野调查转入后期整理和研究阶段。因为该阶段的工作主要由北京语言大学语言所人员自己完成，工作量很大，所里所有同事和研究生都投入到了这项工作当中。研究生承担的主要是校对和分类工作。校对是对已录入调查材料的电子文件进行校对，实际上还包括对材料的核实以及统一用字等工作。除了录入人自己所做过的校对以外，课题组的校对工作通常分为一校、二校和终校，但也有不少点实际上进行了四校甚至五校。"分类"是指对图目的方言材料进行归类，分类的结果即体现为图例里的各种类型，可以说这是一项研究性很强的工作。分类工作的程序包括从数据库提取材料、编写分类表、提交讨论、修改、审定等。分类表终审定稿后，再建立数据库，就可以利用地理信息系统绘制方言地图了。夏俐萍承担了40个点的一校和56个点的二校工作，还承担了28幅方言地图的初步分类工作，全浊声母类图目的初步分类工作就是由她负责的。

  当一个研究者面对全国930个点的第一手、可比性方言材料时，无异置身于一个令人炫目的宝藏，可能会不知所措。但夏俐萍很聪明，她挑选了最重要的宝藏——全浊声母，作为自己的研究对象。

  全浊声母的演变无疑是汉语方言、汉语音韵领域里的头号问题，可以说到了人人言必称之的地步。不过，由于缺乏全面的材料，以往只能在一些代表性方言点的基础上来归纳分析这一现象。至于在整个汉语方言中，全浊声母到底有多少种演变类型，它们的分布情况是怎样的，没有一个人能说得清。"汉语方言地图集数据库"第一次提供了这种可能性，因为它把全国930个方言点的全浊声母代表字的读音情况都悉数呈现出来了。

材料丰富是好事，但也是"坏事"。面对海量的方言材料，难免会让人产生"乱花渐欲迷人眼"或者无从下手的感觉。好在夏俐萍在繁花当中，仍能保持清醒的双眼。从极为复杂多样的现象中，理出了"清化"和"弱化"这两种全浊声母演变的主要模式。清化是全浊声母演变的主流，弱化也是大多数汉语方言中发生过的语音演变现象，一部分方言目前正处于弱化的过程当中。顺便可以提一下，夏俐萍的母语湖南益阳方言可以说是全浊声母弱化的典型，该方言古浊塞擦音、擦音声母"从澄崇船邪禅"大部分字今均读为边音声母 [l]，例如：坐从 lo˩｜赚澄 lã˩｜柴崇 lai˧｜蛇船 la˧｜徐邪 li˧｜城禅 lən˧。

"清化"和"弱化"都是汉语方言声母系统走向简化的途径。而从清化和弱化这两条主线去考察汉语方言全浊声母的古今演变、前世今生，也正是抓住了要害，起到了删繁就简、提纲挈领的作用。西湖上繁花似锦，渐欲迷眼，但白堤和苏堤犹如两条彩带，贯穿东西南北，让游人穿梭往来，迷而不乱。清化和弱化，其此之谓乎！

是为序。

曹志耘

2019 年 9 月 30 日

于浙江师范大学

目 录

体例说明 …………………………………………………………（1）

第一章 绪论 …………………………………………………（1）
第一节 全浊声母概说 ………………………………………（1）
　　一　关于全浊声母 …………………………………………（1）
　　二　全浊声母的分类 ………………………………………（2）
　　三　本书的讨论对象 ………………………………………（5）
第二节 全浊声母研究述评 …………………………………（5）
　　一　20世纪以前的全浊声母研究 …………………………（6）
　　二　20世纪以后的全浊声母研究 …………………………（8）
　　三　汉语方言全浊声母研究展望 …………………………（22）
第三节 本书的目的、方法、材料 …………………………（23）
　　一　目的 ……………………………………………………（23）
　　二　方法 ……………………………………………………（24）
　　三　材料 ……………………………………………………（25）

第二章 清浊对立 ……………………………………………（27）
第一节 清浊对立的类型 ……………………………………（27）
　　一　清浊三分对立 …………………………………………（27）
　　二　清浊两分对立 …………………………………………（30）
　　三　清浊对立的地理分布 …………………………………（31）
　　四　吴湘语外的清浊对立 …………………………………（34）
第二节 赣语中的两类清浊对立 ……………………………（37）
　　一　独立型浊音 ……………………………………………（37）
　　二　合流型浊音 ……………………………………………（38）

三　小结 …………………………………………………… (50)
　第三节　清浊对立的语音表现 …………………………………… (50)
　　一　清浊与带音不带音 …………………………………… (50)
　　二　浊音音值的表现形式 ………………………………… (53)
　第四节　浊音声母的音系地位 …………………………………… (60)
　　一　吴语浊音声母的音系地位 …………………………… (61)
　　二　湘语浊音声母的音系地位 …………………………… (63)

第三章　浊音弱化 …………………………………………………… (70)
　第一节　关于弱化 ………………………………………………… (70)
　　一　问题的提出 …………………………………………… (70)
　　二　语音弱化 ……………………………………………… (72)
　　三　关于全浊声母的弱化 ………………………………… (78)
　第二节　汉语方言全浊声母的弱化 ……………………………… (83)
　　一　浊塞擦音声母的擦音化 ……………………………… (84)
　　二　浊擦音声母的弱化 …………………………………… (101)
　　三　浊塞音声母的弱化 …………………………………… (124)
　第三节　从汉语方言看浊音弱化的一般规律 …………………… (133)
　　一　浊音弱化是语音演变的普遍机制 …………………… (133)
　　二　浊音弱化的顺序 ……………………………………… (136)
　　三　影响浊音弱化的因素 ………………………………… (139)
　　四　浊音弱化的过程 ……………………………………… (142)
　　五　浊音弱化对声母系统的影响 ………………………… (145)
　第四节　益沅小片湘语全浊声母舒声字弱化的考察 …………… (148)
　　一　概说 …………………………………………………… (148)
　　二　读音 …………………………………………………… (150)
　　三　分布 …………………………………………………… (156)
　　四　全浊声母舒声字弱化的过程 ………………………… (157)
　　五　结论 …………………………………………………… (162)

第四章　浊音清化（一）
　　——浊音清化的顺序 …………………………………………… (163)

第一节 按声类清化 ……………………………………………………（164）
　　一　浊擦音清化，塞音塞擦音保留浊音 ……………………………（165）
　　二　浊塞擦音擦音清化，塞音保留浊音 ……………………………（170）
　　三　浊塞音的清化 ……………………………………………………（171）
　　四　浊塞音塞擦音清化，擦音保留浊音 ……………………………（172）
第二节 按调类清化 ……………………………………………………（173）
　　一　舒浊入清 …………………………………………………………（174）
　　二　平浊仄清 …………………………………………………………（176）
　　三　平清仄浊 …………………………………………………………（177）
　　四　上声清化，平去入浊音 …………………………………………（178）
　　五　上去清化，平入浊音 ……………………………………………（179）
　　六　平上清化，去入浊音 ……………………………………………（179）
第三节 其他清化现象 …………………………………………………（179）
　　一　乡话 ………………………………………………………………（179）
　　二　浦城闽语 …………………………………………………………（180）
　　三　四川境内湘语的浊音清化 ………………………………………（182）
第四节 小结 ……………………………………………………………（185）
　　一　"浊音清化"是汉语语音史上的一项重要演变 ………………（185）
　　二　"浊音清化"与声母 ……………………………………………（186）
　　三　"浊音清化"与声调 ……………………………………………（191）

第五章　浊音清化（二）
——今读塞音塞擦音声母送气/不送气的考察 ………………………（195）
第一节 无条件音变 ……………………………………………………（196）
　　一　送气清音 …………………………………………………………（197）
　　二　不送气清音 ………………………………………………………（214）
第二节 有条件音变 ……………………………………………………（225）
　　一　按声调分化 ………………………………………………………（225）
　　二　按声母分化 ………………………………………………………（249）
　　三　按声母和声调分化 ………………………………………………（251）
第三节 送气/不送气的不规则现象 …………………………………（258）
　　一　徽语 ………………………………………………………………（258）

二 闽语 ………………………………………………… (261)
第四节 小结 ………………………………………………… (269)
　一 读音类型 ……………………………………………… (269)
　二 地域分布 ……………………………………………… (271)
　三 从"有序"和"异质"看全浊声母送气/不送气的
　　　类型 ………………………………………………… (273)

余论　全浊声母的演变与竞争 …………………………… (277)
　一 弱化和清化是全浊声母演变的两种模式 …………… (278)
　二 弱化和清化在同一语言系统内部的竞争 …………… (279)
　三 不同的竞争性演变产生真正的残留 ………………… (283)

参考文献 ………………………………………………………… (285)

致谢 ……………………………………………………………… (299)

图表目录

图 2-1　全浊声母今读浊音的地域分布 …………………………（32）
图 2-2　湘鄂赣交界地区赣语全浊声母的读音类型 ……………（41）
图 2-3　印地语塞音的四分对立 …………………………………（53）
图 2-4　声门的四种状态 …………………………………………（54）
图 2-5　上海话"拜""牌"的声波图和频谱图 …………………（55）
图 2-6　Newar 语常态浊鼻音与气声浊鼻音的功力谱 …………（56）
图 2-7　上海话"道地""地道"的声波图和宽带语图 …………（56）
图 2-8　安化东坪 LJH"低—梯—弟"的声波图和宽带语图 …（57）
图 2-9　祁东洪桥 PTQ"巴—趴—爬"的声波图和宽带语图 …（58）
图 2-10　红土溪乡话 QGJ"闭—屁—蓖"的声波图、宽带语图、
　　　　 窄带语图 ………………………………………………（59）
图 2-11　红土溪乡话 QWW"簿"与"账簿"的声波图和
　　　　 宽带语图 ………………………………………………（60）
图 2-12　祁东洪桥 PQZ"台""舞台"的声波图和宽带语图 ……（64）
图 2-13　祁东洪桥 WYS（男）和 HBY（女）的声调基频
　　　　 曲线图 …………………………………………………（64）
图 2-14　安化东坪 LJH"被"的声波图和频谱斜率图 …………（66）
图 2-15　安化东坪 LJH"抱"的声波图、宽带图和频谱斜率图 …（67）
图 2-16　安化东坪 LJH"冻—铜"的声波图、宽带语图、窄带语图
　　　　 及基频曲线 ……………………………………………（67）
图 3-1　浊塞擦音声母擦音化后的两条道路 ……………………（92）
图 3-2　匣母字今读零声母的地域分布 …………………………（112）
图 3-3　非组字分化示意图 ………………………………………（118）
图 3-4　从母字弱化示意图 ………………………………………（143）
图 3-5　並母字弱化示意图 ………………………………………（144）

图 3-6　益沅小片湘语全浊声母舒声字弱化的地域分布 …………（157）
图 3-7　益沅小片湘语从澄崇船邪禅母弱化示意图 …………（159）
图 5-1　西北方言全浊声母仄声字读送气音的类型 ……………（203）
图 5-2　通山方言全浊声母的读音类型 ……………………（238）

表 1-1　唐末三十字母与宋人三十六字母 ………………………（4）
表 1-2　全浊声母代表例字 ……………………………………（25）
表 2-1　全浊声母全部读浊音的地点 …………………………（28）
表 2-2　全浊声母部分读浊音的地点 …………………………（29）
表 3-1　古浊塞擦音声母今读清擦音的类型 ………………（98）
表 3-2　北京话崇船禅母的读音分化 …………………………（100）
表 3-3　奉母字读零声母的地域分布 …………………………（118）
表 3-4　奉匣邪禅母弱化的类型 ………………………………（121）
表 3-5　浊塞音、浊塞擦音、浊擦音均弱化的方言 ………（138）
表 3-6　金坛方言与邵阳市方言浊辅音音位的比较 ………（146）
表 3-7　益沅小片湘语并定群母舒声字的读音 ……………（150）
表 3-8　三堂街方言并母字的读音 …………………………（151）
表 3-9　益沅小片湘语从澄崇船邪禅母舒声字的读音 ……（153）
表 3-10　益沅小片湘语全浊声母舒声字弱化的类型 ………（156）
表 4-1　全州城里方言古浊擦音声母的读音类型 ……………（167）
表 4-2　擦音保留浊音，浊塞音塞擦音清化举例 ……………（173）
表 4-3　浦城石陂闽语全浊声母的读音 ………………………（181）
表 4-4　四川湘语调类 …………………………………………（184）
表 4-5　《湖南方言调查报告》反映的浊音清化类型
　　　　（按声母分）…………………………………………（187）
表 4-6　《湖南方言调查报告》反映的浊音清化类型
　　　　（按声类分）…………………………………………（187）
表 4-7　汉语方言浊音清化的类型（按声类分）……………（188）
表 4-8　汉语方言浊音清化的类型（按调类分）……………（192）
表 5-1　西北方言全浊声母仄声字读送气清音举例 …………（200）
表 5-2　《开蒙要训》的全浊、全清互注一览表 ……………（217）
表 5-3　《皇极经世》的"一音"图和"五音"图 ……………（229）

表 5-4	湘、粤、桂土话全浊声母按声母清化的类型	（253）
表 5-5	景宁鹤溪畲话全浊声母今读送气/不送气的分化	（264）
表 5-6	景宁鹤溪畲话全浊声母今读送气/不送气的统计	（265）
表 5-7	景宁鹤溪畲话与梅县客家话全浊声母读音的比较	（267）
表 5-8	汉语方言全浊声母清化后今读塞音塞擦音送气/不送气的类型	（270）

体例说明

1. 如无特殊说明，本书所采用的方言材料为北京语言大学语言资源研究所"汉语方言地图集数据库"中 930 个地点方言的材料，采用地点即代表某个地点的方言，例如：苏州、怀化、长沙，分别代表苏州方言、怀化方言、长沙方言。如果一个地点分属两种或以上的方言，则用括号的方式注出方言系属，例如：浦城（闽）、浦城（吴）。

2. "汉语方言地图集数据库"之外的材料，随文注出，并在参考文献中提供详细信息。

3. 调值一律在音节后标五度调值表示，例如建阳方言：糖 hɔŋ˧ | 拆 hia˦。有时为了便于各方言点之间比较，在音节右上角标调类，例如益阳方言：tɕy⁶。

4. 又读在几个音之间用"~"表示。一般来说，"~"前面的读音比后面的读音常用。

5. 例与例之间用单竖线"｜"隔开。

其他体例从俗，或在各有关部分交代。

第一章　绪论

第一节　全浊声母概说

一　关于全浊声母

清浊本是音韵学上的一对概念,用来区别声母在发音方法上的不同。清浊的区分由来已久,据《隋书·潘徽传》记载:"李登《声类》吕静《韵集》始判清浊,终分宫羽"。孙愐《唐韵序》也说:"切韵者,本乎四声,引字调音,各自有清浊"(转引自罗常培,1956:37)。后来等韵图进一步对清浊进行了细分,如《韵镜》就分为清、次清、浊、清浊,其中浊相当于全浊,清浊相当于次浊。传统上一般认为,发清音时声带不产生振动,发浊音时声带产生振动,即全清指不送气不带音的塞音塞擦音声母,次清指送气不带音的塞音塞擦音声母,全浊指带音的塞音塞擦音擦音声母,次浊指带音的鼻音、边音、半元音,等等。至于擦音声母,由于在汉语中不存在送气不送气的对立,因此没有全清次清之分,只有清浊之分。

严格说来,清浊与带音不带音并不是一回事,不能等量齐观。曹剑芬(1987)区分了清浊与带音不带音的关系。正确地指出,清浊属于音系学的范畴,而带音不带音属于语音学的范畴,二者是不同范畴里的两个概念。区分清浊时,实际上着眼于具体音系中不同声母功能上的对立关系。而区分带音和不带音时,则是指发音时声带是否振动而言的,体现为一定的声学、物理参量,可以进行客观的测量。例如,英语起首位置上的辅音多半不带音,也就是声带不振动,它同相应位置上清音的对立,实际上表现为送气清音与不送气清音的不同。赵元任(1928)所指吴语塞音声母的"三分"现象,其浊音是一种"清音浊流"。Cao Jianfen & Ian Maddieson（1992）进一步考察了四个吴方言的语音材料，提出一种假设，即中古汉语里爆发音声母的清浊对立，在语音上或许本来就是以气声（浊气流）与非气声的发声态类型为基础。可见，吴语虽然保留了音系上的清浊对立，但只有在语流中，全浊声母才是一种地道的带音声母。朱晓农（2010a、2010b、2011）扩大了考察的范围，发现吴语、湘语、四川老湘语湖广话、赣语、客家话、闽南话、粤西北粤语、桂北平话等地不同程度地存在弛声。也就是说，从现代方言材料的声学结果来看，保留清浊对立的不同方言中，其浊音的语音性质多数表现为弛声的发声类型。①

不仅音系上的清浊对立并不等同于语音学上的带音与不带音的区分，语音学上带音的声母有时也不能直接对应于全浊声母。如闽语安溪、长泰等地有［b g］等带音声母，但它们不是来自全浊声母，而是来自次浊明母和疑母；广东清远市有带音的［d］声母，例如：南 damˀ｜年 dianˀ｜脓 duŋˀ｜嫩 dɐnˀ，［d］来自次浊泥母，也不是全浊声母；此外，汉语方言中还有很多带音的擦音声母来自日母或微母，它们也不是全浊声母。李荣（1983）曾说："古代音类跟现代音值用同一个名目，容易引起误会。古音分类用清浊，今音描写用带音不带音，当然最好。用清表示不带音，用浊表示带音，也未尝不可。用全浊、次浊作今音描写的字眼，非出毛病不可。"

本书中采用的"全浊声母"是音韵学术语，是跟中古时期"全清、次清、次浊"等对应的字母分类。采用"清、浊"对应音系学中的区别性特征，清音基本对应于不带音的送气或不送气声母，仍可采用清音的概念，其浊音对应的音值不仅包括常态带音，还包括与清音相互区别的其他语音学特征，如气声、内爆音，等等。

二 全浊声母的分类

全浊声母，指中古时期的浊塞音、浊塞擦音和浊擦音声母。中古是一个跨度很长的时期，根据王力《汉语史稿》（1980：35）对汉语史分期的

---

① 弛声（slack voice）是 Ladefoged（1996）对爆发音发声类型的一个分类。在他的分类中，气声与弛声相比，气流量更大，声带更为松弛，他认为吴语是属于弛声类型。朱晓农（2011）将气声作为一个大的发声类型，下面有浊送气、弛声、弱弛声三种次类（转引自杨建芬，2013）。此处使用弛声这一概念指汉语里气声下的一种发声类型。

意见，公元 4 世纪到 12 世纪（南宋前半）为中古期，其间长达八个世纪。在这八个世纪里，汉语的语音、词汇、语法等各个方面都发生了巨大的变化，全浊声母这段时间内也不断演变。由于用来记录汉语的汉字不是表音文字，因此不能直接从文献上了解中古音系，只能依据现有的韵书、韵图或域外对音译音的材料来了解全浊声母的面貌。

对于全浊声母的了解，主要根据隋唐时期（公元 601 年）的《切韵》和宋代的《广韵》等一系列韵书。后人对《切韵》音系的反切上字进行系联，得出了《切韵》的 51 声类，35 个声母（唐作藩，1991：109）。这 35 个声母基本上可以代表隋唐时期的声母系统，它们是①：

唇音　帮（非）滂（敷）并（奉）微（明）
舌音　端 透 定 泥 来
　　　知 彻 澄
齿音　精 清 从 心 邪
　　　庄 初 崇 生
　　　章 昌 船 书 禅 日
牙音　见 溪 群 疑
喉音　晓 匣 影 喻

这 35 个声母中，有并、定、澄、从、崇、船、群、邪、禅、匣 10 个全浊声母。除了根据《切韵》音系系联出来的声母外，中古时期还有两种用来表示汉语声母的"字母"，一种是唐末《守温韵学残卷》中的三十字母和宋人在三十字母的基础上创制的三十六字母。下面将唐末三十字母以及宋人三十六字母放在一起对照（见表 1-1），为了对照方便，表格中只写发音部位，不写发音方法。

比较《切韵》声母、唐末三十字母以及宋人三十六字母，可以看出，从隋末到宋代，声母系统发生了两项最显著的变化：一是唇音在《切韵》三十五声母和守温三十字母里都只有一套，轻唇并入重唇，但宋人三十六字母里，唇音分化成轻唇和重唇。在现代很多方言中，唇音也分为两套，即非敷奉微和帮滂并明的读音不同。另外在《切韵》三十五声母里，齿音分为三套，就是精组、庄组和章组，在三十字母和三十六字母里，庄组和章组已经合流，统一称为照组。三十六字母中的全浊声母就有如下十

---

① 李荣《切韵音系》(1956) 的声母表共有 36 个声母，即庄组多了一个跟崇母相配的浊摩擦音"俟"母。但俟母仅包括"俟、漦"两个小韵，本书不统计在内。

个：並奉定澄群从床邪禅匣。这跟《切韵》声母里的全浊声母数量一样，只是在内容上发生了变化。

表1-1　　　　　　唐末三十字母与宋人三十六字母

	三十字母	三十六字母
唇音	不 芳 並 明	帮 滂 並 明 非 敷 奉 微
舌音	端 透 定 泥 知 徹 澄 娘	端 透 定 泥 知 徹 澄 娘
牙音	见 溪 群 疑 来	见 溪 群 疑
齿音	精 清 从 照 穿 审 禅	精 清 从 　 心 邪 照 穿 床 　 审 禅
喉音	心 邪 晓 匣 喻 影	影 　 喻 晓 匣
半舌音		来
半齿音		日

当然，中古的时间跨度非常大，全浊声母不断进行演变。上文提到的几个声母系统也只能是中古某个时地的代表，不可能反映整个中古汉语的面貌。明朝的陈第说："时有古今，地有南北，字有更革，音有转移，变势所必至。"又说："一郡之内，声有不同，系乎地者也，百年之中，语有递变，系乎时者也"（转引自罗常培，1963a：142）。这就是说，人类的语音，随着时间或空间的不同，都会发生迁变。中古时期，各地方言的差别早已形成，不同方言之间全浊声母的读音也理应存在差异，有些地方可能浊音保留得很完整，但另一些地方浊音也可能开始清化，还有些地方全浊声母可能发生了合并。如南北朝时期颜之推在《颜氏家训·音辞篇》中批评南人"以钱为涎、以石为射、以贱为羡，以是为舐"，这就是批评南方音系中从邪不分、船禅不分的现象。中古时期的方言差异，今天已经无法一一考究，当然也无法构拟每一种方言的音系后再来讨论该方言全浊声母发生了何种变化（何况这种构拟也是需要一定的参照的）。因此，我们只能以其中的某一个系统作为参照对象，讨论全浊声母在汉语方言中的演变情况。

三　本书的讨论对象

本书讨论全浊声母在汉语方言中的演变情况。其全浊声母的分类以宋人三十六字母为参照，同时参考《切韵》音系的声母系统，将照组分成庄组和章组。这样一来，所涉及的全浊声母共有11个：并奉定澄群从崇船邪禅匣。按照发音方法进行分类，这11个全浊声母分别是：

塞音：　并定群。
塞擦音：澄从崇船。
擦音：　奉邪禅匣。

在上面的分类中，奉母在《切韵》音系中跟并母同处一组，属于塞音声母。但到宋代以后，奉母已经从重唇音中分离出来，变成擦音声母。在现代汉语东南方言里有少数奉母字仍然读成重唇，这就是保留了"古无轻唇音"的特征。但在大多数方言中，奉母字已经读成擦音或发生了同擦音相同的演变。这里，按照大多数方言中的情况，将奉母字单独列入擦音一类讨论。在行文中，以"全浊声母"统称上述11个声母，以具体的某个字母代表某个具体的音类，如并母、定母、群母。

第二节　全浊声母研究述评

全浊声母是汉语音韵学和汉语方言学研究的重要内容，在音韵学和方言学研究中占有重要的地位。但是这两门学科的研究方法和思路很不一样。罗常培《汉语音韵学导论》（1956：23）将汉语音韵学的研究方法整理为八个字：审音、明变、旁征、祛妄。可见音韵学研究的对象是历史上的文献资料或者对音、译音材料，据此了解历史上音类的分合关系，审定某个字母的读音，了解语音在历史上发展的过程。方言学研究的对象是汉语方言，包括汉族使用的方言和若干少数民族使用的汉语方言。"汉语方言学不仅调查、记录、描写和分析方言，也研究方言地理、方言历史、方言接触、方言演变、方言比较等问题"（游汝杰，2004：28）。但是音韵学和方言学同时又可以相互补充。音韵学研究者可以利用方言材料来丰富音韵学的内涵。高本汉的《中国音韵学研究》（1940）采用中国境内30

处方言和三种域外方言的语音，运用历史比较法构拟了《切韵》音系的声母、韵母系统，这不能不说是音韵学和方言学结合的典范。梅祖麟（1995）就用吴语的材料证明了《切韵·序》中的"支脂鱼虞、共为不韵"。方言学家也可以充分利用音韵学知识，描写和解释方言中的某些音变现象。如用音韵学中的"古无轻唇音""古无舌上音"就可以解释某些方言中非组字读成帮组、知组字读成端组的现象。

本书主要研究全浊声母在汉语方言中的演变，对于全浊声母在汉语语音史各个阶段的音类分合情况不作详细分析，因此述评主要讨论与全浊声母演变的有关问题以及汉语方言中全浊声母的研究情况。全浊声母在汉语语音史各个阶段的音类分合情况，可以参考王力《汉语语音史》（1985）等相关著述。

一　20 世纪以前的全浊声母研究

20 世纪以前，很少有关于全浊声母的专门研究，只有古代一些文献典籍或相关著述的只言片语提供了个别方言全浊声母读音的蛛丝马迹。下面是有关文献中涉及的全浊声母的论述，按照作者年代摘录如下（其中下划线及注为笔者所加）：

颜之推《颜氏家训》[南北朝]：

> 而南染吴越、北杂夷虏，皆有深弊，不可具论。其谬失轻微者，则<u>南人以钱为涎，以石为射，以贱为羡，以是为舐</u>。北人以庶为戍，以如为儒，以紫为姊，以洽为狎。如此之例，两失甚多。（注：指出了南人从邪不分，船禅不分的现象。）

李肇《唐国史补》[唐]：

> "今荆襄人呼堤为堤，……关中人<u>呼稻为讨</u>，呼釜为付，皆讹谬所习，亦曰坊中语也。"（注：坊中语即口语，关中方言全浊声母上声字"稻"跟次清声母上声字"讨"同音。）

张位《问奇记》[明]：

大约江以北入声多作平声，常有音无字，不能具载；江南多患齿音不清，然亦官话中乡音耳。若其各处土语，更未易通也。……吴越：打为党、解为嫁、上为让、辰为人、妇为务、黄为王、范为万、县为厌、猪为知……（注：吴语奉微、匣喻相混。）

陆资《菽园杂记》[明]：

书之同文，有天下者力能同之；文之同音，虽圣人在天子之位势亦有所不能也。今天下音韵之谬者，除闽粤不足较已。如吴语黄王不辨，北人每笑之。殊不知北人音韵不正者尤多。如京师人以步为布，以谢为卸，以郑为正，以道为到，皆谬也。（注：北方"全浊上归去"。）

袁子让《字学元元》[明]：

吴音黄曰王，行曰盈，和曰讹，玄曰员，盖误匣于喻也。

潘耒《类音》"南北音论"[清]：

五方之民，风土不同，气禀各异，其发于声也，不能无偏，偏则于本然之音必有所不尽。彼能尽与不能尽者遇，常相非笑，而无所取裁，则音学不明之故也。北人非特无入声缺疑母已也……至群定床从并五母之上去二声，竟与见端照精帮五母相乱，非唯本母不能再分阴阳，并上去入三声而皆失之，此其所短也。（注：北方方言全浊声母仄声字跟全清声母相混。）

劳乃宣《等韵一等外编》"杂论"[清]：

诸方之音各异，而以南北为大界。……奉与微，床与禅，从与邪诸母，北分而南混；江浙、湖南、江西多能分仄声清浊，而他省不尽然，湖州等处有浊上声，而他郡无之①。（注：指出了全浊声母读音上的南北差异）。

江永《音学辨微》[清]（1681—1762）：

牙音、舌头、舌上、重唇、轻唇、齿头、正齿七句，皆以第三字为最浊。实第二字之浊声，并无第一字浊声之说也。而各方水土不同，随其所禀，呼之有轻重，则呼第三字似第一字浊声者有之矣。然不可以南北限也。<u>即如吾婺源人呼群、定、澄、并诸母字，离县治六十里以东，达于休宁，皆轻呼之；六十里以西，达于饶，皆重呼之。</u>（注：离婺源县城往东六十里，全浊声母读不送气清音，而离婺源县城往西六十里，全浊声母一律读成送气清音。）

除了以上杂记中的记叙，从一些地方志中，也可以了解全浊声母读音的某些情况。如《[同治]宁乡县志》记载："近益邑则白多呼怕"，"唯……岁碎遂等字则宁邑土音似合……柜曰贮"（转引自周赛红，2007）。这说明全浊入声字"白"跟次清声母"怕"相混，"遂"等邪母字与同属于心母的"岁碎"等同音。上述记载说明，同治年间，宁乡等地的全浊声母入声字及浊擦音声母已经开始清化了。

以上对于全浊声母的记载是零星的，并且没有形成系统的研究，但毕竟提供了读音上的一些线索。正如罗常培（1963a：152）所说："可见前人对于方音研究，无论在古代的、或近代的，都算是有了'筚路蓝缕'的贡献，可惜因为工具的缺乏，方法的粗疏，材料的零散，始终没有经历过系统的研究；这并不是古今人识见相去之远，不过是时代使然罢了。"

二 20世纪以后的全浊声母研究

20世纪以后，全浊声母的研究取得了丰硕成果。在音韵学界和方言学界的共同努力下，有关全浊声母的历时演变，共时读音表现等方面都有

---

① 上述文字主要参考罗常培《汉语方音研究小史》，中国科学院语言研究所编《罗常培语言学论文选集》，中华书局1963年版。

了较为深入的探讨。下面分三个方面进行讨论。

（一）利用历史文献考证浊音清化

浊音清化是汉语语音史上最重要的演变现象之一，汉语的浊音从什么时候开始清化，清化后的读音表现如何，一直以来都是学界关心的重要问题。由于记录汉语的文字不是拼音文字，不能直接反映历史上浊音清化的时间及其表现。因此，学者们在考证浊音清化这一问题时，通常用到的历史文献有对音或译音材料，韵书韵图，或是前人笔记中的一些音讹、音注现象。

1. 浊音清化的时间

浊音清化，一般认为唐末就开始了，有的甚至认为可能在更早时期，汉语的全浊声母已经开始清化。周长楫（1991）从古籍异文、通假字和一些音读材料的分析中推断，汉语浊音清化现象并非始于中古后期，至少在秦汉或更早一些时候，在汉语某些方言中已开始出现清化现象。周文还认为在唐宋元时代的汉语时音里，既有与《切韵》音系一脉相承的方言，保留全浊声母的读音，也有在前期不同程度清化的基础上进一步向清化演变的方言，甚至出现了某些已完成浊音清化的方言。这篇文章注意在汉语方言的大背景下对全浊声母清化问题进行考察，看到了古时已有的方言差异，对于讨论浊音清化提供了很好的思路。不过该文将浊音清化的时间上推到秦汉甚至更早时期，还需要更多的论证。李新魁（1991）从近代汉语的角度分析了全浊声母的演变，指出在唐宋时代，全浊声母已有发生演变的萌芽，声调方面受声母清浊的影响分化为阴阳两类，在宋代进一步分化为送气浊音和不送气浊音。南宋时代，阳平调的送气浊音字逐渐变为送气清音，到了清代中叶以后，北方地区多数方言，不论平声字还是仄声字，全浊音都已变为清音了。杨耐思（1988）通过对元代韵书、韵图以及对音材料的研究，认为在元代的官话中，保留两个语音系统。一是以《中原音韵》为代表的浊音清化系统，主要应用于口头交际，一是以《古今韵会举要》等韵书为代表的浊音系统，主要应用于读书识字，官方文件的宣读，不同语言文字的音译等等。李无未（1996）通过分析南宋人孙奕《示儿编》的音注材料，认为全浊声母在12世纪的汉语时音中已经清化。

上述研究给人启示，浊音清化的早晚显然与不同的地域有关，不同时期反映浊音读音情况的文献，一定是跟特定的地域联系在一起的。如明代中叶以前的韵书、韵图大都保留全浊音，像《洪武正韵》（1375）、《韵学集成》（1481），等等。而其中主要反映北方方言的一些韵书、韵图则不再保留全浊音，像《韵略易通》（1442）、《重订司马温公等韵图经》（1606）、《西儒耳目资》（1626之前），等等。李新魁（1991）已经指出，在总共二十多种韵书、韵图中，保留或取消全浊音的书几乎各占一半。从作者的籍贯上看，存浊者多是南方人，取消全浊音者多为北方人。

2. 浊音清化的表现

不少历史文献反映了官话的浊音清化。周祖谟（1943）分析了宋代邵雍（1011—1077）《皇极经世》第七到第十卷的声音图，对于了解宋代汴洛方音有重要的参考价值。《皇极经世》的十二音图中，全浊声母皆分为二，一与相对之清音相配，一与相对之次清音相配。如"音一"格中，浊音群母仄声"近"与清音见母"九"相配，群母平声"乾"与溪母"丘"相配；在"音五"格中，並母的"步、白、备、鼻"与帮母的"卜、百、丙、必"相配，並母的"旁、排、平、瓶"与滂母的"普、扑、品、匹"相配。可见当时邵雍方言中的全浊平声字读送气，全浊仄声字读不送气。根据冯蒸（1991a、1993）的研究，时代不晚于宋的《尔雅音图》音注清楚地显示，当时的官话全浊声母平声字读送气清音，仄声字读不送气清音，北方官话方言全浊声母清化且平送仄不送气的格局已经基本形成。通过罗常培（1933）的研究，到了元代的韵书《中原音韵》中，全浊声母在《中原音韵》不复存在，旧属全浊去声及自全浊上声变到去声的字，多数并入全清；全浊上声之残余未变及由入声变到上声的字，则并于次清者为多；全浊平声字读如次清，跟现代北方话无异。此后，15世纪的《韵略易通》（1442）、《中原雅音》（1398—1460）都有与《中原音韵》相同的系统，这大致可以反映出官话的全浊声母已经完成了清化的过程。

反映西北方言浊音清化的文献也不少。罗常培（1933）取藏汉译音及《开蒙要训》的材料，证实了在唐五代时期，西北方言的全浊声母已经清化并且有两种不同的表现。一种是以《大乘中宗见解》为代表的方言，全浊声母读为送气清音；一种是以《开蒙要训》为代表的方言，全浊声母读为不送气清音。龚煌城（1981）用《番汉合时掌中珠》的西夏、汉文对译材料，证实了12世纪的西北方言中，全浊声母全部清化，读成同部位送气清音，与《大乘中宗见解》相符。

(二) 全浊声母送气不送气的讨论

《切韵》音系的声母系统一浊配二清,清声母有送气不送气之分,浊声母只有一类,这就引起了关于《切韵》时期的浊塞音塞擦音是送气还是不送气的讨论。对于这一问题的看法,各家说法不一,至今尚无定论。综合起来有送气、不送气、多种类型、分阶段送气或不送气以及无需区别五种观点。其中持送气说的主要代表人物有罗常培(1933、1956)、高本汉(1940)等;持不送气说的代表人物有陆志韦(1940)、李荣(1956)、邵荣芬(1982)等;认为存在多种可能类型的有徐通锵(1990);马伯乐(1985)则认为汉语的浊音在7世纪是不送气浊音阶段,到8世纪以后是送气浊音阶段。王力(1985)则认为这种争论是多余的,无需区分。"因为从音位的观点看,浊音送气不送气在汉语里是互换音位"(王力1985:19)。王力是从音系学的角度来讨论全浊声母,对其具体音值并没有做出明确的论断。下面就前面的三种观点进行讨论。

1. 送气说

高本汉(1940:252-253)提出全浊声母送气有四种证据:①[g]>[k]>[k·]不能解释见母读[k],群母读[k·]的现象,[g]>[k·]的直接变化是不可能的,[g·]>[k·]的直接变化不仅自然而且在印欧的一个语言(希腊语)里还有实例。所以群母是送气的[g·],不是不送气的[g]。②在《广韵》里头我们已经遇见许多读法的例,同一个字可以放在送气清音声母下,又可以放在浊声母下。③蒙古译音以清音对汉语浊音,浊音对汉语清音,如果认为古代汉语的浊音作[b d g]等,我们完全不懂蒙古人听[b]作[p],听[p]作[b]。但是如果假定古代汉语的音是[b· d· g·],而蒙古的[p t k]是比它的[b d g]送气的力量更强,那么汉语的[b·]因为它的送气而被蒙古人认为是[p·],汉语的弱清[p]因为没有送气就被蒙古人认为[b]就没有什么可奇怪的了。④吴语浊塞音有一种浊音的送气,这无疑是古代送气的遗迹,所以群母是[g·]。罗常培根据清代江永的《音学辨微》、洪榜的《四声韵和表》和陈澧的《切韵考外篇》等均是以全浊配次清,并依据现代吴语全浊声母一般多保留浊音,且大部分读为送气音,同意高本汉的观点,认为全浊声母是送气浊音(罗常培,1956:48-51)。

2. 不送气说

李荣(1956:117-154)认为高氏所提的几条证据全部是有问题的。

他通过域外方言的译音以及定母字在汉语方言里的读音类型来反驳高氏的送气说，认为方言中对于湘语的真浊音和吴语的清音浊流不能有所取舍，而对于其他方言中透定跟端的对立以及端定和透的对立也不能有所取舍，与此同时他提出了全浊声母不送气说的观点。他提出的证据有三条：①隋以前对译梵文字母，送气浊音用二合，加说明、鼻音韵尾字、加偏旁等各种很勉强的办法去对，不送气浊音就用很普通的开尾去对，可见汉语的浊塞音本来是不送气的。②龙州壮族的汉语借字都读成不送气的清塞音或塞擦音，跟粤语博白、广州等地不同。③广西傜歌古全清跟全浊除少数字音外都读不带音不送气，能证明全浊声母是读不送气的。邵荣芬（1982）不同意高本汉将吴语的送气浊音看成中古全浊塞音塞擦音送气的一个证据，他认为吴语浊声母后的［ɦ］是一个后起成分，是在声调阴阳分化以后，受阳调的影响而产生的。他还认为吴语中的［ɦ］反过来可以作为《切韵》浊塞音塞擦音原来不送气的证明。同时，邵荣芬（1982）在李荣（1956）拿傜歌语音证明全浊声母不送气的基础上，补充了湖南苗族自治县的苗族所说汉语和贵州锦屏县白市一带苗族所说汉语的全浊声母均读为不送气的浊音或清音，证明全浊塞音塞擦音是不送气的。此外，尉迟治平（1982、1985），伍巍（2000）也认为中古的浊塞音和浊塞擦音是不送气的。

3. 多种类型说

徐通锵（1990）根据山西省方言古浊塞音、浊塞擦音今读的三种类型分析，认为这三种类型都是相互竞争的横向演变，不能用"变"的理论去解释。他还认为古浊塞音塞擦音本来就存在着方言差异，说它是送气的或是不送气的，都有道理，区别只在于所依据的方言有差异而已。

以上各家均从不同角度来证明全浊声母是送气浊音还是不送气浊音，尤其值得一提的是，他们无一例外地结合了历史文献和方言材料。如高本汉利用吴语的材料证明全浊声母是送气的；李荣先生认定全浊声母读音具有地域差异，同时利用龙州壮族汉语借字材料和广西瑶歌材料证明全浊声母原本不送气；徐通锵先生同样重视全浊声母读音的方言差异，推断中古时期全浊声母的读音原本就存在差异。不过，全浊声母在汉语方言中的读音类型实在纷繁复杂，除了各大方言区的类型差异之外，在一些土话区以及不同方言交界的地带，全浊声母更是出现了一些不规则变化的情况。要通过共时平面语音现象推断和证实历史演变，需要全面、准确描写全浊声母在汉语方言中的读音类型及其地理分布，综合考察内部演变与接触等因素，梳理出不同演变类型之间的逻辑顺序，结合历史文献资料，才能对全浊声母原本的音值做出准确的判断。

（三）汉语方言全浊声母的描写与研究

我国调查和研究汉语方言的历史悠久，早在两千多年以前，西汉扬雄撰写的《輶轩使者绝代语释别国方言》（简称《方言》），是我国第一部方言研究著作。但是真正现代语言学意义上的汉语方言研究，当推赵元任先生的《现代吴语的研究》。该书于1928年出版，此后成了汉语方言研究的典范。书中对吴语全浊声母的读音作了精彩的描写："吴语的浊音声类发音最特别。在大多数地方这些字都用一个带音的气流就是[ɦ]音。假如是个破裂音，那音的本身并不带音，换言之当它闭而未破的时候，声带并不颤动，等开的时候接着就是一个带音的[h]，就是[ɦ]，因此听起来觉得像很'浊'似的。"（27页）该书还将吴语定义为江苏、浙江当中並定群等母带音，或不带音而有带音气流的语言。这一定义影响深远。《现代吴语的研究》出版之后，全浊声母一直是汉语方言研究的一个重要组成部分。学者们对汉语方言的全浊声母进行了多角度的研究，概括起来可以分为"描写与语音实验分析""解释""综合探讨"三个方面。下面分别加以评述。

1. 描写与语音实验分析

（1）语音描写

单点方言全浊声母的读音描写最为丰富。20世纪三四十年代，在赵元任先生的带领下，中央研究院历史语言研究所的研究人员，调查了湖北、湖南、江西、云南、四川等地的汉语方言，并相继出版了各地调查报告，如《湖北方言调查报告》（1948）、《云南方言调查报告（汉语部分）》（1969）、《湖南方言调查报告》（1974），等等。这些调查报告对所调查地点全浊声母的读音进行了描写。此后出版的方言调查报告、专著或方言志中，对各地全浊声母的读音均有描写，不过，详略各异。一般来说，描写官话、客赣方言等全浊声母读音差异不大的方言时较为简单，而描写吴语、湘语、土话等全浊声母读音存在较大分歧的方言时较为详细。这些调查报告或专著对各地方言全浊声母读音的描写，使我们对汉语方言全浊声母读音的基本面貌有了初步的了解。

随着方言调查的深入开展，以单点全浊声母为主题的描写报告越来越多。杨时逢在《清华学报》上发表了《灵宝方言》（1971），该方言中的全浊声母不论平仄一律读成送气清音。钱曾怡（1981）的《文登、荣成方言中古全浊平声字的读音》，介绍了文登、荣成两县及其周边地区的全浊声母平声字有读不送气音的现象，口语中读不送气音的共有五十字，占调查字数的五分之一强。这两篇文章同时揭示了全浊声母在官话方言中的读音差异。陈蒲清（1981）《益阳方言的边音声母》中提到，益阳方言的边音声母共有530多个，其中有260多个来源于古定从邪崇澄船禅等七个全浊声母，揭示了益阳方言的全浊声母演变为边音声母的重要事实。郑张尚芳（1995a）对赣、闽、粤语全浊声母今读浊音的方言进行了介绍。通过调查发现，少数赣语、闽语、粤语等方言仍然保留全浊声母的浊音读法。这些方言点是，赣语两种：江西武宁话、湖口老派话；闽语三种：浙江苍南蛮话（闽东话）、江西广丰横山话（闽南话）、福建浦城石陂水北话（闽北话）；粤语两种：广东连山话、阳山话。这一发现表明了全浊声母保留浊音不只出现在吴语和湘语两大方言区内，具有十分重要的意义。此外，周长楫（1981）、郑张尚芳（1985）、张双庆、万波（1998）、夏俐萍（2008）等文章，均对具体方言全浊声母的读音进行了详细描写。

在单点方言描写的基础上，一些专著或论文开始致力于研究区域方言全浊声母的读音类型和差异。区域的范围有大有小，有的涉及某个方言区，而有的只涉及某一方言区的一部分甚至某个县境。《中国语言地图集》（1987）中"汉语方言"的文字说明部分概括性地描写了每一个方言区全浊声母读音的概况。

一些方言专著将某一区域内全浊声母作为讨论的重点。曹志耘《南部吴语语音研究》（2002）详细论述了南部吴语全浊声母的读音类型及其地域分布，将南部吴语全浊声母归纳成九种不同的类型，其中包括全部保留浊音到部分保留浊音到完全清化，从微观上揭示了南部吴语全浊声母演变的过程。蒋冰冰《吴语宣州片方言音韵研究》（2003）对吴语宣州片方言全浊声母的读音进行了描写，并指出了吴语宣州片方言的浊塞音声母出现不同程度的清化，浊塞擦音声母擦音化，古定母字读作颤音、闪音等语音现象。庄初升《粤北土话音韵研究》（2004b）描写总结了粤北土话全浊声母演变的五种类型，该书是关于粤北土话全浊声母演变的最为详细的报道。陈晖《湘方言语音研究》（2006）对湘语全浊声母的读音进行了共时平面上的描写，重点讨论了湘语浊音声母的保留情况以及全浊声母入声字的读音，纠正了以往关于湘语全浊声母演变的一些偏见。描写某个地区全浊声母读音的论文主要有：辻伸久《湖南方言的分类和分布：基于全浊声母演变的初步探讨》(《湖南諸方言の分類と分布——全浊声母の変化に基く初步の試み》)(1979)、严修鸿《连城方言全浊声母今读的四种类型》(1998)、赵日新《徽语古全浊声母今读的几种类型》(2002)，等等。

第一次对整个汉语方言全浊声母读音情况进行微观展示的是曹志耘主编的《汉语方言地图集》(2008)，利用共时平面上调查的 930 个地点方言全浊声母读音的材料，展示不同读音类型在地图上的分布情况。《汉语方言地图集》直接涉及全浊声母演变的地图有两张："浊塞音塞擦音声母的演变"(第 39 图)、"浊擦音声母的演变"(第 41 图)。涉及浊音分布的地图有两张："浊塞音塞擦音声母"(第 40 图)、"浊擦音声母"(第 42 图)。此外还有一张全浊声母的代表字图"'排被病白'的声母"(第 48 图)。《地图集》从微观上展示了全浊声母在 930 个方言点中的具体读音和演变类型，具有十分重要的意义。

(2) 语音实验分析

自赵元任 (1928) 指出吴语全浊声母的实际音值是"清音浊流"以来，全浊声母读音的具体音值也越来越受到关注。一系列语音实验围绕吴语浊音的实际音值展开。总的来说，实验表明，吴语的浊辅音是不带浊音杠的"清音浊流"，但对浊流的性质，却有不同的看法。曹剑芬 (1982、1987) 指出了吴语常阴沙话全浊声母的实际读音是一种"清音浊流"，并指出吴语中的 [ɦ] 是元音的一种形容性而不是一个元音前的声母。石锋 (1983) 指出，苏州话浊塞音的后接元音存在着气化现象，其气化的程度在送气清塞音和不送气清塞音之间，浊送气是苏州话浊音声母的一种附加特征。李荣 (1982) 也用有趣的听辨实验，明确指出了吴语浊流 [ɦ] 的性质，"所谓浊流 [ɦ] 并不是声母的一部分，而是元音发音时一种同部位的摩擦"。以上的研究同时证实吴语的浊辅音在语流中是一种真正的带音声母。沈钟伟、王士元 (1995) 则认为，曹、石 (笔者按：曹剑芬、石锋) 两家的结论大有讨论的余地。沈钟伟、王士元 (1995) 文章用了不同于浊音起始时间说和声带紧张说的方法，采用了塞音闭塞时间的测定区分吴语上海话中的浊塞音和不送气清塞音。文章最后得出结论，吴语中传统上称之为浊塞音和不送气清塞音的语音差别是明显存在的，即使在起首位置也是如此。这个差别就是闭塞时间上的不同。吴语的三类塞音可以称为松塞音，不送气紧塞音和送气紧塞音。吴语中词起首位置上的不带音和词间位置上的带音的松塞音是一个音位在不同语音位置上的变体，但与不送气的紧塞音无关。此外，胡方（2001）也用实验语音学的方法对温州话的浊塞音声母进行了分析，魏钢强（2008）则从实验音系学的角度指出吴语的"浊流"是一种"声调的形容性"。

有关湘语浊音音值的研究近几年才得到重视。据彭建国（2010a）、贝先明（2017）的语音实验研究，湘语的浊音并不像吴语那样一致地表现为"清音浊流"。在湘语中甚至同一个地点方言里，就有常态带声（modal voice）、浊送气（breathy voice）或弛声（slack voice）、内爆音（implosive）等变体。彭建国（2010a）指出，传统记作浊送气或清音浊流的音实质都是弛声。内爆音则在湘南部分方言中存在。

朱晓农（2010a）根据现代方言中浊音音值的实验语音学分析，推断历史上全浊声母的音值。指出：第一，古全浊实为听感浑浊的弛声（slack voice），而不是听感清冽的常态带声；第二，次浊也是弛声；第三，与此相关的是，古清音是"清冽嗓音"，它包括但不仅仅是"清声母"；第四，弛声消失后低调为送气清音，高调为不送气清音。显示出实验语音学在汉语音韵学中的重要作用。

2. 解释

全浊声母的读音类型尽管十分复杂，但是如果对其在汉语方言中的演变进行归纳，主要需要考虑以下几个方面：一是全浊声母与清音声母是否形成音类上的对立。吴湘语及其他个别方言保留清浊对立，大部分汉语方言清浊对立消失，全浊声母并入全清或次清声母。二是全浊声母清化后今读塞音塞擦音声母是否送气。多数方言中的送气/不送气有规律可循，如一律送气（客赣以及部分晋方言、中原官话汾河片方言）；或按不同条件今读送气或不送气，如平声送气仄声不送气（绝大多数官话）等等；还有少数方言的送气/不送气找不出规律，如闽语、徽语、乡话等。三是全浊声母演变的语音条件。如全浊声母清化后的送气/不送气类型多数以声调作为条件，少数以声母作为条件。在分析全浊声母演变时，一些例外或特殊的现象促使学者们寻求种种解释。下面对历年来关注得较多的闽徽语全浊声母不规则读音的研究进行介绍。

在汉语方言中，全浊声母清化后今读塞音塞擦音声母的送气/不送气一般是有规律可循的，但是闽语、徽语以及其他个别方言例外。闽语和徽语的全浊声母清化后今读塞音塞擦音声母是否送气并不以《切韵》的声、韵、调作为显性条件，从表面上来看完全属于无规则分化。其中，闽语大部分不送气，小部分送气；徽语大部分送气，小部分不送气，二者表现刚好相反。关于闽、徽语全浊声母演变的特殊现象，中外学者从不同的角度进行了解释，下面就闽语和徽语分别讨论。

（1）闽语

关于闽语全浊声母演变的研究，庄初升（2004a）将其归纳为三种学说：①原始闽语说。②语言层次说。③移民汇合说。罗杰瑞（1974、1986）将闽语的全浊声母构拟出三套浊塞音塞擦音。其中送气清音声母来自送气浊塞音塞擦音、不送气清音声母来自不送气浊塞音塞擦音，弱化浊声母用来解释闽北方言的一些异常表现以及声调上超出"四声八调"的所谓"第九调"现象。余霭芹（1976、1982）不同意罗杰瑞的观点，转而从语言层次的角度来考察全浊声母在闽语中读音的不规则现象。并认为不送气清音的读法与侗台语底层有关，属于比较古老的层次；送气清音的读法是受北方方言影响以后形成的，属于比较晚近的层次。李如龙（1985）认为闽语中的全浊声母读送气清音反映了《切韵》以前上古音的特点，后来的不送气是由上古音送气的全浊声母演变而来的。张光宇（1999）认为，全浊声母在闽语中读送气清音，是历史上的司豫移民带来的，而读不送气清音，是由历史上的青徐移民带来的。闽语今读的不规则现象是两种移民汇合的结果[①]。此外，李如龙、邓享璋（2006）认为闽语的全浊声母字有清化送气、清化不送气和保留浊音三个不同的历史层次，这是闽语自身演变的多种语音层次叠置的结果。送气清化为最早层次，保留浊音为最晚层次。该文仍然坚持送气层次代表闽语的最早层次，但是跟之前（李如龙，1985）的文章不同的是，该文认为闽语的送气清音和不送气清音的最早源头分别来自司豫移民和青徐移民的影响，也就是同意张光宇（1999）的观点。李如龙（2014）讨论全浊声母清化的类型与层次时，仍然坚持闽语和徽语全浊声母清化之后，送气不送气兼而有之，并不按语音条件分类，可以认为是一种不同历史层次的叠置，送气和不送气分别反映的是方言固有和通语影响的不同层次。李小凡（2014）认为全浊声母普遍具有不送气清音的主体层次，同时也都有"一致的例外"的送

---

① 以上论述主要引用自庄初升《中古全浊声母闽方言研究述评》，《语言研究》2004年第3期。

气层次。这两个层次是闽语形成之初并存的初始层次,分别来自两支不同的北方移民方言。

(2) 徽语

平田昌司(1982)的《徽州方言古全浊声母的演变》对徽语全浊声母的演变进行过深入的探讨。文章采用了余霭芹(1976、1982)分析闽语时用到的"语言层次说"来分析徽语全浊声母的演变。其中一个重要的证据是江永的《榕村〈等韵辨疑〉正误》中的一段话"吾婺源人呼群、定、澄、並诸母字,离县治六十里以东达于休宁皆轻呼之,六十里以西达于饶皆重呼之"。根据这一文献,平田昌司认为不送气层是徽语的古层,送气层则是从赣语以及北面的江淮方言借来的,同时官话方言的平送仄不送对于徽语的读音也有较大的影响。王福堂(1999)同意上述意见,他说"目前休宁话中出现的送气音,显然和赣方言的影响有关"。伍巍(2000)根据徽语读音的城乡差异,休宁等地的县城有部分或大部分全浊声母字今读送气清音,但休宁等地的乡下方言中多读不送气清音。据此,他也同意早期徽语的全浊声母读为不送气清音的结论。赵日新(2002)从共时平面上分析了徽语全浊声母今读的四种类型后,从方言接触和影响的角度讨论了徽语全浊声母读送气音的来源,认为徽语今读送气音声母受到了赣语的影响,与上述几位的意见相近。

目前,用"语言层次说"来解释汉语方言中全浊声母清化后送气/不送气的不规则现象最具有说服力。但是不同的学者在利用这一方法分析具体方言时还存在着较大的分歧。例如闽语中不送气清音和送气清音到底哪个属于更加古老的层次,余霭芹、平田昌司认为"不送气清音代表较古老的层次",但李如龙认为"送气清音代表较古老的层次"。"语言层次说"是基于不同方言系统的语音叠加的结果,但这种解释能否适用所有的全浊声母清化的不规则分化现象,例如乡话、畲话等;如果不能,那么,其他除闽徽语外方言的不规则现象如何解释,这些都是我们面临的难题。

除了对汉语方言全浊声母读音的不规则现象进行解释之外,对全浊声母演变上具有共性的方言进行比较和探源也是一个重要方面。客赣方言与西北方言全浊声母演变类型上的相似之处引人注目,陈庆延(1989)、张维佳(2002)、鲁国尧(2003)等都有相关的论述。此外,陈立中(2004)、陈晖(2006)比较了吴语和湘语在全浊声母演变方面的异同。

3. 综合探讨

以专著的形式探讨汉语方言全浊声母演变的成果目前尚未见到。不过，一些综合性著作或方言学概论著作中，对汉语方言全浊声母都有一些专门的论述。如《中国语言地图集》（1987）、《汉语方言概要》（袁家骅，1980）、《现代汉语方言概论》（侯精一主编，2002）、《汉语方言学导论》（游汝杰，2004）等。它们是 20 世纪以来方言学者对各地方言调查的综合性成果，因而这些著作对于全浊声母在汉语方言中演变情况的描写多是概述性质的。如《中国语言地图集》（汉语方言分区图）划分方言的标准，主要根据有两条：一是古入声字的演变；二是全浊声母的演变。其中对于全浊声母在各个方言中的演变描述如下（转引自张振兴，1996：168—169）：

> 吴语区——古全浊声母今仍读浊音声母。就是说吴语方言今声母读塞音塞擦音时有清音不送气，清音送气，浊音之分。
>
> 徽语区——古全浊声母今读塞音塞擦音时，大多数读送气清音，但也有读不送气清音的。
>
> 赣语区——古全浊声母今读塞音塞擦音时，今读送气清音；古全浊声母上声字不读阴平，这一点可以区别于客家话。
>
> 湘语区——古全浊声母今读塞音塞擦音时，不论平仄清浊，都不送气。
>
> 闽语区——古全浊声母今读塞音塞擦音时，今多数读不送气清音，少数读送气清音。
>
> 粤语区——古全浊声母今读塞音塞擦音时，多数地点逢阳平、阳上读送气清音，逢阳去、阳入读不送气清音。
>
> 平话区——古全浊声母今读塞音塞擦音时，今读一般都是不送气清音。
>
> 客家话——古全浊声母今读塞音塞擦音时，今读送气清音，但一些口语常用字（如"渠、笨"）往往读不送气清音；部分古全浊声母上声字今读阴平。

很显然，上述文字对于全浊声母在汉语方言中演变的描述是相当概括的，它们只是将全浊声母在方言区中的读音情况作了大致说明。这对于作为分区标准的讨论来说是必要的，因为作为方言分区的标准时，论述不能过于复杂，要有概括性，能涵盖方言区的大体情况。但是如果要进行全浊声母的专题研究，仅仅了解各大方言区全浊声母读音的基本情况还不够，必须全面地了解全浊声母在各个方言中的具体读音及演变体情况。

从理论方面综合性讨论汉语方言全浊声母演变的论文主要有以下几篇：杨秀芳的《论汉语方言中全浊声母的清化》（1989）、徐云扬的《A Theory of the Bifurcation of the Middle Chinese Voiced Syllable-initial Stops and Affricates into Aspirates and Unaspirates after Devoicing》（1994）、许宝华的《中古全浊声母在现代方言里的演变》（1997）以及王福堂的《古全浊声母清化后塞音塞擦音送气不送气的问题》（2008）。这几篇文章重点从浊音清化以及清化后送气/不送气的角度讨论了汉语方言全浊声母的演变。其中杨秀芳（1989）是关于汉语方言全浊声母的清化论述得最为详细的一篇论文，文章对"浊音清化"这个问题从"哪些清化了""塞音塞擦音清化后，读为送气或不送气"两个方面进行分析，分别论述了官话、吴语、湘语、赣语、徽语、客家话、粤语、闽语等九大方言区全浊声母的清化。其中有些见解，在今天看来仍具有很高的学术价值。如提到浊音清化的条件时，写道：

> 一般讨论"浊母清化"只注意到声调的影响，但是我们从老湘语、吴语及几个方言交错的地区，却可以看到声母也是一种重要的清化条件。而且我们还发现，声母多半作为清化与否的条件，声调则多半作为送气与否的条件。以老湘语为例，几乎所有方言（双峰、娄底除外）都依声母发音方法上成阻、持阻、除阻状态的不同，亦即塞音、塞擦音、擦音之异，为清化与否的条件，其中以擦音的程度最深、塞音次之。

这段话注意从声调和声母两个方面分析"浊音清化"的条件，并且对浊音清化的顺序作了十分精辟的分析。这些论述对今天研究"浊音清化"这个问题仍具有现实的指导意义。不过，由于受当时的条件所限，文章对于汉语方言中"浊音清化"的类型没有穷尽性地概括，如山西境内的方言存在文白两种读音，文读音同于官话方言，白读音有全送气和全不送气以及平声不送气、仄声送气等几种类型。另外，文章多处将方言分区和行政区划混淆在一起，如讨论湘语的"浊音清化"时，实际上讨论的是湖南省境内的几种汉语方言以及四川省境内的"老湖广话"。许宝华（1997）的文章与杨文有许多不谋而合之处。除此之外，他还重点讨论了浊音清化的不平衡性以及由北向南逐步清化的特点。徐云扬（1994）利用南昌话、粤语以及中古文献的研究，对全浊声母清化后送气／不送气的类型从发音生理学的角度进行研究，得出了两点结论：（1）当全浊声母发生清化时，全浊声母的发展跟调域的调值高低有着密切的关系。（2）全浊声母清化以后，如果是一个低调将变成送气清音，反之如果是高调，则将变成不送气清音。徐文提出的观点对于解释其中一部分汉语方言有一定的作用，但是由于他没有将全浊声母送气/不送气的所有类型都跟调值联系起来，因此目前还没有得到普遍验证。如湘语中送气的入声字既可以和高调相配，也可以和低调相配，用徐的理论就得不到很好的解释。另外，湘语的全浊声母上、去声字一般是个低调，在大部分湘语中都读不送气清音。这说明调值的高低和送气/不送气之间还看不到明显的对应关系。

王福堂（2008）认为全浊声母清化后送气/不送气都是由于原本送气的全浊声母演变的结果。古浊声母清化后的送气与否，不决定于浊声母原来的送气与否，也不决定于声调调值的高低，而决定于方言中浊声母清化时由送气向不送气变化过程中所处的阶段。文章还对具体方言中的送气/不送气现象作出了解释：

> 根据目前吴湘两个方言浊声母的音值和清化的情况，可以推测汉语的全浊声母在古代也是一种类似于现代吴方言的浊送气音——气嗓音，而且普遍发生过吴湘两个方言的送气成分弱化以至失落、由送气音转为不送气音的音变。……客赣方言的送气音是方言中古全浊声母较早保持为送气时清化形成的，闽方言的不送气音是因为古全浊声母清化前已经变为不送气，而某些方言古全浊声母按调类分别送气和不送气则是因为该方言不同调类的全浊声母失落送气成分和清化的时间有早晚的不同。由于历史上各方言古全浊声母的音变过程并不同步，汉语方言因此出现了送气不送气的多种情况。

王福堂先生的文章为解释全浊声母清化后的送气/不送气提供了一个全新的视角，至于解释是否具有普遍性，正如作者所说："历史上已经完成的音变，也不一定都有条件加以确切的说明。而老湘语个别方言送气浊音未来清化的情况还将考验我们的判断。"

三　汉语方言全浊声母研究展望

汉语方言中的全浊声母研究，尽管取得了很大的成就，但是，由于全浊声母是一个涉及面很广的课题，无论是从方言学还是从音韵学方面，都有许多值得研究的专题。目前的全浊声母研究，大多是方言语音研究的一部分，主要是为了反映某个方言的语音特点，某些新材料的发现往往也只是补充传统的描写和分析。现有的理论研究或者限于某个具体的方言，或者由于材料的缺乏、方法的偏差而存在某些不足。当然，这与汉语方言覆盖面积广，语音差异大、调查任务艰巨具有不可分割的关系。

我们认为，今后汉语方言的全浊声母研究，可以从以下几个方面入手。

(1) 进一步加强汉语方言全浊声母的调查，发掘全浊声母读音的新材料。以前有关全浊声母的研究多集中在单点方言或某个方言区，缺乏对整个汉语方言全浊声母演变的全面了解。大部分学者对全浊声母在汉语方言中的演变只有一个大体的印象，基本上与方言区相对应。如官话是平送仄不送，客赣方言一律送气，吴语和老湘语保留浊音，等等。其实每一个方言区都有程度不一的特殊演变现象。如在平送仄不送的官话方言里面，陕西、山西、甘肃、宁夏等地的中原官话就存在全浊声母一律读送气清音的现象。再如老湘语虽然保留浊音，但老湘语的入声已经大部分清化，甚至还有个别老湘语的全浊声母已经完全清化。以前对这些例外现象的读音及分布情况缺乏详细的了解，今后要进一步加强这方面的研究。

(2) 重视全浊声母演变类型的横向和纵向比较，探讨全浊声母在汉语方言中演变的历程。语言的共时面貌可以反映语言的历时演变，对于全浊声母在汉语方言的不同类型进行比较，厘清各种类型的先后顺序或平行关系，可以推断全浊声母在汉语语音史中的变化，探究全浊声母演变的具体阶段和现存的历史文献相照应。

(3) 加强对全浊声母演变方式和演变条件的研究。在全浊声母演变方式方面，以往的研究往往只注重全浊声母的清化类型，尤其是清化后送气/不送气的情况。对全浊声母部分清化以及全浊声母弱化的类型还缺少研究。有关全浊声母的清化顺序，全浊声母弱化为鼻音、边音、流音或零声母等现象的研究有待加强。此外，还应该进一步探讨全浊声母演变的条件。以往有关浊音清化的演变，着重强调以古调类作为条件，其实，全浊声母的演变条件是多种多样的，既有古调类，也有今调类，同时还有声类，甚至还可以同时按调类和声类进行演变。据庄初升（2004b）报告，粤北土话一些点（犁市、梅村、桂头、北乡）今塞擦音及舌根塞音送气，今双唇塞音、舌尖塞音逢平去入不送气，上声送气。这些地点就是同时以调类和声类进行的演变。以后对于这些不同的演变方式和演变条件要作更进一步的分析。

（4）加强对于具体全浊声母演变的研究。以往的研究多将全浊声母作为一个整体进行讨论，对于单个全浊声母演变的研究比较少。例如奉母字的演变、匣母字的演变等。以后要加强这方面的研究。

总之，全浊声母是汉语方言语音研究的重点，也是难点。挖掘全浊声母在汉语方言中的读音，研究全浊声母在汉语方言中的演变及其语音规律，这对于了解全浊声母在汉语方言中的共时面貌、历时演变，确立全浊声母在汉语方言分区或分类中的地位都具有重要作用。这也将对方言学、音韵学、历史语言学、普通语言学做出独特而重要的贡献。

第三节　本书的目的、方法、材料

一　目的

自现代意义上的方言研究开始之后，全浊声母一直是方言研究的重要组成部分。到今天为止，我们已经积累了大量的全浊声母读音材料，对全浊声母在汉语方言中的读音类型及其对应的分布区域有了一个大致的了解。不过，由于全浊声母是一个涉及面很广的课题，从共时平面来看，不同方言区全浊声母读音的表现可以作为分区、分片的重要依据。从历时方面来看，全浊声母的演变条件、演变顺序、历史层次等又是汉语语音史上极其重要的问题。此外，全浊声母的演变又涉及人口迁移、方言接触、方言地理等相关问题。

从普通语言学的角度来看，全浊声母的演变就是汉语历史上浊音声母从古到今的变化。汉语浊音声母的发音特点及其演变情况跟其他语言相比，会存在什么样的共性和个性,这是普通语音学关注的重要问题。在 UPSID 的语言库藏中,当辅音声母具有两分对立时,一般是清浊对立,如 162 种具有两种塞音系列的语言中有 117 种具有清浊对立,27 种具有送气不送气的对立(Maddieson,1984)。在 76 种具有三分对立的语言中,处于 VOT 连续体上的三分对立的"清送气—清不送气—浊音"只占到 19 种,而"两种 VOT+喉"的对立成为更常见的模式,分别是:清音—浊音—喷音(13 种,占 17.1%);送气—不送气—喷音(15 种,占 15.8%),清音—浊音—浊内爆音(12 种,占 15.8%)。从汉语的角度来看,当塞音声母具有两分对立时,无一例外选择了"清送气—清不送气"的对立,属于世界语言中较为有标记的情况。当塞音声母具有三分对立时,部分老湘语具有"清送气—清不送气—浊音"的 VOT 三分对立,多数吴语则是"清送气—清不送气—气声"发声态的三分对立。汉语声母共时平面上的塞音分类与全浊声母的发展演变有着密切的关系,同时也是需要深入挖掘的问题。

正是由于以上方面,本书着力描述汉语方言全浊声母的共时读音表现、地理分布特点,在此基础上探讨全浊声母从中古到现代发展演变的过程。通过对汉语方言全浊声母与世界语言浊音声母发展演变的比较研究,探讨全浊声母的演变在普通语言学中的共性与个性。

二 方法

本书研究汉语方言全浊声母演变研究,步骤如下:

首先,通过对曹志耘教授主持的"汉语方言地图集"项目中全国 930 个地点方言全浊声母的语料,进行整理和归纳。勾勒出汉语方言全浊声母读音的基本面貌。将全浊声母读音的基本情况与以往关于不同方言区、片全浊声母读音的描述进行对照并校验。

其次,从全浊声母共时面貌勾勒出历史演变的不同进程。从共时读音来看,全浊声母有保留浊音、浊音弱化、浊音清化等三个不同阶段。这三个不同阶段代表了全浊声母演变的逻辑顺序,按照这三个逻辑顺序对全浊声母的读音分别描述其分布类型和演变条件。包括全浊声母今读浊音的特点,浊音弱化的走向以及浊音清化后送气不送气的条件等。在描述浊音弱化和浊音清化时,利用补充调查的材料进行个案分析,祁东、安化、湘西乡话等地浊音的读音分析,益沅小片湘语浊音弱化的考察等。

最后，通过对全浊声母演变的探究，本书将全浊声母的演变归纳为弱化和清化两种模式。弱化产生于清化之前，但清化是主流模式。本书对清化和弱化之间的几种竞争互补关系进行了探讨，清化和弱化的竞争互补关系表明条件式音变和扩散式音变在全浊声母演变中同时扮演着重要角色，全浊声母的演变属于有序异质性演变。

全浊声母演变的研究，涉及语言研究的多种方法和手段的综合运用。我们综合运用实验语音学方法探究浊音的具体音值；采用地理语言学方法分析了浊音声母在某个具体地区渐变的情况。此外，本书利用历史层次法反映全浊声母演变的不同演变层次，试图探究全浊声母演变中的一些不规则现象。

三 材料

本书涉及的材料主要有三个方面。

（一）北京语言大学语言资源研究所"汉语方言地图集数据库"（下文一律简称为"地图集"）。"地图集"包含了全国930个汉语方言点的语音、词汇、语法材料，材料均为方言工作者于2001—2006年实地调查所得，此后经过专业人员的录入、校对和整理建设成"汉语方言地图集数据库"（曹志耘，2008）。本书选取"地图集"中的84个全浊声母代表字进行研究，代表字列表如下：

表1-2　　　　　　　　全浊声母代表例字

	平	上	去	入
並母	赔排爬皮	棒	病败办	白
定母	铜潭糖甜	动淡	洞大袋豆地	毒
群母	茄权桥棋	跪件近	共	局
从母	蚕全	坐罪	字	贼
澄母	虫茶传长迟锤	柱	撞	直
崇母	柴床愁锄	柿		
船母	船		顺	舌
邪母	寻祠松		谢	
禅母	城		树	十
奉母	肥防浮	犯	饭	罚
匣母	红横鞋还含黄嫌咸	厚后户	汗恨换县	盒学活

除了以上84个代表字外，在930个地点中有91个重点调查点，调查了《方言调查字表》中的所有单字音，可以用于进一步参考。本书没有特别说明的语料均来自"汉语方言地图集数据库"，所列地点包括33个省会级城市和3个非省会级城市的方言区代表点苏州、厦门、梅州，此外894个点均为县级行政单位。在列举时均只列省会城市名称或县级名称代表该地方言，如：厦门、益阳。如遇一个县设两个方言点，则分别用括注表明是该地的哪种方言。如：浦城（吴）、浦城（闽）。

（二）本人实地调查

在"地图集"930个地点方言材料的基础上，作者自就读博士研究生阶段以来至今，对重点方言进行了针对性的调查。主要调查内容如下：

2007年10月：调查河南灵宝方言，调查内容为《方言调查字表》全部字音。

2008年7—8月：以乡镇为单位调查湖南益阳、桃江、沅江三县全浊声母的读音，调查内容包括音系和"全浊声母调查总表"及"全浊声母调查简表"。"全浊声母调查总表"包括《方言调查字表》中所有全浊声母例字。"全浊声母调查简表"为摸底调查设计的代表字。

2009年6—7月，以乡镇为单位调查湖南安化方言全浊声母的读音，调查内容包括音系及"全浊声母调查总表"和"全浊声母调查简表"。

2013年7月，调查安徽泾县黄村吴语，调查内容包括《方言调查字表》所有单字、中国社会科学院语言研究所方言室编写的《词汇调查手册》。

2014年9月，调查泸溪乡话全浊声母的读音，调查内容为音系和全浊声母简表，采用实验语音学的方法共录到四位发音人泸溪红土村乡话的读音，并写成相应的调查报告。

2015年7月，调查湖南安化东坪方言，包括《方言调查字表》的所有单字，四名发音人三男一女的全浊声母简表。

2017年12月，调查湖南湘语祁东方言，包括音系，《方言调查字表》1200例字，五男五女发音人全浊声母简表以及连读变调表。

书中引到自己调查的材料直接标注地点，不再另行说明。

（三）已有研究材料

关于全浊声母的研究，时贤著述甚丰。本书研究的一部分材料引用了时贤的著作或论文，此外还包括各县市的地方志尤其是方言志，以及一部分历史文献资料。论文所引材料尽量随文注出，详细出处可参阅参考文献。

第二章　清浊对立

《切韵》时期，全浊声母与相应的全清次清声母在音系上保持清浊对立。从古至今，全浊声母的读音无论是从发音部位还是发音方法上，均发生了重大变化。从音系格局来看，全浊声母在绝大多数方言中均已经清化，与相应的全清、次清声母合流。但仍有一部分方言的全浊声母独立为一类，跟相应的全清次清声母形成塞音三分格局，主要分布于大部分吴语、部分湘语及其与之接触的方言地带。除了清浊三分对立外，汉语方言也有部分清浊两分对立的方言，则主要分布在江西、湖南、湖北交界地带，其全浊声母与次清声母合流为浊音，与全清声母形成清浊两分对立。这一地域被陈立中（2004）称为"浊音走廊"。本章讨论清浊对立的类型和清浊对立的语音表现。

第一节　清浊对立的类型

清浊对立的类型，按照中古全浊声母全清、次清和全浊三类之间的关系，分为清浊三分对立和清浊两分对立。

一　清浊三分对立

清浊三分对立，指中古的全清、次清和全浊声母相互独立，在现代方言中一般表现为"不送气清音—送气清音—浊音"三分。一般认为，清浊三分对立的方言保留了中古全浊声母，这也是清浊对立中最主要的类型。

（一）全浊声母全部读浊音

保留三分对立的方言中，有些方言是中古 11 个全浊声母（並奉定从澄崇船群邪禅匣）基本上都读相应的浊塞音浊塞擦音及浊擦音，但排除个别字音出现清化现象，下面根据"地图集"中所涉及的全国 930 个方言点反映的全浊声母全部读浊音的情况。

表 2-1　　　　　　　　全浊声母全部读浊音的地点

方言	地点	备注
吴语	江苏：常熟、常州市、江阴、金坛、溧阳、启东、苏州市、太仓、无锡市、吴江、宜兴、张家港、广丰、高淳、通州、海门、靖江（吴） 上海：宝山、奉贤、嘉定、金山、闵行、南汇、浦东、青浦、上海市、松江、崇明 浙江：安吉、长兴、常山、崇德、慈溪、东阳、洞头、分水、奉化、黄岩、嘉善、建德、缙云、昌化、杭州市、龙游、临海、平湖、平阳、青田、衢县、三门、上虞、绍兴、嵊州、遂昌、汤溪、天台、桐庐、温州市、文成、武义、仙居、萧山、新昌、新登、义乌、鄞县、永嘉、永康、于潜、余杭、余姚、玉环、云和、镇海、舟山市、诸暨、富阳、海宁、湖州市、兰溪、乐清瓯、乐清台、临安、宁海、温岭、苍南（吴） 安徽：池州、当涂、繁昌、黄山、南陵、铜陵、芜湖、宣城 江西：玉山	共计 95 点。其中安徽境内的当涂、铜陵等地属于吴语宣州片，全浊声母有读弱化浊声母的现象。此外，多数吴语中匣母字有弱化为零声母的读法
湘语	湖南：东安、祁东、祁阳	共计 3 点
土话	湖南：永州 广西：全州、兴安、资源	共计 4 点
闽语	浙江：苍南（闽）	共计 1 点

由表 2-1 所知，音系中完整地保留全浊声母的方言当属吴语。此外，湘语南部的东安、祁东、祁阳等地也较好地保留了全浊声母。除此之外，湘南、桂北的一部分土话，如永州、全州、兴安等地以及苍南的闽语也较为完整地保留全浊声母。

（二）全浊声母部分读浊音

不少方言中，全浊声母已经出现了清化现象，一部分全浊声母与相应的全清次清声母合流，但另一部分全浊声母仍然与全清、次清三分。以下是"地图集"中全浊声母部分读浊音的情况。

表 2-2　　　　　　　　　　　全浊声母部分读浊音的地点

方言	地点	备注
湘语及湘西西南官话①	湖南：洪江、花垣、会同、吉首、泸溪（湘）、辰溪（湘）、溆浦、邵东、邵阳县、邵阳市、新宁、新邵、新化、双峰、湘乡、冷水江、武冈、城步、芷江、娄底、桃江、沅江、益阳、涟源	共计 24 点。桃江、沅江、益阳三地全浊声母读近音［ɹ］或［l］，涟源全浊声母读浊音只限于并定母的鼻边音读法
吴语	福建：浦城（吴）。江西：上饶、广丰。浙江：泰顺（吴）、宣平、江山、金华、丽水、龙泉、磐安、景宁（吴）、开化。江苏：溧水	共计 13 点
赣语	江西：武宁	共计 1 点
闽语	福建：浦城（闽）、建阳、武夷山	共计 3 点。浦城、建阳、武夷山全浊声母有弱化现象
乡话	湖南：辰溪、泸溪、古丈、沅陵	共计 4 点
土话	广西：恭城	共计 1 点

说明：中古浊擦音奉匣母字在一些方言中读作零声母或近音声母，与晓母字形成清浊对立，但其他全浊声母清化，这类方言分布面积甚广，没有统计在内。

　　全浊声母部分读浊音的方言分布在湘语及湘西西南官话、吴语、赣语、闽语以及土话和乡话中。大部分湘语及湘西西南官话的全浊声母今读浊音时，属于部分读浊音的类型。值得提出的是，湘语并不只是分布在湖南省境内，广西、四川、贵州、陕西、安徽等地均有分布。关于湖南省以外湘语的报道最为详细的要属四川省境内的湘语，崔荣昌的《四川境内的湘方言》（1996）对四川省境内湘语的分布以及语言特征作了十分详细的描写，从他所提供的材料来看，四川省境内的湘语中，永兴、竹篙、石塆等地的"老湖广话"以及"安化腔"部分保留浊音声母，从所列的材料来看，这些地点多数保留浊塞音塞擦音声母，浊擦音声母多已清化。

　　多数吴语的全浊声母较为完整地保留了浊音，少数吴语的全浊声母已经出现部分清化的现象。出现清化的地点主要位于吴语和其他全浊声母已

---

① 文中所指"湘西"采用曹志耘（2009）的定义，实际上等于旧湘西土家族苗族自治州和怀化市两个地级单位。当地有人把这一地区称为"大湘西"，以与湘西土家族苗族自治州的"湘西"区别。

经清化的方言的交界地带，例如浦城（吴）、上饶、广丰、江山、开化等地。

全浊声母部分读浊音的赣语和闽语，真正保留清浊三分对立的点很少。"地图集"中赣语真正保留三分对立的只有武宁一个点，其他赣语全浊声母今读浊音时，跟次清声母合流，为两分对立。而闽语保留三分对立的地点主要位于浙江苍南（全浊声母全部今读浊音）以及福建的浦城、建阳和武夷山。另有部分闽语全浊声母与全清声母合流读浊内爆音，形成清浊两分对立，将在下节详加描述。

二 清浊两分对立

除了清浊三分对立之外，在汉语中还有部分清浊两分对立的方言，主要表现为，全浊声母与全清或次清声母的一方合流为浊音，因而全清与次清声母的送气不送气对立取消，单纯保留清浊对立。从两分的音系对立和地域分布来看，又可以分为两种情况。

全浊＝次清≠全清。全浊声母与次清声母合流，并与全清声母构成清浊对立。主要分布在湘鄂赣三省交界处的赣语中。这些方言点是：崇阳、赤壁、通城（以上湖北）；都昌、湖口、进贤、星子、修水、永修（以上江西）；华容、临湘、平江（以上湖南）。湘鄂赣这些地点的清浊两分对立，与其交界处湘语和吴语的清浊三分对立交织在一起，连通了吴语和湘语全浊声母的读音。关于赣语中的这类清浊对立，将在本章第二节专门论述。

全浊＝全清≠次清。全浊声母与全清声母合流，并与次清声母形成清浊对立，主要分布在海南闽语和广东沿海等地的闽语中，全浊声母（一般指並（奉）、定（澄）母）跟相应的全清声母合流，今读浊内爆音声母。这些方言点是：昌江、澄迈、定安、海口、乐东、琼海、琼中、三亚市、屯昌、万宁、陵水（以上海南）；电白（闽）、化州、徐闻（以上广东）。例如：

	病並	柄帮	白並	百帮	袋定	带端	洞定	懂端	茶澄	猪知
电白	ɓɛ˧	ɓɛ˧	ɓɛ˧	ɓɛ˧	ɗɛ˧	ɗua˧	ɗoŋ˧	ɗoŋ˧	ɗɛ˧	ɗu˧
徐闻	ɓɛ˧	ɓɛ˧	ɓɛ˧	ɓɛ˧	ɗɛ˧	ɗua˧	ɗoŋ˧	ɗoŋ˧	ɗɛ˧	ɗu˧
海口	ɓɛ˧	ɓɛ˧	ɓɛ˧	ɓɛ˧	ɗua˧	ɗɛ˧	ɗoŋ˧	ɗoŋ˧	ɗɛ˧	ɗu˧

乐东	ɓe˧	ɓia˩	ɓeʔ˥	ɓeʔ˩	ɗe˧	ɗuaŋ˩	ɗoŋ˩	ɗe˩	ɗu˩
文昌	ɓe˧	ɓe˩	ɓeʔ˥	ɓeʔ˩	ɗe˩	ɗua˩	ɗoŋ˩	ɗoŋ˩	ɗu˩
陵水	ɓe˧	ɓe˩	ɓe˥	ɓe˩	ɗe˩	ɗuaŋ˩	ɗoŋ˩	ɗoŋ˩	ɗu˩
定安	ɓe˧	ɓe˩	ɓe˥	ɓe˩	ɗe˩	ɗua˩	ɗoŋ˩	ɗoŋ˩	ɗu˩

上述闽语中，全浊声母跟全清声母合流，今读浊音的现象，应该是全浊声母先发生清化，跟全清声母合流以后再发生的一种语音变化，而不是全浊声母保留中古浊音声母读音的结果。在今天的上海地区如闵行、宝山、松江等地，古全清帮、端、见母今读浊内爆音［ɓ ɗ ʄ］，相应的全浊並、定、群母保留浊音，没有跟全清声母合流。关于汉语方言中浊内爆音声母的性质，陈忠敏（1995）、王福堂（2003、2006）、朱晓农（2006）均有过相关论述，可以参考。

三 清浊对立的地理分布

（一）地理分布

综合前面两部分的清浊三分对立与清浊两分对立，下面从地理分布上探讨全浊声母今读浊音的地理分布及其特征。将全浊声母今读浊音分为两类，一类是全浊声母全部读浊音；第二类是全浊声母部分读浊音。详细分布请见图2-1。

从图2-1可以发现全浊声母今读浊音在地理上分布的两个显著特点。

1. 全浊声母今读浊音的现象全部分布在长江以南，现代北方汉语方言中至今还没有发现全浊声母今读浊音的现象，这是汉语方言南北差异的一个重要表现。罗杰瑞（1985：161）虽然认为"浊音声母在中国北部至少保留到10或11世纪，所以用浊音声母的演变作为区分标准只适用于较晚的时期"，但他同时也承认，中古的浊塞音、浊塞擦音、浊擦音在北方方言中全部清化，所以古浊音清化是北方方言语音上的一大特点……只用浊音清化为识别北方方言还不能完全有效，但结合其他标准，就确实是一个重要的起作用的条件（罗杰瑞，1985：168—169）。全浊声母在南北方言中的重要差异，其实很早就体现出来了，清代潘耒《类音》"南北音论"中批评北方方言的"群定床从並五母跟见端照精帮五母相混"，并认为这是北方方言的缺点，透露了当时北方方言中的仄声字已经读同全清，而南方方言中的全浊声母仍然保留浊音读法。

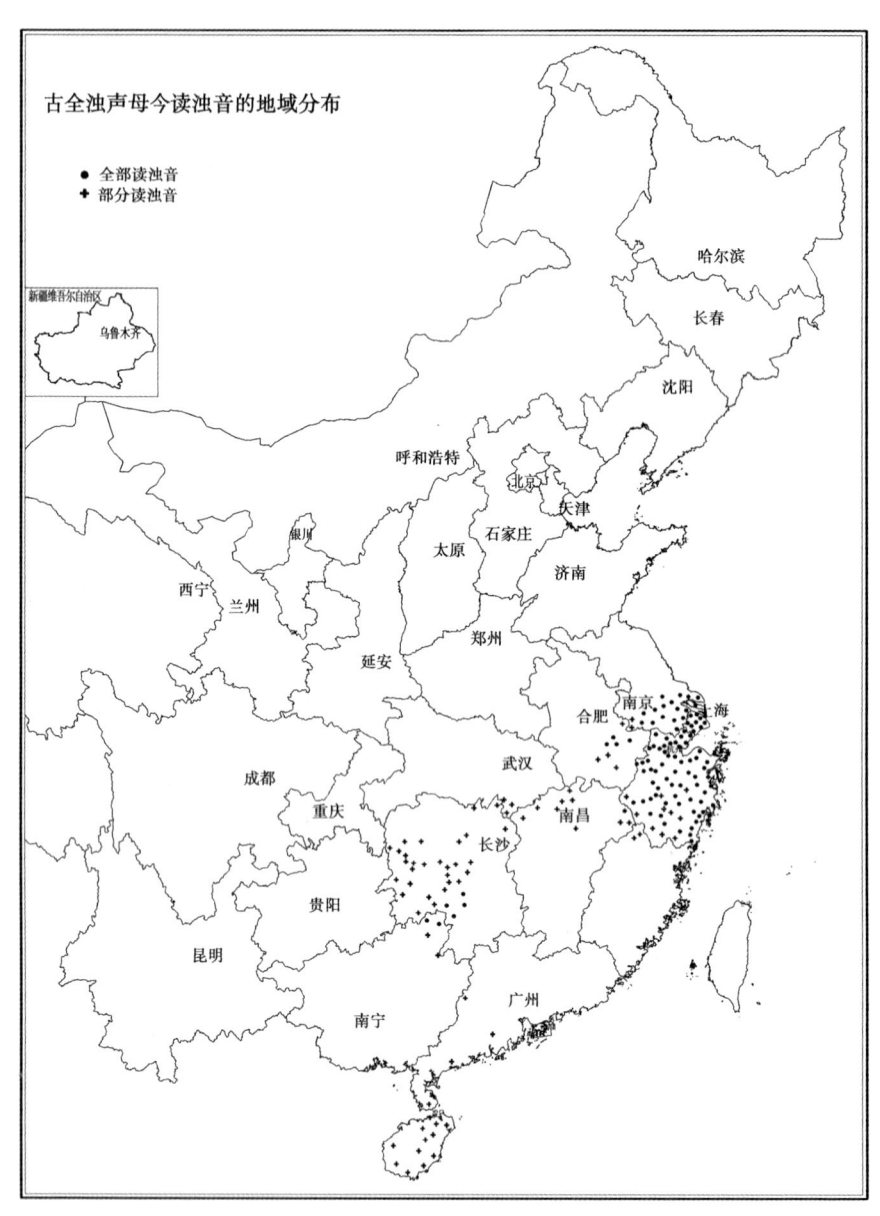

图 2-1　全浊声母今读浊音的地域分布

注：此图为北京语言大学刘晓海先生绘制，底图根据中国国家测绘局国家基础地理信息系统（NFGS）1∶400 万的全国地理数据制成，谨此致谢。

2. 全浊声母今读浊音的汉语方言有两个连续分布的区域：吴语和湘语，此外还包括二者周边的一些方言。从地理上看，吴语和湘语像是被客赣方言分隔开来。由于在全浊声母读音上的共性，不少人对吴湘语的关系产生了浓厚的兴趣。桥本万太郎（1985：31）根据语音上的清浊对立在中国只能在长江下游的吴语和中游的湘语中才能看到，提出"吴湘一体"的说法。他指出："吴语和湘语曾经明显地构成同一个方言区，很可能后来在客家南下时从中间分割开了。"张光宇（1999）将徽语与江淮方言也统计在内，称作"吴楚江淮方言连续体"。

图2-1中，从地域上看，吴语和湘语的全浊声母读音虽然中间隔着客赣方言而遥相呼应，但两者之间并不是孤立的。因为中间的一些赣语点将吴语和湘语的两头联系起来了。赣语中全浊声母今读浊音的临湘、华容、岳阳等地，连着湘语长益片的桃江、沅江、益阳、安化等地，这些方言中的古全浊塞擦音擦音声母虽然今多数读作近音或边音声母，但在音系中仍然保留清浊对立；另一端由湖口、瑞昌等地连接全浊声母今读浊音的吴语宣州片方言。从空间上看去，这些赣方言就像是湘鄂赣边界地区的一条"浊音走廊"，将吴语和湘语连接在一起。

（二）接触与感染——吴湘语周边的全浊声母

汉语各个方言区之间的界线并不是泾渭分明的，不同方言往往交织在一起，互相之间的交流使各方言之间的语言特征也是"你中有我、我中有你"，在方言交界地带这种特征显得尤为明显。"接触"指的是过程，"感染"指的是结果，方言接触越密切，其"感染"的程度就越深。各方言之间由于相互接触，使不同的方言在发展过程中互相影响，从而使一种方言感染了另一种方言的某些特征。曹志耘（2002：199）指出了"感染"的两个特点：一是感染一般发生在语言势力相当的几个方言地区之间；二是感染往往是双向的，是几个方言互动的过程。从全浊声母保留清浊对立的地域来观察，吴、湘语周边地区全浊声母的读音跟方言之间的长期接触有着十分密切的关系，感染的结果表现为浊音的清化与浊音的保留。

（三）浊音的清化

吴语一向被认为全浊声母较好地得到了保留，但在吴语的边界地区，全浊声母已经发生了清化，清浊对立消失。安徽境内的吴语宣州片的浊音特征已经不是很明显，浊塞音的闭塞成分都很轻微，很多已向通音转化，并带上清送气（侯精一主编，2002：79）；江苏北部的南通、丹阳等地的全浊声母已经完全清化，读送气或不送气清音。在浙江吴语中，东部比较完整地保留浊音，西部和南部靠近客赣方言以及闽语地区的全浊声母出现了清化的现象，如龙泉、玉山等地。到了最南端的庆元，全浊声母已经完全清化，读为不送气清音。曹志耘（2002：200）指出，"全浊声母清化是吴语边缘地区方言出现的新兴语音变化。在南部吴语区域内，除了金华地区跟吴语腹地相连的部分县市，以及偏居东海之滨的温州地区以外，其他邻近徽语、赣语、闽语的地区，都已不同程度地出现了清化现象……与徽语、赣语、闽语交界地区出现的清化现象可以看作是感染的结果"。同样，在湘语区内，全浊声母只在东安、祁东、祁阳等地较为完整地保留了浊音，越往北、往东，浊音清化的程度越明显，而到了跟客赣方言交界处的衡阳、湘潭、株洲等地的方言中，全浊声母已经完全清化。

（四）浊音的保留

感染是一种双向的作用。既有甲方言的特征感染乙方言，同时，甲方言的某些语言特征也可能受到乙方言的感染。东南方言除吴、湘语外的全浊声母基本上都已经清化。但在跟吴语及湘语交界的一些方言中，全浊声母也有读为浊音的现象。可以认为这些方言是受到全浊声母读浊音的吴湘语的感染，而使延缓了自身浊音清化的过程，使音系中仍保留清浊对立。如浙江苍南地区、福建浦城地区的闽语，在语音特征上跟其他闽语基本一致，但这两地的全浊声母较为完整地读作浊音声母。从其所处的环境来看，两地都紧挨着全浊声母今读浊音的吴语。因此，认为这两地全浊声母今读浊音是受到吴语的感染，应该是没有问题的。广西资源、兴安、恭城的土话跟湘语全浊声母保留浊音较完整的东安、新宁、永州等地相连，受到这些方言的感染，这几处土话的全浊声母也读浊音声母。

四 吴湘语外的清浊对立

吴湘语以外的清浊对立，可以视为与吴湘语接触感染的结果。不过这些带有清浊对立的方言，其接触和感染并不限于全浊声母的读音，而是在语音、词汇和语法各个方面都出现了"相混"的特征。下面对这些方言进行简单概括。

（一）西南官话

保留清浊对立的西南官话目前看来仅分布在湖南省境内，可以分为两个部分。第一,湘西地区的西南官话,包括吉首、古丈、花垣、保靖、沅陵、芷江、洪江等地。这些方言中的全浊声母基本上是平声保留浊音,仄声读清音,但芷江方言舒声保留浊音,入声清化。上述方言全浊声母今读浊音的特点符合湘语全浊声母读音的特征,但这些方言声调的特点却是西南官话的模式。陈晖、鲍厚星(2007)将其划归为西南官话吉永片。不过,曹志耘(2007)认为,既然舒声"无送气"对湘语而言非常重要,而它在湘西又与"保留浊音"这一湘语重要特点的分布相吻合,可以考虑把这两个特征的分布地区即芷江、吉首、花垣、泸溪、辰溪、溆浦、洪江、会同划入湘语区。按照曹志耘(2007)的意见,上述地区如果划入湘语,那么,这些地区就成为全浊声母部分读浊音的湘语。第二,湘南地区部分西南官话的全浊声母今读浊音,根据曾献飞(2012),这些今读浊音的西南官话主要分布在阳明山以北的官话区,东安白牙市、大江口和东安芝山区的一部分方言完整地保留浊塞音、浊塞擦音和浊擦音;东安庐洪市、冷水滩区、永州邮亭墟、双牌等地的官话只有浊塞音和浊擦音声母,没有浊塞擦音声母。从地理位置上看,阳明山以北的官话受到南部全浊声母今读浊音的湘语影响很深,同时,湘南等地的西南官话和湘语长期处在接触、碰撞之中,某些官话全浊声母清化的速度较慢或是感染了湘语全浊声母读音的特征是完全有可能的。值得提出的是,湘南很多地区是西南官话和土话并存的双方言区,湘南地区的官话如果就全浊声母读音来看,跟湘语全浊声母部分读浊音的现象很相近,但声调系统却是官话的,只有四个调类。比照湘西地区的西南官话,湘南地区的西南官话也可以作为特殊的湘语对待。不过,这不是本书讨论的主题。

(二)闽语

全浊声母保留浊音的闽语主要分布在浙江苍南地区的闽东话,福建浦城地区的闽北话以及江西广丰地区的闽南话,具体分布地区可以参看郑张尚芳(1995a)。苍南炎亭的全浊声母较为完整地保留了浊音的读法,例如:爬 bo˧ | 传 dʑy˧ | 茄 dʑy˧ | 件 dʑỹ˧ | 跪 guai˧ | 汗 gē˨ | 顺 zioŋ˨ | 舌 ziəʔ˨。不过,其他闽语的全浊声母读浊音时,都不是全部读浊音,或多或少总有部分全浊声母字今读清音。例如浦城石陂:权 gyiŋ˧—茄 kio˧ | 败 bai˨—病 paŋ˨ | 罪 dzo˨—坐 tsuai˧ | 换 ɦuaiŋ˧—恨 xaiŋ˨。

闽北地区的建阳、武夷山等地的方言,全浊声母有浊擦音和流音声母的读法。Norman（罗杰瑞，1974）认为这是原始闽语弱化声母的遗留，王福堂（1994）认为这种声母的弱化现象未必是原始闽语的保留，也许是一种晚近的变化。从地理位置上看，建阳、武夷山等地跟全浊声母今读浊音的浦城石陂闽语相连，如果浦城石陂等地的全浊声母读音是受到吴语的感染所致，那么，建阳、武夷山等地的方言也许跟浦城石陂等地的方言有一定的联系，只是在全浊声母读音的表现上，这些浊音声母进一步弱化成了擦音、流音或零声母。李如龙（1985）也认为建阳等地的今读流音、零声母的全浊声母是最迟清化的，因此"至今还保留着浊音声母的尾巴"。

海南闽语以及广东沿海等地闽语中的清浊对立是一种后起现象，一部分全浊声母跟全清声母合流今读浊内爆音，跟次清声母对立。读浊内爆音的全浊声母基本上只有並（奉）、定（澄）两类，跟相应的帮（非）、端（知）合流。並、定以外的其他全浊声母在这些方言中均已清化，不读浊音。

（三）赣语

在湘鄂赣交界地区的部分赣语中，清浊对立具有两种类型：一类是全浊声母读不送气浊音声母，跟全清、次清声母三分；另一类是全浊声母跟次清声母合流，读送气或不送气浊音声母。赣语全浊声母今读浊音的现象，在本章第三节将会详细讨论。

（四）乡话

乡话指主要分布在湘西地区的沅陵、辰溪、泸溪、永顺、古丈、溆浦等地的一种汉语方言。乡话是一种非常特别的方言，在声调、声母方面具有很强的存古性和特殊性，韵母方面则变化较快（曹志耘，2007）。乡话全浊声母大部分读浊音，少数清化，哪些字读浊音哪些字清化看不出十分明显的规律。例如沅陵（乡话）：赔 buˊ｜长 dieŋˊ｜船 dzuæˊ｜棋 dziˊ｜罪 dzuˇ｜厚 ɣʌˇ‖皮 fuˊ｜锤 tyˊ｜桥 tɕiãˊ｜坐 tɕieˇ｜户 xuˇ。

（五）土话

土话属于系属未明的汉语方言。全浊声母今读浊音的土话主要分布在湘南永州地区以及桂北资全灌地区。实际上这一带的土话跟湘语的关系一直相互纠缠。鲍厚星、颜森（1986）将祁东、祁阳两地归入湘语娄邵片，此外，广西的全州、资源、灌县、兴安东北部也归属此片。而东安、永州、零陵等地是西南官话与土话并用的双语区，属西南官话湘南片。鲍厚星、陈晖（2005）将一部分有通行土话的区县如东安、冷水滩区、芝山区等地，连同原来娄邵片的祁东、祁阳一起划入湘语永州片。该文同时指出，广西境内的资源、全州、灌阳、兴安及周边一些地区所流行的湘语跟永州一带湘语有直接关系，从历史来源和方言现状看，应该划入湘语，又鉴于这一带（主要是土话）语言面貌有某些特殊性，故单列一片。从这两次对上述方言分区的调整来看，这些方言的语言面貌确实特别复杂，方言之间的混合程度较高，不同的历史层次叠加较多。鲍厚星、陈晖（2005）指出，这些方言可以作为比较特殊的湘语对待。

第二节　赣语中的两类清浊对立

在论述赣语全浊声母的读音时，人们通常认为赣语的全浊声母一律读为送气清音，跟相应的次清声母合流。但本章第一节的图 2-1 表明，在连接吴语和湘语的湘鄂赣交界地带，有一部分赣语的全浊声母今读浊音。不少学者对赣语中的浊音声母进行过研究（董为光，1989；陈昌仪，1991；王福堂，1999；何大安，2004；孙宜志，2008）。这些浊音声母，如果从音类分合关系上进行分类，可以分为两种类型，一是"全清—次清—全浊"的三分对立，即古全清、次清和全浊声母今读分别为不送气清音、送气清音和不送气浊音，这一类型分布在极少数赣语中；二是"全清—（次清+全浊）"的两分对立，即全浊声母跟次清声母合流今读浊音声母，古全清声母今读不送气清音声母，这一类型分布在湘鄂赣交界处的部分赣语中。为了方便起见，我们称第一类浊音为"独立型浊音"，第二类浊音为"合流型浊音"。本节重点考察的是"合流型浊音"。

一　独立型浊音

独立型浊音主要分布在赣语武宁_{宋溪}、新宁、石渡、瑞昌_{田义镇}以及湖口_{老派话}。这几处方言中的全浊声母今读不送气浊音，跟相应的全清、次清声母形成声母格局上的三分对立（郑张尚芳，1995a；孙宜志，2008）。例如武宁_{石渡}方言：

全清	次清	全浊
百 paʔ˧	拍 pʻaʔ˧	白 ba˨
冻 təŋ˧	痛 tʻəŋ˧	洞 dəŋ˨
中 tɕiəŋ˧	冲 tɕʻiəŋ˧	虫 dʑiəŋ˨

独立型浊音只包括浊塞音和浊塞擦音，擦音已经全部清化。例如武宁石渡：排 bai˨｜长 dʑioi˨｜床 dzoŋ˨｜蚕 dzon˨｜柱 dʑy˨｜柿 dʑ˨｜地 di˨｜共 gəŋ˨｜防 fɔŋ˨｜树 ɕy˨｜盒 hɵ˨｜户 fu˨｜县 ɕien˨。

关于独立型浊音的性质，郑张尚芳（1995a）认为只能看成是全浊声母保留浊音的读法。独立型浊音在赣语中进一步清化以后，一般演变为同部位的不送气清音，跟全清声母合流。如武宁新宁青年层的全浊声母清化后，跟全清声母合流（孙宜志，2008），例如：拜 pai˧—派 pʻai˧—败 pai˨。此外，江西武宁泉口，湖北通山、阳新地区的赣语也有全浊声母今读不送气清音，跟全清声母合流的现象。

二 合流型浊音

（一）分布

合流型浊音，主要分布在湘鄂赣的交界地带。在方言归属上，这些方言属于赣语的昌都片和大通片（谢留文，2006）。据初步统计，合流型浊音主要分布在以下地区：

（1）湖南省东北角：岳阳、平江、华容、临湘。
（2）湖北省东南部：崇阳、通城、赤壁（原蒲圻）。
（3）江西省北部：湖口、星子、修水、永修、都昌、进贤。

（二）读音

1. 塞音塞擦音声母

合流型浊音中塞音塞擦音声母有两个特点：①全浊声母今读塞音塞擦音时与次清声母合流。从这一点看，这些方言跟其他赣语并没有两样，即全清≠次清=全浊。②全浊声母跟次清声母合流后的塞音塞擦音声母今读浊音。这一特点不仅跟赣语不同，跟其他全浊声母今读浊音的方言也存在着重大的差异，这正是我们讨论的重点。

合流型浊音的塞音塞擦音声母，从音值角度，可以分为三种类型。

(1) 送气浊音①

湖北崇阳白霓、江西永修三角、湖南平江城关等地的全浊声母跟次清声母合流后，读为送气浊音声母。例如永修三角：

败蟹开二并母去声 bʱai˦	派蟹开二滂母去声 bʱai˧
白梗开二并母入声 bʱaʔ˦	拍梗开二滂母入声 bʱaʔ˧
洞通合一定母去声 dʱoŋ˦	痛通合一透母去声 dʱoŋ˧
棋止开三群母平声 dzʱi˦	溪止开三溪母平声 dzʱi˧
绸流开三澄母平声 dzʱeu˦	抽流开三彻母平声 dzʱəu˧
字止开三从母去声 dʐʱɿ˦	刺止开三清母去声 dʐʱɿ˧

崇阳方言的全浊声母与次清声母合流后，其中并定母与滂透母今读送气浊塞音声母，例如崇阳白霓：排 bʱa˦—派 bʱa˧｜白 bʱaʔ˦—拍 bʱaʔ˧｜袋 dʱa˦—讨 dʱoʊ˧｜洞 dʱen˦—痛 dʱen˧。但是从澄崇船等母跟相应的次清声母合流后今读浊擦音声母［z ʐ］，［z ʐ］跟［dzʱ dʐʱ］是互为音位变体的关系，这已经为不同学者所注意。吴宗济于1936年所记的崇阳白霓方言的音系中有如下的说明："［pʻ］稍有带音现象，近似［bʻ］，比［bʻ］稍轻，是普通的［pʻ］与［bʻ］的中间音，［tʻ］跟［pʻ］相似，也是［tʻ］跟［dʻ］的中间音；［z］是［dzʻ］跟［z］的变值音位，摩擦并不强，［ʐ］是［dʐʻ］跟［ʐ］的变值音位。"曹志耘2003年记录了崇阳白霓方言，关于音系有如下的说明："［bʻ dʻ］有时送气不很明显，［z ʐ］有时带塞擦音色彩。"上述记录说明崇阳方言的从澄崇船等母曾经有过塞擦音的阶段，不过其中的闭塞成分已经不太明显，跟浊擦音声母处于混读的状态。

(2) 不送气浊音

湖北赤壁陆水湖、通城麦市，江西湖口流泗、星子温泉、都昌蔡岭、进贤七里、修水黄港以及湖南临湘白云、岳阳张谷英、北区（原临湘路口）等地的全浊声母跟相应的次清声母合流，读不送气浊音声母。

	赤壁	通城	湖口	星子	都昌	进贤	修水	临湘	岳阳
败并	bai˧	bai˧	bai˧	bai˨	bai˨	bai˧	bai˦	bai˨	bæ˨
派滂	bai˨	bai˨	bai˨	bai˨	bai˨	bai˨	bai˦	bai˨	bæ˦

---

① 赣语中的浊送气一般来说都是弛声，根据朱晓农（2010），赣语中的送气，既有清弛声，又有浊弛声。本节从音系出发记为浊弛声，但在转述调查者的记录时，按原材料记录为送气浊音如［bʻ］，具体浊音音值放在第三节讨论。

洞定	den˩	dəŋ˦	doŋ˧	dəŋ˩	loŋ˩	duŋ˧	dəŋ˦	dəŋ˦	dəŋ˩
痛透	den˩	dəŋ˦	doŋ˧	dəŋ˩	loŋ˧	duŋ˧	dəŋ˦	dəŋ˦	dəŋ˩
葵群	guei˦	uei˦	guei˦	ui˩	dzi˩	gui˧	gui˦	guei˦	gui˦
亏溪	guei˧	uei˦	guei˩	gui˧	ui˩	gui˦	gui˦	guei˧	gui˧
字清	dzɿ˩	zɿ˧	dzɿ˩	dzɿ˩	dzɿ˩	dzɿ˩	dzɿ˩	dzɿ˩	dzɿ˩
刺从	dzɿ˩	zɿ˦	dzɿ˩	dzɿ˩	dzɿ˩	dzɿ˩	dzɿ˩	dzɿ˩	dzɿ˩
锄崇	dzou˦	zɿ˧	dzu˩	dzu˩	dzu˧	dzɿ˩	dzɿ˩	dzəu˦	dzəu˦
初初	dzou˦	zɿ˧	dzu˩	dzu˩	dzu˧	dzɿ˩	dzɿ˩	dzəu˦	dzəu˦

说明：岳阳的语料取自丘冬（2005），地点为岳阳县张谷英镇。

关于古全浊、次清合流为不送气清音的方言，作以下说明：

吴宗济1936年调查的赤壁（原蒲圻）羊楼洞方言，古全浊、次清声母今读塞音、塞擦音时记为送气的［bʻ dʻ dzʻ］等声母，已经指出其中的浊音性不是太明显，［gʻ］的送气更弱，在合口韵中有时失去声母。黄群建（2002）将赤壁方言的全浊、次清声母今读塞音、塞擦音时记为不送气浊音［b d dz dʐ dʑ g］。罗自群2005年所记录的赤壁清泉方言上述古全浊、次清声母也为不送气浊音。如果这几份材料记录都准确的话，说明赤壁方言的浊塞音塞擦音经历了一个气流丢失的过程。

吴宗济1936年记录的湖北通城十里话的古全浊、次清声母读塞音塞擦音时，记为送气浊塞音塞擦音声母，他指出：［bʻ］、［dʻ］的送气跟闭塞都不强，在快读时可以读成［ʙ］或［l］。［dz dʑ］常把闭塞成分失去，读成［z ʑ］。曹志耘记录通城麦市话时，将上述浊塞音、浊塞擦音声母记为不送气浊音，并将上述［dz dʑ］声母记为浊擦音声母［z ʑ］，同于崇阳方言。不过关于音系的说明已经指出："古次清、全浊今读塞音塞擦音者（包括来母）为浊音声母，今读擦音、零声母者为清音声母，有时略带送气色彩。浊塞擦音和浊擦音是属于音位变体的关系。"

江西星子方言，据调查者记录，音系中处理为不送气浊音，但有送气浊音的读法。

其他方言中，古全浊、次清合流时基本上读不送气浊音。如临湘路口（今属岳阳市北区）方言，赵元任1935年将全浊、次清记录为不送气浊音声母，并指出［b］是一个全浊音，不像吴语的半浊音（《湖南方言调查报告》，1974）。卢继芳（2007）用语图分析证实了都昌阳峰方言的浊音声母为不送气浊音。此外，通城、星子、都昌等地的溪群母字读浊塞音声

母时有失落声母的倾向，如通城麦市：葵 uei˦ | 亏 uei˨ | 权 yɛn˦。

（3）浊擦音

华容方言的全浊声母跟次清声母合流后的读音比较特殊。该方言的全浊塞擦音擦音声母已经清化，其中塞擦音声母读送气清音。全浊塞音声母一部分读送气清音 [pʰ tʰ kʰ]，但来自並、定、透三母的部分字今读浊擦音 [ɣ]，其中並母只有个别字读 [ɣ]，而定透母的口语用字基本上读 [ɣ]。例如：

並母：排 ɣai˨ | 菢 ɣɑo˦

定母：大 ɣai˦ | 潭 ɣan˨ | 甜 ɣiẽ˨ | 头 ɣiu˨ | 铜 ɣoŋ˨ | 袋 ɣai˦ | 豆 ɣiu˦ | 地 ɣi˦

透母：太 ɣai˦ | 贪 ɣan˨ | 天 ɣiẽ˨ | 讨 ɣɑo˨ | 通 ɣoŋ˨ | 推 ɣei˨ | 统 ɣoŋ˨ | 剃 ɣi˦

图2-2是湘鄂赣交界处赣语全浊声母今逢塞音塞擦音时的读音类型，其中用黑色实心圆和半圆表示的是合流型浊音的分布地区。

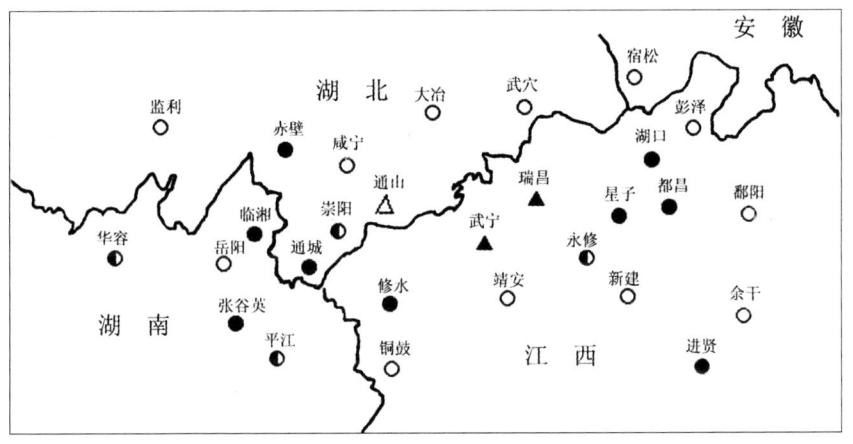

类型	图例	音类分合	读音
1	●	全浊=次清≠全清	不送气浊音
2	◐	全浊=次清≠全清	送气浊音
3	○	全浊=次清≠全清	送气清音
4	▲	全浊≠全清≠次清	不送气浊音
5	△	全浊=全清≠次清	不送气清音

图2-2 湘鄂赣交界地区赣语全浊声母的读音类型

图 2-2 中的第 1、2 种类型是合流型浊音的分布地区。从地域分布来看，合流型浊音在湘鄂赣地区呈由西向东的带状分布。东端是江西的都昌、湖口，西端是湖南的华容以及岳阳县，由于地理上带状分布特征，刚好跟保留浊音的湘语和吴语相连接，因此有人形象地称之为"浊音走廊"（陈立中，2004）。其中湘鄂赣交界地带出现了密集型分布，临湘、赤壁、通城、平江、修水等地在地理上连成一片，是全浊、次清合流读浊音的核心地带。不过位于这条浊音带西端的华容只有部分全浊、次清声母出现合流的现象，且音值为带音的浊气流，体现出这种现象衰退的趋势。从地图上看，哪些地点读送气浊音，哪些地点读不送气浊音在地域上并没有呈现连续分布的情况。如平江、永修和崇阳三点读送气浊音声母，但是这三点在地理上并不相连。

就整体地理位置而言，全浊、次清合流的浊音带处于全浊声母读音两大派系的包围之中。一派是全浊声母跟次清声母合流读送气清音的赣语，这一派的势力最强，周边赣语均属于这种类型；另一派是全浊声母今读保留浊音的吴语和湘语，主要位于这一浊音带的两端。这一浊音带东端的不远处就是吴语保留浊音的开化、常山、玉山等地，西端的华容、岳阳等地跟湘语长益片全浊声母部分保留浊音的桃江、沅江、益阳、安化等地相连。最引人注目的是江西省的武宁和瑞昌县田家镇（与武宁邻近）的方言，它们位于这条浊音带的中间地带，全浊声母也读浊音，却与全清、次清保留声母格局上的三分，跟合流型浊音截然不同。

2. 擦音声母

在合流型浊音中，今读塞音塞擦音声母往往保留浊音，但今读擦音声母大多数读清音。即全浊声母的奉匣邪部分禅部分母今读清擦音声母，与敷晓心书等清擦音声母合流。例如：

崇阳白霓：树 səu˨˩—书 səu˧˥ ｜ 防 fəŋ˨˩—放 fəŋ˥˧ ｜ 户 fu—虎 fu˥˧

星子温泉：户 ɸu˨˩—虎 ɸu˥˧ ｜ 肥 ɸui˨˩—飞 ɸui˧˥ ｜ 树 ʃu—书 ʃu˨˩ ｜ 顺 ʃən˨˩—笋 sin˥˧

由于来自全浊擦音声母的字已经清化，湖北崇阳、通城方言来自全浊、次清塞擦音声母的字虽然弱化为浊擦音（略带塞音色彩，擦音和塞擦音互为音位变体），但这些浊擦音声母不与来自奉匣邪禅等声母的擦音声母合流。例如通城麦市方言的从崇群清初溪等母今读浊擦音声母，邪禅匣心书晓等母今读清擦音声母，它们之间能够以声母的清浊相互区别。

侵清 zin˧˩ ≠ 新心 ɕin˧˩	祠邪 zɿ˧˩ ≠ 柿崇 sɿ˧˩
窗初 zoŋ˧˩ ≠ 商书 soŋ˧˩	全崇 ziɛn˧˩ ≠ 嫌匣 ɕiɛn˧˩
情从 zin˧˩ ≠ 形匣 ɕin˧˩	匠从 zioŋ˧˩ ≠ 象邪 ɕioŋ˧˩
床崇 zoŋ˧˩ ≠ 常禅 soŋ˧˩	字从 zɿ˧˩ ≠ 视禅 sɿ˧˩
及群 ziʔ˧˩ ≠ 席邪 ɕiʔ˧˩	擦初 zal˧˩ ≠ 杀生 sal˧˩

通城麦市方言的古塞擦音、擦音声母今读虽然合流为擦音声母，但是由于在清浊方面形成对立，使原有的塞擦音和擦音声母之间的界限仍然保持。究其原因，是由于该方言中的邪禅匣等母先变，与心书晓等母合流。这样一来，给来自塞擦音声母变为 [ʐ z] 等浊擦音声母留出了空间。因此，浊塞擦音和浊擦音虽然今读同为擦音，但由于声母清浊对立，使两者的区别仍然保持。通城麦市方言的这种语音变化也可以用拉链式音变进行解释。原有的 [ʐ z] 声母清化为 [s ɕ] 声母，留下的空缺吸引了原有的 [dz dʐ] 声母变成浊擦音声母 [z ʐ]。这一链移音变没有像吴湘语果假遇摄字的元音推链过程那样复杂，因为只经历了两个阶段：① [ʐ z] > [s ɕ]，② [dz dʐ] > [z ʐ]。浊塞音声母由于在音值上跟浊塞擦音声母相差较远，没有被浊塞擦音声母留下的空缺"拉"过来，因而没有参与其中的链移音变。

此外，有个别方言点中的匣母字保留浊擦音的读法，但相应的晓母字并没有读成浊擦音。例如进贤方言部分匣母字跟合口呼韵母相拼时读零声母或清擦音，跟其他韵母相拼时读浊擦音声母 [ɦ]，该方言晓母字全部读清擦音声母，没有浊擦音声母的读法。湖南平江方言部分匣母字也读浊擦音声母 [ɣ]，相应的晓母字多数并入非组声母，也不读浊音声母。

	晓母	匣母
进贤七里	兄 ɕiaŋ˧˩ ｜ 靴 ɕia˧˩ ｜ 花 hua˧˩ ｜ 灰 huɛi˧˩ ｜ 响 ɕiaŋ˧˩ ｜ 虎 fu˧˩ ｜ 火 fuo˧˩ ｜ 戏 ɕi˧˩ ｜ 歇 ɕiɛl˧˩	咸 ɦian˧˩ ｜ 鞋 ɦai˧˩ ｜ 含 ɦon˧˩ ｜ 后 ɦiɛu˧˩ ｜ 厚 ɦiɛu˧˩ ｜ 恨 ɦon˧˩ ｜ 汗 ɦon˧˩
平江城关	火 fø˧˩ ｜ 花 fo˧˩ ｜ 虎 fu˧˩ ｜ 灰 fai˧˩ ｜ 孝 xɔ˧˩	盒 ɣøʔ˧˩ ｜ 汗 ɣøn˧˩ ｜ 恨 ɣĩ˧˩ ｜ 含 ɣøŋ˧˩

多数赣语中的古浊擦音声母今读清音以及进贤等地清擦音声母跟浊擦音声母读音不同的现象可以说明，湘鄂赣交界处赣语中的古清擦音声母不曾参加"浊化"的演变。

3. 古次清、全浊的调类

大多数汉语方言属于清浊分调，来源于全清、次清声母的字同为一调，来源于全浊声母的字另立一调。在浊音合流的方言中，声调基本上仍然保持"全清调＝次清调≠全浊调"的格局，即全清和次清虽然声母清浊有别，但声调相同，不与全浊声母同调。也就是说，这些方言的古次清、全浊声母虽然同为浊音，但仍然可以通过声调相互区分。如赤壁、平江方言（舒声字）同一音韵地位的全清、次清和全浊声母的字可以相互区分。

赤壁陆水湖

全清	次清	全浊
百 pe̍ʔ˧	拍 be̍ʔ˧	白 be˨
东 ten˧	通 den˧	铜 den˨
装 tsou˧	窗 z̥ou˧	床 dz̥ou˨

平江城关

全清	次清	全浊
东 təŋ˧	通 dˑəŋ˧	铜 dˑəŋ˨
搬 pøn˧	潘 bˑøn˧	盘 bˑøn˨
装 tsoŋ˧	窗 dzˑoŋ˧	床 dzˑoŋ˨

在星子、湖口、修水、进贤、永修、都昌等地方言的部分调类中，古次清声母虽然不跟全浊声母同调，但也不跟全清声母同调。这样，造成了全清、次清和全浊在调类上的三分现象。其中修水的全清、次清、全浊不同调的情况只出现在古去声，其他各点古去声、古入声的全清、次清、全浊声母均不同调。

	修水黄港	湖口流泗	永修三角	进贤七里	都昌蔡岭	星子温泉
冻全清	təŋ˧	toŋ˧	toŋ˧	tuŋ˨	toŋ˧	təŋ˧
痛次清	dəŋ˨	doŋ˨	dˑoŋ˨	duŋ˨	doŋ˨	dəŋ˨
洞全浊	dəŋ˨	doŋ˨	dˑoŋ˨	duŋ˨	doŋ˨	dəŋ˨
百全清	paʔ˧	pe˧	paʔ˧	paʔ˧/pɛʔ˧	pek˧	pe˧
拍次清	baʔ˨	ba˨	bˑaʔ˨	ba˨	bak˨	ba˨
白全浊	baʔ˨	ba˨	bˑaʔ˨	ba˨	bak˨	ba˨

次清调类从全清调类中分离出来后，有可能继续保持声调方面的三分现象，但也有可能发生进一步变化，选择跟全浊声母所在的调类合流。在修水黄港方言中，去声按全清、次清、全浊分成阴去、次阴去和阳去，但在入声调中，出现了次清声母跟全浊声母字同居阳调的现象。这样一来，同一音韵地位的次清入声字和全浊入声字完全合流。例如：百 paʔ˧≠拍 baʔ˨＝白 baʔ˨｜节 tsiɛt˧≠切 dziɛt˨＝截 dziɛt˨。从董为光（1989）提供的修水白岭的材料来看，修水黄港的这种现象可能是次清入从全清入中分离出来以后，调值上跟全浊入比较接近而发生的一种调类合并现象。

修水白岭全阴入、次阴入和阳入的调值分别为[˧]4、[˦]24 和[˨]2，例如：滴 ti˧ ˦—踢 di˦˨˦—敌 di?˨。在调值上，如果阳入字[˨]2 的调值拉伸以后就是[˨]22 调，[˨]22 调跟[˦]24 调在调值上较为接近，有归并的可能。修水义宁的次阴入和阳入合并后的调值就是[˨]2。例如：踢 di̥?˨ =敌 di̥?˨。

在浊音合流型方言中，临湘、平江方言的入声调只有一类，即全清入、次清入、全浊入三类同调。例如临湘：百 pe˧—拍 ba˧—白 ba˧；平江：百 pɒ?˧—拍 b̥ɒ?˧—白 b̥ɒ?˧。这可能是入声字在调类上并没有按清浊分调，始终同处一调，后来次清声母入声字读成浊音以后，仍然没有出现分调的情况。在湖南境内的一些方言中，也存在清入字和浊入字"异纽同调"的现象。例如湖南祁东方言古清入字与古浊入字今声调调值相同，但声母清浊对立（陈晖，2006）：

清入		全浊入	
泼	p·o˧	薄	b·o˧
节	tɕie˧	捷	dʑ·ie˧
插	tsʰa˧	杂	dz·a˧
瞎	xa˧	狭	ɣa˧

如果临湘、平江方言跟祁东等地的方言一样，清入和浊入的调值本来相同，那么当次清入读作浊音声母以后，调值仍然没有发生变化，就造成了目前这种全清、次清、全浊三者同调的情况。因此，临湘、平江等地的入声字在声母上的格局是清浊两分的格局，即清（全清）—浊（全浊+次清），而且"清—浊"的对立成了全清声母跟全浊次清声母之间的最小区别特征。

（三）合流型浊音的性质

在湘鄂赣交界的赣语中，全浊塞音塞擦音声母今读浊音声母，跟相应的次清声母合流，且既有送气浊音的读法，又有不送气浊音的读法，这一演变在整个汉语方言中显得十分特殊。目前我们对这一现象的解释是：原本读送气浊音的全浊声母在湘鄂赣交界处的方言中清化后，跟次清声母合流；合流后的送气清音声母受到某种语音机制的影响，演变为送气浊音声母；送气浊音声母在某些方言中还有可能进一步清化或丢失送气的特征。

这一演变过程可以用图表示如下①

$$[p^h] \rightarrow [p^{h\cdot}] \rightarrow [b^{h\cdot}] \rightarrow [b] \rightarrow ?$$
$$[b^\cdot] \nearrow \qquad\qquad \searrow [p^\cdot]$$

上述演变过程如果单就全浊声母读音的变化来说，可以看成语音的一种回头演变。这一假设的提出基于以下两方面的考虑。

1. 古全浊、次清声母的同步变化

在合流型浊音的方言中，全浊声母跟次清声母总是发生同步变化，如果浊音声母发生了分化，不管是全浊声母还是次清声母，分化的条件都是相同的。这说明它们曾经有过共同演变的阶段，而不应该是哪个先发生变化，哪个后发生变化。下面以都昌蔡岭方言为例。

都昌蔡岭方言的透定来三母合流，在洪音前读为边音声母 [l]，在细音前读为浊塞音声母 [d]，分化规律十分整齐，几乎没有例外。

	洪音	细音
透母	通 loŋ˧	天 dien˧
定母	铜 loŋ˨	甜 dien˨
来母	聋 loŋ˨	莲 dien˨

都昌蔡岭方言的溪母字和群母字也存在着类似的情况。溪母和群母根据韵母的洪细一分为二，在细音前读零声母，在洪音前读浊塞音声母 [g]。两者的分化也是十分整齐，几乎没有例外。

	洪音	细音
溪母	开 gai˧	敲 iau˧
群母	壳 gok˨	桥 iau˨

都昌蔡岭方言的例子说明，该方言中全浊声母和次清声母曾经有过共同演变的阶段。但是光凭这一点不足以证明次清声母直接跟送气的浊音声母合流，还是浊音声母清化为送气清音后再跟次清声母一起浊化。在没有文献的线索表明哪种方式成立的情况下，只有寻求外部方言的证据。如果有一个方言的古次清声母变成浊音声母，全浊声母清化，这就可以证明送气清音声母在一定的语音机制下，可以不需要全浊声母的"拉动"，直接演变为浊音声母。下面是来自湘语的证据。

---

① 王福堂（1999）提出过相似的演变过程。

2. 来自湘语的证据

湖南岳阳县公田镇、荣家湾镇等地的方言（在方言系属上为湘语），全浊声母今读清音，绝大多数不送气，但少数浊入字送气；古次清声母今读浊音。不过，据调查者记录，次清声母今读浊音时，是送气还是不送气不能确定，有的字送气，有的字不送气，还有个别字读为送气清音，处于混读的状态。也就是说，在岳阳公田镇等地的方言中，全浊声母虽然已经清化了，但全浊声母与次清声母之间仍然保持着声母的清浊对立。不过，该方言中的清音来自全浊声母，浊音来自次清声母，与一般方言中的清浊对立有着根本性的区别，例如：

全清	全浊	次清
拜帮 pæ˦	败並 pæ˨	派滂 bˑæ˦
东端 təŋ˦	铜定 təŋ˨	通透 dˑəŋ˦
装庄 tsɔ̃˦	床崇 tsɔ̃˨	窗初 dzˑɔ̃˦
州章 tsəu˦	愁澄 tsəu˨	抽彻 dzˑəu˦
砖章 kuõ˦	船船 kuõ˨	穿昌 gˑuõ˦

特别值得注意的是，岳阳公田镇、荣家湾镇等地方言全浊声母入声字的读音。跟全浊声母舒声字读不送气清音不同，这两地的全浊声母入声字也有读成送气浊音声母的现象，跟次清声母合流。例如：百 pa˧ ≠ 拍 bˑa˧ = 白 bˑa˧；节 tɕie˧ ≠ 切 dzˑiɛ˧ = 截 dzˑiɛ˧。全浊声母入声字的这种读音造成了公田镇等地湘语的全浊声母舒声字清化，入声字保留浊音的现象。但根据湘语浊音清化的规律，湘语中的全浊声母入声字一般比全浊声母舒声字清化得早，且既有送气的读法，又有不送气的读法。如董同龢于1935年记录的湘语岳阳樟木铺乡方言，全浊声母舒声字读不送气清音，其中［p t］略带有浊音色彩；全浊声母入声字读送气清音声母（杨时逢等，1974：295）。如果岳阳樟木铺方言可以代表岳阳荣家湾镇、公田镇等地方言的早期情形，这就可以证明荣家湾等地的全浊声母入声字读浊音是一种后来的语音现象，而不是中古时期全浊声母读音的保留。

虽然岳阳公田镇、荣家湾镇等地属于湘语，但岳阳境内也有赣语的存在，而且存在次清、全浊合流为浊音声母的赣语。早在1935年，赵元任就记录到临湘路口（今岳阳北区）方言的古次清、全浊声母今读不送气浊音声母的现象（杨时逢等，1974：313）。如果语音机制相同，湘语和赣语同样存在着送气清音声母"浊化"的现象，是不足为怪的。不同的是，赣语的全浊声母清化为送气清音声母后，跟次清声母合流为浊音，而湘语的全浊声母舒声字清化为不送气浊音声母，只有部分全浊声母入声字清化为送气清音声母以后，跟次清声母一起合流成了浊音。

（四）浊音的发展变化

1."浊化"的条件

浊音合流型方言中，"送气"是其读为浊音的一个不可或缺的条件。在全浊声母系统中，全清和次清只用"送气"和"不送气"这一对最小对立进行区别。首先在湘鄂赣交界处的赣语中，只有次清声母今读浊音声母，而全清声母没有读为浊音声母的现象，这说明"送气"是次清声母今读浊音的一个必备条件。其次，这些方言中的全浊擦音声母，今多数读清擦音，古清擦音声母也没有浊化的现象，即使像进贤方言那样，部分匣母字仍然保留浊音声母，但是相应的晓母字也不读浊音，这说明湘鄂赣交界处赣语的古清擦音声母也没有发生过浊化现象，而擦音声母是无所谓送气不送气的，这更进一步说明了"送气"这一特征在"浊化"过程中的重要性。另外，岳阳荣家湾等地的湘语只有送气的全浊声母入声字才有读浊音的现象，这也是"送气"作为"浊化"必要条件的旁证。更有意思的是，由于过分强调其"送气"的作用，甚至出现了"矫枉过正"的例子。在华容方言中，并定透母字的塞音成分渐趋消失，只留下一个很强的浊音送气成分①。例如：排 ɣai˩ | 大 ɣai˩ | 太 ɣai˧。

至于这些赣语中的送气清音声母为什么会变成浊音，这大概跟这些方言中送气清音声母读音的性质有关。在湘鄂赣交界处的赣语中，送气清音声母的读音并不像别的方言那样是一个纯粹的清音声母，而是带有略浊的色彩。赵元任（1935/2002）将南昌方言的送气清音声母记为[b·]，并指出[b·]是一个弱送气："它非但在两字词的第二字里会浊化而变成纯浊音（不送气）的[b]，并且跟[b]随便互用成为一种互换音位。"董同龢于 1935 年记录平江三墩方言时也指出，平江方言中来自全浊声母和次清声母的送气清音[p·]较软性，送气略浊（杨时逢等，1974：333）。这种略带浊音的送气清音声母，继续发展成送气的浊音声母，是完全有可能的。但是不可否认，大多数赣语的送气清音声母并没有完全向浊音转化（其中包括南昌方言），这与湘鄂赣交界处的特殊地理环境有密切的关系。

---

① [ɣ] 的实际音值应为喉部气流成分 [ɦ]，此处依据原材料记录。

前文已经交待，合流型浊音处于全浊声母读浊音的吴语和湘语的中间地带，吴、湘语浊音的传播对于中间地带赣语的"浊化"起到了积极的推动作用，这些原本就带有弱送气浊音的声母在浊音环境中进一步演变成了真正的浊音声母。但是如果从音系结构来看，这些赣语中的次清声母和全浊声母依然合流，跟别的赣语实在并无两样。

2. 浊音送气成分的消失

虽然"送气"是"浊化"的必要条件，但是在湘鄂赣交界处的赣语中，次清和全浊声母多数读作不送气浊音，这似乎和前面的"送气"条件有点矛盾，其实这跟语音的发展变化有关。上述的赤壁、通城、星子等方言中，浊音音值就带有轻微的送气成分，这显然是原有的送气成分弱化的结果。岳阳公田镇、平江桂桥的浊音声母存在着送气浊音、不送气浊音和送气清音的变读（董为光，1989），这些都说明不送气浊音并不是这些方言固有的一个特征，而是后来变化的结果。次清跟全浊声母合流为浊音以后，声母的格局由"送气—不送气"变成了"清—浊"和"送气—不送气"，全清声母跟次清、全浊声母的区别由原来的一组区别性特征"送气—不送气"变成了两组区别性特征"清—浊"和"送气—不送气"。两组区别性特征平行存在的情况下，往往是舍弃老特征，保留新特征（曹志耘，2014）。由于"送气—不送气"的这组区别性特征在赣语里是老特征，这些送气的浊音声母会逐渐丢失送气成分，变为不送气浊音。

3. 浊音演变的未来趋势

湘鄂赣交界方言的次清全浊声母合流成浊音后将向着什么方向发展？这是一个耐人寻味的问题。对于目前古全浊、次清声母今读送气浊音的方言来说，应该有两种可能。一是送气浊音声母丢掉送气成分，变成不送气浊音。二是受到周边赣语读送气清音的影响，或者是自身继续发展，有可能发生进一步的清化，回到送气清音的位置，例如：[bʰ] > [pʻ]。因此，这些方言中的次清声母，极有可能也进行一次回头式的语音演变，即：[pʻ] > [bʰ] > [pʻ]。但是古全浊、次清声母合流为不送气浊音之后，是否会进一步清化为不送气清音，我们不敢妄自推断。如果它们进一步清化为不送气清音声母，那么这些方言中的全清、次清、全浊就会在声母格局上形成一类：[p]—[p]—[p]。这样一来，这些赣语中的全浊、次清合流后跟全清对立的状况将不再维持。不过，现实汉语方言中缺少全清、次清、全浊在声母格局上合流成一类的证据①。也许将来的某一天，这些方言中的不送气浊音声母会由于周边强大的清音送气的力量，再次朝送气清音的方向转变，出现一次规律逆转的情况。不过，任何假设都得依靠语言事实来检验，若干年后湘鄂赣交界处合流型浊音的进一步变化将为我们的假设给出正确的答案。

三 小结

湘鄂赣交界处的赣语中存在两类不同性质的浊音：独立型浊音和合流型浊音。独立型浊音是中古全浊声母读音的保留，合流型浊音是全浊声母清化为送气清音以后，在某种语音机制的影响下，发生的一种"由清变浊"的语音现象，这是赣语内部音系结构许可下进行的语音调整。这两类浊音在平行演变的情况下各自发生着不同的变化，独立型浊音总是向着不送气清音的方向清化，最终会导致全浊声母跟全清声母合流，跟大多数赣语的声母格局不符。而合流型浊音在目前的情况下，依然保持着赣语原有的音类分合关系和声母的两分格局，至于合流型浊音今后的发展演变情况，有待语言事实的检验。

第三节 清浊对立的语音表现

一 清浊与带音不带音

前两节介绍了清浊对立"三分型"和"两分型"在汉语方言中的分布和表现。很长一段时间内，清浊和带音不带音一直没有得到有效的区分。实际上，清浊对立是一组区别特征，能够在音系中起到区别意义的作用，属于音系学范畴；而带音不带音是一组声学特征，是一种特殊的物理、生理现象，属于语音学范畴，这一点曹剑芬（1987）已经明确说明。

---

① "地图集"材料中，安徽青阳方言中有部分全清次清全浊声母合流为送气清音的情况，例如"带店笔竹烛壁半织醉建柄粽跌"等字有送气清音声母的读法。具体情况有待进一步调查。

在发带音的辅音时，从成阻起，喉头勺状软骨就是并拢的，两条声带也随之并拢，声门关闭，这时由于声带肌肉张力的作用和声门上下气压差的作用，引起声门有规律地急速开闭，这就是声带振动；相反发不带音的辅音时，在成阻和持阻期间，勺状软骨是分开的，声带分开，声门敞开，肺气流可以自由地出入声门，声带并不振动。声带的振动不振动在物理上的表现可以通过波形图或语图进行观察，看波形图是不是周期性的，或者从语图上观察在持阻阶段代表声带振动的浊音杠（voice bar）以及浊音起始时间（VOT）类型的异同。清浊对立作为音系中的一对区别特征，在不同语言中有不同的表征。如英语音节起首辅音/p/：/b/清浊对立，二者在语图上均表现为没有声带振动的浊音杠，从浊音起始时间来看，/p/的浊音起始时间为50ms（毫秒），/b/的浊音起始时间约为10ms，与s后面的/p/（15ms）相当。因此，英语/p/：/b/的清浊对立其实并不是带音不带音的区别，实际上是送气清音［pʻ］和不送气清音［p］的区别。法语中的/p/：/b/清浊对立，其/p/的浊音起始时间约为15ms，/b/的浊音起始时间约-100ms，其VOT是负值，符合带音声母的语音表现。可见法语/p/：/b/的清浊对立表现为带音不带音的区别。

　　汉语及其方言中，清浊对立与带音不带音的关系，很长一段时间以来，尽管人们在理论上不加以明确区分，但在实际的语音研究中却自觉地进行了某些区分。如在描写某个具体的方言时，对其浊音音位的实际音值是否产生振动，振动的强弱作出了相关的描写。如曹志耘等（2000：113）在描写玉山方言的声母特点时指出：全浊声母字，今读塞音和塞擦音时，浊声母的浊音成分十分明显。今读擦音声母时，浊声母的浊音成分不明显，接近清音。也就是同样表现为清浊对立，在塞音塞擦音和擦音方面存在着浊音强弱的不同。

　　清浊对立与带音不带音的关系虽然很早就引起了学者们的注意，但对二者关系的认识是随着语音实验的开展进一步加深的。最早注意到这个问题的是刘复，在20世纪20年代用浪纹计实验证实了吴语的"浊音不浊"。赵元任（1928）对吴语的"浊音不浊"进行了十分精辟的描写："吴语的浊音声类发音最特别。在大多数地方这些字都用一个带音的气流就是［ɦ］音。假如是个破裂音，那音的本身并不带音，换言之当它闭而未破的时候，声带并不颤动，等开的时候接着就是一个带音的［h］，就是［ɦ］，因此听起来觉得像很'浊'似的。"（27页）后来一直用"清音浊流"这个术语对吴语的浊音进行描写。

对吴语"清音浊流"的性质，不同时期的学者进行了多次实验分析。较早曹剑芬（1982）和石锋（1983）对吴语常阴沙话和苏州话的实验研究表明，吴语的全浊声母单念时是不送气清音，其清浊对立表现为调类的阴阳之别。但全浊声母在音节语流中处于非重读地位时，是真正的带音浊音，清类声母仍为不带音辅音，证实了赵元任的说法。不过，最为关键的是对于"浊流"性质的认识。曹、石二位的语音实验表明，在浊声母单纯的谱频观察中，并没有发现有明显的浊流或浊送气的实体。后来曹剑芬（1987、1988）的语音实验进一步证实，浊流中的 [ɦ] 是元音的一种形容性成分而不是元音前的声母，她同时也指出，这种发声方式特性仅限于韵母元音的起始部分，到元音中段就削弱了，到元音结尾时就消失了，因此这种发声方式特性可能不是韵母元音的固有属性。之后沈钟伟、王士元（1995）针对上海话清浊辅音的实验结果，发现清浊塞音在闭塞时长方面存在着显著的差异。这些相关的实验都证明，虽然吴语的"浊流"并不是指在清音后面有一段浊气流的存在，但吴语的清浊辅音在发音时，确实存在系统的差异。根据国外的一些文献报道，其他语言中也有类似的这种"浊流"，如在印度的一些语言如印地语（Hindi）和信德语（Sindhi）中，除了有送气清音、不送气清音和浊音的对立外，还有浊气声（breathy voiced stops）。这种四分对立的声波图如图2-3所示。（Ladefoged & Johnson2011：156，Figure6.9）

从图2-3的波形图上可以看出，印地语塞音的四分对立。不送气清音和送气清音的VOT为正值，其中送气清音具有更大的VOT值。浊音和浊气声的VOT为负值，不同的是，浊气声的浊音在除阻后有周期性的声波，但声波上面同时叠加了噪声，也就是气声。很难说这种气声能够持续多长时间，因为它会消失于规则元音的内部。在发气声的过程中，声带松弛地发生振动，并且不会闭合很紧，因此朱晓农（2010b）又将气声称为弛声（slack voice），包括强弛声（浊音浊流）和弱弛（清音浊流）两大类。吴语里的浊音即属于弱弛声。

图 2-3　印地语塞音的四分对立

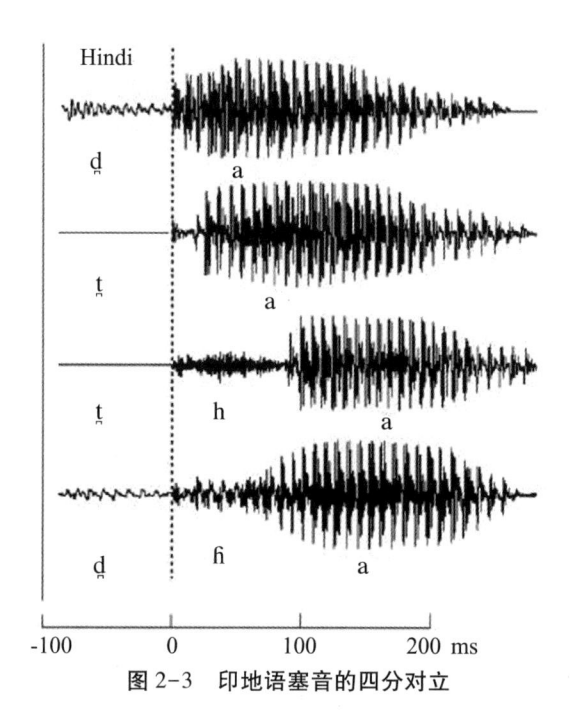

从上文的描述可知，清浊和带音不带音之间存在一对多的关系。清音声母既可是送气清音，也可以是不送气清音。浊音声母既可以带音，也可以不带音。在汉语方言中，清音的送气不送气是对立的音位，具有区别意义的功能，而浊音的带音不带音（带气声）是音位变体，没有区别意义的功能。声母的清浊与声调的阴阳之间又具有彼此依存的关系。

二　浊音音值的表现形式

（一）气流机制与发声态

语音产生用到这三个方面的基本要素：气流机制（airstream mechanism）、发声态（phonation types）和调音（articulation）。气流机制是指发音时用到的气流来源，人类语音的绝大多数都来自肺部，称为肺部气流机制；此外还有喉头气流机制（如内爆音）和软腭气流机制（如咝音，此译名采用朱晓农，2010b）。

除了用到气流机制外，发音时还与不同的发声态有密切的关系。发声态具体而言就是发音时声门的不同状态。除了我们通常所说的带音和不带音外,发音时声门可以有不同的状态,表示不同的发声类型。在 Ladefoged & Johnson (2011:148) 中,提供了发音时声门活动的四种类型(图2-4)。1图是浊音,其声带靠拢并发生振动;2图是清音,声带分开,发不送气清音时,不会有气流或很少气流通过;发送气清音时,气流通过喉头,声带在保持张开时仍然会有轻微的颤动;3图和4图分别是气声和嘎裂声,3图中,声带上半部关闭,下半部张开,声带仍然会产生振动,但同时会有一定量的气流通过声门;4图为嘎裂声,声带也是有轻微的张开,但位置与气声刚好相反,是上半部微张。可见,在浊音音值的不同表现形式中,既有肺部气流机制的常态发声,也有喉头气流机制的浊内爆音。同时,浊音音值还跟不同的发声态相关,既有常态浊声,又有气声等不同的形式。在汉语方言中,这些不同的气流机制和发声类型不同程度地存在。

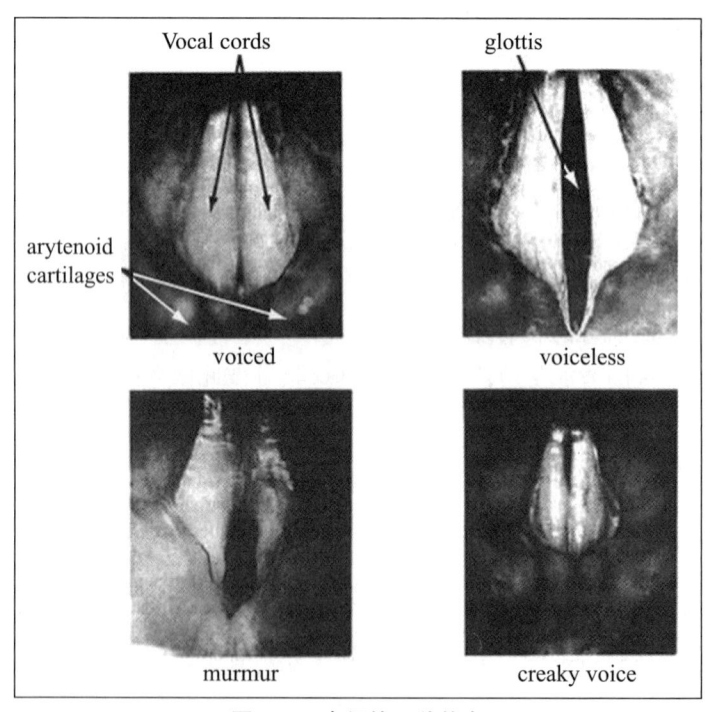

图 2-4 声门的四种状态

注:转引自 Ladefoged & Johnson (2011:148)。

(二) 吴语的浊音音值①

吴语全浊声母的读音比较一致，辅音声母发音时不带音，即 VOT>0，但随后辅音和元音交接处有气声。赵元任（1928）称之为"清音浊流"，在记录时一般用一个清辅音加上表示浊气流的 ɦ，例如 [pɦ tɦ kɦ]。关于吴语清音浊流的声学表现形式，已经有了不少探讨，如曹剑芬（1982、1987）对常阴沙话的研究、石锋（1983）对苏州话的研究、徐云扬（1995）对上海话的研究等。一般来说，从声波图和频谱图上可以看出，发气声的元音在开始部分能量较小，且伴随有气浊声的乱纹出现。以下是陈忠敏（2010）显示的上海话"拜 pa˨"和"牌 pa˨"的声波图和频谱图。

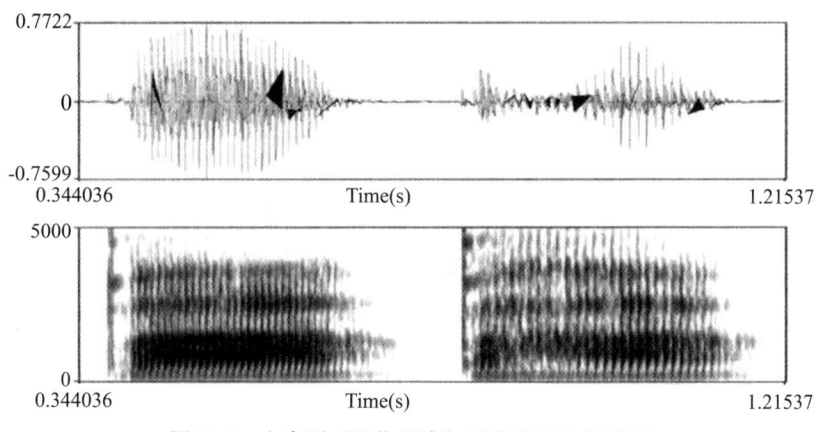

图 2-5 上海话"拜""牌"的声波图和频谱图

图 2-5 显示，"拜"的元音部分是正常浊音发声，"牌"的元音部分是气声发声。其中"牌"的元音能量小，共振峰淡、模糊，并伴有乱纹，这种乱纹在元音开始一直到中间一段尤为明显。说明发"牌"时元音前半段有更多的气浊音从闭合不全的声门穿过（陈忠敏，2010）。除了声波图和频谱图外，Fant 提出声带松紧跟第一谐波能量的关系：当松带较紧时振动，第一谐波相对于次高谐波，如第二谐波的能量较小，当声带处于较

---

① 此处的浊音音值仅此全浊声母今读浊音时的音值，不涉及全清次清声母今读浊音时的音值。另外全浊声母弱化为通音、边音等现象，在第三章"弱化"部分进行介绍。

松状态时，如气声的发声，第一谐波 H_1 的能量就相对大一些。由于气声的这种特性，很多学者采用 H_1-H_2、H_1-F_2 或 H_1-F_1 来确定语言中是否有气声的特性。如 Ladefoged（2003）给出了 Newar 语正常浊音发声鼻音（左）和气声发声鼻音（右）的功力谱。

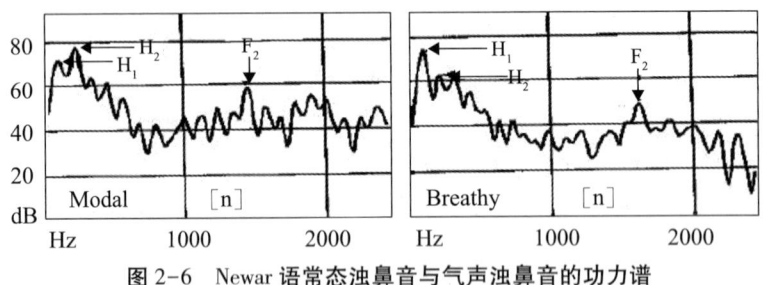

图 2-6 Newar 语常态浊鼻音与气声浊鼻音的功力谱

图 2-6 左图正常浊音发声时鼻音的第一谐波（H_1）的振幅低于第二谐波（H_2）的振幅；右图气声发声的鼻音第一谐波（H_1）的振幅则高于第二谐波（H_2）的振幅。但是 H_1-H_2 有时并不能很好地区分气声，还可以采用信噪比以及频谱斜率等进行区分（陈忠敏，2010）。

吴语全浊声母单念时表现为气声低调，但在音节后字时，辅音声母有明显的浊音杠，VOT<0，与一般的常态浊音无异。可以对比上海话"道地"和"地道"两个词的差异（引自陈忠敏，2010）。

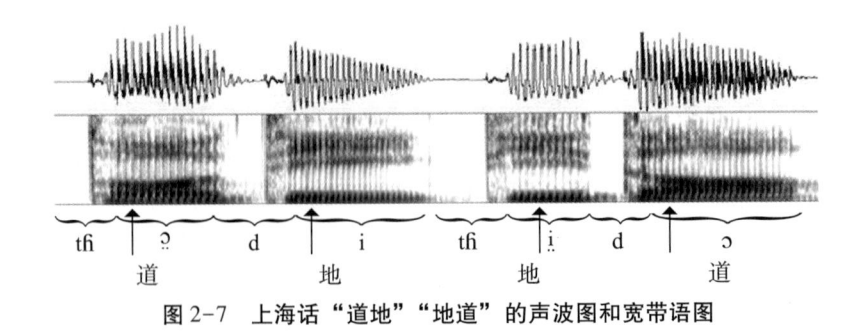

图 2-7 上海话"道地""地道"的声波图和宽带语图

由图 2-7 可以看出，"道地"的"道"与"地道"的"地"辅音声母 VOT>0，在语音学上是清音。但"道地"和"地"和"地道"的

"道"的辅音声母在爆破前声带振动，有明显的浊音杠，VOT<0，是语音学上的浊音。

尽管绝大多数吴语全浊声母不带音，表现为元音后的气声，但仍有个别吴语的全浊声母仍读带音声母。胡方（2001）对温州话的浊塞音声母进行了声学分析，在三男三女六位发音人当中，男发音人（M_3）的全浊声母存在带音发声，在40个样本中有13个是真浊音，约占1/3；女发音人（F_1）在45个样本中有9个是真浊音，占1/5。其他发音人的全浊声母发音与其他吴语无异，表现为不带音声母，且后接元音有气声。说明温州话浊塞音在单念时可能正处于清化过程的后期，但并未完全清化。

（三）湘语的浊音音值

相比于吴语全浊声母读音的较高一致性，湘语全浊声母的读音表现出很大的差异性。首先全浊声母在半数以上的湘语中均已清化，全浊声母舒声字多数与全清声母合流，全浊声母入声字大部分与全清声母合流，部分与次清声母合流。在保留清浊对立的湘语中，全浊声母的浊音音值也并不一致。总体而言，湘语全浊声母保留浊音时，有三种不同的音值：常态浊音，清音浊流，浊音浊流。

1. 常态浊音

常态浊音是指全浊声母在发音时，声带发生振动，即VOT>0。安化东坪方言全浊声母的读音大多属于此类。下面是安化东坪方言"低—梯—弟"对应的声波图和宽带语图。

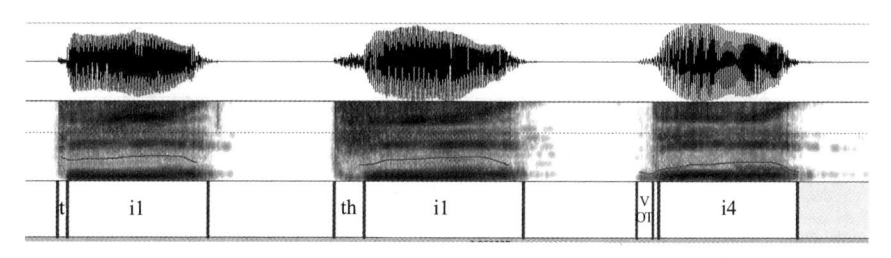

图2-8 安化东坪LJH"低—梯—弟"的声波图和宽带语图

"低—梯—弟"在安化东坪方言中均读平调，不过浊音"弟"的调值更低。从声波图和宽带语图上可以看出"低—梯—弟"在声母方面的差异，"低、梯"的声母发音时，均没有浊音杠，说明是清音声母。发"低

[ti˦]"时，声母除阻后即伴随元音的周期性振动，测得其 VOT 值为 31 毫秒。发"梯[tʰi˦]"时，声母除阻后伴随着送气成分，然后才是元音的周期性振动，测得其 VOT 值为 101 毫秒。而发浊音"弟[di˦]"时，浊音在塞音除阻之前就开始振动了，其 VOT 为负值，为-54 毫秒。可见，安化东坪方言塞音声母的三种发声态类型依靠 VOT 就可区分开来。不送气清音声母和送气清音声母的 VOT 为正值，其中送气清音声母有较大的 VOT 值，浊音声母的 VOT 为负值。

2. 气声

在湘语邵阳、祁东、祁阳以及新化等地，古全浊声母有类似吴语那样的气声。气声的表现更为复杂多样，一般表现为两种，一种是气声与浊音并存，一般称为浊弛声（朱晓农，2010）。即古全浊声母读带音，其后接元音部分有强烈的气声，如邵阳白仓话（邹晓玲、朱晓农，2017）、临湘话（李惜龙，2011）。

气声的另一种形式是跟吴语类似的"清音浊流"，在祁东、祁阳以及平江等地，其全浊声母听起来有"浊感"，但实际上全浊声母在语图上没有显示浊音杠（voice bar），声母后接元音部分有明显的气声。图 2-9 是祁东洪桥镇发音人"巴—趴—爬"的声波图和宽带语图。

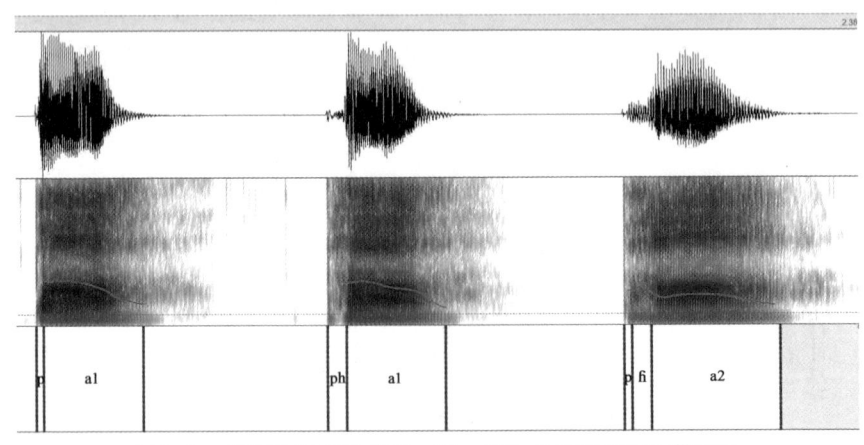

图 2-9 祁东洪桥 PTQ"巴—趴—爬"的声波图和宽带语图

从图 2-9 可以看出，祁东方言全清、次清和全浊声母在语图上均表示为清音。其中"巴"和"趴""爬"有不同的 VOT 值。经测得"巴"

"趴""爬"的 VOT 值为分别 13 毫秒、49 毫秒和 20 毫秒。虽然"爬"的 VOT 值与"巴"差异不大,但"爬"在声母除阻后的元音起始段,有明显的气流叠加在后接元音的周期波上(图中 [ɦ] 部分),在频谱图上也能见到明显的乱纹,这正是气声的特征。祁东方言全浊声母之前的记录一般是送气浊音,在我们 2018 年 1 月所调查的 10 位发音人中,没有发现浊音成分,其所谓浊送气成分为类似吴语的清音浊流。具体分析待详文另叙。

(四)其他方言的浊音音值

吴湘语外其他方言古全浊声母今读浊音时,在音值上基本上也为带音浊音或气声。据朱晓农(2010a)指出赣语有浊音,还有作为变体的内爆音,但没有发现浊送气。所谓的浊送气,其实是弛声,包括清弛声和浊弛声两种。

在湘西的乡话中,全浊声母也有不同的变体。包括带音浊音、浊气声以及单纯的气声等。据夏俐萍等(2016),在湘西泸溪红土溪乡话中,塞音声母存在"清不送气—清送气—浊音"的三分对立。图 2-10 是泸溪红土溪乡话发音人 QGJ"闭—屁—箪"的声波图和宽带语图及窄带语图。

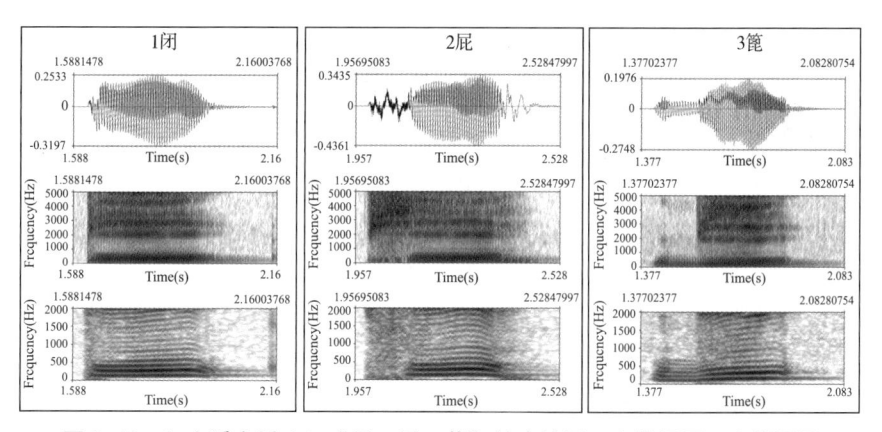

图 2-10 红土溪乡话 QGJ"闭—屁—箪"的声波图、宽带语图、窄带语图

通过测量,发音人 QGJ 的"闭、屁、箪"的 VOT 值分别为:16 毫秒、102 毫秒和 -149 毫秒。不送气清音 [p] 的 VOT 值为 16 毫秒,跟北京话的 13 毫秒比较接近。但送气清音 [pʻ] 的 VOT 值很长,长达 102 毫

秒，跟南昌话送气音的116毫秒非常接近（朱晓农，2013：79）。更加引人注目的是浊音声母［b］的VOT值，为-149毫秒，是一个十分典型的常态浊音。在少数存在真浊音的吴语中，其浊音VOT值长度还是十分有限，如据胡方（2001）的研究，温州方言所谓浊塞音的VOT值大于零，与不送气清塞音的区别不大。但在调查过程中发现，有两位发音人保留了真浊音，其［b］、［d］、［g］VOT的均值分别为-50.5、-13.1和-72，比乡话中浊音的时长要短得多。

除了带音浊声母外，泸溪红土溪乡话还有不带音声母加气声的变体，如发音人QWW在单念"簿"时为气声，当"簿"作为"帐簿"的后字时，则是真浊音。如图2-11所示。

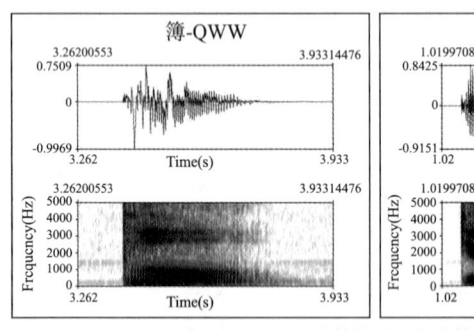

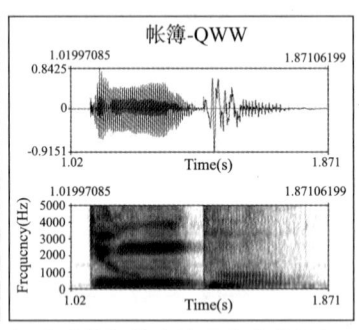

图2-11 红土溪乡话QWW"簿"与"账簿"的声波图和宽带语图

目前的研究表明，吴语全浊声母读音的音值有较高的内部一致性，即全浊声母本身不带音，后接元音伴随着明显的气声化现象。而湘语、乡话以及湘鄂赣地区的赣语，全浊声母今读浊音时有强烈的个性。全浊声母既有像吴语那样的"清音浊流"，也有带音浊音。另有一些湘语全浊声母的读音有多种变体，如双峰方言就有包括"清音浊流""带音浊音"以及"浊气声"等变体（陶寰私下交流）。目前对湘语全浊声母浊音音值的研究以及成因，仍有待更加深入的探究。

第四节 浊音声母的音系地位

全浊声母已经清化的方言中，历史上的清浊对立已经消失。在多数官话及北方方言中，声母清浊对立完全消失，除了平声字具有阴阳声调的对立之外，其他调类的阴阳调区分也已经消失。如北京话分别来源于中古四声八调的八个字"低踢｜题笛｜抵｜弟第帝"分化为阴平、阳平、上声和去声四个调类，其中"踢"为阴入字读阴平，"笛"为阳入字读阳平，"弟第"为"阳上、阳去"字读同去声。阴阳调类的区分已经打破，因此音系中既不存在声母的清浊对立，也不存在调类上的阴阳对立。

在客、赣、闽、粤等方言中，虽然全浊声母也已经清化，但中古的"四声八调"仍然得到保留（部分方言发生了"浊上归阳去"的演变），如潮州话八个声调，厦门话、南昌话均为七个声调（发生了"浊上归阳去"），声调的分化均以古声母的清浊作为条件。换言之，这些方言中，中古声母在音系上的清浊对立，已经转化为声调的阴阳对立之分。

在保留清浊对立的方言当中，浊音声母是否具有独立的音系地位，历来有不同的意见。像吴语，曹剑芬（1987）认为其声母的清浊对立已经转化成声调的阴阳对立。理由是："古全浊声母在吴语里已经清化了。同其他许多方言相仿，古代声母的清浊对立在现代吴语里也转化为相应声调的阴阳对立。如果说古代汉语里是'异纽同调'，那么现代吴语里是'同纽异调'：……所谓'清音浊流'里的'浊流'，实际上不是声母本身音质的特征，而是韵母元音气声化的表现，它显著地体现为声调的区别性。"显而易见，这种认识是基于单字调上的音位分析，在单字调层面，吴语的清浊声母和阴阳调是一组相关的概念，清声母读阴调类，浊声母读阳调类。如果把连读变调考虑在内，吴语的全浊声母在后字时读真浊音，声调的阴阳对立之分取消，这时声母的清浊成为主要的特征甚至唯一的区别特征（陶寰，2017）。

本节对吴语和湘语清浊对立的音系地位进行简要介绍和讨论。

一　吴语浊音声母的音系地位

陶寰（2017）对吴语浊音声母的类型及其音系地位进行了重新思考，不仅仅从单字音角度，更是考虑了连读变调中吴语的清浊是否对立。提出吴语声母和阴阳调类的四种关系类型：太湖片、台州片和瓯江片吴语，声母的清浊具有独立的音系学地位；江山方言的浊音与送气清音可以自由变读；宣州片铜泾小片读为擦音或近音。个别吴语不遵循单字调阴高阳低的原则，说明浊声母或许早已清化。下面根据陶寰（2017）的分类，对上述几种类型逐一介绍。

（一）清浊对立

太湖片、台州片以及瓯江片等吴语中，连读后字中阴阳调会发生中和，依靠声母的清浊区别意义。除此之外，其他条件下也有清浊对立的现象。例如上海：

第八 diʔ˦ paʔ˧≠提拔 diʔ˦ baʔ˦　　百搭paʔ˧ taʔ˧≠八达paʔ˧ daʔ˦
特点 dəʔ˦ ti˧≠特地 dəʔ˦ di˦　　音色 iŋ˥ seʔ˧≠音值 iŋ˥ zəʔ˦

（二）清浊声母不对立

据傅国通（1984：110）指出，武义话声母清浊有别，单字清声母读高调，浊声母读低调，变调时，高调变高调声母不变，低调变低调声母也不变；高调变低调，声母同时由高的一类变成低的一类，低调变高调，声母也由低的一类变到高的一类。例如：

　　p>b　补篓 bu˩ filɑu˧=蔀篓　　　　k>g　狗皮 gɑu˩ bi˧=厚皮
　　b>p　封皮 foŋ˧ pi˥=封闭　　　　　z>s　食粥 sæʔ˧ tsoʔ˥=失足

同武义方言相似的还有开化城关以及衢县方言，这些方言中，声母随声调高低发生清浊变化，只是声调高低的伴随性特征，已经没有音位价值。

（三）浊音声母自由变读为清声母

秋谷裕幸（2001：6）描述江山方言的浊音声母实际音值很不稳定，有时为[b]等清化浊音，有时为[bʰ]等送气清化浊音，还有时为［p·］等送气清音。陶寰本人记录的江山方言单字调与其他吴语比较接近，以清音浊流为主，但在连读变成高调的情况下，读清送气的现象比较常见。也就是说，江山方言的浊音声母在与清音声母合流的中途，出现了部分对立、部分不对立的情况。

（四）擦音或近音

这一类型主要是吴语宣州片铜泾小片，郑张尚芳（1985：16）说：古全浊声母读［ʋ ɻ ʑ ɣ］一类通音，多数地点带清喉擦音成分。因此，铜泾小片吴语与清声母在单字音上是对立的，不过对立的方式与其他吴语不同。例如石埭老城话（孟庆惠，1988：317）。

败 fˑəi˧≠拜 pəi˧≠派 pʰəi˧　　　　盗 tˑɔ˧≠到 tɔ˧≠套 tʰɔ˧
柜 fˑəi˧≠贵 kuəi˧≠愧 kʰuəi˧　　　具 çˑy˧≠句 tçy˧≠去 tçʰy˧

综合以上四种类型可知，如果只考虑单字音层面，吴语的清浊与声调阴阳互为一对羡余特征。但如果将语流层面纳入音系考虑，吴语浊音声母的音系地位也不是完全一致的。在太湖片等吴语中，语流后字位置阴阳调类之间的区别取消，形成完全的清浊对立。但武义等方言，即使在语流后字位置，清浊也只是一种伴随特征。而某些吴语如江山方言等，浊音已经接近清化，清浊对立无论在单字音还是在语流中，趋向消失。只有读通音成分的宣州片吴语，才会出现单字音上的清浊对立，但清浊对立并不体现在同一部位上，不是中古塞音的三分对立。

二 湘语浊音声母的音系地位

关于湘语浊音声母的音系地位，历来讨论不够充分，目前所见有陈晖（2003）的《异纽同调和异纽异调——兼论湘语娄邵片与吴语在古全浊声母演变上的差异》，该文从单字调入手讨论清浊声母与声调的关系问题，并指出娄邵片方言存在异纽同调和异纽异调两个类别，其中异纽同调有两种类型，一是指像祁东方言那样保留中古异纽同调的情况，其上声和入声字清浊对立，声调调值相同，一是指像安化那样的后来演变情况，古清去字今读阳平清音，与读浊音的阳平字异纽同调。异纽异调是指像邵东、邵阳等地方言，清浊声母并不是唯一的区别特征，清浊声母同时伴随着声调的阴阳对立。陈晖（2003）认为，娄邵片方言中的异纽同调，是吴语和湘语的一大区别特征。由于我们对于娄邵片湘语语音实验的材料不多，对其浊音的音系地位不敢做全面的讨论，仅以祁东方言和安化东坪方言为例。

（一）祁东方言

祁东洪桥镇方言全浊声母单念时，今读像吴语那样的"清音浊流"，也就是气声。但在语流中充当后字时，全浊声母今读浊音，与吴语的情况类似。如图 2-12 所示。

从图 2-12 可以看出，单念"台"时，祁东方言没有浊音杠，但在元音的前半部分带有气声，因此记音为[tʰæ˩]，当"台"处于"舞台"的后字时，辅音除阻前声带便开始振动，有明显的浊音杠，是一个典型的带声浊音，同时声调也发生变调，应记为[vu˧ dæ˩˨]。

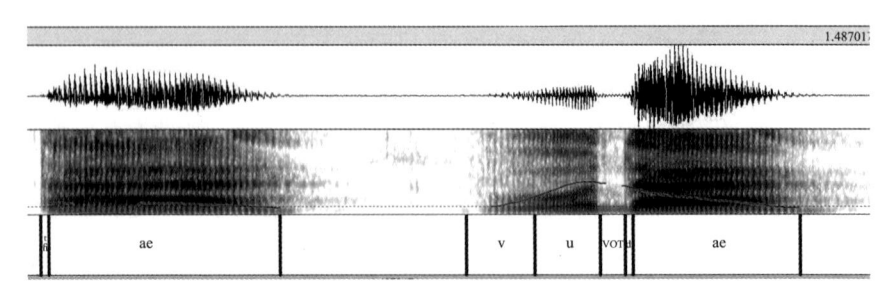

图 2-12　祁东洪桥 PQZ "台""舞台"的声波图和宽带语图

陈晖（2003）所介绍的祁东方言异纽同调现象主要发生在仍然归上声的全浊上声字与清上字，以及清入字和浊入字也存在异纽同调的现象。引用如下：

清入	全浊入	清上	全浊上	全浊去
切 tɕʰie˧	≠ 捷 dzʱie˧	毯 tʰan˧	≠ 淡 dʱan˧	≠ 蛋 dʱan˩
瞎 xa˧	≠ 狭 ɣa˧	鼠 ɕy˧	≠ 竖 zy˧	≠ 树 zy˩

经过我们对祁东洪桥镇五男五女共十位发音人的调查来看，祁东方言不仅按声母清浊分阴阳、而且其次浊平调类跟清平和全浊平也不一样，可以另立次阳平调。也就是说，祁东方言具有典型的清浊分调格局。下面将一位男发音人和一位女发音人的声调曲线图展示如下。

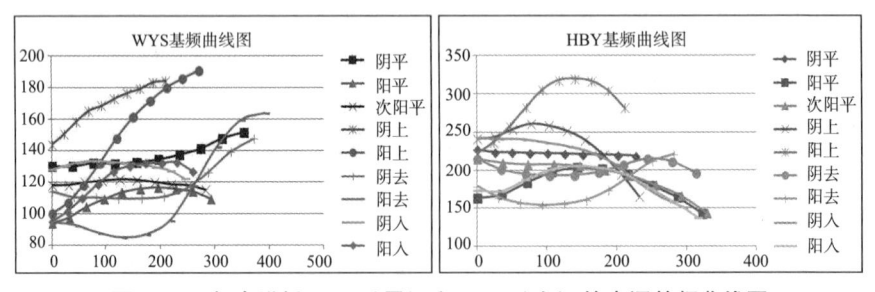

图 2-13　祁东洪桥 WYS（男）和 HBY（女）的声调基频曲线图

从 WYS 和 HBY 两位声调的基频曲线图来看，阴平和阳平的基频曲线互不重合，可以分为两个调类。阳平和次阳平在 60% 后开始重合，但在 60% 之前，二者仍然有较大的区别。如 WYS 起始部分，阳平比次阳平低 20Hz 左右。而 HBY 起始部分的阳平比次阳平低 51Hz 左右。祁东方言阳上调绝大部分来自古次浊上声字，绝大部分古全浊上声字今读阳去，只有"淡抱"等少数几个全浊上声字今读阳上。阴上和阳上的调型在不同发音人中有个体差异，如 WYS 中的阴上和阳上字都是升调，其中，阴上是高升调，且阴上字时长远低于阳上字，二者只在末尾处有重合部分。而HBY 的阴上和阳上调均是凸调，调型相似，但阴上和阳上的调高与 WYS 刚好相反，HBY 的阳上是个假声，最高处基频超出 330Hz 以上，而阴上字虽然调型与阳上相似，但最高点基频在 260Hz 左右，远低于阳上。WYS 和 HBY 二位的阴去和阳去调型接近，区分在于阴去的前半部分起点较低，而阳去起点较高。阳去凹陷的程度较大。阴入和阳入字，在两位发音人中，起点不同，阴入起点较高，是一个微降调，阳入起点较低，是一个低升调，但在 HBY 中，阳入显示出凸调的特点。

结合祁东方言全浊声母与声调格局的表现来看，全浊声母在祁东方言中读气声，与清不送气音或清送气音在发声态上存在差异。清音声母和全浊声母（包括次浊声母）的声调也表现出系统差异。总的来说，清音声母配调值较高的阴调类，浊音声母配调值较低的阳调类，阴阳调类的调型差异较小，但调值高低明显。在某些人中，阳入字是一个超高调值的假声调，相反阴入字的调值没有阳入字高，这是因为祁东方言中，全浊上声字除"淡、抱"等少数几个外，全部并入阳去调，阳入字来源基本上为次浊入声字读高调。因此，在我们所调查的祁东方言中，无论哪个调类都不存在"异纽同调"的现象。至于新化、祁阳等地是否存在异纽同调的现象，还有待进一步考察。

祁东方言在单音节上不存在"异纽同调"的现象，即清浊声母和阴阳调类互为一对羡余特征，但并不能说浊音没有独立的音系地位。如果考虑全浊声母在音节中的表现，就会发现，祁东方言跟吴语有惊人的相似之处，即全浊声母在音节后字时，不再读气声，而是读真正的带音声母（如图 2-12 的"台""舞台"）。在祁东方言的连读变调中，属于词调的，前字不变调，后字阴阳调类之间的界限不再明确，与吴语相似，清浊声母在连调层面具有独立的音系地位。

（二）安化东坪方言

陈晖（2003）的文章指出还有一种异纽同调现象，像双峰、娄底、湘乡、城步、武冈、安化东坪等方言中，全浊声母由于发生演变，在保留浊音的同时，与某一类清音声母存在异纽同调的现象，但这种异纽同调并不是中古音系清浊对立的反映，而是后来的一种演变。如双峰话中，全浊声母入声字清化后今读阳平，与全浊声母平声字存在着清浊对立。例如：泛 tsaɤ˧ ≠ 柴 dzaɤ˧；八 paɤ˧ ≠ 牌 baɤ˧。在安化东坪方言中。全清声母去声字与全浊声母平声字异纽同调，例如：驮 doɤ ≠ 舵 toɤ；河 xoɤ ≠ 货 yoɤ。上述方言全浊声母入声字全部清化，因此，清浊声母与阴阳调类在平声字、去声字仍然是互补的关系，既古平声字和古去声字既出现清浊不同，又有阴阳对立之分。但由于声调系统后来的演变，在某些调类上又出现了异纽同调的现象。下面以安化东坪方言为例进一步分析。

安化东坪方言存在系统的浊音声母，并不是祁东方言那种清辅音后面带气声的性质。不同的浊音声母有明显的浊音杠，在语图上显示的共振峰平滑，没有或较少有气流进入元音内部。图 2-14 是安化东坪 LJH "被"的宽带语图和元音三分之一处的频谱斜率图。

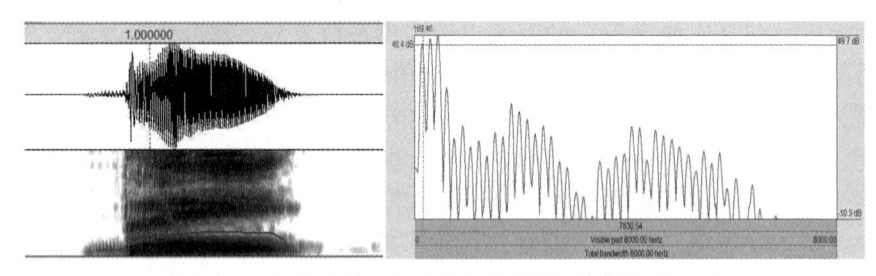

图 2-14　安化东坪 LJH "被"的声波图和频谱斜率图

由图 2-14 可见，"被"发音时有明显的浊音杠，即 VOT<0，是个典型的带音浊音。同时，该音节的声波图和宽带语图显示，声波图形能量强，语图上共振峰清晰可见，从元音三分之一处得到的频谱斜率图中，也没有出现能量迅速下降的现象，第一谐波和第二谐波的能量相差不大（气声往往 $H_1-H_2>0$），可见"被"是个典型的真浊音。

从采集到的数据来看，东坪方言的浊音也并不全都不带气声，但是肯定的一点是，全浊声母不管是否带气声，均带有浊音杠，是一个带音浊音。如同样是 LJH 的"抱"字就带有一定程度的气声，如图 2-15 所示。

第二章 清浊对立   67

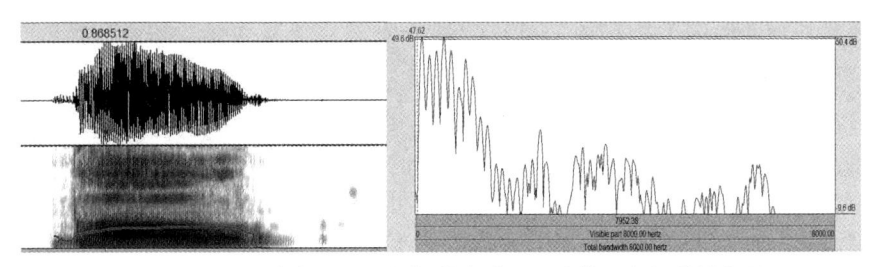

图 2-15 安化东坪 LJH"抱"的声波图、宽带图和频谱斜率图

从图 2-15 可以看出，同一发音人 LJH 的"抱"发音时仍然有浊音杠，但是元音起始部分有气流出现。声波图虽然能量较强，但宽带语图上高频区显示有明显的杂纹。从频谱斜率图看，$H_1-H_2>0$，显示有气声的存在。因此，"抱"的严式标音当为 [bʱauɨ]，但是无论发何种浊音，始终有带音成分，气声只是变体形式，因此，该方言仍然表现为带音不带音的清浊对立，而不是气声与非气声的清浊对立。

安化东坪方言有五个声调：阴平[˥]44、阳平[˨˦]13、上声[˧˩]31、去声[˨]22、入声[˥]45，其中全浊上归去声，全清去与全浊平合流为阳平，全浊入声字清化，今读入声，但有少量清去字和浊去字今读入声。因此，安化东坪方言在阳平[˨˦]13调和入声[˥]45调上存在着清浊对立。例如：冻 təŋ˨˦ ≠ 铜 dəŋ˨˦；不 pu˥ ≠ 妇 bu˥。图 2-16 从左到右分别显示"冻—铜"的声波图、宽带语图、窄带语图和基频曲线图。

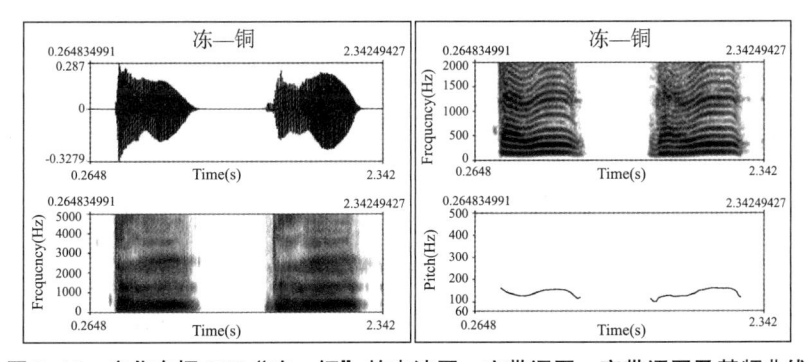

图 2-16 安化东坪 LJH"冻—铜"的声波图、宽带语图、窄带语图及基频曲线

从图 2-16 可以看到，"冻、铜"二字的声波图、宽带语图及窄带语

图和基频曲线图十分相似，只是"铜"有明显的浊音杠，同时伴随着一定程度的气声，在语图上体现出一些乱纹。二者的基频曲线也是基本一样，只是"铜"在起始时稍微低一些，但后续部分几乎完全一样，从听感上也只有清浊的区别，没有声调高低的差异。

通过对安化东坪方言浊音的分析，可以看出，在安化东坪方言中，阳平调类上存在真正的清浊对立，其中阳平调中的清声母来自清去字，阳平调中的浊声母来自全浊平声字，形成所谓的"异纽同调"现象，但这种异纽同调并不是中古全浊声母对立的表现，而是后来演变的结果。

（三）益沅小片湘语浊音的音系地位

在益沅小片湘语的益阳、桃江、沅江等地，全浊声母的读音发生了分化。需要从古舒声字和古入声字两方面讨论。一方面，全浊声母入声字在益沅小片湘语中均已清化，塞音塞擦音声母或读送气清音，或读不送气清音。另一方面，全浊声母舒声字的读音也发生了分化，全浊声母在该片湘语发生了不同程度的弱化现象，最彻底的弱化现象是全部全浊声母舒声字均发生弱化，其次是全浊塞擦音擦音声母发生弱化现象。弱化的结果是全浊塞音、塞擦音或擦音声母今读浊擦音、近音、鼻音、边音或零声母等等，关于益沅小片湘语的弱化现象，第三章"弱化"部分将会有具体介绍。

由于发生浊音弱化，益沅小片湘语的清浊三分，并不像中古全浊声母一样，保持发音部位的一致性，如塞音塞擦音在同部位上有清不送气、清送气和浊音这样的三分对立，而是如宣州片吴语一样，虽然保持着清浊三分分立，但发音部位并不一致。以桃江三堂街方言为例。

彬 pin¹—拼 p·in¹—贫 yn²　　　　渣 tsa¹—差 ts·a¹—茶 la²
鸡 tɕi¹—溪 tɕ·i¹—棋 i²　　　　　冻 tən⁵—痛 t·ən⁵—洞 lən⁶
飞 fei¹—肥 uei²　　　　　　　　憨 xa¹—含 a²

因此，益沅小片湘语全浊声母舒声字也保持浊音三分现象，但这种现象并不是中古时期清浊三分的保留，而是全浊声母在弱化后仍然保持其浊音属性的一种表现。全浊声母舒声字在单音节中，声调基本上读阳调，相应的清声母读阴调。也就是清浊声母与阴阳调类之间在单音节中是一对羡余特征。在连读变调中，阴阳调类部分中和，比如阴平和阳平后字的连读调相同，均读˦调，这时清浊成为唯一的区别特征。如三堂街"房东 oŋ˧ təŋ˦≠黄铜 oŋ˧ dəŋ˦"。阴去和阳去后字的连读调仍然不同，例如：元旦 yẽ˧ tã˦≠鸭蛋 ŋa˥ dã˦。因此可以说，像三堂街方言这样的湘语，在单音节上保持清浊三分,但清浊声母仍分属不同的调类;在连读调中,清浊三分仍然保留,但阴阳调类在连调后字出现部分中和现象。

由以上的讨论可知,湘语全浊声母的类型以及在音系中的地位,比起吴语来更加复杂多样。从目前的研究成果来看,目前还只能对一些具体个案进行具体分析。祁东方言跟吴语更为相似,在单念时,声母清浊与声调阴阳互补,清浊声母与阴阳调类互为羡余特征,但在连读变调中,阴阳调类之间的区别取消,单纯依靠声母清浊区别意义。东坪方言在单音节层面存在同一调类上清浊的对立,不过这是属于声母后来演变的结果。

第三章 浊音弱化

第一节 关于弱化

一 问题的提出

研究全浊声母演变时，人们往往将目光投放在全浊声母保留浊音和清化两端，并特别提出"浊音清化"是汉语方言全浊声母演变的一条必由之路。而研究浊音清化时，着重描述的是浊音清化以后今读塞音塞擦音声母送气和不送气的类型。如官话的"平送仄不送"，客赣方言的"不论平仄均送气"等。但是，用"保留浊音""清化""送气或不送气"等字眼能否全面地描述汉语方言全浊声母演变的全貌？清化是否为汉语方言全浊声母演变的唯一途径？这是值得我们进一步思考的问题。下面以三个方言全浊声母的读音为例进行讨论。

（一）吴语上海方言

吴语上海方言的全浊声母今读浊音①。在上海方言中，並定母字读浊塞音，群母字读浊塞音或浊塞擦音，从崇船澄母跟奉邪匣禅母字合流为浊擦音。例如：

並定群：赔 bɛ˩ | 洞 doŋ˩ | 共 goŋ˩ | 局 dʑioʔ˩
从崇船澄：坐 zu˩ | 床 zã˩ | 船 zø˩ | 茶 zo˩
奉邪匣禅：肥 vi˩ | 谢 zia˩ | 黄 ɦuã˩ | 十 zəʔ˩

可以看出，上海方言的全浊声母较好地保留了浊音。不过，"保留浊

---

① 如无特殊说明，这里的浊音均指音系上的"浊音"，吴语浊音从音值上来讲，实为"气声"。

音"只是一种笼统的说法，因为上海方言全浊声母的读音并不是中古时期全浊声母读音的直接继承，而是发生了一定的变化。其中一个显著的变化是从崇船澄等母跟邪禅等母之间的差别取消，即浊塞擦音声母跟浊擦音声母之间出现了合流。上海方言只是其中的一个例子，在多数吴语中，古全浊塞擦音声母跟古全浊擦音声母之间产生了不同程度的合流现象。

（二）湘语益阳方言

益阳方言属于湘语长益片益沅小片。鲍厚星、陈晖（2005）对湘语长益片以及益沅小片全浊声母读音的描述是："长益片全浊声母今逢塞音、塞擦音时清化，舒声字一般不送气，入声字部分不送气，部分送气……益沅小片的主要特点是：古从、邪、澄、崇、船、禅等全浊声母舒声字有大批读 [l] 声母。"按照这种描述，益沅小片湘语全浊声母舒声字读 [l] 声母的特征属于"舒声不送气"的下位层次。但实际上益阳方言的全浊声母舒声字读 [l] 声母的现象，从语音性质上来说，仍然属于浊音。益阳方言古全浊塞擦音擦音声母读 [l] 声母的现象是全浊声母演变上的一个最显著的特点。据统计，从崇船澄邪禅等母舒声字在益阳方言中读边音声母的比例达到60%以上。例如：

澄母：长 lɔ̃˦│沉 lən˦│丈 lɔ̃˥│赵 lau˥│仲 lən˥│赚 lan˥

崇母：柴 lai˦│锄 ləu˦│逸 lan˥│寨 lai˥│栈 liẽ˥

船母：乘 lən˦│绳 lən˦│蛇 la˦│射 la˥│剩 lən˥

从母：贱 liẽ˥│才 lai˦│匠 liɔ̃˥│净 lin˥│层 lɔ̃˦│暂 lan˥│脐 li˦ ~带子/tɕi˥肚~

禅母：常 lɔ̃˦│城 lən˦│辰 lən˦│社~日 la˥/公~ sə˥│受 ləu˥│寿 ləu˥│尚 lɔ̃˥

邪母：祥 liɔ̃˦│寻 lin˦│松 lən˦│谢 lia˥│袖 liəu˥

由从澄崇船邪禅等母舒声字的读音来看，益阳方言全浊声母的读音超出了"浊塞音塞擦音浊擦音"声母的范围，跟中古时期全浊声母的读音相差较远。但如果从语音性质上来说，边音声母仍属于浊音，因此认为益阳方言的全浊声母已经全部"清化"是不太妥当的。

（三）湘南江华码市土话

江华码市土话的全浊声母全部清化，其中并定群母字读为同部位的不送气清音声母，从崇船澄母与邪禅母字均读为清擦音声母，匣母字基本上读作零声母。例如：

並（奉）定群：婆 po˩ | 饭 pan˧ | 弟 tɕei˧ | 权 kyn˩ | 舅 tɕiau˧

从崇船澄：瓷 si˩ | 床 ɕiaŋ˩ | 乘 suen˩ | 丈 ɕiaŋ˧

邪禅：详 ɕiaŋ˩ | 像 ɕiaŋ˩ | 尚 ɕiaŋ˧ | 成 seŋ˩

匣母：回 uei˩ | 校 iou˩ | 夏 a˧ | 县 in˧

对于江华码市土话全浊声母的读音，通常的描述是"全浊声母清化，今读塞音塞擦音声母一律为不送气清音"。这一描述本身并没有问题。但是如果从浊音清化后塞音塞擦音声母送气/不送气的角度进行描述，上述描述只涉及江华码市土话全浊声母中的并（奉）定群四母，其他七个全浊声母的读音都没有涉及。因为在江华码市土话中，从崇船澄等母已经跟邪禅等母合流为清擦音声母了。

以上三个方言全浊声母的读音表明，有时单从"保留浊音""浊音清化"或"送气/不送气"等角度并不能全面地概括全浊声母在演变方面的具体特征，同时，"保留浊音"或"浊音清化"掩盖了全浊声母演变过程中的一些重要现象。如在具体方言全浊声母演变过程中所出现的浊塞擦音声母演变为浊擦音声母；浊擦音声母演变为零声母；全浊声母演变为鼻音、边音、闪音、颤音等特殊声母等等。这些特殊的声母，从演变来看，与全清次清声母仍然保持清浊三分，但不再是中古全浊声母塞音塞擦音同部位发音方法的保留。这类现象中，有些可能属于个别方言全浊声母的特殊演变，有些则是多数汉语方言（尤其是东南方言）中十分普遍的现象，不容忽视。因此，如果对汉语方言的全浊声母演变进行专门的研究，对这类语音演变现象应该加以探讨。

上面提到的这些全浊声母的演变现象，本书统称为"弱化"。

二 语音弱化

（一）定义

在相关的语言学论著中，对弱化所下的定义并不完全一致。首先介绍两个有关语音弱化的定义。

定义一：语音成素因在语流中所处的位置而发生的质或量上减弱的变化。其位置主要是某些语音单位的末端，非重读音节及闭音节。按传递信息的需要和生理发音的节奏，语音成素在实词，语音段和句子的首端以及在重读时，发音清晰有力，时间也较长；反之，则有不同程度的减弱。闭音节中的元音因后续辅音尤其为清辅音限制，发音一般较短，在开音节中则较长。语音成素在量方面的弱化主要功能是发音时间即音长上的短化较为普遍，语音成素的弱化主要是发音器官趋向静止而引起音色和音质上的变化，但根据具体语言和不同语音成素而异。通常区分为元音弱化、辅音弱化及声调弱化。（戚雨村等《语言学百科词典》，上海辞书出版社 1993 年版）

定义二：Lenition is a reasonably loose notion applied to a variety of kinds of changes in which the resulting sound after the change is conceived of as somehow weaker in articulation than the original sound. Lenitions thus typically include changes of stops or affricates to fricatives, of two consonants to one of full consonants to glides (j or w), sometimes of voiceless consonants to voiced in various environments, and so on. Lenition can also include the complete loss of sounds. An example of lenition is the change of the intervocalic stops which were voiceless in Latin (p, t, k) to voiced stops (b, d, g) in Spanish, as in skōpa > eskoba (spelled escoba) 'broom', natāre > nadar 'to swim', amika > amiga 'female friend'. (Campbell, *Historical Linguistics*: *An Introduction*, 2nd Edition, 2008)

弱化是一个相对比较松散的概念。它可以指不同类型的语音变化，这些变化后的语音在发音上跟原有的语音相比，程度有所减弱。典型的弱化包括诸如塞音、塞擦音变成擦音；辅音合二为一后再变成流音［j］或［w］；在某些环境中辅音由不带音变成带音等，弱化还可以包括语音成分的彻底丢失。比如，拉丁语中处于元音之间的辅音是清辅音，到了西班牙语中变成了浊辅音，这就是一种弱化，例如：skōpa>eskoba、natāre>nadar、amika>amiga。(Campbell, 2008)

在上述两个定义中，定义一主要指出了弱化发生的原因以及所处的环境，即弱化是由于语流的作用产生的语音变弱的过程，其位置主要是语音单位的末端，非重读音节和闭音节。定义二主要指出弱化可以代表不同类型的语音变化，特别是列举了辅音弱化的一些类型。不过，这两个定义在描述语音弱化时，都没有严格指明弱化所需要的语音条件。定义一只指出了弱化在语流音变的环境下产生这一条件，定义二只是笼统地说弱化是一种语音变化，也没有指明在何种情况下会发生弱化。事实上弱化除了在语流音变的环境中产生，别的条件下也可以产生语音的弱化。下面讨论语音弱化的类型时会提到这些条件。

（二）语音弱化的类型

引起语音弱化的原因有很多，既有语流音变的影响，也有语音自身演变的原因，甚至还有语法方面的原因。如果从引发语音弱化的原因方面进行分类，弱化大致可以分为以下三类：语流音变弱化、语法化伴随弱化、语音演变弱化。

1. 语流音变弱化

语流音变弱化是最常见的一种语音弱化类型。它通常由于音节之间的相互关系而使某些音段变弱，或是在说话时由于语速较快、某些语音成分变得含糊不清甚至脱落。语流音变弱化是一种共时语音现象，是在说话急速时或随意、非正规场合发生的，如果改用慢速或在正规场合又可以恢复到非弱化音节。发生语流音变弱化的位置通常是音节的末端或非重读音节。语流音变弱化的例子很多，如北京话的"豆腐"在语流中变成了[tou f]，后一音节的元音在语流中脱落，再如"爸爸"中后一音节的辅音通常读成浊音[paba]。在汉语方言中也有类似现象，据刘祥柏、陈丽（2015），吴语查济方言全浊声母今音单念逢塞音塞擦音多读送气清音，与全清声母字没有区别。但在连读后字位置，如果这个音节读轻声，那么全浊声母就会读成边音、近音或零声母，例如：蜇皮 tsʅʔ˧·vi｜石头 sʅʔ˧·ly｜堂前 t·əɫ·iã。语流音变弱化是语言学中讨论得最多的一种弱化类型。

2. 语法化伴随弱化

语法化主要是指实词逐渐虚化为没有实在意义的语法成分的过程，即通常所说的"实词虚化"。在语法化过程中，充当虚词的成分在语音上经常发生相应的变化，如语音成分变短、变轻，有的甚至与原有的语音相去甚远。江蓝生（2002）在讨论"V+着+NL"的句型中指出，"着"的语音弱化有如下几个阶段：

（一）　　　（二）　　（三）　　（四）
tʂuəʔ tʂəʔ　　tiəʔ təʔ
tʂuɑ tʂə tsɑ　 tiɑ tə　　 ə　　　零
tʂɤ　　　　　laʔ lei

"着"由实词演变为虚词的过程中，其语音也在不断地发生变化。包括声调变成轻声，失去原有的调型和音高，元音由复元音变成单元音并且央元音化，声母由塞擦音变成塞音最后又变成边音及零声母。"着"语音弱化的最终结果是变成零形式，即整个虚词成分的消失。

语法化伴随的语音弱化现象是语法和语音两大要素相互影响、相互制约的结果。语法化伴随的弱化现象不能单从语音本身的角度进行解释。首先，这些音节只有在充当虚词时才发生语音弱化，单念或用作实义的语素时，语音不会发生弱化，如"着"作虚词一般读轻声，韵母也读为单元音[ə]，但用作实义动词"着火"的语素时，读音为[ˌtṣao]，语音不弱化；其次，有些处于语法化初期阶段的语音并不发生弱化，说明语法化的过程中语音弱化现象并不是一个必要条件，如东南方言的"紧"用作持续体标记时，一般不发生弱化。例如广东韶关市：路口[ɛi˧]停紧[kiɛn˧]一辆车路上停着一辆车，其中的"紧"并没有发生弱化；此外，语法化伴随的语音弱化现象不是一种系统性的语音变化，这种弱化只发生在个别用作虚词的音节中，而与该音节处于同一地位的其他字音不会出现同样的弱化现象，例如用作虚词的"着"字的元音会弱化为[ə]，但与"着"处于同一韵摄的"嚼、雀"等字的元音不会发生同样的变化。这些都说明，语法化伴随的语音弱化现象是一种与语法演变紧密联系的语音、语法现象，不能单单从语音层面上进行解释。

3. 语音演变弱化

语音演变弱化是一种系统性的语音演变现象。这类弱化在语音系统的内部进行，具有系统性、稳定性的特点。在其他语言中，发生弱化的音素通常也跟弱化的音节地位有关，如"拉丁语 vita 'lift' > 古西班牙语 vida > 现代西班牙语 viða > 现代法语 vie"（Bauer, 1988）的演变就属于元音之间辅音的弱化。通常情况下，由语音演变引起的弱化现象，同一音韵地位的字音在相同的语音条件下都可能发生相同的演变。如吴语苏州方言的古澄崇船从等浊塞擦音声母有弱化为浊擦音声母的现象，属于古澄崇船从等声母的字均读为浊擦音声母，体现出非常强的规律性。例如：茶 zoɿ｜虫 zoŋɿ｜柴 zɑɿ｜船 zøɿ｜蚕 zøɿ｜全 ziɿ｜柱 zyɿ｜罪 zᴇɿ｜树 zyɿ｜直 zɔ̃ɿ。

上述三种类型的语音弱化中，语流音变弱化只涉及音素层面，弱化音和非弱化音可以视为音位变体的关系；语法化伴随弱化同时涉及音素和音素层面，但是不会影响到整个语音系统的变化；而语音演变弱化是语音在自身演变过程中发生的语音变化现象,这种类型的弱化会造成语音系统内部音类分合关系的变化,有时还会造成音位的变动,影响到语音的结构系统。本章所讨论的弱化现象即属于语音演变的弱化。

(三)语音弱化的表现

一个音节的音段是按一定的次序排列的,音节峰具有最大的响度(sonority),越到音节的边缘,响度就越小。发音强度(strength)则与响度成反比,越是音节边缘的音,发音强度越强。各种音的响度和发音强度的次序如下(潘悟云,2002):

(响度) ⟶
清塞音-浊塞音-清塞擦音-浊塞擦音-清擦音-浊擦音-鼻音-流音-半元音-元音
(强度) ⟵

这样,根据上述各种音的强度顺序,一个强度较强的音演变为一个强度较弱的音的过程,就可以称为弱化。事实上,语音的各要素——元音、辅音乃至声调都可能发生弱化。下面简单地介绍不同的语音弱化现象。

1. 辅音弱化

(1)清辅音的弱化

清辅音变成浊辅音,这是一种辅音弱化现象。如上面关于"弱化"的定义二中提到拉丁语处于元音中的清辅音到了西班牙语中变成了浊辅音,这就是清辅音弱化的表现。

我国境内的一些少数民族语言中,清音声母也有"浊化"的现象。陈其光(1991)指出,华南的一些少数民族语言中,一些今读浊塞音声母的字,其声调是阴调,说明这些浊塞音声母是由于清塞音声母的"浊化"演变而来的。例如傣语西双版纳方言:

村子 ban³ | 好 daŋ¹ | 鼻子 baŋ¹ | 薄 ba⁵ | 肩膀 da⁵ | 骂 duk⁷ | 骨头 bin¹ | 飞 di¹

典型的清辅音的弱化还包括强塞音声母[k k·]的零化现象。即在某些语言中,强塞音声母[k k·]脱落,读成零声母。强塞音声母脱落现象以侗语最为发达。汉语老借词的见母字大都念成零声母,另有一部分溪母字也念成零声母(郑张尚芳,1995b)。例如:

歌 a¹　　　家 e¹　　　篙 o¹　　　姑箍 u¹　　　钩 ɐu¹
交胶 eu¹　　间 en¹　　跟 ən¹　　工 oŋ¹　　　庚羹 eŋ¹
敢 am³　　　减 em³　　讲 aŋ³　　告 au⁵　　　嫁 e⁵

开 əi¹　　　空副 oŋ¹　　　口 ɐu³　　　靠 au⁵　　　裤 u⁵

汉语方言中的强塞音声母［k k·］也有零化现象，只是不如侗语那样普遍。"锅"在一些赣语中就读为零声母，例如吉安［uoɴ］，吉水［uoɴ］。《云南方言调查报告（汉语部分）》（1969）中，玉溪方言的见溪群母字的塞音声母也脱落了，只留有一个喉塞音成分［ʔ］，例如：街 ʔai｜客 ʔ·ɔ。

（2）浊辅音的弱化

浊辅音的弱化，即辅音的强度减弱，响度增强。就几类不同浊音的强度而言，大致存在以下的顺序。

浊塞音—浊塞擦音—浊擦音—鼻音—边音—流音—闪音—零声母

因此，一个浊辅音向浊度减弱的相邻辅音转化时，都可以视为浊辅音的弱化。如汉语的介词通常跟后面的宾语结合起来使用，具有很强的黏附性，同时介词使用频率很高，语音极易弱化。例如吴语地区的介词"在"，通常弱化为边音声母［l］，有人写作"来"，这极有可能是"在"的声母经历了由［dz］>［z］>［l］的弱化过程。

2. 元音弱化

（1）元音音长变短

英语中，当单词"be""been""she""me"等出现在语流中时，长元音［iː］弱化成了短元音［i］。

（2）元音由紧变松

元音由紧元音变成松元音，也可以看成元音弱化的表现。

（3）元音央化

很多语言中的元音都可以弱化成央元音［ə］。例如英语中的"them""at""and""are""but"等词在语流中非重读的情况下时，［e］、［æ］、［ɑ］、［ʌ］等元音都可以弱化为［ə］。

再如阿昌语（以云南陇川县户撒话为例）的弱化音节主要来自带有［a］韵母或以［a］为主元音的非弱化音节，音节弱化后元音读为［ə］，带韵尾的韵母仍保留韵尾（戴庆厦，1984）。如：沙子 saɭ leʔ˥［səɭ leʔ˥］、猫 kǎɭ lɔɭ［kə̌ɭ lɔɭ］。

（4）复合元音单元音化

很多语言或方言中的复合元音在长期的使用过程中，逐渐向单元音弱化。汉语方言中晋语复合元音单元音化的现象就很普遍，山西省境内几乎一半的晋语有单元音化现象（侯精一，1999）。例如"桃、条"在晋语单元音化的方言中多读［ɔ］、［ɔi］韵。在"桃条"韵母为复合元音的地方，"桃、条"多读作［ɔo］、［io］，韵尾呈现弱化，低化，与主要元音的舌位靠近，动程甚短。

（5）元音消失

元音弱化的最极端表现就是某个元音的消失。湖南益阳方言通摄合口三等字主要元音为［ə］，如：东 tən˧│蒙 mən˧│虫 lən˧。但是当逢零声母音节，音节中的主要元音也跟着消失，只留下一个声化韵［n̩］。如"红缝冯"等字均读音为［n̩］。

3. 声调弱化

声调弱化主要发生在连读变调以及用作语法成分的虚词中，其主要语音表现是调值变为轻声。曹志耘（2002）指出，从连读调的角度看，汉语方言声调演变的趋势是"虚化"。所谓的"虚化"，是指在连读过程中，不同调类之间的区别趋于模糊甚至消失，调类失去区别意义的作用，但调值本身并不一定失去高低升降的特征而变得轻弱模糊。这里的"虚化"相当于我们所指的"弱化"。如吴语汤溪方言：东风 nɑo˧ fɑo˧˩│性命 sei˩˧ mei˩˧│国家 kuɛ˥ kuo˧˩，音节的后字均读为轻声，原有的调值变得模糊，不再具有区别意义的作用。此外，在语法化过程中，用作虚词的某些语素的调值由舒变促，或是变成轻声，也可以认为是声调弱化的表现。

三　关于全浊声母的弱化

（一）全浊声母弱化的性质

在浊音的演变中，清化属于无标记音变，弱化属于有标记音变，世界上绝大多数语言都是走浊音清化的道路。浊阻塞音发音时，要求声带产生振动。声带振动受到各方面因素的影响，其中最重要的是气流。如果没有气流通过喉头，便不会产生振动。气流通过喉头时，需要喉上压力小于喉下压力。而发辅音时的阻力会增加喉上压力而导致清化，因此，浊音容易发生清化。如果要阻止清化，必须采取其他策略，其中之一减小气流通过喉头时遇到的阻力，来保持喉上压力小于喉下压力，从而保持浊音的特征。因此，浊音弱化可以看成对抗浊音清化的一种手段，但不可以看成是浊音清化的一种特殊表现形式。同浊音清化一样，浊音弱化同样也是语音的自然演化，可以发生在谱系关系很远，相互没有接触的语言中。如印欧语系中的斯拉夫语族、罗曼语族、日耳曼语族等语言中，位于元音之间的（intervocalic）浊辅音普遍发生了弱化音变。例如古西班牙语到现代西班牙语，发生了"① [b] > [v]、② [d] > [ð]、③ [g] > [ɣ]"的弱化音变。

全浊声母的弱化是全浊声母演变过程中的一种语音现象，指全浊声母不断地朝着浊度更弱，响度更大的声母演变的过程。中古时期的全浊声母，从成阻、持阻和除阻的角度进行分类，分别属于浊塞音、浊塞擦音和浊擦音。从中古到现代这一漫长的时期中，这些浊塞音、浊塞擦音和浊擦音在语音上不断地发生变化。其中之一就是发音方法上的由浊到清，中古时期的浊音声母变成了同部位的清音声母，这就是一般所说的浊音清化。此外，一部分方言的全浊声母演变到今天，虽然在发音方法上仍然保留浊音的性质，但是这些方言中全浊声母的读音，跟中古时期的全浊声母系统比较起来，有了很大的改变。一些浊音声母的浊音成分日渐磨损、消蚀，在长期使用过程中，变得不清晰甚至脱落。如浊塞擦音声母演变成浊擦音声母；浊擦音声母演变成零声母。另外的一些浊音声母，由于受到发音部位的同化或其他一些因素的影响，发音时朝相邻部位的鼻音、边音或颤音等声母转化等。浊音弱化后，原有的浊塞音、浊塞擦音和浊擦音声母的格局有可能发生改变。

全浊声母的弱化是一个渐变的过程。实际上，当发同一个浊音声母时，可以发音强一点，也可以发音弱一点，或者是某些地区的人发音硬一点，某些地区的人发音软一点。这种发音上的强弱并不会改变音类的分合关系，属于弱化方面的量变，可能不会引起注意。但是如果全浊声母的弱化达到一定程度，弱化后的读音使音类的分合关系发生了改变，有时甚至对整个语音系统的音位格局产生影响时，这种变化属于弱化方面的质变。对于这种弱化现象，有必要进行专门的研究。

（二）建阳方言全浊声母弱化的讨论

对于全浊声母弱化现象的讨论最先是从闽语建阳方言开始的。建阳方言是闽北地区的一种方言，该方言语音上最大的特色就是全浊声母的读音十分特殊，跟一般闽语全浊声母的读音有很大的不同。建阳方言全浊声母的读音从语音方面来说可以分为三种类型。

（1）全浊声母清化，读为相同部位的清音声母，既有送气清音，也有不送气清音，这跟大多数闽语是一致的。

并奉定群：赔 puiˉ｜皮 pʻuiˉ｜办 paiŋˉ｜白 pa˧｜肥 pyˉ｜饭 pɔŋˉ｜罚 xuoiˉ｜大 tuoˉ｜豆 teuˉ｜茄 kiɔˉ｜近 kyeiŋˉ｜共 keiŋˉ｜局 kyˉ

澄崇从船：茶 taˉ｜直 teˉ｜床 tʻɔŋˉ｜柿 k·iˉ｜蚕 tʻaŋˉ｜坐 tsuoiˉ｜贼 tʻeˉ｜顺 seiŋˉ

邪禅匣：祠 soˉ｜树 tɕiuˉ｜横 xuaŋˉ｜还 xieiŋˉ｜恨 xaiŋˉ

（2）一部分古全浊塞音塞擦音声母跟一部分次清声母一起读清擦音[h]。[h]声母跟来自晓匣母的[x]声母形成音位上的对立。读[h]声母的全浊声母主要为定澄母，次清声母主要来自古透母、彻母、滂母、清母以及溪母。下面列举读[h]声母的例字。

端组：糖 hɔŋˉ｜头 heuˉ｜桃 hauˉ｜剃 hiˉ｜讨 hauˇ｜贪 haŋˇ｜塔 haˉ｜桶 hɔŋˇ

知组：锤 hyˉ｜虫 hɔŋˉ｜锄 hyˉ｜柱 hiuˉ｜抽 hiuˉ｜畅 hiɔŋˉ｜拆 hiaˉ

其他：高 hauˇ｜雄 heiŋˉ

（3）一部分全浊声母今读边音声母和零声母。大致而言，边音声母来自除并奉群匣母外的全浊声母，零声母主要来自奉匣母以及少数其他全浊声母。

①边音声母。

定母：铜 lɔŋˇ｜潭 laŋˉ｜动 lɔŋˉ｜地 lɔiˉ｜毒 loˉ

澄母：传 lyeiŋˉ｜长~短 lɔŋˇ｜迟 lɔiˉ｜撞 lɔŋˇ｜直 lɔiˉ

从母：全 lyeiŋˇ｜罪 luiˉ｜字 lɔiˉ｜集 lɔiˉ

崇母：愁 leuˇ｜状 lɔŋˉ｜寨 laiˉ

邪母：松 leiŋˉ｜谢 liaˉ

禅母：城 liaŋˇ

②零声母。

奉母：防 uɔŋˇ｜浮 iuˇ

匣母：黄 uɔŋˉ｜咸 iŋˇ｜县 yeiŋˉ

群母：棋 iˇ｜件 iŋˉ｜跪 yˉ

其他：排 uaiˇ｜船 yeiŋˇ｜上 iɔŋˉ

建阳方言全浊声母读音的这种复杂现象，不同学者从不同的角度进行了解释。由于第二种读音［h］声母既可以来自全浊声母，也可以来自次清声母，因此，全浊声母读［h］可以看成浊音清化后跟次清声母进行的同步演变。对于建阳方言全浊声母读音讨论的重点在于全浊声母今读边音和零声母的现象。

罗杰瑞（1974、1986）最先观察到建阳方言全浊声母的这种特殊演变现象。他发现，建阳话浊平字"瓶""长""猴"等声母分别是［v］、［l］、［ø］，音值特殊，而且调值也和阳平字不同。建瓯话中这些字的调值则和上声相同。［v l ø］和浊塞音塞擦音声母相比，具有弱化的性质。根据这些字的声母音值和调类分派，罗杰瑞认为它们的声母应该有不同于一般浊塞音塞擦音声母的历史来源，即原始闽语应该有一组弱化的浊塞音塞擦音声母。据此，他构拟了闽语的第三套浊音声母：［*b-*d-*dz-*dž-*g-］。这一套浊音声母用来解释建阳方言声母的异常演变以及其他方言声调上超出四声八调系统的所谓"第九调"现象。罗杰瑞（1974）说："第三套浊音（*b-*d-*g-）从一开始就和那两套不同，只用于闽西北的建阳话和建瓯话：在建阳话中，现在读作带浊流的响音或者零声母。我怀疑，这第三套浊音，是受某种浊音前加成分的影响而致；而前加成分之后的主要辅音则经历着一种弱化的过程，因而导致目前声母的形成。"罗杰瑞的观点引起了热烈的讨论。首先是余霭芹（1976）认为建阳方言全浊声母读［ø v l］是一种特殊的语音演变，但她没有说明这种音变的原因以及过程。李如龙（1985）认为建阳方言全浊声母的读音反映了语音的历史层次，并列举了乡话、伶话以及益阳方言等地全浊声母读音的相似情况。平田昌司（1988）认为建阳方言全浊声母的弱化现象是吴语浊声母的遗留。王福堂（1994）的观点跟平田昌司比较接近，他认为，闽北建阳、崇安、松溪、政和、建瓯等方言中不同程度地存在着来源于古塞音、塞擦音的浊擦音、流音等声母，就它们语音转变的性质来看，无疑是一种弱化。文章还列举了福州、永新、泸溪（乡话）、浦城（吴）、益阳和铜陵等方言的弱化现象来证明闽北话声母的弱化可能也是近期发生的演变，并不是闽语固有的读音，应当是在闽语全浊声母清化以后从邻近的保持古浊声母浊音音值的吴语借入的。

从建阳方言全浊声母弱化现象的讨论至今，汉语方言全浊声母读音的材料越来越丰富，建阳方言全浊声母读音的特殊现象在其他汉语方言中也有所反映，并引发了相关的一些讨论。

陈泽平（1998）提到福州方言的类化声母，对全浊声母的弱化也有重要的参考价值。他指出：声母类化表现为辅音声母因同化作用而浊化以及上声阳声韵为条件和鼻音化……进一步从语音学的角度分析，可以看出声母类化的本质是声母的弱化。处在连读语段中的辅音弱化，发音部位肌肉松弛，对气流的节制作用削弱，形成了特殊的类化声母。

高永安（2007：43）指出宣城方言的古浊声母有两个发展方向，一个是弱化，另一个是清化。从语音角度来看，弱化是宣城方言本身的发展规律，是同源层次，清化是来自官话的影响，是异源层次，这两种音变都是从明末就开始了，到清代才完成，而且都在现代方言中留下了竞争的痕迹，因此其扩散是逐步实现的。

夏俐萍（2008）、彭建国（2010b）对益阳方言全浊声母今读边音的现象进行了探讨，前者主要是从叠置式音变的角度讨论了全浊声母今读边音的条件，后者则分析了边音及近音化的原因，指出不同类型声母的近音化来源于不同模式。从邪澄崇船禅六母读[l]是来源于浊塞擦音声母的弱化音变，而定母读[l]来源于塞音声母的弱化，日母字读[l]则是受文读音的影响。但彭文最后认为弱化音变是汉语方言全浊声母清化的特殊模式，这一点还可以商榷。

上述讨论可以看出，弱化不限于某个具体的方言区，目前来说已经涉及了吴语、湘语及闽语的相关方言，对弱化问题的描写以及弱化成因的探讨，有利于我们更好地了解全浊声母演变的性质和过程。

（三）本书所讨论的全浊声母弱化

全浊声母的概念属于音韵学范畴，实际上指的是中古并奉定群从澄崇船邪禅匣等母，跟今天汉语方言中的清浊之间并没有完全的对应关系。因此，严格说来，如果讨论汉语方言全浊声母的弱化，应该包含两个方面：一是全浊声母在清化之前发生的弱化，即指浊音声母强度逐渐减弱或转化为其他浊音声母的过程。不过，弱化后的浊音也有可能进一步清化。二是全浊声母清化以后再发生的弱化现象，如一部分吴、闽、粤语的古并定母清化后跟相应的帮端母一起弱化成浊内爆音，或是一部分赣、粤语的定母字清化后跟透母字一起发生演变，丢掉其中的塞音成分，读为清擦音声母。概括而言，前者可以称为浊音的弱化，后者可以称为清音的弱化。

本书仅研究浊音弱化的现象。在讨论时，需要说明几个问题：

(1) 不只是浊音才发生弱化，清音也可以发生弱化。本书所讨论的全浊声母弱化限定为浊音弱化，即弱化后的全浊声母与相应的全清次清声母不合流。因此，一部分吴、闽、粤语并定母与帮端母合流为内爆音的现象，客赣方言透定母擦音化为 [h] 的现象以及赣语中次清全浊合流为浊音等现象不予讨论。

(2) 不同方言中弱化的起点并不相同，本书讨论全浊声母弱化并不是以某个固定时期全浊声母的读音为起点，而是以弱化时的浊音为起点，只是为了方便才用到全浊声母的名称如群母、从母等。

(3) 辅音按调音方式可以分为阻音和响音两大类，阻音有声道阻碍亦有准随机波，响音有声道阻碍但无准随机波。响音的下位分类包括：鼻音、边音（边近音）、近音、颤音、拍音/闪音。

第二节　汉语方言全浊声母的弱化

浊音的发音本来就有强弱之分，体现在不同语言发浊音时，声母除阻前声带振动的时长并不一样，也就是浊音杠表现的不同。这是由生理、物理、听感等一系列原因造成的。这种浊音强弱的区别并不会使音系格局发生改变，或者不会造成不同声母之间的合流，如杨时逢等（1974）在描写溆浦等地的 [b d dz dʐ z] 等浊音声母时，说明这些浊音声母"浊音很弱"或"不很太浊"，但这并不影响这些浊音声母的独立地位。对于这种读音较弱的浊音本书不予以讨论，也不将其列入"浊音弱化"的范围。如果弱化声母使原有的声母格局发生了改变，比如弱化声母造成了不同声母之间的合流，或者导致了新的音位产生，那么，这种弱化现象表明了浊音声母发展变化的不同阶段，而且这种变化改变了原有浊音声母的读音性质，如一些吴语浊音声母 [dz dʐ] 的闭塞成分丢失，跟 [z ʐ] 之间的区别已经取消，浊音音位减少。对于这种弱化现象，本书放入"浊音弱化"范围内进行讨论。

汉语方言的全浊声母，从发音方法进行分类，可以分为浊塞音、浊塞擦音和浊擦音三类。汉语方言全浊声母的弱化指浊塞音、浊塞擦音和浊擦音三类浊音声母的弱化历程。其中浊塞擦音的发音方法既有同浊塞音一样的成阻和持阻阶段，也有跟浊擦音一样的除阻阶段。在浊音弱化时，浊塞擦音往往向浊擦音的方向演变，而且可以跟浊擦音一起进一步弱化，而浊塞音的弱化则跟浊塞擦音以及浊擦音的弱化有同有异。本节分三个部分讨论汉语方言全浊声母的弱化现象：一是浊塞擦音声母的擦音化；二是浊擦音声母的弱化，这里的浊擦音声母一部分来源于古全浊擦音声母，如奉匣邪禅母等，另一部分来源于发生擦音化演变后的古全浊塞擦音声母；三是浊塞音声母的弱化。

一 浊塞擦音声母的擦音化

浊塞擦音声母的擦音化，指浊塞擦音声母［dz dʐ dʑ dʒ］或［dz‘ dʐ‘ dʑ‘ dʒ‘］向相同发音部位的浊擦音声母［z ʐ ʑ ʒ］演变的过程。就全浊声母来源而言，主要来自中古的从澄群崇船部分禅部分等母。群母字在《切韵》时代被列入浊塞音一类，但是由于群母只有三等字，多数方言中的群母在细音前腭化成了塞擦音声母，如果群母字腭化现象发生在其他声母弱化之前，有可能跟着其他的全浊声母发生弱化的演变；反之，群母字可能不会参与弱化。如浙江海宁方言的从澄崇船母字均弱化为浊擦音［z］声母，但该方言中的群母字在细音前腭化为浊塞擦音［dʑ］，并没有弱化为［z］或［ʑ］声母。这就可以推断，海宁方言的浊塞擦音声母擦音化在先，群母腭化在后。再如安徽宣城的群澄从崇船母字均读［z ʑ ʒ sz］等浊擦音声母，这说明群母字在宣城方言中腭化的时间较早，可能在其他全浊声母擦音化之前就完成了腭化的过程。

船禅二母读音的性质，历来是音韵学中的一个难解之谜。《切韵》音系中，船母是塞擦音，禅母是擦音。但南北朝时期的颜之推在《颜氏家训》中提到"南人以钱为涎，以石为射，以贱为羡，以是为舐"的说法，说明了当时南方方言中"从邪"不分，"船禅"不分的现象。顾野王《玉篇》的反切常（船）禅完全不分，陆德明《经典释文》的反切中，船、禅也混而为一。现代汉语方言中船禅母字的读音也十分复杂，几乎每个地方都不一样。以上船禅母的特殊表现使学者们寻求种种解释。如高本汉（1940）认为在反切以前，状（崇船）禅两母只有一个单独的浊塞擦音声母，到后来中古汉语里已经有方言的不同，所以才出现不同的分混现象。邵荣芬（1982）认为船常（禅）在韵图中的位置应该互换一下。赵元任（1928：14）提到船禅母的关系时，说它们是一笔"糊涂账"，并说"这笔糊涂账不是不值得算，是因为一时不容易算出来，等算出来了关于古今方言的异同上可以有一种有趣的比较"。这里不准备专门讨论中古船禅两母是读塞擦音还读擦音的问题，按照王力（1980）所发现的船禅崇三母分化的规律，将船禅看成一类，其中平声字多数为浊塞擦音声母，仄声字为浊擦音声母，崇母字为一类，平声字多数不分化，一律是塞擦音声母，仄声字逢止摄开口三等有关的音读擦音声母。"这种分化远在14世纪就完成了，《中原音韵》和《洪武正韵》里都有很明显的证据"（王力，1980：117），此外这种分化还可以跟大多数汉语方言船崇禅母的读音相印证，因此本节在讨论浊塞擦音声母的擦音化现象时，只涉及船禅母平声字以及除止开三以外的崇母字，以后不再另行说明。

浊塞擦音声母演变为浊擦音声母之后，一些方言的浊擦音声母也会随着浊音清化的趋势清化。因此，浊擦音声母的擦音化在今天的汉语方言中表现为浊擦音和清擦音两种读音类型，下面分别讨论。

（一）浊擦音

1. 类型

按照弱化所涉及的全浊声母进行分类，浊塞擦音声母弱化为浊擦音声母可以分为以下几种类型。

（1）从澄群崇船禅

从澄群崇船禅母均读浊擦音，表明浊塞擦音声母来源的所有全浊声母均有读浊擦音的现象，这是浊塞擦音声母弱化为浊擦音最为彻底的一种类型。这种类型的分布并不是很广，集中分布在吴语宣州片的铜陵、宣城、高淳等地，此外，湖南冷水江、新化、永州、芷江以及湖北通城的上述全浊声母也有读浊擦音声母的现象。

	蚕	坐	字	贼	茶	迟	传	柱	直
铜陵	zõ˩	zu˦	zɿ˦	zei˩	za˩	zɿ˩	zõ˦	zy˦	zei˦
宣城	zɣ˦	zo˦	zɿ˦	zʔə˦	za˩	szɿ˩	zɣ˦	zɿu˦	zəʔ˩
高淳	ɕɣ̈˩	soɦ˦	sɿɦ˦	keɦ˦	saɦ˩	ɕɣ̈ɦ˩	sɣɦ˩	sɿɦ˩	keɦ˦
永州	zan˧	zu˩	zɿ˩	zei˩	zo˧	ʑi˩	zye˩	zieɯ˩	di˩
芷江	zã˩	zo˩	zɿ˩	tsɜ˩	zo˩	zɿ˩	zuã˩	zu˩	tsɿ˩
通城	zœ̃˧	zo˧	zɿ˦	zʔɜ˦	zɑ˩	zɿ˩	dœ̃˧	dou˩	zʔɿ˩
	棋	茄	近	件	局	愁	锄	柴	船
铜陵	zi˩	zie˩	zin˩	ziĩ˦	ziu˦	zɣ˩	zu˩	zɜ˦	zo˩

宣城	ziɿ˩	zei˩	zin˧	ziɿ˧	ʒueʔ˧	zei˩	zei˩	zɛ˧	zʏ˩
高淳	ɕʱiɿ˩	tɕiɑ˩	ɕʱĩ˩	ɕʱiɿ˩	ɕye˧	sʱei˩	sʱʒ˩	sʱʒ˩	ɕʱʏ˩
永州	zi˩	zia˩	zin˩	zie˩	zy˩	ze˩	zimei˩	za˩	zye˩
芷江	zi˩	ziɛ˩	zin˩	ziã˩	tɕy˩	zɯ˩	zu˩	zai˩	zuã˩
通城	zi˩	uei˩	zin˩	ziɛn˩	ziuʔ˩	ziao˩	zɿ˩	zai˩	dõ˩

上述各点中，湘语芷江方言的全浊声母入声字已清化为同部位的清音声母，不发生弱化。此外，新化、冷水江方言的从澄群崇船禅母一部分读为浊塞擦音声母，一部分读为清塞擦音声母，还有一部分弱化为浊擦音声母。例如新化：坐 zo˩ | 茶 zɑ˩ | 件 ziẽ˩ | 锄 zɤu˩ ；冷水江：城 zin˩ | 茄 zyɑ˩ | 近 zin˩ | 虫 zyen˩ | 锤 zy˩ | 船 zyẽ˩ | 全 ziẽ˩ | 愁 ziɤ˩。

（2）从澄崇船禅

从澄崇船禅母读浊擦音声母可以说是吴语太湖片苏沪嘉小片的一大特色。这一片方言全浊声母的弱化现象非常突出，从澄崇船禅母除个别字外，基本上都读为浊擦音声母。

	全	罪	长	虫	撞	柱	直	柴	船
苏州市	zɿ˩	zE˩	zã˩	zoŋ˩	zã˩	zʏ˩	zəʔ˩	zɑ˩	zø˩
上海市	zɿ˩	zʏ˩	zã˩	zoŋ˩	zã˩	zʏ˩	zəʔ˩	zɑ˩	zø˩
嘉善	zie˩	zʒ˩	zã˩	zoŋ˩	zoŋ˩	zʏ˩	zʌʔ˩	zɑ˩	zø˩
嘉定	zɿ˩	zə˩	zã˩	zoŋ˩	zã˩	—	zəʔ˩	zɑ˩	zɿ˩
平湖	zie˩	zɛ˩	zã˩	zoŋ˩	zã˩	zʏ˩	zʌʔ˩	zɑ˩	zø˩

此外，广西资源、恭城的土话以及湖北崇阳，湖南新邵、桃江、沅江（限舒声字）的上述四母也有部分弱化为浊擦音声母的现象。例如：

崇阳：蚕 zo˩ | 字 zɿ˩ | 坐 zo˩ | 贼 ziɜʔ˩ | 茶 zɑ˩ | 迟 zɿ˩ | 撞 zaŋ˩ | 柴 za˩ | 愁 ziɤ˩

恭城：全 zye˩ | 坐 zu˩ | 字 za˩ | 茶 zo˩ | 传 zye˩ | 床 zaŋ˩ | 柴 ɕia˩ | 船 zye˩

新邵：蚕 zã˩ | 坐 zo˩ | 字 zɿ˩ | 贼 zɛ˩ | 迟 zɿ˩ | 虫 zoŋ˩ | 锤 zuei˩ | 锄 zu˩

桃江：茶 za˩ | 长 zoŋ˩ | 城 zen˩ | 全 ziẽ˩ | 坐 zo˩ | 罪 zi˩ | 柴 zai˩ | 床 zoŋ˩

（3）从崇船

现代吴语的全浊声母尽管保留了浊音的读法，但古全浊塞擦音声母均

第三章 浊音弱化 87

存在不同程度的弱化现象。除了上面提到的从澄群崇船禅母读浊擦音或从澄崇船禅母读浊擦音之外，不同地区吴语的从崇船母均有全部或部分读浊擦音声母的现象。此外，湖南东安方言的从崇船母也有浊擦音的读法。以下是 20 个吴语代表点方言以及湖南东安方言从崇船母今读浊擦音声母的举例。

	蚕	全	坐	字	贼	柴	愁	床	煤	船	城
常熟	zən˩	dzie˩	zuɯ˩	z̩ʔ˩	zəʔ˩	za˩	ze˩	z̃ɑ˩	zaʔ˩	ze˩	zən˩
金坛	zɯ˩	zɯ˩	zu˩	z̩ʔ˩	zəʔ˩	za˩	zei˩	zaŋ˩	zaʔ˩	zɯ˩	dzən˩
太仓	zø˩	dzii˩	zue˩	z̩ʔ˩	zəʔ˩	za˩	dzø˩	zɑ̃˩	zaʔ˩	zø˩	dzən˩
宜兴	zɪ˩	zyi˩	zʉ˩	z̩ʔ˩	zəʔ˩	za˩	zʉ˩	zaŋ˩	zaʔ˩	zɪy˩	dzən˩
通州	ʃʱiõ˩	ʃʱiõ˩	sʱɯ˩	z̩ʱ˩	sʱəʔ˩	sʱa˩	sʱe˩	ʃʱuan˩	zaʔ˩	ʃʱiõ˩	tsʱəŋ˩
张家港	zən˩	dzie˩	zuɯ˩	z̩ʔ˩	zəʔ˩	za˩	ze˩	z̃ã˩	zaʔ˩	zie˩	zən˩
安吉	z̩˩	zi˩	zu˩	z̩ʔ˩	zəʔ˩	za˩	dzɿ˩	zã˩	zaʔ˩	z̩˩	dzən˩
东阳	zuiːn˩	zʉ˩	zʉ˩	z̩ʔ˩	zɛi˩	za˩	zəɯ˩	zɔŋ˩	zau˩	zʉ˩	zən˩
义乌	zɿn˩	zie˩	zou˩	z̩ʔ˩	zɿʔ˩	za˩	zɑuɯ˩	zoŋ˩	zau˩	ye˩	dzən˩
金华	zẽ˩	zie˩	suɯ˩	z̩ʔ˩	zəɯ˩	za˩	ziəɯ˩	zyaŋ˩	zua˩	zɿy˩	ʑieiʔ˩
绍兴	zø˩	dziẽʔ˩	zo˩	z̩iʔ˩	zəʔ˩	za˩	zɐɯ˩	zɔŋ˩	zɐʔ˩	z̃ø˩	dzəŋ˩
龙游	zye˩	dzye˩	zu˩	z̩ʔ˩	zɑʔ˩	za˩	zyɑɯ˩	zyã˩	zɔʔ˩	zye˩	zəŋ˩
浦江	z̃ŋ˩	zi˩	zʉ˩	z̩ʔ˩	zes˩	za˩	ziʉ˩	zyo˩	zuʔ˩	zyĩ˩	ziin˩
瑞安	zø˩	jye˩	zo˩	z̩ʔ˩	ze˩	za˩	zau˩	jyo˩	—	jye˩	zəŋ˩
玉环	zəŋ˩	zyø˩	zo˩	z̩ʔ˩	zaʔ˩	za˩	zio˩	z̃ɑ˩	zaʔ˩	zyø˩	zieŋ˩
云和	z̩˩	zɪ˩	zu˩	z̩ʔ˩	zəʔ˩	za˩	ziɪ˩	zɑ˩	zaʔ˩	zɪɛ˩	ziŋ˩
温州	zø˩	jy˩	zo˩	z̩ʔ˩	ze˩	za˩	jyo˩	za˩	jy˩	zəŋ˩	
武康	zuø˩	dziʑp˩	zu˩	z̩ʔ˩	zəʔ˩	za˩	zuɤ˩	zã˩	z̩ʔ˩	ziuniʔ˩	dzẽ˩
龙泉	suo˩	zyo˩	sʉ˩	z̩ʔ˩	zɛ˩	za˩	meɯ˩	ʑici˩	zɔʔ˩	zyo˩	ziiɪ˩
温岭	zueŋ˩	zyø˩	zo˩	z̩ʔ˩	zaʔ˩	za˩	dzɯ˩	z̃ɔ˩	zɛ˩	zyø˩	zieŋ˩
东安	zan˩	dzye˩	zu˩	z̩ʔ˩	zæ˩	zai˩	zao˩	zoŋ˩	zia˩	dzye˩	—

说明：据调查者记录，温岭方言"蚕"读调值[˩]113 可能是小称变调。

根据其他一些资料显示，全浊声母今读浊音的其他一些方言中，也存在浊塞擦音声母弱化为浊擦音声母的现象。

广西地区的全州、灌阳文桥方言也存在浊塞擦音声母今读浊擦音的现象（谢建猷，2007）。其中最为突出的是灌阳文桥方言，该方言中的从群澄崇船禅等母均有读擦音声母的现象，例如：暂 zaŋ˧│集 zๅ˧│殖 zๅ˧│除 zy˧│琴 ziŋ˧。但全州方言的古全浊塞擦音声母今仍有一部分读浊塞擦音或清擦音，例如：坐 dzuo˧│柱 dzy˧‖常 siaŋ。属于湘南官话区的东安芦洪市、冷水滩区、永州邮亭墟、双牌等地，古全浊塞擦音声母跟古全浊擦音声母一起，今大多读为浊擦音声母（曾献飞，2004）。例如永州邮亭墟：曹 zao˧│赵 ziao˧│愁 zɯɯ˧│唇 zyn˧│强 ziã˧│群 zin˧。

2. 分布

通过以上观察可以发现，在全浊声母今读浊音的汉语方言中，不同程度地存在浊塞擦音声母的擦音化现象。其中，擦音化现象以吴语最为突出，并且在吴语范围内具有一定的区域集中性。总的来说，吴语宣州片擦音化程度最强，几乎所有的浊塞擦音都弱化成了浊擦音。因此，宣州片的部分方言没有浊塞擦音声母，只有浊擦音声母。如繁昌城关音系中，群从澄崇等母分别读为［ɦʑ ɦz ɦʐ］等浊擦音声母，没有浊塞擦音的读法（蒋冰冰，2003）；其次是吴语太湖片苏沪嘉小片，除了来源于群母的浊塞擦音声母不发生弱化外，其他浊塞擦音声母基本上都已经弱化为浊擦音［z］或［ʑ］；其他吴语中，来源于从崇船母的浊塞擦音声母普遍擦音化，只是在不同地点擦音化的程度不一。从地域范围来看，吴语浊塞擦音声母的擦音化现象存在由西向东，由北向南渐次减少的特征。西部宣州片擦音化程度最高，北部吴语擦音化的程度比南部吴语要高。值得注意的是，南部吴语中某些方言的全浊声母清化后，由浊塞擦音声母弱化而来的浊擦音声母也会随之清化。例如庆元：全 syɛ˥│罪 sæi˩│坐 su˩│锄 so˥│床 siõ˥。

观察上面浊塞擦音声母弱化为浊擦音的三种类型时，还可以发现一个有趣的现象。虽然吴语和部分湘语的全浊声母都保留了浊音，但是吴语的浊塞擦音声母普遍发生了擦音化的演变，而湘语的浊塞擦音声母除了南部的永州、东安、冷水江、芷江以及北部的桃江、沅江、益阳等地弱化为浊擦音声母外，其他湘语的浊塞擦音声母并没有出现大面积的擦音化现象，例如邵阳：全 dʑye˧│坐 dzɔ˧│长 dʑiã˧│柱 dʑy˧│愁 dzɯu˧；双峰：柴 dza˧│柿 dzๅ˧│蚕 dzæ˧│字 dzๅ˧。湘语浊塞擦音声母的擦音化现象也不及吴语彻底，如桃江、沅江、益阳等地的擦音化现象只出现在舒声字、不出现在入声字，东安、冷水江等地的全浊声母也只有一部分发生擦音化现象。这说明湘语的浊塞擦音声母的擦音化过程可能刚刚开始，但是吴语的擦音化程度已经很深了。这从另一个侧面也可以反映出吴语和湘语在全浊声母演变过程中所体现的个性差异。

3. 擦音化过程

塞擦音声母在汉语方言中广泛分布，但在世界语言中却不像塞音或擦音那样普遍。几乎所有的语言均有塞音或擦音，但只有45%左右的语言具有腭龈塞擦音。Ladefoged & Johnson（2011：67）等将塞擦音视为一个塞音加一个擦音的序列，不过仍然可以与塞音或者擦音一样视为一个独立的单位。塞擦音是位于普通塞音和擦音之间的一个类别，很难说多大量的摩擦才能构成塞擦音除阻的典型特征。相反，同一调音部位的塞音和擦音结合起来也不一定构成塞擦音。塞擦音的除阻可能只是塞音收缩点的略微放松，从而使该塞音以及它的擦音成分具有相同的调音位置。

塞擦音始于爆发音，但除阻较慢，动程较小，所以除阻后可以听到摩擦声（朱晓农，2010b：195）。在发浊塞擦音的过程中，一方面要保持浊音成分，使喉下气压大于喉上气压，另一方面摩擦成分要求口腔内有足够的气压，因此阻和塞的两种部位并不容易同时维持。浊塞擦音的闭塞成分本来较短，在长期使用过程中，闭塞成分日益磨损消蚀、到后来塞音成分进一步融入随后的擦音部位，最终完成由浊塞擦音到浊擦音的弱化音变。

中古以后，随着知组字与端组字的分离，澄母字进一步演变为浊塞擦音声母，群母字在多数方言中逢细音时腭化为浊塞擦音声母。这样，多数方言中的浊塞擦音声母实际上包括从澄崇船群母等字。在浊塞擦音声母弱化为浊擦音声母的方言中，不同方言弱化的程度虽然有所不同，但不同浊塞擦音声母弱化后的擦音数目非常有限，一般只有两到三个。如安徽铜陵、宣城、湖北通城等地的从澄群崇船母今读一律为浊擦音，这五个全浊声母今读浊擦音［z］和［ʑ］，分别跟洪音和细音相拼。温州方言从崇船等母拼开口呼时读为浊擦音声母［z］。益阳、沅江、桃江等地的浊塞擦音声母弱化后也只有一个浊擦音声母［z］。不同的浊塞擦音声母弱化到只有一个或两个浊擦音声母，这一过程是漫长的，对于某个具体方言来说，可能现在已经看不到浊塞擦音声母擦音化的具体阶段，但是如果对汉语全浊声母今读浊音的方言进行全面考察，可以将浊塞擦音弱化为浊擦音的过程"复原"为以下几个阶段。

(1) 发音部位简化

不同声母之间发音部位的简化是汉语声母演变的一大趋势。中古声母如知组、庄组、章组、精组、见组等原本都存在发音部位的不同。随着语音的不断演变，这几组声母在一些方言中已经合流，如原来读舌尖后的知、庄组声母变成舌尖前声母，原有的精、见组声母在细音前也合流。发音部位的简化使不同的浊塞擦音声母之间出现合流的现象。

发音部位简化后，有的方言中只剩下舌尖前和舌尖后两组声母，还有的方言根据韵母的洪细分化为舌尖和舌面两组声母，而有的方言则只剩下一组声母了。在保留浊音声母的湘语中，当与洪音韵母相拼时，湘乡和武冈方言的澄母字还其他今读浊塞擦音声母的字在发音部位上保持对立，例如湘乡：迟澄 dzʐㄣ ≠ 祠邪 dzㄣ；武冈：直澄 dzʐㄣ ≠ 字从 dzㄣ = 柿崇 dzㄣ。但当与细音韵母相拼时，原有浊塞擦音声母发音部位的区别已经完全取消，例如武冈：传澄 dʒyanㄣ = 全从 dʒyanㄣ = 船船 dʒyanㄣ = 权群 dʒyanㄣ。到了临湘和城步方言中，今读浊塞擦音声母的字在发音部位上已经全部合流。如城步方言根据韵母的洪细全部合流为［dz］或［dʐ］。例如：蚕从 dzai ㄣ—茶澄 dzɑ ㄣ—柴崇 dzɑ ㄣ；直澄 dʐi ㄣ—棋群 dʐi ㄣ—锤澄 dʐy ㄣ。

不同发音部位的浊塞擦音声母之间的合流，为浊塞擦音声母弱化为浊擦音声母提供了方便。一般来说，由浊塞擦音声母弱化而来的擦音声母数量比较少，这就是不同的浊塞擦音声母在弱化前合流的结果。一百年前的苏州话显示，当时的浊塞擦音声母已经弱化为两个浊擦音声母［z］和［ʐ］（丁邦新，2003）。这表明苏州话的浊塞擦音声母弱化之前只有舌尖前［dz］声母和舌尖后［dʐ］声母，今天苏州方言的浊塞擦音声母弱化后只剩一个［z］声母，这是［z］和［ʐ］在发音部位上进一步简化的结果。

(2) 部分弱化

浊塞擦音声母的擦音化过程一开始就不是整齐划一地发生的，而是以扩散的方式进行。也就是说浊塞擦音弱化为浊擦音时，并不是方言中所有的浊塞擦音声母在同一时间内统一地演变为浊擦音声母。这里有两种情况，一是跟不同全浊声母的演变速度有关，如有些方言的群母字和澄母字由浊塞音演变为浊塞擦音的速度比较缓慢，因此，一部分方言中，其他的浊塞擦音声母已经弱化为浊擦音声母了，但是来自群母或澄母的浊塞擦音声母还没有弱化或刚开始弱化。大部分吴语属于这种情况，从崇船等母的浊塞擦音声母今读浊擦音声母，但群母字和澄母字在大部分吴语里读浊塞擦音，不读浊擦音。二是跟同一全浊声母内部演变的不一致性有关，来自同一全浊声母的浊塞擦音声母，有的先弱化，有的后弱化，也会造成擦音化过程中的不整齐现象。如湘语新化、冷水江方言的从澄崇群船等全浊声母中，属于同一全浊声母内部的字，一部分今读为浊塞擦音，一部分读为浊擦音，有的字既有浊塞擦音的读法，又有浊擦音的读法。以新化方言为例，群母：权 zyɛ˩~dzʑyɛ˩｜件 ziɛ˩｜近 dzʑiŋ˩；澄母：撞 dzõ˩｜茶 za˩；崇母：锄 zɯ˩~dzʑɯ˩｜床 zõ˩~dzõ˩｜柴 dzæ˩。

一部分吴语的从崇船等全浊声母弱化为浊擦音之后，群澄母字的一部分字也开始发生弱化。南汇方言属于吴语太湖片苏沪嘉小片，该方言除群母字外，从崇澄船禅等全浊声母字均读为浊擦音。但南汇方言的部分群母字也开始弱化，例如：棋 zi˩｜权 zyø˩｜件 zi˩。浙江昌化地区跟大多数吴语一样，来自从崇船母的浊塞擦音声母字今读浊擦音，但昌化的部分群母字和澄母字已经出现弱化的现象。例如群母：棋 zʅ˩｜件 ziɛ˩｜近 ziəŋ˩｜权 zyɛ˩‖桥 dziɔ˩｜局 dzye?；澄母：传 zyɛ˩｜茶 zu˩｜长 zã˩｜迟 zʅ˩｜柱 zy˩‖撞 dzuã˩｜直 dziə˩。可以设想，如果没有其他外力的作用，南汇、昌化等方言的浊塞擦音声母在将来的某一天，有可能全部变成浊擦音声母，跟吴语宣州片方言的情况类似。

浊塞擦音声母的擦音化过程是一个扩散的过程，某一方言中的一部分浊塞擦音声母首先演变成浊擦音，另一部分浊塞擦音声母到后来才演变成浊擦音。经历一段时间以后，方言中所有的浊塞擦音声母才完成由"浊塞擦音>浊擦音"这样一个演变过程，最终在表面上形成整齐一致的情况。钱乃荣（1992）在谈论60年来吴语语音的演变时指出："吴语的澄床禅日邪母部分字已由［dz］>［z］。赵书中［dz z］已呈词汇扩散状态，现有［dz z］两母的地方，都有一些老派读［dz］的字新派读［z］或两读，以吴江城内（松陵）、盛泽、黎里、双林为著。如双林'茶宅查残直传'老派都读［dz］，新派多数人读［z］/［dz］少。嘉兴赵记有［dz z］两母，现老、中、新派都只有［z］，上海在19世纪中叶还有［dz］母（J. Edkins 1853年记），现老、中、新派也都仅有［z］母。那些［dz］母向［z］母合并较显著的地区都是接近无［dz］母的地区。现在的上海、嘉兴等地的从船崇澄母都只有［z］声母一种读音了，但一百年前的上海话和60年前的嘉兴话都是有［dz］、［z］并存的。"由此可以看出，由［dz］到［z］一开始表现出一种无序的状态，［dz］和［z］在较长的一段时间内是共存的，到最后，［dz］完全被［z］所取代，才完成了整个演变过程。这一过程与王士元先生20世纪60、70年代提出的"词汇扩散理论"十分相似（Willam，1969）。

（3）全部弱化

随着时间的推移和弱化的不断深入，一些方言中的浊塞擦音声母全部弱化为同部位的浊擦音声母，至此，完成了该方言由浊塞擦音到浊擦音弱化的全部过程。吴语宣州片方言的古浊塞擦音声母字今读全部为浊擦音声母，涉及从澄崇群船禅等全浊声母。如属于吴语宣州片的宣城方言中，来自从澄崇群船禅母的字全部读作浊擦音声母。例如：

从母：全 ziı˧｜寻 zinı˧｜坐 zuı˦｜字 zʅı˦｜贼 zəʔı˥

澄母：茶 zaı˧｜长 zɑŋı˧｜柱 zʯı˦｜撞 zuɑ̃ı˦｜直 zəʔı˥

崇母：柴 zɛı˧｜愁 zeiı˧｜锄 zeiı˧｜床 zuɑŋı˧｜柿 zʅı˦

群母：棋 ziı˧｜茄 zeiı˧｜件 ziıı˦｜共 ɦʌŋı˦｜局 ʒuəʔı˥

船母：船 ʐɤı˧

禅母：城 zənı˧

如果一个方言中的浊塞擦音声母已经全部变成浊擦音声母，这个方言全浊声母读音的格局将会发生改变，即由"浊塞音—浊塞擦音—浊擦音"这种发音方法三分的格局变成只有"浊塞音—浊擦音"的两分格局，例如上述宣城方言的声母系统中就只有［tɦ kɦ］等浊塞音声母和［z ʑ ʐ βɦ］等浊擦音声母，没有浊塞擦音声母。

（4）浊塞擦音声母弱化为浊擦音声母后的两条道路

对于一个方言来说，当浊塞擦音声母弱化为浊擦音声母后，语音演变的步伐并不会因此而停止。若按照语音自然演变的规律，这些浊擦音声母会进一步发生变化。但接下来的演变并不一定以线性的方式进行，因为这些浊擦音声母可能面临两种不同的途径。这两种途径可用图表示如下：

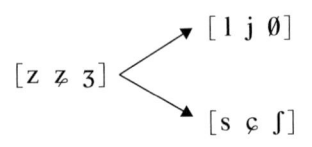

$$[z\ ʑ\ ʒ] \begin{matrix} \nearrow [l\ j\ ø] \\ \searrow [s\ ɕ\ ʃ] \end{matrix}$$

图 3-1　浊塞擦音声母擦音化后的两条道路

图 3-1 表示，浊塞擦音声母弱化为浊擦音声母以后，面临两种选择：进一步弱化或清化。

第一条途径是进一步弱化。浊塞擦音声母弱化为浊擦音声母以后，如果沿着自身演变的沿流，会朝着进一步弱化的方向发展。进一步的弱化现象往往跟音节结构有十分密切的关系，一般都属于有条件的音变。例如有些方言会按照韵母的洪细进行分化，有些方言则会按照韵母的开合进行分化。关于浊塞擦音声母弱化为浊擦音以后的进一步弱化现象，下文将要详细讨论。

第二条途径是清化。某些方言的浊塞擦音声母弱化为浊擦音声母以后，由于受到周边方言的影响或受到本身浊音系统清化的影响，浊擦音声母难以为继，进一步演变为同部位的清擦音声母。因此一些方言中出现了全浊塞擦音声母今读清擦音，而相应的全清次清声母仍读清塞擦音的现象。接下来将会重点讨论汉语方言浊塞擦音声母今读清擦音的现象。

当然，有的时候弱化和清化也可以同时进行。例如浊塞擦音声母弱化为浊擦音声母后，跟细音相拼的浊擦音声母会进一步弱化为零声母，跟洪音相拼的浊擦音声母不发生弱化，直接发生清化。这样的结果，会造成某些方言中的全浊塞擦音声母弱化为浊擦音声母后，一部分清化为同部位的清擦音声母，而另一部分进一步弱化为近音或者零声母。

（二）清擦音

在汉语方言中，绝大部分地区的全浊声母已经清化。其中一部分方言中的从澄崇船群等全浊声母今读清擦音声母，但与此相应的全清和次清声母今读清塞擦音声母。这就造成了全浊声母与相应的全清、次清声母在发音方法上不一致的现象。一部分汉语方言的浊塞擦音声母跟全清或次清声母一起演变为清擦音声母的现象，不放在"浊塞擦音声母擦音化"的范围内进行讨论。例如广西粤语中的连山、藤县、博白、容县、桂平、平南、蒙山以及广东封开等地古从母除个别字外，基本上都读为清边擦音声母［ɬ］，跟古心母字合流。不过，上述方言中除了古从、心母字今读边擦音外，一些方言中的精母字和清母字也有读为边擦音［ɬ］的现象，如容县的精母字、博白的清母字也读边擦音声母。下面将上述各点中的从母、清母和心母的读音举例如下：

	蚕从	全从	坐从	字从	租精	早精	菜清	清清	岁心	三心
连山	ɬan˧	ɬunˀ	ɬɔ˦	ɬi˦	tu˧	yɔ˧	tʃʰɔi˧	tʃʰɤj˧	ɬuj˦	ɬɔm˦

藤县	ɬamˊ	ʃyˋ	ɬɔˋ	ɬiˋ	tuˋ	tɐuˋ	tɔɛˋ	tɐŋˋ	ɬuiˋ	ɬɐmˋ
博白	ɬamˊ	ɬinˋ	ɬæˋ	ɬaiˋ	tuˋ	tɐuˋ	tɔiˋ	tɐŋˋ	ɬuiˋ	ɬɐmˋ
容县	ɬamˊ	ɬynˋ	ɬɔˋ	ɬiˋ	tuˋ	tuɐˋ	tɔiˋ	tɐŋˋ	ɬuiˋ	ɬɐmˋ
桂平	ɬanˊ	ɬinˋ	ɬɔˋ	ɬuˋ	tuˋ	tuɐˋ	tɔiˋ	tɐŋˋ	ɬuiˋ	ɬɐmˋ
平南	ɬamˊ	ɬunˋ	ɬɔˋ	ɬiˋ	tuˋ	tuɐˋ	tɔiˋ	tɐŋˋ	ɬuiˋ	ɬɐmˋ
蒙山	ɬamˊ	ɬunˋ	ɬɔˋ	ɬiˋ	tuˋ	tuɐˋ	tɔiˋ	tɐŋˋ	ɬuiˋ	ɬɐmˋ

上述方言中的边擦音声母不仅涉及全浊声母，而且涉及全清和次清声母。到了广西粤语以及桂南平话中，大多数方言只有心母字读边擦音，精清从母字读边擦音的情况比较少。韦树关（2002）认为，边擦音[ɬ]是底层语言古越语影响的结果。由于从母字读边擦音的情况在粤语以及平话中都比较复杂，这里只是提出来，留待今后专门讨论。

1．分布

古全浊塞擦音声母今读清擦音的现象在汉语方言中分布的面积很广，从北方汉语方言到南方汉语方言都有此类现象，并且涉及汉语的各大方言区。下面按不同的方言区讨论：

（1）湘语

湘语全浊声母今读清音的方言中，涟源、新化、沅江等地存在浊塞擦音声母今读清擦音的现象，但一般只出现在舒声字。如涟源六亩塘方言中，来自从澄群崇船禅等母的舒声字今读清擦音声母。

从母：蚕 sãˊ｜坐 suˋ｜罪 sæˋ｜字 sʅˋ

澄母：茶 soˊ｜迟 sʅˊ｜传 fĩˊ｜长 ɕiõˊ｜锤 ɕyˊ｜柱 ɕyˋ

群母：棋 ɕiˊ｜茄 ɕioˊ｜桥 ɕieˊ｜权 fĩˊ｜近 ɕinˋ｜件 xĩˋ

崇母：愁 siəˊ｜锄 sɐuˊ｜柴 saˊ｜床 sõˊ

船禅母：船 fĩˊ｜城 ɕinˊ

据陈晖（2006：60）介绍，在湘语中，浊塞擦音声母今读清擦音的还有涟源蓝田、新化琅塘、沅江马公铺等地的方言。

（2）吴徽语

吴语庆元方言以及徽语严州片的淳安、遂安、寿昌、建德方言中，从崇船禅四母有清擦音声母的读法。其中庆元方言中，这四母基本上都读清擦音声母，徽语严州片方言中这四母部分读清擦音，部分读清塞擦音。以下材料取自曹志耘（1996）和曹志耘等（2000）。

	财	坐	皂	凿	柴	床	状	城	常	船
庆元	saiˇ	soˉ	sɑˉ	soʔˉ	sɑˇ	ɕiɔ̃ˇ	ɕiɔ̃ˉ	ɕieŋˇ	ɕiãˇ	ɕyẽˇ
淳安	seˉ	Luˉ	Leˉ	Lɕʦˉ	sɑˉ	senˉ	Lʦˑɑ̃ˉ	senˉ	ʦˑɑ̃ˉ	suãˉ
遂安	semˉ	Lɕsˉ	Lɕsˉ	Lɕsˉ	sɑˉ	ɕiɔ̃ˉ	ʦʰomˉ	ɕiɔ̃ˉ	tɕˑiãˉ	fɤ̃ˉ
建德	sɜˉ	Luˉ	Lɕsˉ	Losˉ	sɑˉ	senˉ	Lo.ʐˉ	senˉ	sɜ̃ˉ	ɕyeˉ
寿昌	ɕiɜˇ	Luˇ	Lʌˇ	Lɕʦˇ	sɑˇ	senˇ	tɕˑyɑ̃ˉˇ	senˇ	sɑ̃ˇ	ɕyeiˇ

除了严州片徽语外，徽语中的绩溪、旌德、歙县、屯溪、休宁、黟县、婺源等地来自崇船禅母的字也有读清擦音的现象，下面是各点的例字，除婺源外，材料取自赵日新（2002）。

	床	柴	锄	塍	尝	纯	辰
旌德	soˇ	sæˇ	tsʻuˉ	ɕiŋˇ	tsʻoˉ	tɕˑiŋˇ	ɕiŋˇ
绩溪	sõˉ	ɕiˉ	ɕyˉ	ɕiãˉ	ɕiõˉ	ɕyãˉ	ɕiãˉ
歙县	soˉ	saˉ	tsʻuˉ	ɕiʌ̃ˉ	ɕiaˉ	ɕyãˉ	ɕiʌ̃ˉ
屯溪	sauˉ	saˉ	sɤuˉ	ɕianˉ	ɕiauˉ	ɕyanˉ	ɕianˉ
休宁	sauˉ	saˉ	suˉ	ɕi:enˉ	ɕiauˉ	ɕy:enˉ	ɕi:enˉ
黟县	soŋˉ	saˉ	tʃuˉ	ʂʅˉ	soŋˉ	ʃuˉ	ʂʅˉ
婺源	sãˉ	Lɕsˉ	Lnuˉ	seinˉ	—	seinˉ	sãˉ

从上面的例字可以看出，从母字在徽语中只有严州方言今读清擦音声母，其他徽语的从母字均读清塞擦音声母。例如绩溪：全 tɕˑyēiˉ｜罪 tsʻaˉ｜字 tsʻʅˉ｜贼 tsʻʌʔˉ。这反映出徽语严州方言跟南部吴语在全浊声母演变上的某些共性。在南部吴语中，来自从崇船禅母的字基本上都弱化为浊擦音 [z ʑ]，这可以看成吴语庆元方言跟徽语严州方言的前身，因为 [z ʑ] 如果进一步清化，就成了清擦音声母 [s ɕ]，也就是庆元、严州方言从崇船禅母今天的读音。除了吴语庆元等地外，安徽泾县吴语大部分已经清化为同部位送气清音，但从崇船禅母字也多数也读为清擦音声母。例如：寻 ɕinˇ｜坐 sʊˇ｜字 sʅˉ｜柴 sɑˇ｜床 sʌʔˇ｜船 ʒɜˇ。

(3) 勾漏片粤语、平话、土话

将勾漏片粤语、平话和土话放在一起讨论，主要是考虑到这些方言目前在系属上具有较大的争议，同时这些方言在地理上基本上连成一片，主要处于湘、粤、桂三省交界的范围之内，而且在浊塞擦音声母今读清擦音声母的现象上，它们具有较高的一致性。勾漏片粤语以及平话、土话全浊声母读清擦音的现象可以分为两种情况。

第一，从澄崇船禅母今读清擦音。钟山、江华、连山、富川、贺州等地的方言，从澄崇船禅母均读清擦音声母，与之相对应的全清或次清声母今读清塞擦音，不读清擦音。

	茶	长	柱	全	罪	字	贼	床	柴	城
钟山	saˊ	ɕiaŋˊ	ɕyˇ	soŋˊ	suɤiˉ	θiˋ	θaoˋ	ɕiaŋˊ	saiˋ	sɛŋˊ
贺州	ɕiaˊ	ɕieŋˊ	ɕyˇ	soŋˊ	suiˉ	siˋ	sakˋ	sœŋˊ	saiˋ	seŋˊ
富川	saˊ	ɕiaŋˊ	ɕyˇ	suinˊ	—	ɕiˋ	sɤˋ	ɕiaŋˊ	saiˋ	sɛŋˊ
江华	saˊ	sɐŋˋ	syˉ	synˋ	sueiˋ	siˋ	saˋ	søŋˋ	saeˋ	sienˋ
连山	ʃaˋ	ʃiaŋˋ	ʃyˉ	ɬunˋ	ɬuiˋ	ɬiˉ	ɬakˋ	ʃøŋˋ	ʃaiˋ	ʃɛŋˋ

据贺凯林（2003）、唐伶（2010），道县部分地区如寿雁、梅花、清塘、营江、仙子脚等地的从澄崇船禅母有清擦音的读法。例如，道县寿雁：茶 suˋ｜厨锄 soˋ｜柱 soˇ｜住 soˇ｜澄沉 siEˋ｜重 siEˇ｜才财豺 siˋ｜钱橙 sɛnˋ｜贼 sɛnˇ｜藏 soŋˋ｜丈 soŋˇ｜状撞 soŋˇ。

第二，崇船禅母今读清擦音。大多数平话、土话以及勾漏片粤语的其他方言，部分崇船禅母字有今读清擦音声母的现象。

代表点	例字	分布
广西横县	柴 saiˊ｜愁 souˉ｜床 soŋˊ 逸 samˊ｜船 synˊ｜城 seŋˊ	灵山、玉林、博白、岑溪、容县（以上粤语）；崇左、都安、来宾、龙胜、龙州、隆安、罗城、马山、宁明、平果、青秀、融水、三江、上林、田东、田阳、兴业、武鸣、阳朔、邕宁（以上平话）。
广东吴川	柴 saiˉ｜愁 sɐuˉ｜床 suaŋˉ 城 sənˉ｜船 sunˉ	吴川、阳东（粤语）；连南、连州（土话）。

（4）客赣方言

江西的客赣方言以及福建境内的客家话中，来自崇船禅母的字有读清擦音的现象。

波阳：柴 saiˊ｜寨 saiˋ｜床 sãˊ｜船 ɕyõˊ｜城 sənˊ

于都：城 sãˉ｜船 suŋˉ

余干：城 ɕiŋˊ｜船 ɕiɛŋˊ｜柴 saiˊ｜床 sɔŋˊ

连城：床 soŋˋ｜城 ʃɿ̃ˋ｜船 feˋ

长汀：船 suŋˋ｜床 sɔŋˋ｜城 ʃɐŋˋ

根据目前所搜集到的资料，崇船禅母读清擦音的现象在江西客赣方言中还有如下地点：乐平、铅山、峡江、新干、弋阳、余干、余江、黎川、波阳、宜黄（以上赣语）；石城、寻乌、于都、上犹（以上客家话）。在福建客家话中如下地点的崇船禅母有读清擦音的现象：明溪、宁化、清流、上杭、邵武、永定、长汀、光泽、建宁。

（5）闽语

在福建闽东方言中，部分从崇船禅母也有读清擦音的现象。下面是福州、古田、宁德、周宁、福鼎等地的部分例字，材料取自陈章太、李如龙（1991）。

	晴	坐	脐	前	常	城
福州	saŋ˧	sɔy˨	sai˧	seiŋ˧	suoŋ˧	siaŋ˧
古田	saŋ˧	soi˨	sai˧	seiŋ˧	syøŋ˧	siaŋ˧
宁德	saŋ˧	sɔy˨	tsai˧	sɛŋ˧	syŋ˧	siaŋ˧
周宁	saŋ˧	soi˨	tsai˧	sɛŋ˧	syoŋ˧	siaŋ˧
福鼎	saŋ˧	soi˨	tsai˧	seŋ˧	sioŋ˧	siaŋ˧

其他闽语如漳浦、泰宁、顺昌、松溪、厦门等地的崇船禅母也有少数字今读清擦音声母。例如厦门：蝉 siɛn˧｜晨 sin˧｜纯 sun˧｜常 sioŋ˧｜镯 sõ˨｜仇 siu˧；漳浦：柴 sa˧｜愁 siu˧｜床 sŋ˧｜城 siã˧。

（6）北方方言

北方方言的部分地区也存在崇船禅母读为清擦音的现象，但不如前面所提到的方言普遍。具体来说，主要分布在晋语并州片、中原官话汾河片等地的少数方言中。崇船禅母读清擦音的现象多出现在白读层中，在文读层中仍然跟其他北方方言一样，读作清塞擦音声母。下面以清徐、孝义、平遥、介休为例，材料取自侯精一、温端正主编（1993）。

	茌	柴	锄	愁	馋	铡	镯
清徐	sa˨	sai˨	su˨	sʌu˨	sɜ˨	tsaʔ˧	tsuaʔ˧
孝义	sa˨	sai˨	su˨	tsʌu˨	saŋ˨	saʔ˧	suaʔ˨
平遥	sa˨	sai˨	su˨	sʌu˨	tsaŋ˨	sʌʔ˧	tsuʌʔ˨
介休	sa˨	sɜi˨	sʅ˨	sʌu˨	sæ̃˨	sʌʔ˧	tsuaʔ˨

除此之外，霍州、襄汾、太原、文水、临汾、新绛、运城等地的崇船禅母的白读也有今读清擦音的现象。侯精一（1999）已经注意到晋语中崇母平声字的擦音化现象。罗常培（1933：137）研究唐五代西北方言时指出："床母在四种藏音里除去《千字文》有一个'床'字读ɕ·o，《大乘中宗见解》里有一个'状'字又读作tsˑon外，其余不论二三等都读作ɕ（ç）。"龚煌城（1981）通过对《番汉合时掌中珠》中对音材料的研究，认为12世纪末汉语的西北方言里存在"浊塞擦音变为清擦音"的现象。

这样看来，在晋语并州片以及中原官话汾河片地区，古崇船禅母读作清擦音的现象应该有很长一段历史了。

在北方方言中，除了山西地区外，目前只发现了胶东地区的荣成方言有个别崇船禅母字读清擦音的现象。但《荣成方言志》（1995）提供的崇母平声字读擦音的例字只有"锄 ʂuʌ｜馋 ʂanʌ"两字，胶东地区是否曾经发生过同山西等地相似的擦音化现象，亟待更多语音材料的证实。

由以上的分布可以看出，古全浊塞擦音声母今读清擦音的现象在汉语方言中的分布十分广泛，基本上汉语的各大方言都或多或少地存在这一现象。不过，这一问题以往并没有得到应有的关注。

2. 类型

下面我们按全浊声母读清擦音所涉及的类别多少进行分类，详见表3-1（"+"表示读清擦音，"-"表示不读清擦音）。

表 3-1　　　　　　　　古浊塞擦音声母今读清擦音的类型

	群	澄	从	崇	船	禅	分布
1	+	+	+	+	+	+	湘语：涟源六亩塘、蓝田
2	-	+	+	+	+	+	土话及部分平话：钟山、江华、连山、富川、贺州、道县
3	-	-	+	+	+	+	徽语严州片；吴语庆元、泾县等地；少数闽语
4	-	-	-	+	+	+	晋语并州片；中原官话汾河片；粤语勾漏片；平话；客赣方言；徽语；部分闽语

由表3-1可以看出，古全浊塞擦音声母今读清擦音是一个分布面广，涉及方言非常多的现象。从清擦化的深度和广度来看，这是在不同的方言中都曾出现过的平行性语音演变现象。其中湘语涟源等地擦音化的程度最深，所有浊塞擦音声母均有读清擦音的现象。在最后一种类型中，只有崇船禅母有读清擦音的现象，但这一类型分布面积最广，在各大方言中均有体现。甚至在北方地区的晋语以及胶东地区的荣成等地也有分布，这不能不令人格外关注。

关于上述方言中浊塞擦音声母的清擦化现象，我们认为，这也是全浊声母弱化的一个重要体现。前面已经提到，浊塞擦音声母弱化为浊擦音声母之后，面临着两种不同的演变途径，一是继续弱化；二是清化为同部位的擦音声母。在整个浊音声母清化的大势中，浊擦音声母往往首当其冲，最先发生清化。发生清化的浊擦音声母不仅包括来自奉匣邪禅部分等原本读作浊擦音声母的字，当然也包括了来自从崇澄船群等浊擦化后的字。此外，在上面提到的方言中，古全浊塞擦音声母虽然读清擦音声母，但相应的全清、次清声母仍然保持塞擦音声母不变，这也说明了这些方言中浊塞擦音声母的擦音化过程在先，清化过程在后，否则不能解释为什么全清、次清声母没有读作清擦音的现象。如果将开头提到的浊塞擦音声母在吴、湘语等方言中读浊擦音声母进行比较，会更进一步发现浊塞擦音声母今读浊擦音和今读清擦音的"形异实同"之处。下面列举擦音化方言中全清、次清、全浊声母的读音。

	上海	新化	涟源	淳安	屯溪	横县	江华	清流	余干	漳浦
装全清	tsɑ̃˨	tsõ˥	tsõ˥	tsɑ̃˦	tsau˨	tɕɑŋ˨	tɕyɑŋ˨	tsɑŋ˨	tsɑŋ˥	tsŋ˥
窗次清	ts'ɑ̃˨	ts'õ˥	ts'õ˥	ts'ɑ̃˦	ts'au˨	tɕ'ɑŋ˨	tɕ'yɑŋ˨	ts'ɑŋ˨	ts'ɑŋ˥	t'aŋ˥
床全浊	zɑ̃˩	zõ˩	sõ˩	sɑ̃˩	sau˩	sɑŋ˩	søŋ˩	sɑŋ˨	sɑŋ˩	sŋ˩

（三）余论：关于崇船禅三母分化的思考

崇船禅母的分化是汉语语音史上的难题之一。关于崇船禅母的分化及其规律，不少学者从不同的方面进行了探讨（高本汉，1940；王力，1980；邵荣芬，1982；陈保亚，2002）。

从上面两节的讨论中可以看出，浊塞擦音声母的擦音化现象广泛分布于汉语的各个方言中，其中崇船禅母字今读清擦音的现象分布最广，包括了北方方言中的晋语，中原官话汾河片以及南方的各大方言。上文的分析实际上是针对崇船禅母排除部分仄声字的情况而言的，也就是说，并没有将广大北方地区崇船禅母的读音考虑进去。在广大北方方言中究竟是什么原因使本来属于塞擦音或属于擦音的崇船禅母出现了分化现象，这就是崇船禅母分化的关键所在。首先来观察北京话中崇船禅母的分化情况（只考虑较常用字的情况，见表3-2）。

可以看出，崇船禅三母在北京话中均有分化，其中声调的平仄是其分化的一个基本条件。如果按擦音化出现的位置来说，这三母的仄声字均有擦音化现象，而平声字有的读擦音，有的不读擦音。如崇母字只有止摄开口三等仄声字有读擦音的现象，平声字以及仄声除止开三外的字均没有读擦音的现象。船禅两母读擦音的字比崇母字要多得多，船禅母的仄声字基本上都读擦音（"殖植"例外），平声字也有少量读擦音的现象。联系到

表 3-2　　　　　　　　北京话崇船禅母的读音分化

声母	声调	塞擦音	擦音
崇母	平声	崇愁查柴豺床馋锄茌岑谗巢	
	仄声	助状寨乍骤煠闸镯浞撰篡栈	柿士仕俟事
船母	平声	乘塍船唇	蛇神绳
	仄声		射示顺剩舌实术述秫食蚀赎葚
禅母	平声	铢洙茱纯醇淳鹑莼垂陲成诚城盛酬畴雠蝉禅单婵澶忱谌承丞臣辰晨宸匙常裳尝偿倘	殊谁佘韶轺匙时鲥蒔裳
	仄声	殖植	十什拾誓逝盛劲社马甚石善鳝膳单禅绍邵折折上尚芍勺受寿授售竖薯署树肾慎是氏市恃视嗜侍瑞竖睡蜀属

汉语其他方言崇船禅母读清擦音的现象，也许可以这样认为，崇船禅母在北京话中的分化现象是由于浊塞擦音声母的弱化引起的，崇船禅母经历了由浊塞擦音到浊擦音的过程，并且擦音化的过程最先是在仄声字中进行的。只是这一过程不如其他方言那样彻底，在擦音化的过程中，被全浊声母演变的另一种力量所中断，即全浊声母的清化。这样，还没来得及变成擦音的声母清化成了送气或不送气的塞擦音声母，造成了崇船禅母在北京等北方方言中的这种共时平面上的不规则读音现象。汉语北方方言全浊声母的清化时间较之其他方言要早，因此，在浊塞擦音声母擦音化的程度方面不如其他方言。不过，这也只是笔者的一点推测，船禅母字擦音化现象还牵涉这二母读音的性质问题，例如为什么禅母和船母发生同样的变化？为什么在其他文献资料和现代方言中找不到二者在《切韵》系列韵书中的区别？

要强调的是，在讨论崇船禅母的分合问题时，必须充分注意共时平面上反映出来的不同汉语方言的读音情况。这里举一个新化方言的例子。新化方言全浊声母部分保留浊音，部分清化，崇船禅母今读音有送气浊塞擦音，浊擦音和清擦音三类。例如：

浊塞擦音：柴 dzʱæ˩ ｜ 床 dzʱõ˩ ｜ 船 dzʱyɛ˩
浊擦音：　锄 zɿ˩ ｜ 愁 ziɤ˩ ｜ 床 zõ˩ ｜ 船 zyɛ˩ ｜ 城 ziŋ˩
清擦音：　柿 ʂɿ˥ ｜ 顺 ɕyn˥ ｜ 舌 ʂɤ˥ ｜ 树 ɕy˥ ｜ 十 ʂɿ˩

新化方言今读清擦音的崇船禅母跟北京话的读音相似，另有一部分崇船禅母还没有清化，如果新化方言这些浊音声母清化，那么崇船禅母字将有一部分在新化方言中今读清塞擦音声母，另外一部分读清擦音声母，在共时平面上形成跟北京等地的北方话类似的情况。

二 浊擦音声母的弱化

在浊音声母中，[v ᶎ z ɦ] 等浊擦音声母的发音比起其他浊塞音塞擦音声母，在发音的浊音强度上显得更弱。这从不同学者记录的各地音系的说明中可以窥见一斑。

东阳：

浊擦音 [v ᶎ z ɣ] 的浊音成分不如塞音塞擦音那么明显（秋谷裕幸，2002：37）。

开化：

① [b d dz dʑ] 等浊音声母浊音色彩非常明显，其中浊塞擦音声母 [dz dʑ] 以读送气音为常。

②浊擦音 [v ᶎ z] 声母的浊音色彩不如其他浊音声母那么明显，[ᶎ] 的摩擦很弱，经常读作零声母（曹志耘等，2000：45）。

常山：

①浊音声母的色彩非常明显。但浊摩擦音 [v ᶎ z] 的浊音色彩不如其他声母。

② [ᶎ] 的摩擦很弱，常常读作零声母。而且连读 [z] 的时候，在发音人的感觉上，往往与零声母没有区别（曹志耘等，2000：74）。

上述 [v ᶎ z ɣ ɦ] 等声母的浊音成分较弱有两个原因。首先，从浊音的强度上来说，浊擦音声母由于没有除阻阶段，浊音强度本来就比浊塞音或浊塞擦音要弱一些，这从实验语音学的结果可以证实。其次，某些方言的浊擦音声母发生了进一步的演变，如吴语开化方言的浊擦音声母 [ᶎ] 弱化到跟零声母的读音一样。如果浊擦音 [ᶎ] 跟零声母之间确实没有明显的区别，那么，该浊擦音声母的性质已经发生了变化，即原有 [ᶎ] 声母的字和原有零声母的字出现了合流，这种合流已经对声母的音类分合关系产生了影响。因此，浊声母的这种弱化现象不宜看成语音层面的音素变化，而应该进行音位层面的研究，并且需要进一步考察是否对声母系统的格局产生了影响。

汉语方言的［v ʑ z ɣ］等浊擦音声母主要有两大来源，其中的一个来源是中古的奉邪匣禅部分等浊擦音声母；另外，如果某一方言的古浊塞擦音声母已经弱化为浊擦音声母，那么这些古浊塞擦音声母也可以成为方言中浊擦音声母的另一来源。此外，个别方言中的浊擦音声母还来自古浊塞音声母。为了明晰起见，本节不讨论来源于古浊塞音声母的浊擦音弱化，只讨论来源于古浊擦音声母和古浊塞擦音声母的浊擦音弱化现象。

（一）［j］化

［j］化是指浊擦音声母跟细音韵母相拼时，弱化为近音［j］声母的过程。由浊擦音弱化而来的［j］化现象往往出现在全浊声母今读浊音的汉语方言中，浙江洞头、瑞安、永嘉、温州、乐清瓯、文成、泰顺（闽），福建武夷山、建阳、江苏启东等地的浊擦音声母具有［j］化现象。涉及的全浊声母有邪母、禅母、船母、匣母以及部分从崇母字。

温州：前从 ji˧ | 绝从 jy˧ | 墙从 ji˦ | 匠从 ji˧ | 嚼从 jia˧ | 从从 jiɛ˦ | 族从 jiəu˧ | 床崇 jyo˦ | 船船 jy˦ | 顺船 jyoŋ˧ | 唇禅 jyoŋ˦ | 状禅 jyo˧ | 弦匣 ji˦ | 县匣 jy˧ | 寒匣 jy˦

永嘉：床崇 jyo˦ | 全从 jyø˦ | 城禅 jiŋ˦ | 树禅 jy˧ | 船船 jyø˦ | 顺船 joŋ˧ | 舌船 jie˧ | 汗匣 jyø˧ | 县匣 jyø˧ | 松邪 jyo˧ | 谢邪 ji˧

洞头：城禅 jeŋ˦ | 床崇 jyo˦ | 船船 jye˦ | 顺船 joŋ˧ | 全从 jye˦ | 换匣 jye˧ | 县匣 jye˧ | 松邪 jyo˧

武夷山：城禅 jiaŋ˦ | 咸匣 jiŋ˦ | 厚匣 jiɔ˧ | 县匣 jyeiŋ˧ | 船船 jyeiŋ˦ | 舌船 jye˧ | 局船 jy˧

瑞安：床崇 jyo˦ | 船船 jye˦ | 舌船 jie˦ | 全从 jye˦ | 县匣 jye˧ | 松邪 jyo˧

上述方言中的［j］化现象应该是由浊擦音声母［ʑ］弱化而来的，是［ʑ］声母弱化为零声母的一个中间阶段。上述例字在不少汉语方言中今读［ʑ］声母。例如安徽池州：床 ʑyan˧ | 船 ʑyen˧ | 嫌 ʑien˧ | 顺 ʑyn˧；湖南永州：嫌 ʑie˧ | 县 ʑien˧。［ʑ］如果进一步弱化，摩擦成分减弱，就会向着带有轻微摩擦成分的［j］声母演变。

虽然在不少汉语方言中，细音开头的零声母音节都具有轻微的摩擦作用而读音接近［j］，但在上述产生［j］化现象的方言中，［j］声母往往来自全浊声母和次浊声母，跟来自影母的零声母音节形成音位上的对立，即［j］和［Ø］是两个相互对立的音位，从这个意义上说，上述的［j］

声母还没有弱化到零声母的程度，只是向零声母过渡的中间阶段。如温州方言的［j］声母除来自全浊声母以外，还来自喻母（包括云母和以母）或疑母。但影母字并不读［j］声母，而读零声母。试比较温州方言喻母（疑母）和影母字的读音①：

姨止开三平脂以 ji˩　≠　衣止开三平微影 i˦
摇效开三平宵以 jiɛ˩　≠　腰效开三平宵影 iɛ˦
岸山开一去翰疑 jy˩　≠　案山开一去翰影 y˦
引臻开三上轸以 jiaŋ˩　≠　隐臻开三上隐影 iaŋ˦

这样，［j］化实质上造成了全浊声母和次浊声母之间的合流，但跟读音为零声母的影母字并不合流。因此，［j］化可以看成是浊擦音声母向零声母过渡的一个中间过程。

（二）［ʋ］化

在浊擦音声母［v］弱化为零声母的过程中，也存在一个中间阶段，我们称之为［ʋ］化。［ʋ］化指浊擦音声母跟合口呼韵母相拼时弱化为近音［ʋ］声母的过程。不少汉语方言的合口呼零声母在实际读音时，［u］介音往往带有同部位的摩擦作用，即实际读音为［ʋ］，这跟浊擦音声母［v］弱化为［ʋ］声母虽然语音表现相同，但实际上还是有区别的。由浊擦音声母［v］弱化而来的［ʋ］声母是语音弱化过程中的一个中间阶段，它最终演变的方向是向零声母靠拢，而合口呼零声母读［ʋ］则是零声母音节受到语音的调节作用而带有同部位的摩擦成分，这实际上可以看成是语音的强化。发生［ʋ］化的声母往往只有全浊声母和次浊声母字，而合口呼零声母音节读［ʋ］则还包括了影母等字。在汉语方言中，往往只有全浊声母保留浊音的汉语方言中存在［ʋ］化现象。全浊声母保留浊音的一些吴语和湘语里的奉母字或匣母字有读［ʋ］声母的现象，但［ʋ］声母和零声母存在音位上的对立，并没有完全合流。

苍南（吴）：饭 ʋɔ˩｜罚 ʋɔ˩｜犯 ʋɔ˥｜横 ʋea˩｜还 ʋɔ˩｜换 ʋɔ˩｜活 ɦɔ˩

温州：横 ʋæ˩｜还 ʋa˩｜换 ʋa˩｜户 ʋ˩｜浮 ʋ˩｜犯 ʋa˩

洞头：横 ʋæ˩｜还 ʋa˩｜活 ʋuo˩｜户 ʋ˦

---

① 温州方言影喻母字的区别主要还是表现在喻母字读阳调，元音部分有气声，相应的影母字读阴调，没有气声成分。

启东：浮 ʋu˦ | 犯 ʋɛ˧ | 横 ʋã˦ | 还 ʋɛ˧ | 黄 ʋã˦ | 换 ʋe˧ | 活 ʋəʔ˦

邵东：防 ʋaŋ˨ | 横 ʋen˨

芷江：横 ʋən˨ | 还 ʋã˨ | 换 ʋã˨ | 户 ʋu˨

古丈：横 ʋee˧ | 还 ʋəŋ˨

泸溪（乡话）：还 ʋoŋ˨ | 学 ʋu˨

发生 [j] 化或 [ʋ] 化的全浊声母进一步弱化为零声母时有两种不同的方式，一是 [j] 或 [ʋ] 的摩擦成分丢失，使 [j] 或 [ʋ] 转化成充当介音的元音成分，例如邵东：饭 uã˨ | 黄 uaŋ˨；二是 [j] 或 [ʋ] 声母完全脱落，使全浊声母成为开口呼零声母音节，例如苍南（吴）：黄 o˨ | 嫌 ɔ˨ | 咸 ʌ˨。不过，近音 [j] 或 [ʋ] 都是十分不安分的音素，既可以进一步弱化成为零声母，在一些汉语方言中，又可以充当音变的源头，即出现 [j] 或 [ʋ] 声母的摩擦化倾向。例如粤语里属于三四等的影母、云母、以母、疑母、日母和部分匣母字，零声母加介音 [i] 时一般念成带有摩擦的 [j]，[j] 在一些方言中可以进一步摩擦化为 [ʒ z z̞] 等擦音声母（刘镇发，2007），北京话古微母字的逆向音变也可以看成是由零声母到近音 [ʋ] 再摩擦化为浊擦音声母 [v] 的过程（张世方，2008）。

（三）边音化

在部分汉语方言中，浊擦音声母可以进一步弱化为边音声母。根据目前的发现，由浊擦音声母演变为边音声母的现象仅分布在湘语长益片益沅小片的益阳、沅江、桃江、安化的部分地区；以及福建西北地区的建阳、武夷山等地。边音声母主要来自从崇船邪禅等全浊声母。此外，上述方言中也有定澄母字读为边音声母的现象，不过这是由浊塞音声母 [d] 演变而来的，因此放到"浊塞音声母的弱化"一节讨论。

提出从崇船邪禅等母今读边音声母是由浊擦音声母弱化而来的，有两个理由。首先，湘语长益片益沅小片的益阳、沅江草尾的从崇船邪禅母今除撮口呼韵母和 [ɻ̩] 韵母相拼的字外，均读边音声母，但桃江桃花江、沅江琼湖的上述声母今读浊擦音声母 [z]。浊擦音 [z] 的读音有时有浊边擦音声母 [ɮ] 的又读，可以推测 [z] > [ɮ] > [l] 的演变过程。

	蚕	茶	长	床	城	柴	罪	谢
桃花江	zã˧	za˧	zoŋ˧	zoŋ˧	zen˧	zai˥	zi˩	zia˩
琼湖	zã˧	za˧	zɔ̃˧	zɔ̃˧	zən˧	zai˥	zei˩	zia˩
益阳	lã˧	la˧	lɔ̃˧	lɔ̃˧	lən˧	lai˥	li˩	lia˩
草尾	lã˧	la˧	lɔ̃˧	lɔ̃˧	lən˧	lai˥	li˩	lia˩

其次，安化梅城方言的船禅二母今读边音声母。安化梅城方言也属于湘语长益片，该方言的全浊声母基本上都已经清化，但仍有部分全浊声母字今读边音声母，边音化的程度远远不如益阳、桃江、沅江等地。从鲍厚星（2006）所收录的例字来看，安化梅城方言的边音声母仅来自船禅两母，其他从崇邪等母均读清塞擦音声母。例如：

船母：蛇 la˧ | 神 lən˧

禅母：受寿 ləu˩ | 善 lẽ˩ | 绳 lən˧ | 射 la˩ | 肾 lən˩ | 常尝偿 laŋ˧ | 尚上 laŋ˩

从崇邪母：曹 tsɔ˧ | 愁 tsuɐ˧/tɕiɔ˧ | 详 tɕiaŋ˧

梅城方言只有船禅两母读边音声母，说明梅城方言全浊声母的演变跟益阳等地并不完全一样，安化的从崇邪母并没有经过弱化为浊擦音声母的阶段就直接清化（邪母字在安化方言中今读塞擦音声母），今读清音声母。而来自船禅两母的浊擦音声母则弱化为边音声母。这更进一步说明了边音声母跟浊擦音声母之间的演变关系。有关益沅小片湘语全浊声母的弱化现象，下文还将详细讨论。

除了湘语长益片方言外，福建建阳、武夷山两地的部分从崇船禅邪母今读边音声母，这里列举这两地来自从崇船禅邪母的边音声母字，材料均出自李如龙（2001）。

建阳：脏 lɔŋ˧ | 凿 lɔ˩ | 情 lɔiŋ˧ | 寂 lɔi˩ | 全 lyeiŋ˧ | 渐 lieiŋ˧ | 囚泅 liu˥ | 徐 ly˥ | 尽 lɔiŋ˩ ‖ 斜 lia˥ | 谢 lia˧ | 旬 leiŋ˥ | 查 la˥ | 状 lɔŋ˧ | 豺 lai˥ | 骤 ləu˥ ‖ 舌 lye˧ ‖ 城 liaŋ˧ | 植 lɔi˧

武夷山：脏 lɔŋ˧ | 昨 lo˩ | 情 leiŋ˧ | 座 lo˧ | 松 loŋ˧ | 谢 lia˧ ‖ 查 la˧ | 愁 liəu˩ | 豺 lai˧ | 状 lɔŋ˧ ‖ 射 lai˧ | 塍 liŋ˧ ‖ 殖植 lei˧ | 单姓 lau˧

（四）零声母化

浊擦音声母在弱化过程中，可能都经历过近音的阶段，即由 [z ʐ ʑ v] 等浊擦音声母弱化为 [ɹ ɻ j w ʋ] 等近音声母。不过，由于"近音"

这一概念不为大多数人所采用，因此，运用得并不是很多，通常情况下仍然被当作浊擦音声母看待。当浊擦音声母的摩擦成分进一步丢失，与邻近元音融为一体时，就到达了弱化的最终形式——零声母。全浊塞擦音和擦音声母在汉语方言中读为零声母的现象并不罕见，尤其是匣母字和奉母字，邪禅母字以及其他全浊塞擦音声母也有读为零声母的现象，下面分别讨论。

1. 匣母

匣母字读零声母的现象广泛分布于汉语东南方言中，吴语、湘语、闽语、客赣、粤语、平话、土话均有匣母字读零声母的现象，不过各地读零声母的语音条件和弱化程度均有所不同。要说明的是，在闽、粤、客赣、平话等全浊声母已经清化的方言中，匣母字有读近音 [j] 或 [ʋ] 的现象，跟零声母是音位变体的关系，仍然视为零声母处理（跟上文的 [j] 化或 [ʋ] 化形同实异）。

（1）类型

根据匣母字读为零声母的语音条件，可以将汉语方言匣母字读零声母的现象概括为以下几种类型。

①合口字读零声母，开口字读清音声母

匣母字在汉语方言中今读零声母的现象，跟韵母的开合有十分密切的关系。中古匣母字只有一、二、四等，当读音为合口一等、二等或四等时，匣母字今读零声母，当读音为开口一、二、四等时，今读为擦音声母。这一现象在粤语、客赣方言尤为明显，其他各个方言均有所体现。

A 粤语

在两广粤语中，当匣母字逢合口一、二、四等时，读零声母或零声母的音位变体 [jw]，当匣母字逢开口一、二、四等时，今清擦音声母。

	合口							开口		
	黄	横	还	换	户	县	活	含	后	学
广州	wɔŋ˨	waŋ˨	wan˨	wun˨	wu˨	jyn˨	wut˨	hɐm˨	hɐu˨	hɔk˨
花都	wɔŋ˨	waŋ˨	wan˨	wun˨	wu˨	jyn˨	wut˨	hɐm˨	hɐu˨	hɔk˨
罗定	uɔŋ˨	uɐŋ˨	uan˨	un˨	u˨	yn˨	ut˨	haŋ˨	hau˨	hɔk˨
怀集	uɔŋ˨	uɐŋ˨	uaŋ˨	un˨	u˨	un˨	ut˨	haŋ˨	hau˨	hɔk˨
博白	uʌŋ˨	uaŋ˨	uɔŋ˨	un˨	u˨	in˨	ut˨	ham˨	hou˨	hak˨
北流	uɔŋ˨	uɐŋ˨	uan˨	un˨	u˨	yn˨	ut˨	ham˨	hou˨	hɔk˨
香港	wɔŋ˨	waŋ˨	wan˨	wun˨	wu˨	jyn˨	wut˨	hɐm˨	hɐu˨	hɔk˨

B 客家话

在广东、台湾、福建等地的客家话中，匣母字是否读零声母跟韵母的开合也有直接的关系，但读为零声母的字数不如两广地区的粤语多。基本情况是，读为零声母的匣母字均是来自合口一、二、四等字，但今读擦音声母的字既有来自开口的匣母字，也有个别来自合口的匣母字。这说明匣母字逢合口字读零声母的演变在客家话中不是很彻底。江西地区的客家话匣母字读零声母的现象比较少，只有个别合口字读作零声母。下面是"地图集"中 18 个匣母字在部分客家话中读零声母的情况举例。

梅县： 横 ʋaŋ˩ │还 ʋan˩ │黄 ʋɔŋ˩ │换 ʋon˩ │县 ian˥
惠阳： 横 ʋaŋ˩ │还 ʋan˩ │黄 ʋɔŋ˩ │换 ʋnɔ˩ │县 jɛŋ˥
桃园： 横 ʋaŋ˩ │还 ʋan˩ │黄 ʋɒŋ˩ │换 ʋon˩ │县 iɛn˥
连城： 横 ʋã˩ │还 ʋã˩ │黄 ʋɔŋ˩ │换 ʋã˥ │县 ʋe˥
桂东： 黄 uɔ˥ │横 uan˥ │还 uan˥
会昌： 还 vã˩ │横 vaŋ˧ │县 iõ˥

说明：上述个别地点的 [ʋ] 调查者记为 [v]，但由于摩擦性不很强，实际音值近似 [ʋ]，《汉语方音字汇》（第二版 1989：28）也有对梅县方言此类问题的说明。因此将 [v] 统一处理为 [ʋ]，下文类似的处理不再说明。

C 赣语

江西等地的赣语中，匣母字是否读零声母主要取决于今韵母是否为合口呼，即当匣母字跟今合口呼韵母相拼时，有读作零声母的现象，当今音为非合口呼韵母时，匣母字读作清擦音。

	合口呼					非合口呼				
	黄	横	还	换	活	含	嫌	汗	盒	学	县
南昌	uɔŋ˩	uaŋ˩	uan˩	uan˩	tɛu˩	hɛn˩	ɕiɛn˩	hɔn˩	hɛʔ˩	hɔʔ˩	ɕiɛn˥
高安	uɔŋ˩	uaŋ˩	uan˩	uɛn˩	tɐu˩	hom˩	ɕiɛn˩	hon˩	hop˩	ɕiɔʔ˩	ɕion˥
丰城	uɔŋ˩	uaŋ˩	uan˩	uɛn˩	uɛʔ˩	hɔŋ˩	ɕiɛn˩	hɛn˩	hoʔ˩	hoʔ˩	ɕyɔn˥
靖安	ŋɔn˩	uaŋ˩	uan˩	uon˩	tou˩	han˩	ɕian˩	hon˩	hat˩	hoʔ˩	ʃiɛn˥
上高	uɔŋ˩	ŋɔn˩	uaŋ˩	uan˩	uɛn˩	uɜu˩	tɕɜʔ˩	hon˩	ɕiɛn˩	hon˩	hot˩	soʔ˩	fɛn˥

其他一些汉语方言中，当匣母字出现个别读零声母的现象时，也经常以是否合口呼韵母作为条件。例如：

绩溪： 横 ʋaŋ˩ │还 ʋɔ˩ │黄 õ˩ │活 ʋɔʔ˥
休宁： 横 ua˩ │还 uːa˩ │黄 aŋ˩ │换 ɜːn˩ │活 ɜːn˥
新宁： 横 ʋɛn˩ │黄 uaŋ˩ │换 uan˥

长沙市：黄 uan˧˩ | 滑 ua˥

②非开口呼读零声母，开口呼读清音声母

在一些汉语方言中，匣母字是否读零声母跟今音的开齐合撮有很大的关系，而跟古韵母的开合关系不大。当遇到韵母为齐齿呼、合口呼和撮口呼时，匣母字读零声母，当韵母为开口呼时，匣母字读清音声母。两广粤语以及平话中均有一些方言属于这种类型。

	非开口呼	开口呼
高明	嫌jim˧˩ | 横waŋ˧˩ | 还wan˥ | 黄wɔŋ˥	红hoŋ˧˩ | 咸ham˧˩ | 汗hɐn˥
苍梧	黄uɔŋ˧˩ | 嫌im˧˩ | 横vaŋ˧˩ | 还van˧˩ | 县iun˧˩	汗hɐn˥ | 恨hɐn˧˩ | 后hɐu˧˩
容县	黄uɔŋ˧˩ | 嫌im˥ | 换un˧˩ | 县yn˧˩ | 活ut˥	咸ham˧˩ | 鞋hai˧˩ | 汗hɐn˥ | 学hɔk˥
鹤山	横wɐŋ˧˩ | 还wen˥ | 嫌jim˧˩ | 县jyn˧˩	红hoŋ˧˩ | 鞋ha˧˩ | 汗hɔn˥ | 厚hɐu˥
罗城	横vɐŋ˧˩ | 还uan˥ | 嫌im˧˩ | 换un˧˩ | 县yn˧˩	红hɔŋ˧˩ | 咸ham˧˩ | 汗hɔn˥

在浙江等地的一些吴语中，当匣母字出现个别字读零声母的现象时，也总是出现于韵母以 [i u y] 开头的字。例如于潜：还 uɛ˧˩ | 换 uɛ˥ | 县 ie˥；诸暨：嫌 iẽ˥ | 县 iɤ̌˥。

③舒声字读零声母，入声字读清音声母

在湘语长益片方言中，匣母字读零声母跟调类有十分密切的关系。匣母字按舒入分开演变，其中读零声母的现象只出现在舒声字，入声字读清音声母。这种类型集中分布在湘语长益片益沅小片的益阳、桃江、沅江、安化等地。

	舒声						入声		
	含	红	咸	厚	换	汗	活	盒	学
益阳	ã˧˩	n˧˩	ã˧˩	au˧˩	ɔ˧˩	ã˧˩	xo˥	xo˥	ɕio˥
桃江	ã˧˩	n˧˩	ã˧˩	ɤ˧˩	ɔ˧˩	õ˧˩	xo˥	xo˥	ɕio˥
沅江	ã˧˩	n˧˩	ã˧˩	au˧˩	ɔ˧˩	ã˧˩	xo˥	xo˥	ɕio˥
安化	a˧˩	n˧˩	a˧˩	iɔ˧˩	uɤ˧˩	a˧˩	fɤ˥	fɤ˥	xo˥

匣母字的这种按舒入分读的现象，可以跟湘语全浊声母的清化联系起来考察。从保留浊音的湘语来看，最先发生清化的是全浊声母入声字，其次才是全浊声母舒声字。陈晖（2006）指出，湘语娄邵片的全浊声母只有舒声字保留浊音，入声字全部或绝大部分已经清化。永州片的祁东、祁阳等地无论舒入，全浊声母基本上仍然保留清浊对立，部分调类中出现清

第三章　浊音弱化　109

浊合流的现象，主要是仄声字，尤其是仄声字里的入声字。这就可以看出，匣母字弱化为零声母的现象在湘语中跟浊音清化的顺序也有很密切的关系。从时间上判断，湘语中匣母字弱化为零声母的现象当在浊入字清化之后，如果在浊入字清化之前，无法解释在相同的语音条件下，匣母入声字为什么不出现读零声母的现象。此外，由于湘语永州片的祁东、祁阳等地全浊声母不论舒入都较好地保留了清浊对立，因此，湘语永州片的匣母入声字也出现了读为零声母的现象，例如东安花桥：盒 u˧｜活 ue˧｜划 ua˧/o˧｜或 ue˧｜滑 ua˧｜学 io˧/vu˧（鲍厚星，2006）；全州：盒 o˧｜活 ʅo˧｜鹤 o˧｜或 ʅeʅ｜获 ua˧｜斛 u˧（谢建猷，2007）。

④全部读零声母

匣母字读零声母的现象在吴语区十分普遍，其中以浙江南部吴语最为突出。浙江南部吴语的匣母字除了个别字读作塞音声母外，基本上都读零声母。北部吴语苏沪嘉小片和常州小片的绝大部分匣母字也读作零声母。下面以金华小黄村、云和、丽水、广丰、苏州市、无锡为例。

	还	嫌	黄	后	厚	汗	县	学	盒
金华小黄村	ua˧	ȵia˧	uaŋ˧	əu˧	kiəu˧	ɤ˧	y˧	ɔ˧	uɑ˧
丽水	uã˧	ã˧	ɔ̃˧	ɤɯ˧	kɤɯ˧	ʒɑu˧	ʒɑu˧	ɿɔ˧	ɛ˧
云和	uã˧	ã˧	ɔ̃˧	ɯ˧	kəɯ˧	uɐ˧	yɐ˧	ɿɔ˧	ɛ˧
广丰	uã˧	iẽ˧	yã˧	u˧	iɯi˧	ʒũ˧	yɐ̃˧	ʒau˧	ɿɑ˧
苏州市	uɛ˧	ɪ˧	uã˧	øY˧	øY˧	ø˧	yø˧	ɿɔ˧	ɑʔ˧
无锡	ɑɯ˧	ɿi˧	uɔŋ˧	ei˧	ei˧	ʒu˧	yu˧	ɿɔ˧	ɿɑ˧

上述记录为零声母的吴语匣母字的读音有必要在这里交代一下。目前对吴语匣母字读音的记音并不完全一样，一部分记为 [ɦ]，另一部分就直接记为零声母了。通过吴语匣母字的语图来看，匣母字实际上没有擦音段 [ɦ]，连清化的 [h] 也没有，只是一个零声母加韵母的弛声气化部分，因此听感上，吴语匣母会跟影母字有清浊对立，这是把发声态表达为一个音段符号。当匣母字清化，将并入影母字而不是同部位的晓母字，进一步说明匣母字 [ɦ] 与零声母只是音位变体。（朱晓农，2010b：197）

除了吴语外，湘粤桂交界处的平话、土话如贺州、柳城、连山、钟山、江华、玉林、平南、富川、兴业、平乐、宜州等地匣母字基本均读零声母，没有语音条件的限制。例如：

贺州：含 ɔm˧｜横 uaŋ˧｜红 oŋ˧｜后 ao˧｜汗 œn˧｜换 un˧｜

110 汉语方言全浊声母演变研究

县 yn꜓｜活 ut꜕｜学 œk꜕

江华：含 uŋ꜓｜红 oŋ꜓｜黄 uan꜓｜鞋 ae꜓｜厚 ao꜑｜后 ao꜑｜汗 øn꜓｜恨 ɛn꜓｜县 yn꜓｜学 ø꜓

宜州：含 ʔmaŋ꜕｜红 ʔuŋ꜓｜黄 uɔŋ꜓｜汗 ʔc꜑｜县 yɛn꜕｜厚 ʔeu꜕｜户 ʔu꜕｜活 uɔk꜕｜学 ʔek꜕

⑤不规则读音

不规则读音是指匣母字哪些字读零声母，哪些字读擦音声母从共时平面找不出分化的语音条件，呈现出一种不规则的语音现象。闽语匣母字的读音即属于这种情况。虽然从共时平面上看不出语音制约条件，但闽语中的匣母字是否读零声母却有着高度的一致性。在"地图集"调查的"含红黄咸鞋横还嫌后厚户汗恨换县盒合学"18 个匣母字中，闽语中高度一致读为零声母的有"红黄鞋后换盒活学"8 个字。下面以福州等 7 个闽语匣母字的读音为例。

	红	黄	鞋	后	换	盒	活	学
福州	øyn꜓	uɔŋ꜓	ɛ꜓	au꜕	uaŋ꜕	aʔ꜑	uAʔ꜑	ɔʔ꜑
厦门	aŋ꜓	ŋ꜓	ue꜓	au꜕	uã꜕	aʔ꜑	uaʔ꜑	oʔ꜑
福清	øŋ꜓	uɔŋ꜓	ɛ꜓	au꜕	uaŋ꜕	aʔ꜑	uaʔ꜑	ɔʔ꜑
莆田	aŋ꜓	ŋ꜓	e꜓	ue꜕	yɔŋ꜕	ɒ꜕	o꜕	o꜕
澄迈	aŋ꜕	ui꜕	ɔe꜕	ue꜕	ua꜕	ap꜕	ua꜕	c꜕
苍南（闽）	oŋ꜕	õ꜕	ai꜓	ɛ꜑	vẽ꜓	haʔ꜓	vəʔ꜓	au꜕
花莲	aŋ꜕	ŋ꜓	e꜓	au꜕	uã꜕	ap꜕	ua꜕	o꜕

除以上所举的例字之外，闽语中匣母字较为一致读为零声母的还有"河闲下上~旱话画动词荷护胡湖壶祸洪"等。

（2）地域分布

根据"地图集"中调查的 18 个匣母字：含横红还黄咸鞋嫌后厚户汗恨换县盒活学，按照这 18 个字在方言中读零声母字数的多少，下面将汉语方言匣母字读零声母的现象分为以下四个层次，详细情况见图 3-2。

A 密集型：12 字以上读零声母。

B 分散型：5-11 字读零声母。

C 稀疏型：5 字以下读零声母。

D 匣母字不读零声母。

由图 3-2 所示，匣母字读零声母在汉语方言中的分布十分整齐。同言线以北的地区均没有匣母字读零声母的现象，而同言线以南的地区匣母字读零声母的现象十分普遍。匣母字的零声母读法覆盖了广东、广西、江西、湖南、浙江、福建、海南等省区市的大部分地区，以及江苏、安徽、湖北的部分区域，即通常所说的东南方言。

在东南方言中，匣母字读零声母的现象基本上呈现出连续分布的特征，但也体现了地域上的不平衡性。总的来说，吴语区以密集型分布为主，有不少吴语点匣母字读零声母的比例占到了2/3以上，密集型分布还出现在湘语长益片益沅小片方言和湘粤桂交界处的平话和土话当中。闽、粤语的匣母字读零声母的程度不如吴语，多数地点匣母字读零声母的比例为1/3以上，2/3以下。大多数湘语和客赣方言匣母字读零声母的比例最低，多数在1/3以下。在匣母字的弱化为零声母方面，湘语以及客赣方言具有较高的一致性，这两处方言匣母字弱化的程度都不如闽、粤、吴语。这也许是湘语和客赣方言的语音受到北方官话的冲击较大，匣母字读为零声母的现象只出现在个别的口语常用字中，没有出现大规模的弱化现象。

（3）有关匣母字的讨论

①历史文献中的相关讨论

上古匣母与群母有过共同读浊塞音［g］的阶段，已从不同角度得到验证。李荣（1956）在现代吴闽粤等方言中找到了证据。除了李荣（1956）所提的方言，万波（1995）、严修鸿（2004）分别考证赣语和客家话中有匣母读如群母的层次。赵日新（2002）也提到徽语中有"厚环糊"等几个字读塞音的层次。此外，湘西乡话和湘语中也有匣母字曾读塞音的痕迹。乡话如"衔［ko］、蟹［ko］、咸［dʑiɛ］"（杨蔚，2010）。湘语益阳话匣母字白读层有读［tɕ］声母的现象，例如：霞 tɕia｜嫌 tɕiẽ｜闲 tɕiẽ｜贤 tɕiẽ｜玄 tɕyẽ｜校~学 tɕiau｜现~成 tɕiẽ｜县 tɕiẽ｜夏 tɕia 立~。益阳方言白读读音的规则性，也可能是从擦音到塞擦音演变的结果。

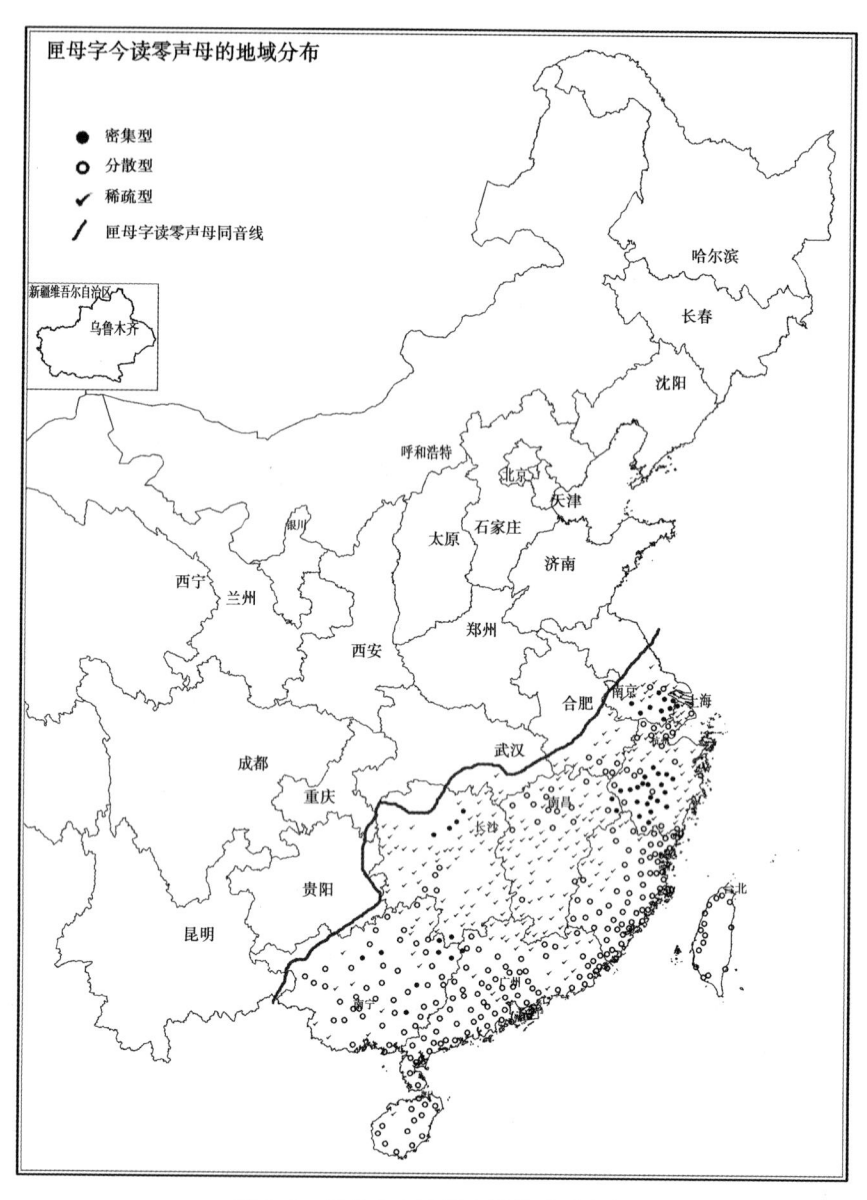

图 3-2 匣母字今读零声母的地域分布

注：此图为北京语言大学刘晓海先生绘制，底图根据中国国家测绘局国家基础地理信息系统（NFGS）1∶400万的全国地理数据制成，谨此致谢。

至于匣母与云母（喻三）的关系，仍有不同的意见。曾运乾（1928）提出喻母三等上古归匣母，喻母四等字上古归定母，即著名的"喻三归匣、喻四归定"的学说，已获学界公认①。不过，关于上古匣云母的音值，一直以来都有争论，其焦点在于匣母音值当一分还是两分。主张"一分"说的主要有李方桂（1971）、李新魁（1991）以及李永燧（1990）、潘悟云（1997）等，将匣云母字拟为塞音声母［g/ɢ］；曾运乾、董同龢等认为匣母上古音读［ɣ］音。主张"两分说"的主要有邵荣芬（1991），认为匣母跟群母相同的读［g］，跟云母相同的读［ɣ］，持相同看法的有丁邦新（1999）、郑张尚芳（2003）②等。

正如郑张尚芳（2003：86）指出的，如果将上古匣母构拟为一类［g］，"狂王""琼荣"都变成同音字，对于解释后世的语音演变很不利。因此主张将与云母相谐的匣母字构拟为［ɦ］。东南方言中有云母字读擦音的现象，如闽南话"云、远、园、雨"均白读［h］，此外，"有"在湘南江永土话、连城客家话、广东增城粤语、浙江畲话等地读［h］或［x］（郑张尚芳，2003：87）。湘西乡话的"运［ɦuɛ］"也读擦音声母（陈晖，2016：113）。之前丁邦新（1999）利用闽语石陂话的材料也主张将古匣母字一分为二，这样更利于解释匣群云三母从上古到中古的演变过程③。

上古音阶段是"喻三归匣"，到了《切韵》时期，匣母和喻母的关系仍然密切，高本汉（1940）将匣云二母分别构拟为浊擦音［ɣ］和［j］化音。罗常培（1963b）补充了《经典释文》、原本《玉篇》里匣云互切的例子，分别将匣、云拟作［ɣ］、［ɣj］。李荣（1956：128）主张云并入匣，合并为浊擦音［ɣ］，与罗常培（1963b）实质相同。因为李荣（1956）的《切韵音系》中是没有 j 化声母的。这样，在中古以后的演变中，［ɣ］、［ɣj］分别朝着浊擦音（清擦音）和零声母的方向演变，体现

---

① 曾运乾提出"喻三归匣"的时间实际上要早于1928年，见杨树达《曾星笠传》（2013：466）：忆1923年夏间，余以省观自北京归长沙，君过访予，以《喻母古读考》见示，见杨树达《积微居小学述林全编》（下）。

② 郑张尚芳（2003）认为，匣母字上古分化为浊塞音［g］和浊擦音［ɦ］，更好解释后来的演变。

③ 北方话"熊雄"二字读擦音声母。据北大赵彤老师告知，"熊雄"二字《广韵》归入云母，其实从《韵镜》开始，这两字就排在匣母的位置，其读音符合匣母字读音规律。益阳方言"熊雄"两母今读［tɕin］，也符合匣母字白读的规律。

在多数现代方言中的匣云二母是互分的：

	下	划~船	盒	羽	围	友
北京	ɕia⁵	xua²	xɤ²	y³	uei²	iou³
济南	ɕia⁵	xua²	xɤ²	y³	uei²	iou³
苏州	ɦo⁶	ɦo²	ɦaʔ⁸	y³/jy⁶	ɦuɛ²/jy²	iɤ²/jiɤ⁶
长沙	xa⁶	fa²	xo⁷	y³	uei²	iəu³
厦门	he⁶	hua²/ko⁵	ap⁸/aʔ⁸	u³	ui²	iu³

如果细加考察，情况并不如此简单。以厦门话为例，匣母字今读有塞音、擦音和零声母三种，例如：厚白 kau⁶ ｜ 后白 hau⁶ ｜ 喉白 au²；云母字也有擦音和零声母两种：雨 hou⁴ ｜ 羽 u³。也就是说，厦门话存在两个匣云相混的层次，一是代表上古层的擦音层次，二是代表中古以后的零声母层次。上古匣云相混的擦音层次在绝大多数方言中消失，但是中古后期匣云相混的零声母层次非常普遍。郑伟（2018）提到，中古音阶段的"喻三归匣"是"匣入喻三"，即匣母读同云母，而不是相反。先不论"匣入喻三"在中古音阶段是否为零声母，但更晚的材料可以证实南方方言匣云母合流为零声母的现象。下面略举数例：

张位《问奇记》[明]：

> 大约江以北入声多作平声，常有音无字，不能具载；江南多患齿音不清，然亦官话中乡音耳。若其各处土语，更未易通也。……吴越：打为党、解为嫁、上为让、辰为人、妇为务、黄为王（喻三）、范为万、县为厌（影）、猪为知……。

袁子让《字学元元》[明]：

> 吴音黄曰王（喻三）、行曰盈（喻四），和曰讹（影）、玄曰员（喻三），盖误匣于喻也。

陆容《菽园杂记》[清]：

> 如吴语黄王（喻三）不辨，北人每笑之。

江永《等韵辨微》[清]：

匣母最浊需重呼，吴音呼胡户黄禾等字皆似喻母者，水土使然也。

以上反映吴语的匣、影、喻母相混。此外，明代沈宠绥的《度曲须知·俗讹因革》里指明了当时吴语的匣母字跟疑母字同音的关系："杭、和、豪、浩，俱阴出阳收；昂、讹、熬、傲，俱阳出阳收。虽口语异，同系同音，姑借叶之。"沈氏又在"方音洗冤考"一节"再考昂、讹、遨、傲等字，实与杭、和、豪、浩同声，乃吴人汩于方语口法"。这还反映了当时吴语中匣母字和疑母字合流的现象，这可能是匣喻合流后，疑母字也有一部分丢失鼻音声母与喻匣合流（转引自李小凡，2008）。

还有一些县志中也反映出湘语的匣喻奉微母相混的现象，例如（转引自周赛红，2005）：

《长沙府志》[乾隆]：

王黄曰王（喻三）……回曰惟（喻四）……贤曰延（喻四）……横曰文（微）……。

《益阳县志》[乾隆]、《益阳县志》[嘉庆]、《益阳县志》[同治]：

……回肥皆曰为（喻三）……横焚皆曰文（微）……胡符皆曰无（微）。

《宁乡县志》[嘉庆]、《宁乡县志》[同治]：

黄之与王不相叶而同一音。

以上的文献记载反映出最迟在明代，吴语中的匣母字就有普遍读作零声母的现象，湘语某些方言，如长沙、益阳、宁乡等地在清代也出现了匣母字读作零声母的现象。如果依据材料判断，吴语匣母字演变为零声母的时间比湘语要早，因为湘语中暂时没找到清以前匣母读作零声母的记载。值得注意的是，《字学元元》的作者袁子让为湖南新化人，他指出吴语

"黄曰王、行曰盈"等匣母误读作喻母的现象,这说明当时他自己的方言中不存在这种误读的现象,不然他也不会单独将吴语的"错误"读法指出来。不过,今天的新化方言匣母字除了一部分保留浊音 [ɣ],一部分清化外,也有个别匣母字读作零声母,例如"黄"读音为 [oɹ],跟"王"同音。

除了文献的一些零星记载外,一些韵书中也反映出匣母字读音为零声母的现象。

冯蒸(1991b)考察《尔雅音图》音注时发现这样一个特殊现象,就是匣 [ɣ]、邪 [z]、从 [dz] 三个浊声母有与影、以二母相互注音的现象,此中又以匣母与影、以注音的例子较多。冯文指出,这可能并不是一个普遍化的音变现象,而仅只是这些字的浊声母失落而变成零声母。下面将匣母与影母以及以母(喻四)相混的几例摘录如下:

A 匣母/影母相混例(2例):

(147) 遏(曷)　遏：　乌葛切　at　　　山开一入曷影
　　　　　　　　曷：　胡葛切　ɣat　　　山开一入曷匣
(862) 䜄（会）　䜄：　乌外切　uɑi　　　蟹合一去泰影
　　　　　　　　会：　黄外切　ɣuɑi　　蟹合一去泰匣

B 匣母/以母相混例(3例):

(999) 蒏（亦）　蒏：　胡狄切　ɣiek　　梗开四入锡匣
　　　　　　　　亦：　羊益切　jĭɛk　　梗开三入昔以
(1117) 檨（亦）　檨：　胡狄切　ɣiek　　梗开四入锡匣
　　　　　　　　亦：　羊益切　jĭɛk　　梗开三入昔以
(1182) 蜒（演）　蜒：　胡典切　ɣien　　山开四以铣匣
　　　　　　　　演：　以浅切　jĭɛn　　山开三上獮以

《尔雅音图》反映的是官话方言的语音,匣母跟影母及以母相混的例子可能反映了当时某个官话方言匣母读作零声母的现象。

②匣母字弱化为零声母的过程

中古匣母字的语音,高本汉(1940)拟为 [ɣ],潘悟云(2000)拟为 [ɦ]。一个为舌根擦音,另一个为喉擦音。在现代匣母字保留浊音的汉语方言中,吴语匣母字多读为喉擦音,例如上海市:含 ɦø˩ | 鞋 ɦa˩ | 盒 ɦaʔ˩。湘语多为舌根浊擦音 [ɣ],例如新化:含 ɣã˩ | 恨 ɣiẽ˩ | 厚 ɣiɤ˩。在匣母字读零声母的现代方言中,晓母字基本上都不读作零声母(江西奉新等个别方言中晓匣母同读为零声母,这是匣母清化后发生

的声母脱落现象，跟浊擦音的弱化无关），并且文献记载中也没有晓匣母字同时跟影喻母合流的现象。可见，匣母字读零声母是在浊音清化之前独立演变的结果，而不是匣母字清化后擦音声母脱落为零声母的这样一个过程：*［ɣ］/［ɦ］＞［h］＞［ø］。

匣母字弱化为零声母的过程，跟韵母的开齐合撮有十分密切的关系。上文讨论匣母字读零声母的类型时，第（1）类到第（2）类到第（4）类之间可以形成匣母字弱化的一个逻辑顺序过程。首先，拼合口呼的匣母字先行弱化，然后类推到所有带［i u y］的韵母，最后才是拼开口呼的匣母字弱化。至于为什么匣母字逢带［i u y］的韵母更容易弱化一些，我们推断，这是因为带［i u y］的韵母都是高元音，高元音韵母具有使声母同化的作用，促使匣母字向［j ʋ ɥ］等近音演变，例如温州方言；最后，近音进一步弱化，变成零声母，跟方言中的影喻母字合流，完成整个弱化的过程。而匣母字逢开口呼韵母时，由于没有高元音的"同化"作用，其弱化只能是浊擦音声母在原来发音部位的脱落，这一过程需要较长的时间。但很多方言中的匣母字还没来得及完成这一过程时，已经开始了清化，因此匣母字逢开口呼时就清化为同部位的清音声母。匣母字弱化为零声母最为彻底的是吴语，众所周知，吴语的全浊声母保留浊音的时间是最长的，多数吴语的全浊声母至今仍保留浊音，这给方言中的匣母字全部弱化为零声母提供了充裕的时间。而在其他的东南方言中，由于全浊声母清化的时间相对较早，匣母字一部弱化为零声母后，另一部分便随整个全浊声母系统清化了。官话等北方方言清化的时间最早，匣母字就基本上没有读零声母的现象。

2. 奉母

（1）轻重唇的分化

非敷奉三母在中古很长一段时间并没有从帮滂并三母中分离出来。在《切韵》音系中，唇音声母只有"帮（非）、滂（敷）、并（奉）、微（明）"。唐末守温的"三十字母"中，唇音声母只有"不芳并明"，也没有轻唇音一类。直到宋代的"三十六字母"中，轻唇音才从重唇音中分离出来。轻唇音从重唇音中分离出来的条件是合口三等韵，其分化的过程可以用表示如下（转引自唐作藩，1991：110）：

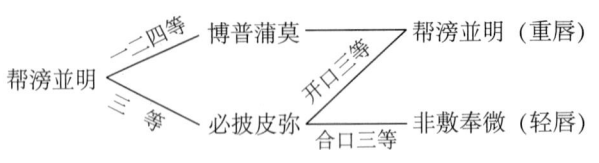

图 3-3　非组字分化示意图

中古时期奉母字从并母字中分离出来，由 [b] > [v] 的过程，其实上也是奉母字在演变过程中的一种弱化现象（王福堂，1999：86）。不过，这种弱化不是奉母字独有的，非敷两母也参与其中，并且以合口三等韵作为语音条件。除闽、粤等一些方言外，奉母字的这种演变在多数汉语方言中已经完成。大多数汉语方言中奉母字以读擦音为主。因此，这一节讨论奉母字由浊擦音 [v] 声母弱化为零声母的现象。

（2）分布

奉母字弱化为零声母的现象在汉语方言中并不十分突出，主要分布在吴、湘、闽、粤等少数一些方言中，没有形成像匣母字读零声母那样普遍的现象。下面对"地图集"材料中奉母字读零声母的方言进行统计。

表 3-3　　　　　　　　　　奉母字读零声母的地域分布

	分布
吴语	安徽：黄山、南陵；浙江：苍南（吴）、东阳、洞头、平阳、瑞安、泰顺（吴）、温州市、孝丰、永嘉、启东
湘语	湖南：桃江、益阳、沅江、安化、邵东、邵阳、宁乡
闽语	海南：乐东、东方、三亚市、文昌、雷州；福建：建瓯、松溪、政和
客家话	广东：博罗、鹤山、惠州市
平话/土话	广西：富川、贺州、全州、宜州

说明：博罗、惠州、宜州的奉母字记为 [v]，跟零声母之间是音位变体的关系。

（3）读音

奉母字读零声母的数量在上述各个方言中极不平衡。宜州、惠州市和博罗的奉母字除个别字音外，基本上都已经弱化，不过这三地奉母字的实际音值都还有摩擦成分，但跟零声母之间并没有区别意义的作用。例如宜州影母字的读音，腰影 iu˧—温影 vɐŋˊ，当影母字跟合口呼音节相拼时，读唇齿擦音声母，当影母字跟非合口呼音节相拼时，读零声母，唇齿擦音和零声母互为音位变体。下面是宜州等三地奉母字读音举例：

宜州：防 uɔŋ˩ | 肥 vi˩ | 浮 vɐu˩ | 犯 vam˩ | 饭 van˩
惠州：防 vɔŋ˩ | 肥 vi˩ | 浮 viau˩ | 犯 van˩ | 饭 van˩
博罗：防 vɔŋˊ | 肥 viˊ | 浮 vɐuˊ | 犯 vamˊ | 饭 vanˊ

湘语长益片的益阳、沅江、桃江、安化四地奉母字逢舒声全部读零声母，逢入声读清擦音声母，跟匣母字读零声母的分化条件相同。

	舒声					入声	
	防	肥	犯	父	妇	饭	服	罚
益阳	ɔˊ	uei˩	uã˩	u˩	u˩	uã˩	ɸu˧	ɸaˊ
沅江	ɔˊ	uei˩	uã˩	u˩	u˩	uã˩	ɸu˧	ɸaˊ
桃江	oŋˊ	ueiˊ	uã˩	u˩	u˩	uã˩	fu˧	xuaˊ
安化	uaŋˊ	uei˩	ua˩	u˩	u˩	ua˩	fu˧	fɑ˧

其他方言中奉母字读零声母的现象都是零星的，不太成系统。这里可能有两种情况，对于那些全浊声母今读浊音的方言来说，奉母字读零声母只是一种正在进行中的语音现象，还没有彻底完成。如温州方言奉母字大都读近音 [ʋ]，但也有个别奉母字脱落近音 [ʋ]，读成零声母。例如：防 uɔ˩—饭 vaˊ，前一个读零声母，后一个读近音声母。而对于那些全浊声母已经清化的方言来说，奉母字读零声母可能是一种已经被中断了的变化，即奉母字读零声母的演变在该方言中正在进行时，就被来自浊音清化的力量所打断，所以只留下了部分零声母的"残迹"，例如宁乡：饭 uã˩—犯 xuã˩，前一个读零声母，后一个读清音声母。

下面再列举一些方言中奉母字读零声母的材料。

建瓯：浮 iu˩ | 符 u˩ | 烦凡繁矾 uaiŋ˩ | 缝逢 oŋ˩ | 坟 uɔŋ˩
邵阳县：防 uã˩ | 浮 uei˩ | 犯 uã˩ | 饭 uã˩ | 凤 oŋˊ | 缝 uoŋ˩
松溪：浮 iu˩ | 符 u˩ | 肥 uæ˩
黄山：符 u˩ | 饭 uãˊ

3. 其他

除了奉母和匣母外，浊擦音声母今读零声母的现象还来源于邪母、禅母以及其他一些全浊声母。邪禅等全浊声母弱化为零声母跟韵母的结构有十分密切的关系。从目前的观察看来，语音条件是在细音韵母前，在洪音韵母前的邪禅母等全浊声母一般没有零声母的读法。

邪禅母以及其他全浊声母来源的浊擦音声母弱化为零声母的现象在汉语方言中比较少见。主要分布在闽北方言的建瓯、松溪、政和等地；湘语北部的桃江、安化以及南部的邵阳、东安等地也有少量浊擦音声母弱化为零声母。

建瓯：船 yiŋ˩ | 舌 yɛ˥ | 射 ia˥ | 蛇 yœ˨ | 城 iaŋ˩ | 匙 i˩ | 常 iɔŋ˩ | 社 ia˥ | 邵 iau˥ | 属 y˥ | 实 i˥ | 上 iɔŋ˥ | 邵 iau˥

松溪：城 iaŋ˩ | 船 yŋ˩ | 蛇 yœ˩

政和：船 yiŋ˩ | 射 ia˥ | 蛇 yœ˩ | 城 iaŋ˩ | 邵 io˥

桃江板溪（陈蒲清，1981）：樵瞧 iau˧ | 就 iou˩ | 除储厨苧槌锤 y˧ | 柱住 y˩ | 传橡篆 yẽ˧ | 船 yẽ˧ | 薯 y˧ | 树竖 y˩ | 垂 yei˧ | 瑞 yei˩

东安芦洪（曾献飞，2012）：聚 y˧ | 谢 ie˧ | 赵 iao˧ | 顺 yn˧ | 寿 iəu˧ | 舅 iəu˧

安化：树住 y˩ | 顺 yn˩

邵阳市：树 y˧ | 顺 yn˧

（五）浊擦音声母的弱化顺序

上面介绍了浊擦音声母弱化的几种类型及其在汉语方言中的分布。对于具体的浊擦音声母 [v ɣ z ʑ] 的弱化来说，期间有没有一个弱化的逻辑先后顺序呢？即什么样的浊擦音声母最容易弱化，什么样的浊擦音声母最难弱化？如果将 [v ɣ z ʑ] 四个浊擦音声母分别对应于中古的奉匣邪禅母，那么，从以下几个方面可以看出，在汉语方言中，匣母字最容易发生弱化，奉母次之，邪母和禅母是最不容易发生弱化的。

（1）从全国汉语方言来看，匣母弱化分布的面积最广，奉母次之，邪禅等全浊声母弱化分布的面积最小。从统计的"地图集"930 个地点方言的材料来看（详见表 3-4），有 494 个点只有匣母弱化，其他全浊声母不发生弱化；有 50 个点只有奉母和匣母弱化，其他全浊声母均不弱化；奉匣邪禅母均发生弱化的方言点较少，只有 8 个。同时从表 3-4 还可以看出，如果一个方言奉邪禅母中的某一个存在弱化现象，那么这个方言的匣母字肯定也存在着弱化现象，由此可见，匣母字在四个声母中是最容易弱化的。表中"+"表弱化，"-"表不弱化。

表 3-4　　　　　　　　　奉匣邪禅母弱化的类型

类型	奉	邪	禅	匣	语音形式	备　注
1	-	-	-	+	[j] / [ʋ] / [∅]	共计 494 点
2	+	-	-	+	奉：[∅] / [ʋ] 匣：[j] / [ʋ] / [∅]	共计 50 点，包括吴、湘、闽、粤、土话等
3	-	-	+	+	[∅]	邵阳市、邵阳县
4	+	-	+	+	[∅]	湖南安化、邵东
5	+	+	+	+	奉匣：[j] / [∅] / [ʋ] 邪禅：[l] / [j] / [∅]	8点：浙江洞头、永嘉、温州；福建建阳、武夷山、松溪、政和；湖南益阳

（2）从具体方言的弱化情况来看，一个方言如果有浊擦音声母的弱化现象，那么匣母字弱化的程度最深，其次是奉母字，最后才是邪禅母字。以吴语浊擦音弱化为零声母的现象为例，多数吴语的匣母字存在着弱化为零声母的现象，但奉母字弱化为零声母的现象只有吴语瓯江片和宣州片的少数方言，而邪禅母字弱化为零声母的现象就极少了。

（3）最后，从弱化所需要的语音条件来看，浊擦音声母弱化所需的语音条件是不相同的。从奉匣邪禅母弱化的条件来看，许多方言中的匣母字不论开齐合撮均可以弱化为零声母，有的方言中奉母字需要以今读是否为合口呼作为弱化的条件，但也有个别方言的奉母字也不论开齐合撮均发生弱化。但是邪禅母字在方言中的弱化则往往需要一定的条件。例如在安化梅城方言中，奉母和匣母舒声字均弱化为零声母，没有具体语音条件的限制，但禅（船）母舒声字弱化为边音声母时必须与洪音韵母相拼，即符合这样的语音规则：禅（船）＞ [l] /＿洪音。例如：常 laŋ˧—树 tɕy˧，前字逢洪音弱化为边音声母，后字逢撮口呼细音清化。也就是说，匣母字和奉母字的弱化在安化梅城方言的舒声字中属于无条件音变，但禅（船）母字的弱化属于有条件音变。

通过分析奉匣邪禅四母在汉语方言中的弱化表现，可以大致地推断，汉语方言浊擦音声母的弱化存在着以下的逻辑先后顺序：[ɣ] ＞ [v] ＞ [z ʐ]。这一顺序也可以从发音生理特性上得到解释。在浊擦音 [ɣ v z ʐ] 中，[ɣ v] 属于浊呼音，在振幅和摩擦方面，弱擦的浊呼音和近音之间并没有截然的分界，所以 Lavoie 直接把软腭浊呼音 [ɣ] 叫"近音"

（朱晓农，2007），而［v］发展出近音［ʋ］十分自然，只要在同部位减弱摩擦即可。浊擦音［z ʐ］属于咝音，相比呼音本身有较高的能量和较大的摩擦，相比浊呼音，更加难以弱化。

（六）浊擦音弱化为零声母的后续演变

零声母是浊擦音声母的最终弱化形式，但绝不是浊擦音声母演变的终点。事实上，任何语音都处于不断变迁之中，零声母也不例外。从语音上来说，零声母实际上就是没有声母，即由音节的元音部分直接充当音节的开头，没有阻塞或摩擦等语音成分。但在语音发音时，纯粹的零声母又是很难维持的，与具体音节相拼时往往容易带有同部位的轻微摩擦或紧喉成分，如开口呼带紧喉色彩，合、齐、撮口呼容易转化成同部位的近音成分。当紧喉色彩或者近音成分的特征进一步强化，甚至会使原有的零声母从音位变体演化成具有独立地位的音位，从而发生"质"的变化。下面以匣母字为例，介绍零声母的后续演变现象。

1. 零声母演变为浊擦音

某些全浊声母在弱化为零声母后，有可能进行一次"回头演变"。如零声母又"变回"浊擦音声母。但这时变回浊擦音声母的零声母不仅包括全浊声母，还包括次浊声母以及清音声母。如古匣母逢蟹摄合口一二等字，遇摄合口一等字，假摄合口二等字，山摄合口一二等字以及宕摄合口三等字，古影母逢遇摄合口一等字等，在广州话里声母一般都读半浊擦音［w］，但在花都读全浊擦音［v］，而花都方言中并没有［z］和［b d g］等浊音声母，这在附近的粤语中显得很特别（詹伯慧主编，2002：127）。以下例字在广州方言中读［w］声母，但在花都方言中均读浊擦音声母［v］。

	回	会	坏	胡	户	华	缓	滑	黄	簧	乌	污
广州	w	w	w	w	w	w	w	w	w	w	w	w
花都	v	v	v	v	v	v	v	v	v	v	v	v

花都方言古匣母字的这种读音，应该是匣母字与影母字合流为零声母，经过近音［w］的阶段后（如广州），再演变到浊擦音［v］的过程。对于匣母字而言，这是一次"回头"演变。

再如，在粤语和客家话中还发现了［j］"浊擦化"现象。即属于三、四等的影母、云母、以母、疑母、日母和部分匣母字，因为声母丢失后，零声母加介音［i］一般念成带有摩擦的半元音［j］，但在广东新会、台山、开平、恩平、东莞等粤语以及揭西、新宁等地的客家话中，这些[j]读成相应的[z ʒ z̺]等声母（刘镇发，2007）。

	广州	新会	台山	开平	恩平	东莞	揭西	新宁
衣影	ji	zi	zi	zi	zi	zi	ʒi	z̺ʅ
移以	ji	zi	zi	zi	zi	zi	ʒi	z̺ʅ
现匣	jin	zin	zen	zen	zian	hin	ʒen（县）	z̺en（县）
容以	jioŋ	zouŋ	zøŋ	zioŋ	zoŋ	zoŋ	zuŋ	z̺uŋ

以上匣母字在粤语和客家话中的浊擦音声母的读法，应该不是匣母字保留古浊擦音声母的痕迹，也是语音的一种"回头"演变现象，即匣母字跟这些方言中的影喻等母合流为零声母后，再经过浊擦化的阶段演变而来。因为匣母字在这些方言中读零声母是有明显的语音条件的，即在合口韵前或是三、四等韵之前，也就是通常所说的细音韵母和合口呼韵母，在开口呼韵母中的匣母字则不存在这种变回浊擦音现象。同时，"浊擦音"所涉及的声母不仅有匣母，还有影、喻、疑、日等母，这应该是这些声母合流后的一种语音"逆转"现象。

2. 零声母演变为鼻音

当匣母字跟阳声韵相拼时，个别方言中的匣母字会读为鼻音声母。浙江武义方言的匣母字跟古阳声韵相拼，且今韵母有[i u y]介音时，声母一般都读为鼻音声母[ŋ]或[ȵ]。例如：

齐齿呼：嫌 ȵie˨

合口呼：横 ŋua˨｜还 ŋou˨｜咸 ŋuo˨｜换 ŋuo˨

撮口呼：县 ȵye˨

不过如果跟开口呼阳声韵尾相拼，该方言匣母字跟其他开尾韵一样读为零声母。例如：红 oŋ˨｜恨 en˨｜学 ɑo˦。

其他汉语方言中也有一些匣母字读为鼻音声母的现象。涟源六亩塘：回 mæ˨｜滑猾 ma˦；寿昌：还 ŋeu˨｜换 ŋeŋ˦；义乌：嫌 ȵi˨；金华：嫌 ȵia˨；龙岩：黄 ŋuĩ˩；玉林：汗 ŋɔŋ˦；襄汾：汗 ŋai˦。

上述匣母字读为鼻音声母跟上面的匣母字读为浊擦音声母[v z]的性质相同，都是由于语音的同化而引起的，属于创新性演变。匣母字由零声母演变为浊擦音声母和鼻音声母，如果从声母演变的角度进行讨论，这是一种声母弱化后又强化的结果。对于零声母的这种"回头"演变现象，项梦冰（2006）、刘镇发（2007）、张世方（2008）均从不同角度进行过论述。

三 浊塞音声母的弱化

浊塞音声母的弱化是指 [b d g] 等声母的弱化。就全浊声母来源而言，[b] 主要来自並母，奉母在中古时期也读 [b]，不过中古以后，大部分方言中的奉母字都已经轻唇化了，只有闽语等少数方言的奉母字仍读重唇。[d] 主要来自定母，一些方言的部分澄母字也读为 [d] 声母，而 [g] 主要来自群母。浊塞音声母的弱化现象在汉语方言中并不突出，弱化程度及其地域分布远远不及浊塞擦音和浊擦音声母。下面分别讨论並（奉）、定（澄）、群母在汉语方言中的弱化。

（一）並母

1. 擦音

並母字今读擦音主要分布在吴语宣州片，福建建阳、武夷山地区，此外包括湖南省境内的一部分方言。就音值而言，主要有以下两种。

（1）[v vɦ βɦ β]

並母字读 [v vɦ βɦ β] 主要分布在宣州片的繁昌、铜陵、当涂、南陵、芜湖、宣城，以及湖南永州地区，这些方言的並母绝大部分都读浊擦音声母，可以看作是並母的"轻唇化"。不过同组的帮滂母在这些方言中不读擦音声母，读作清塞音声母 [p pʻ]。

	爬	排	赔	皮	败	办	病	白
繁昌	vaㄥ	vɣㄥ	veiㄥ	viㄥ	vɣㄥ	vanㄥ	finㄥ	vəʔ˧
铜陵	vaㄥ	vɣㄥ	veiㄥ	viㄥ	vɣㄥ	vanㄥ	vinㄥ	vəㄥ
永州	vaㄥ	vaㄥ	veㄥ	viㄥ	vaㄥ	vanㄥ	viaㄥ	vəɯㄥ
芜湖	vɦaㄥ	vɦɣㄥ	vɦeiㄥ	pʻiㄥ	vɦɣㄥ	panㄥ	hɦynㄥ	vɦəʔ˧
南陵	βɦaㄥ	βɦɣㄥ	βɦeiㄥ	βɦijㄥ	βɦɣㄥ	βɦanㄥ	βɦinㄥ	βɦeʔ˧
当涂	pʻaㄥ	ɸʻeㄥ	βɣㄥ	pʻɿㄥ	βɦɣㄥ	βɦɣㄥ	βɦinㄥ	βəʔ˧
宣城	βɦaㄥ	βɦɣㄥ	βɦeiㄥ	βɦiɿㄥ	βɦɣㄥ	βɦiɛㄥ	βɦinㄥ	βɦəʔ˧

並母读 [β] 主要见于福建建阳、武夷山，根据李如龙（2001）所记录的建阳城关潭城方言以及武夷山市（旧崇安县）城关崇城镇方言，两地的並母字有 [β] 声母的读法。关于两地的音系说明中有相似的描写：[β]，双唇浊擦音，音色近于汉语拼音的 [w]，但发音时双唇紧张。下

面是李如龙（2001）关于建阳、武夷山两地的并母字读［β］的例字。

建阳：爸 βa˅｜袍 βau˧｜培 βui˧｜牌 βai˅｜菩 βɔ˧｜旁 βɤŋ˧｜平 βioŋ˧｜部 βo˧｜辨 βieiŋ˧｜败 βai˧｜步 βo˅｜薄~荷 βɔ˧｜备 βi˧｜薄 βɔ˧｜别 βie˧｜弼 βi˧

武夷山：爸 βa˧｜婆 βo˧｜盆 βuiŋ˧｜旁 βɤŋ˧｜泊 βo˧｜别区~ βi˧｜部 βu˧｜弊 βei˧｜枇 βuɛ˧｜辫 βiŋ˧｜伴 βuaiŋ˧｜並 βeiŋ˧

（2）［h f］

并母字读为浊擦音之后，在有些方言中会进一步清化。吴语宣州片方言并母字的浊擦音声母进一步清化后，有的就变成了清擦音声母［h f］。如吴语石台县的七都方言在果合一戈韵、遇合一模韵、效开一豪韵、效开三宵韵、曾开一登韵和通合一东韵前读［h］（蒋冰冰，2003）。例如：婆 hu˧｜菩 hu˧｜袍 hau˧｜朋 hoŋ˧｜篷 hoŋ˧。

湖南境内乡话的并母字大部分今读塞音声母，其中一部分保留浊音，另一部分已经清化。不过，在乡话里，有少量并母字今读清擦音声母［f］。各地读清擦音声母［f］的并母字都比较一致，而且都是一些口语常用字。但相应的帮滂母字没有清擦音声母的读法，由此推知，乡话并母字的读音也经历了像宣州地区那样的［v］声母的阶段，［v］声母进一步清化，就变成了清擦音声母［f］。例如：

溆浦桥江：皮 fɒ˧｜被名词 fɒ˅｜平坪 fəŋ˧｜病 fəŋ˧

沅陵麻溪铺：皮 fo˧｜脾 fo˧｜平坪 foŋ˧｜被 fo˧｜病 foŋ˧

泸溪梁家坪：皮 fa˧｜被名词 fa˅｜平坪评 faŋ˧｜病 faŋ˧

2. 零声母

并母字在汉语方言中今读零声母的现象比较少见。桃江三堂街方言有大量的全浊声母今读零声母，其中包括跟三四等韵相拼的并母字。例如：贫频凭平坪评瓶屏 yn˧｜病 yn˧。永州邮亭墟方言的并母字大多读为零声母。例如：婆 uo˧｜爬 ua˧｜牌 uai˧｜陪 uei˧｜别 ye˧｜盘 uã˧｜贫 yn˧。此外，"地图集"调查的建阳、武夷山方言有个别跟合口字相拼的并母字今读零声母。例如建阳莒口：排 ai˅｜败 uai˧；武夷山五夫：赔 ui˧｜排 uai˧｜败 uai˧。

3. 鼻（边）音

涟源六亩塘方言并母舒声字绝大多数都读鼻音［m］，与明母字读音相同（陈晖，2006：61）。例如：皮 mi˧｜陪 mæ˧｜婆 mo˧｜盘 mõ˧｜

盆 mɪn˧˥｜耙 mo˧˥｜袍 mə˧˥｜排牌 mɑ˧˥｜败 mɑ˦˥｜币 mi˦˥｜脾 mi˧˥｜抱抱 mə˦˥｜办瓣 mã˦˥｜伴拌 mõ˦˥｜病 miã˦˥。值得注意的是，涟源六亩塘方言中，鼻音 [m] 声母的来源非常广泛，除了并母字和明母字外，次浊微母、日母、疑母、云母、以母以及全浊匣母、全清影母都有读鼻音 [m] 的现象。涟源六亩塘方言这种并母字读鼻音，帮滂母字仍读清塞音声母的情况，在全国汉语方言中都不多见。目前我们注意到益阳、沅江两地的"棒"字均读为[mɔ˦˥]，不知与涟源并母字读鼻音的现象是否有某种内在联系。

湖南境内的方言中，并母有一个字的读音较为特殊，就是"爬"字，在一些方言中读为边音声母。如益阳[la˧˥]、古丈（乡话）[lo˧˥]、泸溪（乡话）[lo˧˥]、双峰[lo˧˥]、新化[la˧˥]、沅江[la˧˥]、南县[la˧˥]、涟源[lo˧˥]。不过，其他并母字在上述方言中均不读边音声母，因此"爬"是否为本字也存在不同的意见，本书暂时存疑。

（二）定（澄）母

1. 边（鼻）音

定（澄）母字读为边音 [l] 或鼻音 [n]，在汉语方言中大致有以下四种情况。

（1）定母字一律读边音声母

据曾献飞（2012），永州邮亭墟方言定母字除个别字外，基本上都读成边音声母，没有语音条件的限制。例如：徒图 lu˧｜头 lɯ˧｜条 liao˧｜甜田 lie˧｜谭潭 lã˧｜亭 lin˧｜堂 lã˧｜杜 lu˧˥｜豆 ləɯ˧˥｜断 luæ̃˧˥｜簟 lie˧˥｜蛋 lã˧˥｜电 lie˧˥｜调 liao˧˥｜达 la˧｜毒 lu˧｜笛 li˧｜夺 lo˧。

（2）舒声字绝大多数读边音声母

涟源六亩塘、桃江板溪、大栗港等地方言的定母舒声字不论洪细，绝大多数均读为边音声母。下面是这两地定母字读为边音的例字。

	题	驼	抬	桃	谈	糖	堂	铜	甜	提
涟源六亩塘	li˧˥	lo˧˥	læ˧˥	lə˧˥	lã˧˥	lõ˧˥	lõ˧˥	lən˧˥	lĭ˧˥	lia˧˥
桃江板溪	li˧˥	lo˧˥	lai˧˥	lau˧˥	lan˧˥	laŋ˧˥	laŋ˧˥	len˧˥	liẽ˧˥	lia˧˥
	断	荡	弟	淡	袋	动	豆	地	洞	大
涟源六亩塘	lõ˦˥	lõ˦˥	li˦˥	lã˦˥	læ˦˥	lən˦˥	le˦˥	li˦˥	lən˦˥	la˦˥
桃江板溪	lɔ̃˦˥	laŋ˦˥	li˦˥	lan˦˥	lai˦˥	loŋ˦˥	lau˦˥	li˦˥	len˦˥	lai˦˥

(3) 根据韵母的洪细读为边音或非边音

定母字根据今韵母的洪细读为边音或非边音又有两种不同的情况，第一种类型可称为都昌型。都昌方言中，定透来三母合流，逢洪音这三母一起读为边音声母，逢细音这三母一起读为浊塞音 [d] 声母。例如：

洪音：铜 loŋ˧ | 潭 lan˧ | 大 lai˩ | 豆 leu˩ | 洞 loŋ˩ | 毒 luk˧ ‖ 贪 lon˧ | 通 loŋ˧ | 脱 lol˩ ‖ 聋 loŋ˧ | 朗 lɔŋ˧ | 冷 laŋ˧ | 落 lok˧

细音：甜 dien˧ | 地 di˩ ‖ 天 dien˧ | 厅 diŋ˧ | 剃 di˧ | 贴 diel˩ ‖ 流 diu˧ | 梨 di˧ | 绿 diuk˧

第二种类型可以称为新宁型。《新宁县志》（1995：676）：新宁老派方言定母来母细音字的读音为 [ˡd] 或 [dˡ]，新派方言已经将定母细音字读成 [l]，与来母字同音（转引自陈晖，2006）。例如：题蹄 li˩ | 弟第地笛 li˧ | 甜田 lian˩ | 停 lin˩ | 迭碟蝶谍 lie˧ | 掉调 liau˧ | 簟电垫 lian˧ | 定 lin˧ ‖ 梨 li˩ | 力 li˧ | 连 lian˩ | 零铃 lin˩ | 料 liau˧ | 练 lian˧ | 另 lin˧。乡话辰溪桥溪方言也有部分定（澄）母跟今细音韵母相拼时读边音声母，例如：大 ly˧ | 地 li˧ | 啼 liɛ˧ | 迟 li˩ | 虫 lyɤ˧。

(4) 不规则读音

福建建阳、武夷山一部分定（澄）母字有三种读音：边音、塞音、清擦音 [h]。但哪些读边音声母，哪些不读边音声母，没有声调或韵母上的规律制约。值得说明的是，建阳、武夷山澄母字读边音跟这两地崇从船等母字读边音的性质是不一样的，澄母字在大多数闽语中读为舌头音声母，如果根据周边方言澄母字的读音进行推测，建阳方言澄母字今读边音声母也是由塞音声母演变而来的。因此，这两地的定澄母字读边音声母属于同步演变。例如（材料取自李如龙，2001）：

建阳城关：陶 lau˩ | 唐糖 lɔŋ˧ | 弹子~ lueiŋ˧ | 电 lieiŋ˧ | 毒 lo˧ | 谍蝶 lie˧ | 长 lɔŋ˩ | 泽宅 le˧ | 传~达 lyeiŋ˧ | 除储 ly˧ | 治 lei˧

武夷山城关：驼 lo˩ | 台抬 lai˧ | 锻段 luaiŋ˧ | 独毒读 lu˧ | 达 luai˧ | 迟持池 lei˧ | 住 ly˧ | 长 lɔŋ˩ | 直 lei˧

湖南境内泸溪、沅陵乡话也有一部分定（澄）母字读为边音声母，但哪些字读边音声母也没有明显的规律可循，跟上述建阳等地方言类似。例如泸溪梁家潭：大 lɤu˧ | 啼 li˧ | 弟 li˧ | 迟 li˩ | 地 li˧ | 桃 lau˧ | 条 lau˧ | 簟 lai˩ | 田 lai˩ | 糖 loŋ˧ | 肠 lioŋ˧ | 读 lu˧ | 虫 liɔu˧；又如沅陵麻溪铺：糖 lo˧ | 大 lu˩ | 迟 li˩ | 虫 liɣɯ˧。

除了上面介绍的几种类型外，定澄母字读边音的现象还在其他一些汉语方言中出现，不过，只涉及极少数几个字。例如"虫"在一部分湘南土话中读为边音声母，道县［liɿ˩］、江永［lie˩］、宁远［lie˩］、新田［lioŋ˩］、蓝山［lin˩］。"动"在福建福安方言中就读［lœuŋ˩］。此外，有个别方言的定母字在一定的条件下会转化为鼻音声母。如上面提到的涟源六亩塘方言的定母字跟鼻化韵母相拼时，读音为［n］：潭 nã˩｜甜 nĩ˩，这应当是受到后面鼻化元音的同化作用而产生的。赤壁方言有个别透定母字今读［n ȵ］：大袋 nai˩｜趟 nou˩｜条 ȵiau˩，这是因为该方言的泥来母合流，洪音前均读［n］，细音前均读［ȵ］，因此定母字弱化后也跟随泥来母字一起读为鼻音声母。

2. 闪音/滚音

高本汉（1940）曾记录道："一个舌尖跟齿龈打滚的 r，我们在法国南部、德国、俄国普通都听得见，在中国却是没有的。现在用 ɾ 代表日本译音里跟这个音很相近的音，这个音也是浊，口，舌尖齿龈音，例如'梨 ɾi'。这是颤动一次的 r。"通过调查发现，高本汉所指的音也存在于现代汉语方言中。在吴语宣州片方言里，定母字有［r ɽ］等几种不同的读音。蒋冰冰（2003：37）指出："宣州市裘公乡古定母今为舌尖前浊颤音［r］，发音时舌尖连续颤抖，形成一连串小的爆发音。通过调查，我们发现吴语宣州片不仅有［r］声母，还有［r］的多种清化形式，其中之一便是［ɾ］。"下面是吴语宣州片方言古定母字读颤、闪音声母举例。

	糖	铜	甜	淡	动	大	袋	豆	洞	毒
南陵	rʰan˩	rʰʌŋ˩	rʰi˩	rʰan˩	rʰʌŋ˩	rʰa˩	rɜ˩	rɤ˩	rʰʌŋ˩	rʰuʔ˩
繁昌	ɾan˩	ɾɤŋ˩	ɾĩ˩	ɾan˩	ɾɤŋ˩	ɾa˩	ɾɜ˩	ɾɤ˩	ɾɤŋ˩	ɾuʔ˩
芜湖	tʰan˩	tʰʌŋ˩	tʰiẽ˩	tʰan˩	tʰʌŋ˩	tɜ˩	tɤ˩	tʰʌŋ˩	tʰʌʔ˩	
黄山	rã˩	roŋ˩	riẽ˩	ran˩	roŋ˩	ro˩	rɜ˩	reu˩	roŋ˩	roʔ˩

说明：黄山的材料取自蒋冰冰（2003），地点是黄山区广阳乡。

（三）群母的弱化

中古群母属于浊塞音声母。不过，在现代汉语方言中，群母字在细音前多数已经腭化为塞擦音声母。如吴语群母字今读［dʑ］声母，就是腭化的表现。由于群母字腭化为浊塞擦音声母，在一部分方言中，群母会跟其他浊塞擦音声母一起弱化为浊擦音声母。这在上文的浊塞擦音声母的擦音化部分已经讨论。接下来讨论的群母字的弱化，指群母字在腭化之前的弱化现象，即由 [g] 声母弱化而来的现象。

1. 擦音

湖南冷水江方言的群母字有两种读音：[ʑ] 和 [ɣ]。其中 [ʑ] 和细音韵母相拼，例如：棋 ʑiˊ｜茄 ʑyɑˊ，[ɣ] 跟少数洪音韵母及细音韵母相拼，例如：共 ɣuəŋˋ｜件 ɣiɛˋ。冷水江方言群母字读 [ɣ] 声母的现象，由 [ɣ] 主要只跟洪音韵母相拼可以推断，[ɣ] 是在带气声的浊塞音声母弱化为同部位浊擦音的基础上形成的，即 [gʱ] > [ɣ]。

2. 半元音 [j]

闽语的群母字基本上都没有发生腭化，其中建阳和武夷山方言的群母字拼细音时有读为半元音 [j] 的现象。这应该是群母字脱落塞音成分后，留下一个浊气流成分 [ɦ]，当 [ɦ] 跟齐撮口呼韵母相拼时，发音部位同化为 [j]。

建阳城关：茄 ɦyˊ｜杰 ɦieˊ（[ɦ] 拼齐撮呼韵母时实际发音为 [j]，李如龙，2001：433）

武夷山城关：强~大 jyŋˊ｜茄 jyoˊ｜求球 jiuˊ｜其期奇 jiˊ｜件俭 jiŋˋ｜腱 jiˋ｜及 jiˋ（[j] 实际上是 [ɦ]，因只见于齐齿呼标为 [j]，与 [∅] 有明显的不同。李如龙，2001：470）

3. 零声母

群母字弱化为近音 [j] 之后，如果进一步弱化，就有可能达到弱化的终点，即成为零声母。福建建阳莒口方言中的个别群母字，就读作零声母。例如：棋 iˊ｜件 iŋˋ｜跪 yˊ。此外，福建闽语中还有少数方言的个别群母字有读作零声母的现象，"件"字在一些闽语中就读为零声母，例如：长乐 [yɔŋˋ]、福清 [yɔŋˋ]、福州市 [yɔŋˋ]、连江 [iɔŋˋ]、闽侯 [yɔŋˋ]。

（四）汉语方言中塞音声母与同部位鼻边音声母的相互转化

在浊塞音声母的弱化中，浊塞音声母读为相同部位的鼻边音声母是一个十分引人注目的现象。其实不仅是浊塞音声母，清塞音声母跟鼻边音声母相互转化的例子也很多。既有全浊并定群母的 [b d g] 转化为同部位的 [m n/l ŋ] 的现象，也有全清帮端见母的 [p t k] 转化为 [m n/l ŋ] 的现象。此外，鼻边音声母 [m n/l ŋ] 在汉语方言中也可以转化为同部位的塞音声母。我们将这种现象称为塞音声母与鼻边音声母的相互转化。塞音声母与同部位鼻边音声母的转化通常有以下几种语音形式：

(1) [b d g] 转化为 [m n/l ŋ]
(2) [p t k] 转化为 [m n/l ŋ]
(3) [m n/l ŋ] 转化为 [b d g] 或 [p t k]

上述第一种形式，在上文"浊塞音的弱化"一节有较为详细的描写。下面着重描述后面的两种形式。

1. [p t k] 转化为 [m n/l ŋ]

[p t k] 声母来源于帮端母，以及浊音清化后的并定群母，其中以帮端母读鼻边音声母的现象最为突出。其主要分布区域有南部吴语的金华、东阳、磐安、永康、缙云、浦城等地（曹志耘，2002），湘南土话的嘉禾、蓝山、江华等地，一部分桂北方言也有帮端母读鼻边音声母的现象。

南部吴语帮端母今读鼻边音声母的条件与韵母有较密切的关系。金华绝大部分乡下、义乌、武义等方言，读鼻音声母的条件是古阳声韵，跟今韵母无关。例如汤溪：扁 mieʅ｜端 nɤʅ｜癫 nieʅ~ȵieʅ。缙云方言帮端母古阳声韵字，逢今韵母为非鼻尾时读 [ʔb ʔd] 声母或者其变体，逢今韵母为鼻音尾韵时读 [m n] 声母。例如：彬 miaiŋʅ｜并 maiŋˊ｜登 naiŋʅ｜顶 naiŋˇ｜冬 naumʅ｜冻 naumˊ。

湘南土话以及桂北土话中帮端母读鼻边音声母的现象跟南部吴语的情况有所不同。主要表现在帮端母读鼻边音声母的条件与韵母的关系不如南部吴语那样明显。比如，嘉禾广发土话的帮端母大部分读鼻边音声母 [m l]，没有韵尾或声调上的区别（范俊军，2000）。例如：波 moʅ｜边 maiʅ｜绑 məŋʅ｜百 maʆ｜多 loʅ｜担 lomʅ｜灯 laŋʅ｜跌 lieʆ。江华码市土话的端母字除极个别外，全部读边音声母 [l]。例如：都 luˇ｜的 ləʆ｜典 linˊ｜刀 loˇ｜瞪 leŋˇ｜灯 laŋˇ｜夺 lɔʆ。不过，也有一些方言的帮端母是否读鼻边音声母跟韵母有一定的关系，如新田龙泉土话帮端母分阴声韵和入声韵读 [p t]，逢阳声韵读 [m n/l]（谢奇勇，2010）。例如：帮 miʅ｜变 manˇ｜兵 manʅ｜单 nomʅ｜东 nomʅ｜钉 nanʅ｜点 nanʆ｜当 lenʅ｜灯 lɔʅ。桂北方言中的富川、钟山、贺州等地也有帮端母读鼻边音声母的现象。

2. [m n/l ŋ] 转化为 [b d g] / [p t k]

[m n/l ŋ] 转化为 [b d g] 或 [p t k] 的现象，即指鼻边音声母读如同部位的塞音声母。成系统的鼻边音声母读为塞音声母的现象，在闽

语中十分突出。闽语的全浊声母已经清化，但仍然有 [b g] 等浊塞音声母，不过其来源不是全浊声母，而是古次浊明（微）疑母字，但次浊来母除外，来母字在闽语中不读塞音声母。例如厦门：门 bŋ˨˩ | 母 buˇ | 民 bin˧˥ | 买 bueˇ | 麦 beʔ˧˥ | 牙 ge˧˥ | 眼 giŋˇ | 硬 gĩ˨˩ | 月 geʔ˧˥。

湘南土话中，新田龙泉、南乡、茂家以及嘉禾普满等地的次浊声母有读为塞音声母的现象。嘉禾普满的明母字跟帮母字合流，读浊塞音声母 [b]。例如：磨 bu˧˥ | 麻 ba˧˥ | 马 ba˨˩ | 买 bai˨˩ | 米 bi˨˩。新田南乡、茂家的明母字逢阴声韵、入声韵读音为 [p]，跟帮母字合流。例如新田南乡：埋 pie˧˥ | 苗 piəu˧˥ | 妹 pəu˨˩ | 冇 pau˨˩；新田茂家：模 pu˧˥ | 毛 pəu˨˩ | 密 pe˧˥ | 麦 pa˨˩。新田南乡和新田北乡泥母字逢阴声韵和入声韵时，除"哪怒女奶尼你"等几个字外，都读作塞音声母 [t]，与端母字部分合流。

鼻边音声母读为同部位的塞音声母，最引人注目的还是来母字在细音前读塞音声母的现象。湖北赤壁、通城、崇阳，江西湖口、星子、都昌、修水，湖南临湘等地方言的来母字读为浊塞音声母 [d] 或 [dˑ]，跟透定母字合流。属于湘语的祁阳、辰溪、溆浦等方言的来母字读浊塞音 [d] 或 [dˑ]，跟定母字合流。分别举例如下：

赤壁：零 din˧˥ | 流 diou˧˥ | 料 diau˨˩ | 连 dien˧˥ | 立 diʔ˥ | 雷 di˧˥

都昌：连 dien˧˥ | 雷 di˧˥ | 林 din˧˥ | 绿 diuk˥ | 六 diuk˧˥ | 力 dik˥

崇阳：零 dˑiaŋ˨˩ | 流 dˑiəu˨˩ | 梨 dˑi˨˩ | 林 dˑin˨˩ | 楼 dˑɔ˨˩ | 料 dˑiɔ˨˩ | 六 dˑiəuʔ˥

祁阳：梨 dˑi˨˩ | 连 dˑian˨˩ | 辽 dˑiao˨˩ | 林 dˑin˨˩ | 利 dˑi˨˩ | 练 dˑian˧˥

辰溪（湘）：连 die˨˩ | 立 di˨˩ | 流 diou˨˩ | 梨 di˨˩

江西赣语的来母字今逢细音读舌尖塞音 [t] 声母，跟端母字合流的现象非常普遍。江西波阳、黎川、南城、贵溪、金溪、万年、乐平、永丰、临川、宜黄、崇仁、乐安等地的来母细音字均读 [t]，跟端母字合流，但安义方言的来母在细音前读 [tˑ] 声母，跟透母字合流（孙宜志，2003）。

	旅	犁	雷	李	泪	料	柳	镰	林	粒
波阳	ti	ti	loi	ti	lei	tiɐu	tiu	tien	tin	til
南城	ty	ti	lei	ti	lei	tiau	tiu	tien	tin	tiʔ
万年	ti	ti	lei	ti	lei	tiɐu	tiu	tien	tin	tiʔ
安义	li	li	li	li	li	tˑiau	tˑiu	—	tˑim	tˑiuʔ

3. 鼻边音声母与塞音声母转化的类型

塞音声母跟同部位的鼻边音声母在发音部位上相同，存在着相互转化的语音机制。从转化所需要的语音条件来看，又可以分为以下四种不同的类型。

（1）无条件转化

无条件转化是指塞音声母一律转化为鼻边音声母或鼻边音声母一律转化为塞音声母，没有语音条件的限制。如福建闽语的明疑母一律转化为同部位的浊塞音声母，嘉禾广发等地的帮端母一律转化为鼻边音声母 [m l]。

（2）按韵尾转化

按韵尾转化是塞音声母与鼻音声母转化的一个重要条件。南部吴语的帮端母是否读为鼻音声母很大程度上取决于韵尾。例如汤溪方言帮母字逢古阳声韵今读鼻音声母，逢阴声韵和入声韵今读塞音声母。再如新田南乡方言的明泥母字逢阴声韵、入声韵今读塞音声母，跟帮端母合流，逢阳声韵仍然读鼻音声母不变。

塞音声母跟鼻音声母之间按韵尾转化的现象早已有之。据罗常培（1933）指出："在反映唐五代西北方言的四种藏音文献中，凡明母之不附 [-n] 或 [-ŋ] 收声者皆对以 [b]，泥母字之不附 [-m] 或 [-ŋ] 收声者皆对以 [d]，而疑母字则不论收声是什么则一律都变成 [g]。"这里的收声即指韵尾。不过，到了现代西北方言的文水、兴县等方言中，明泥疑母一律变作鼻塞音声母了。如文水方言的明母字今读 [mb]，泥母字今读 [nd ȵdʑ]，疑母字今读 [ŋg ȵdʑ]。

（3）按韵母洪细转化

按韵母洪细转化主要作为塞音声母与边音声母转化的条件。如都昌方言的定母字在洪音前读边音声母 [l]，新宁方言的定母字则在细音前读边音声母 [l]，这两地的定母字均跟来母字合流，但读音刚好相反。分布于湘鄂赣交界处的方言以及大量赣方言都有来母字在细音前读塞音声母的现象。塞音声母今读 [l] 声母以及来母字今读塞音声母可以说明韵母的洪细可以作为边音声母与塞音声母相互转化的一个条件。

(4) 按声调转化

按声调转化主要指湘语中并定母转化为鼻边音声母的现象。湘语浊入字清化的时间较早，没有产生塞音声母与次浊声母的相互转化现象。如涟源六亩塘方言的并定母舒声字读同部位的鼻边音声母 [m l]，但并定母入声字不发生同类变化。这恰好可以说明，并定母读为 [m l] 的时间是在入声清化之后，不然无法解释在相同的条件下，为什么并定母入声字没有产生同样的变化。

上述塞音声母与鼻边音声母转化的四种类型中，第（1）类是无须条件的，第（4）类以声调作为转化的条件实际上并不是塞音声母和次浊声母转化本身需要的条件，这是因为在湘语中，浊入字清化的时间较早，并定母舒声字读鼻音声母发生在浊入字清化之后。第（2）类和第（3）类所需的语音条件从音节的结构方面看，一个是韵尾，一个是介音。鼻音韵尾经常与鼻音声母跟塞音声母的转化有关，而介音通常与边音声母跟塞音声母的转化有关。韵尾和介音往往能使声母发生进一步的变化，其中鼻音韵尾能使塞音声母或鼻音受到对方的同化，介音能使声母发音上带有"紧"的特征，容易增生一个同部位的音素 [l] 或 [d]。例如湖南辰溪、溆浦、洪江的来母细音字和定母细音字相混，辰溪读 [d]，溆浦读 [d]，有时变读为 [ld]，洪江读 [ld]。如果 [ld] 的结构不能继续维持下去，将会丢失其中的某一个音素，读音变成 [l] 或 [d]。这就形成了边音声母跟塞音声母根据韵母洪细相互转化的现象。塞音声母与鼻边音声母转化的语音机制有待进一步的探索，不过应该指出的是，这种转化具有双向性，既有塞音声母转变为鼻边音声母的现象，又有鼻边音声母转变为塞音声母的现象。如果从语言接触的角度考虑这种现象产生的原因，也应该考虑这种双向转化的特征。

第三节　从汉语方言看浊音弱化的一般规律

一　浊音弱化是语音演变的普遍机制

"出现在汉语音节的声母位置上的音都是辅音（其中包括零声母），

因而在汉语的研究中我们完全可以，而且有必要联系声母的性质特点来考察辅音的运转机制和活动规律。"（徐通锵，1997：143）全浊声母虽然是汉语音韵学术语，但如果将其放在语音学的环境中进行考察，在中古时期，它不外乎是位于音节节首的浊辅音声母。因此，换个角度来说，考察全浊声母的演变过程，实际上就是考察位于音节节首的浊辅音声母的语音演变过程。全浊声母如果从音类的角度进行划分，可以分为浊塞音、浊塞擦音和浊擦音声母。那么，全浊声母弱化的实质是指浊塞音、浊塞擦音和浊擦音等浊辅音声母在语音演变过程中，不断朝着响度更大、浊度减弱的声母演变的过程。汉语方言全浊声母弱化的过程是浊塞音、浊塞擦音和浊擦音之间以及它们与次浊声母之间合并或简化的过程，其结果必然会造成浊音声母数量的减少和音系的简化。

浊辅音声母的弱化是语音演变的一种普遍机制，是一种自然音变现象。方言或语言之间的差异可能千差万别，但是这种音变的机制却是相同的，是可以脱离时间、地点因素的。只要有相应的音变环境和条件，相互间没有任何联系的方言可以出现相同的或者平行的变化。因此，弱化不仅在汉语各大方言中有所体现，而且在不同语言里也能找到广泛的例子。

（1）苗语

属于苗语川黔滇方言罗泊河次方言的新铺苗语中，古浊塞音、浊塞擦音和浊擦音声母存在大范围的弱化现象。其弱化的规律大致是：浊塞音声母弱化为相同或相邻部位的浊擦音声母；浊塞擦音声母弱化为浊擦音声母，或者进一步弱化为近音或零声母，浊擦音声母弱化为近音或零声母（张勇生，2009）。弱化的规律可以表示如下：

浊塞音：［b］＞［v］；［d］＞［ð］；［ɖ］＞［ʐ］；［ɟ］＞［ʁ］；［ɢ］＞［ʁ］

浊塞擦音：［dz］＞［z］；［dʐ］＞［ʐ］；［dʑ］＞［ʑ］＞［j］＞［∅］

浊擦音：［ʑ］＞［j］＞［∅］

由此可见，新铺苗语浊音声母弱化的规律以及弱化后的音值跟汉语方言全浊声母的弱化具有高度的相似之处。

（2）希腊语

如果将古代和现代希腊语的词进行比较，那么看到浊音声母同样经历了一个弱化的过程（取自冯蒸，2006：643）：

	古代希腊语	现代希腊语	词义
	barus	varus	重的
	doksa	ðoksa	光荣
	lego	leɣo	我说

上面的三个词，反映出了三条单独的语音规律：

① [b] > [v]

② [d] > [ð]

③ [g] > [ɣ]

上面的三条规律反映了一个共同的特点，即浊塞音变成浊擦音，可以用"浊塞音>浊擦音"这样的语音规则进行描写。其中第①、③条规律，在汉语方言并母字的弱化和群母字的弱化中均有所体现。新铺苗语和希腊语的例子可以说明，浊音弱化是语音演变的一种普遍机制，可以脱离时间、地点因素在不同的语言或方言中存在，是一种原发性语音演变（朱晓农、寸熙，2007：166）。

（3）汉语建阳、益阳方言

在汉语方言中，闽语建阳方言和湘语益阳方言在地理上相距甚远，一般也很少有人认为闽语和湘语具有亲缘关系，但在全浊声母的弱化读音方面，两地却有着惊人的相似之处！从澄船崇邪禅母字在两地方言中均有边音声母的读法，匣母字在两地均有零声母的读法。请看下例：

	建阳	益阳		建阳	益阳
沉深开三澄	lɔiŋ˧	lən˧	喉流开一匣	o˥	au˧
重通合三澄	leiŋ˧	lən˧	囪流开三邪	liu˥	liu˧
暂咸开一从	laŋ˧	lā˨	黄宕合一匣	uɔŋ˧	ɔ˧
长宕开三澄	lɔŋ˥	lɔ̄˨	话蟹合二匣	ua˧	ua˨
情梗开三从	lɔiŋ˧	lin˧	夏假开二匣	a˧	a˨
查假开二崇	la˧	la˧	斜假开三邪	lia˥	lia˧
状宕开三崇	lɔŋ˥	lɔ̄˨	谢假开三邪	lia˧	lia˧
澄曾开三澄	laiŋ˧	lən˨	愁流开三崇	ləu˥	ləu˧
禾果合一匣	ui˧	o˧	搭假开二澄	la˨	la˧
滕曾开三船	liŋ˧	lən˧	朝效开三澄	lɔi˧	lau˧

再如，建阳方言的定母字有读为边音声母的现象，虽然益阳方言的定母字今读清塞音声母，跟建阳方言不同，但同属于益阳地区的桃江县三堂街、马迹塘等地的方言中，定母字也弱化为边音声母，跟建阳方言定母字的

读音有相似之处。例如：

	建阳	桃江三堂街		建阳	桃江三堂街
唐宕开一定	˧loŋ	loŋ˩	杜遇合一定	lo˧	ləu˩
停梗开四定	˧loiŋ	lin˩	待蟹开一定	lai˧	lai˩
动通合一定	˧loŋ	nel˩	盗效开一定	lau˧	lɔ˩

这种不同语言或不同方言具有相似演变的实例说明，全浊声母的弱化并不是汉语方言特有的语音演变规律，也不是某一方言的特殊音变现象，而是语音演变的普遍规律，只要具有相同的语音条件，不同语言或方言的浊辅音声母都可以发生性质相同的弱化。

二 浊音弱化的顺序

在浊音弱化的过程中，不同浊音声母弱化的进程和顺序并不相同，有的浊音声母弱化，有的却不弱化；有的浊音声母较早发生弱化，而另外一些浊音声母较晚才能发生弱化。总的来说，汉语方言浊音声母弱化的顺序跟浊音的发音方法有十分密切的关系。如果一个方言的浊音声母发生弱化的话，那么，从声母的发音方法上来看，浊擦音声母最容易弱化，浊塞擦音声母次之，而浊塞音声母是最难弱化的。从目前所了解的汉语方言来看，浊塞音声母弱化的现象并不是特别普遍。当然，尽管弱化是一种自然的语音演变现象，但是不同的方言是否会发生弱化这一项音变则另当别论。因为弱化并不是浊音声母演变的唯一道路，有些方言不管是哪一类声母都可以不经历弱化的过程而直接清化，还有一些方言可以部分声母弱化，部分声母不弱化。下面以汉语方言为例说明浊音弱化的顺序。

（一）浊擦音弱化，浊塞音、浊塞擦音不弱化

在全浊声母今读浊音的方言中，一部分方言的浊擦音声母发生了弱化，而古浊塞音塞擦音声母仍然读作浊塞音或浊塞擦音。如湖南新宁、邵阳等地方言的一部分奉匣母字今读零声母，一部分保留浊擦音的读法，其他全浊声母依然读为相应的浊塞音或浊塞擦音。例如新宁：

並定母	从澄群崇船母	匣母
爬 ba˩ | 白 bɐ˩	罪 dzuei˧ | 传 dzuan˩ | 茄 dzia˩	还 uan˩ | 黄 uaŋ˩
甜 dian˩ | 地 di˩	船 dzuan˩ | 床 dzuaŋ˩	嫌 ian˩ | 换 uan˧

在有些方言的全浊声母读音中，浊擦音声母发生弱化，而其他浊塞音

塞擦音声母朝着清化的道路进行，并没有跟着浊擦音声母一起弱化。最典型的要数安化梅城方言（鲍厚星，2006），该方言中的古全浊塞音塞擦音声母今读清音声母（邪母读同从母，今读清塞擦音），浊擦音声母发生了弱化，其中奉匣母字弱化为零声母，船禅母字（读擦音部分）弱化为边音或零声母。例如：

并定母	从澄群崇船母	船禅奉匣母
排 pai˨ˇ 被~子 pei˨˩	罪 tsei˨˩ 茶 tsa˨ˇ 近 tɕin˨˩	寿受 ləu˨˩ 纯 yn˨ˇ
桃 tɔ˨ˇ 弟 ti˨˩	锄 tsəu˨ˇ 斜邪 tɕia˨ˇ	妇户 u˨˩ 画 ua˨˩

在浊擦音声母中，奉匣母是最容易发生弱化的，因此，在很大一部分南方汉语方言中，浊擦音声母中只有奉母或匣母弱化为零声母，其他声母均已清化，读为清音声母。例如福建、广东、广西等方言的匣母字有零声母的读法，而来源于其他全浊声母的字一律读清音声母。例如福州：红 øyŋ˨ˇ｜黄 uɔŋ˨ˇ｜鞋 ɛ˨ˇ｜后 ʌu˨˩｜换 uaŋ˨˩｜盒 aʔ˥｜赔 puio˨ˇ｜铜 tøyŋ˨ˇ｜局 kuɔʔ˥｜柱 t˙ieu˨˩｜罪 tsøy˨˩｜锄 t˙y˨ˇ｜床 tsˑouŋ˨ˇ｜船 suŋ˨ˇ｜祠 sy˨ˇ。

（二）浊塞擦音、浊擦音弱化，浊塞音不弱化

一部分方言中的浊塞擦音浊擦音声母弱化，浊塞音声母仍保留浊音的读法。吴语中除宣州片以外的大部分地区，浊塞擦音声母跟浊擦音声母均发生了不同程度的弱化，但浊塞音声母不弱化。例如吴语温州方言古并定母字仍然读为浊音［b d］，群澄两母字今读为浊塞擦音声母［dz dʐ］，但从崇邪禅船母字以及奉匣母字出现了弱化现象。例如：黄 uɔ˨ˇ｜汗 jy˨˩｜县 jy˨˩｜户 ʋ˨ˇ｜防 uɔ˨ˇ｜犯 va˨˩｜寻 zaŋ˨˩｜全 jy˨˩｜床 jɔ˨˩｜柴 za˨˩｜顺 jyoŋ˨˩｜城 zeŋ˨˩｜松 jyɔ˨ˇ。

湘语长益片方言中的益阳、沅江、桃江大部分地区等方言的浊塞擦音浊擦音声母（限于舒声字）今读弱化声母，但浊塞音并定群母今读一律为清音，没有发生弱化。例如沅江：蚕 zã˨ˇ｜茶 za˨ˇ｜锄 zəu˨ˇ｜防 ɔ̃˨ˇ｜限 ã˨˩‖排 pai˨ˇ｜唐 tɔ̃˨ˇ｜群 tɕyn˨ˇ。

（三）浊塞音、浊塞擦音、浊擦音均弱化

浊塞音塞擦音和浊擦音均发生弱化的方言是全浊声母弱化的一种极端类型，其数量和范围都十分有限。据目前了解，浊塞音、浊塞擦音、浊擦音均弱化的方言主要分布在吴语宣州片，湘语永祁片的祁阳市冷水滩区和芝山区境内以及湘语长益片益沅小片的桃江县境内，此外还有福建建阳、

武夷山等地方言的浊擦音也有部分读作弱化声母。浊塞音、浊塞擦音、浊擦音声母在各地弱化后的实际音值有所不同，具体例字见表3-5。

表 3-5　　　　浊塞音、浊塞擦音、浊擦音均弱化的方言

	並定	从澄群崇船邪禅	奉匣
南陵	排 βɦie˧˩ | 白 βɦieʔ˩ | 淡 rɦvɦɹ˥ | 洞 rɦvɦŋ˥	罪 zɦiei˧˩ | 长 zɦian˧˩ | 局 zɦyuʔ˩ | 柴 zɦɑɹ˧˩ | 船 zɦoɹ˧˩ | 祠 zʅ˧˩ | 城 zɦəŋ˧˩	横 ɦuen˧˩ | 活 uəʔ˩ | 饭 uan˥ | 罚 uaʔ˩
建阳	排 uai˧˩ | 败 uai˥ | 潭 laŋ˧˩ | 地 lei˥	全 lyeiŋ˨ | 撞 loŋ˨ | 件 iŋ˥ | 愁 leu˨ | 舌 ye˧˩ | 松 leiŋ˨ | 城 liaŋ˨	黄 uoŋ˧˩ | 咸 iŋ˨ | 防 uoŋ˨ | 浮 iu˨
永州邮亭墟	爬 ua˧˩ | 婆 uo˧˩ | 徒 lu˧˩ | 条 liao˧˩	蚕 zan˧˩ | 柱 ziəu˥ | 权 zyen˧˩ | 锄 ziəu˧˩ | 舌 zi˥ | 祠 zʅ˧˩ | 城 zin˧˩	还 ua˧˩ | 黄 uan˧˩ | 厚 e˥ | 后 e˥
涟源	赔 mæ˧˩ | 办 mɑ˥ | 糖 lõ˧˩ | 地 li˥	蚕 sã˧˩ | 锤 ɕy˧˩ | 近 ɕin˥ | 锄 səu˧˩ | 船 fĩ˧˩ | 祠 sʅ˧˩ | 城 ɕin˧˩	黄 o˧˩ | 还 uã˧˩
桃江三堂街	赔 mi˧˩ | 嫖 yɔ˧˩ | 第 li˥ | 豆 lɔ˥	琴 in˧˩ | 罪 i˥ | 匠 ɣɕi˥ | 渠 y˧˩ | 邪 ia˧˩ | 茶 la˧˩ | 尘 ləŋ˧˩	扶 ʋu˧˩ | 还 ʋan˧˩ | 禾 o˧˩ | 厚 ɣ˥

　　表 3-5 是就全浊声母弱化的一般顺序而言的。当然，在同一声类中，全浊声母弱化也有快慢和难易的差别。如奉匣邪禅等古全浊擦音声母当中，匣母字最容易弱化，其次是奉母字，而邪禅母字的浊擦音声母是最容易保留的，这跟几个声母的具体音值有直接的关系。再如澄母字和群母字的弱化速度也比从崇船等母要慢一些，这跟澄群母字的演变速度有关，澄群母字由浊塞音演变到浊塞擦音的过程要缓慢一些，影响了弱化的进程。这些内部差异在具体方言中有各自不同的表现。

　　全浊声母弱化是全浊声母演变过程中出现的一种语音现象，但弱化并不是全浊声母演变的必由之路。在一个方言里，如果全浊声母系统是部分地发生了清化，从声母的类别来看，最先清化或最容易清化的是浊擦音声母（曹志耘，2002：25）。也就是说，不管是全浊声母清化，还是全浊声母弱化，最容易发生变化的总是浊擦音声母。这样一来，浊擦音声母在全浊声母演变过程中最先变化时面临着两种可能的选择——清化或弱化，这

两种选择使汉语方言全浊声母的演变出现了两种相互对立的情形,一是浊擦音声母弱化,浊塞音塞擦音声母今读清音声母,如上文提到的安化梅城方言;二是浊擦音声母清化,浊塞音塞擦音声母今读弱化声母,如吴语宣州片的部分方言中,奉匣母以及一部分船邪禅母或保留浊音,或清化为同部位的清音,而並定从澄群崇等母弱化为浊擦音声母或闪音声母。例如繁昌:排 vɛ˧ ｜ 洞 ɻɔŋ˨ ｜ 全 sziĩ˨ ｜ 柱 ʂʐu˧ ｜ 局 tʑiuʔ˩ ｜ 柴 ʂʐɛ˧ ｜ 祠 sʐ˧ ‖ 城 ʂən˨ ｜ 横 huən˧ ｜ 嫌 ɕiĩ˧。此外,还有一些方言中,浊擦音声母的弱化和清化交替进行,浊擦音声母既有弱化声母的读法,也有清音的读法,例如东南方言中的匣母字跟合口韵相拼时弱化为零声母,跟非合口韵相拼时清化为同部位的清音声母。

三 影响浊音弱化的因素

(一)浊音音值

潘悟云(2002)指出,一个音节的音段是按一定的次序排列的,音节峰具有最大的响度(sonority),越到音节的边缘,响度就越小。发音强度(strengh)则与响度成反比,越是音节边缘的音,发音强度越强。各种音的响度和发音强度的次序如下:

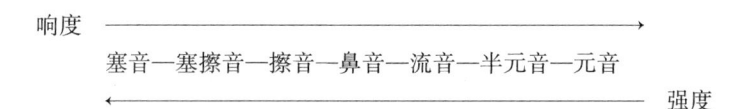

响度 →
塞音—塞擦音—擦音—鼻音—流音—半元音—元音
← 强度

如果将不同的全浊声母按发音方法进行归类,就可以发现,就发音强度而言,塞音最强,塞擦音其次,最弱的是擦音。发音强度越弱的音段,越容易失落。因此,全浊声母的各种音段中,浊塞音是最稳定的,浊塞擦音次之,浊擦音则最容易发生变化。这也刚好符合上文提到的浊音弱化的一般顺序。

上文多次提到,在浊擦音声母中,常发作浊呼音的奉匣母字跟邪禅母字比较起来,更容易弱化,而邪禅母字则要稳定得多,这也跟具体音值有直接的联系。奉匣邪禅的中古拟音为[bv ɣ z ʑ]。奉母字从重唇音中分离出来以后,逐渐由[bv]变为浊擦音[v]。朱晓农(2007)列出了四种口腔内无阻隔的"高浊音"从无摩擦到强摩擦的序列，顺序如下：

```
            高元音      近音      浊呼音     浊咝音
    弱                                              强
    擦  ─────────────────────────────────────→    擦
            i ɯ u y    ʋ ɻ ɹ j    β v ð ɣ    z ʒ ʐ
```

上图中，全无擦音的是元音，然后是有时稍有微擦的近音，其次是有弱擦的浊呼音，最强擦的是浊咝音。[v ɣ] 同属于有弱擦的浊呼音之列，[z ʐ] 同属于强擦的浊咝音之列。因此，按照浊音的强度而言，来源于邪禅母的 [z ʐ] 因为摩擦的强度比来源于奉匣母的 [v ɣ] 强度要大，相比而言，前者更容易保留浊音，后者更容易弱化。

（二）韵母

声母、韵母和声调三要素构成了汉语的音节组成部分，这三个要素之间总是相互影响、相互制约。从古到今，韵母的"开合"或"洪细"在汉语声母的演变过程中起着至关重要的作用，例如精见组的合流，非组字的分化等语音现象无不与韵母有着直接的关系。在现代汉语方言中，主元音及介音 [i u y]，它们和开口韵一起，构成了汉语音节中的开、齐、合、撮四呼，"四呼"与声母的关系也是十分密切。不少方言的全浊声母按照韵母的洪细或韵母的开合进行着不同方向的弱化，还有一些方言全浊声母的弱化与今韵母的某"呼"有关。

1. 开合

奉匣母的弱化与韵母的开合有关。在一些汉语方言中，奉匣母字弱化的条件是古音的开合，开口字读清音声母，合口字读弱化声母。如在一部分粤语中，古匣母字逢合口一、二、四等今读零声母或零声母的音位变体 [j w]，逢开口一、二、四等今读清擦音声母。例如怀集：

合口：黄 uɛŋ˧ | 横 uɛŋ˧ | 还 uɐn˧ | 换 un˧ | 县 un˧ | 活 ut˧ | 户 u˧

开口：含 hɐm˧ | 红 hoŋ˧ | 咸 ham˧ | 鞋 hai˧ | 嫌 hɛn˧ | 后 hau˧ | 厚 hau˧ | 汗 hɔn˧ | 恨 hɐn˧ | 学 hɔk˧

还有一些方言中，全浊声母的弱化与古韵母"开合"的关系不大，但与今韵母的四呼有直接关系。如江西等地的赣语中，古匣母字是否读零声母主要取决于今韵母是否为合口呼，当匣母字逢合口呼韵母时今读零声母，逢非合口呼韵母时今读清音声母。例如南昌市：活 山摄合口一等 uo˨——县 山摄合口四等 ɕiɛn˩，"活、县"同为山摄合口字，前者今韵母为合口呼，读零声母，后者今韵母为非合口呼，读清擦音声母。

2. 洪细

全浊声母的弱化跟韵母的"洪细"也有密切的关系。都昌、新宁等地的定母字读边音声母跟今韵母的"洪细"有直接的关系，都昌方言定母字逢今细音不读边音声母，新宁方言的定母字逢今细音读边音声母。可见今音的"洪细"是这两地定母字读作边音与否的条件，但两地的规律刚好完全相反。浙江瑞安、永嘉、洞头以及温州等地方言的从崇船邪禅母字与今洪音韵母相拼时，合流为浊擦音声母［z］，但与今细音韵母相拼时，弱化为近音［j］，［j］是由［ʑ］声母进一步弱化而来的，说明由于细音［i y］的作用，瑞安等方言中跟今细音韵母相拼的从崇船邪禅等母字发生了更进一步的弱化。

3. 四呼

个别方言全浊声母的弱化不是跟韵母的"开合"或"洪细"直接有关，但与今韵母"四呼"中的某一"呼"有关。如益阳方言古全浊塞擦音声母舒声字弱化时，逢撮口呼韵母一律不弱化，读为同部位的清音声母，逢非撮口呼韵母弱化为边音声母。例如：

撮口呼：纯 tɕyn˩｜树 tɕy˨｜橱 tɕy˩｜住 tɕy˨｜撰 tɕyẽ˥｜船 tɕyẽ˩｜顺 tɕyn˨｜柱 tɕy˨｜殊 tɕy˩｜醇 tɕyn˩｜垂 tɕyẽ˩｜蝉 ~良子：知了 tɕyẽ˩｜玄 tɕyẽ˩/ɕyẽ˩｜篆 tɕyẽ˥

非撮口呼：长 lɔ̃˩｜沉 lən˩｜丈 lɔ̃˨｜柴 lai˩｜锄 ləu˩｜乘 lən˩｜绳 lən˩｜层 lã˩｜暂 la˨｜谢 lia˨｜袖 liəu˨

（三）声调

除了浊音本身的音值以及音节的开、齐、合、撮之外，有时，声调也可以作为全浊声母是否弱化的一个条件。最典型的要数益沅小片湘语全浊声母的弱化。益沅小片湘语内部存在不同的弱化情况，但全浊声母的弱化按照舒声和入声截然相分，弱化基本上只涉及全浊声母舒声字，而古浊声母入声字除极个别外，基本上都读清音。益沅小片湘语全浊声母弱化的具体情况，下文还将详细讨论。

四　浊音弱化的过程

有关语音演变的层次，通常可以区分为两种，一种是由外因造成的，指不同年代的语言接触造成的层次，另一种是由内因造成的，指自然音变阶段留下的层次。对于由内因造成层次，王福堂（2003、2009）称为"自源层次"。朱晓农、寸熙（2007）将由内因造成的层次称为"泛时层次"或"自变层次"，"泛时层次"又可以分为两种：如果是在一个语言/方言内部，表示自然音变残留造成的层次；如果是相关方言之间的不同，则表示了自然音变快慢不同造成的先后层次。"研究泛时层次是可以脱离时间、地点因素的，因为它们是在各种语言、各个历史时期反复出现的普遍音变现象"。（朱晓农、寸熙，2007）也就是说，泛时层次虽然都是内因造成的，既体现在一个语言（方言）内部所造成的层次，也体现在不同语言之间的层次。这种层次是由语音的自然音变造成的，但在不同语言或方言中有平行演变的现象。就全浊声母弱化音变来看，弱化不是属于浊音演变的主流，但却在不同语言或方言中有着相似的演变原理和演变结果，当属于"自源层次"或"泛时层次"。不同的自源层次可以表示全浊声母弱化的逻辑顺序过程。一般而言，具有相同条件下的浊音声母（相同发音部位和发音方法）朝着相同的方向发生弱化音变，如汉语方言浊塞擦音的弱化就朝着"浊塞擦音—浊擦音—近音—零声母"这样的顺序发生弱化。而具体到不同方言中，其浊塞擦音的弱化可以对应到不同阶段，有的正处于"浊擦音"的阶段，如吴语；有的处于近音或零声母的阶段，如温州方言的邪母字。正是由于全浊声母弱化具有这样的方向性，可以从中考察浊音弱化时的自然演变过程。下面以从母字和并母字的弱化过程为例说明。

（一）从母

从母字在汉语方言中弱化的各种读音和不同阶段见图3-4。

第三章　浊音弱化　143

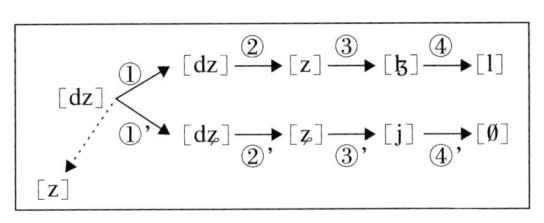

```
        ①   [dz̪] ② [z̪] ③ [ɮ] ④ [l]
[dz] ↗
     ↘
     ①'  [dʑ] ②'[ʑ] ③' [j] ④' [ø]
[z]
```

图 3-4　从母字弱化示意图

　　从母字的弱化过程可以按照图中所示的两种模式进行（分别用实线和虚线描述），其中第一种模式可以分为以下几个步骤：第一步，从母字按照韵母读洪音还是细音分化为 [dz] 和 [dʑ] 两个不同的声母，多数汉语方言已经完成了这一阶段的演变。按韵母洪细分化为两个不同的声母后，其弱化步骤也分开进行。第二步，从母字由浊塞擦音声母分别弱化为浊擦音声母 [z] 和 [ʑ]，两个音所出现的语音环境是互补的。例如吴语上海方言，字 zๅ˩—全 zɪ˩。第二步中的②和②'往往也是同时进行的。第三步，不同方言的表现可能就会不一样。例如浙江洞头、永嘉、温州等地的从母字逢洪音时处于第二阶段，读音为 [z]，逢细音时就更进一步读作第三阶段的音 [j]（③'）；湘语沅江琼湖等地方言的从母字逢洪音以及跟齐齿呼韵母相拼时处于第三阶段的读音 [ɮ]，逢撮口呼韵母相拼时却在第一阶段就由 [dʑ] 声母清化为 [tɕ] 声母了。第四步，各方言的表现也很不一样，湖南益阳、沅江、桃江等大部分地区从母字逢洪音及跟齐齿呼相拼时读音为第四个阶段 [l]，跟撮口呼相拼时在第一阶段分化为 [dʑ] 声母后就已经清化，今读 [tɕ] 声母；而桃江三堂街、马迹塘、大栗港等地的从母字逢洪音和细音相拼都同时进行到第四步，即与洪音相拼时读边音声母 [l]，与细音相拼时读为零声母 [ø]。

　　从母字弱化的第二种模式（用虚线表示），代表从母字没有发生腭化的方言。即方言中的从母字没有根据韵母的洪细分化，由浊塞擦音声母 [dz] 直接弱化为浊擦音声母 [z]，[dz] 弱化为浊擦音 [z] 以后的演变跟第一种模式中从母字跟洪音相拼的过程一致。即从母字到最后不论洪音细音都有相同的弱化现象。闽语福建建阳、武夷山等地的方言即属于这种模式。建阳等地方言的全浊声母一部分字弱化，其中从母字今读边音声母时，可以跟开齐合撮任何一种类型的韵母相拼。例如建阳：昨 lɔ˧｜贱 lieiŋ˧｜全 lyeiŋ˧｜罪 lui˧。

其他浊塞擦音声母的弱化过程跟从母字的弱化过程类似，有时可能在具体音值方面有一些差异。如第二阶段跟洪音相拼时读［ʑ］而不是读［z］，逢细音相拼时读［ʒ］而不是读［ʐ］。不过，从发生过浊音弱化的汉语方言来看，许多浊擦音声母在弱化时已经在发音部位上或多或少地出现了合流。当一个方言中的浊塞擦音声母弱化为浊擦音声母后，会跟该方言中原有的浊擦音声母（邪禅）合流，这些全浊声母（从澄群船崇邪禅等）完全合流后，在有的方言中会保持目前合流的音值，如大多数吴语；有的可能会清化，如涟源方言；有的还有可能继续弱化，如湘语益阳、沅江、桃江等地方言以及闽语建阳、武夷山等地方言。

（二）並母

並母在中古时期属于浊塞音声母，在大多数汉语方言中，並母字仍然保留塞音声母的读法，读浊塞音或清塞音。但在一些汉语方言中，一向稳定的並母字也有弱化声母的读法，其弱化过程可以用图 3-5 表示：

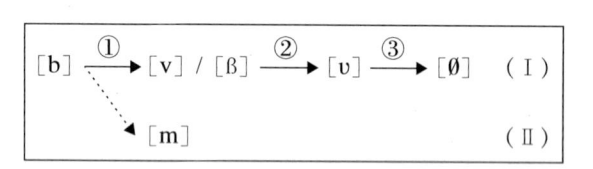

$$[b] \xrightarrow{①} [v]/[β] \xrightarrow{②} [ʋ] \xrightarrow{③} [\emptyset] \quad (Ⅰ)$$
$$\searrow [m] \quad\quad\quad\quad\quad\quad\quad\quad (Ⅱ)$$

图 3-5　並母字弱化示意图

如图 3-5 所示，並母字在汉语方言中的弱化可以分两种模式进行，分别用（Ⅰ）和（Ⅱ）表示。在第一种模式中，並母字先弱化为浊擦音声母［v］或［β］，一般跟该方言中的奉母字合流。例如永州岚角山方言中並奉母字读音同时为［v］：爬 va˧｜病 via˧｜浮 vao˧｜犯 van˧；福建武夷山方言一部分並奉母字读音同为［β］：袍 βau˧｜败 βai˧｜防 βɔŋ˧｜符 βoˇ。浊擦音声母在有些汉语方言中会进一步弱化为近音［ʋ］，例如桃江三堂街方言的大部分並母字今读带有轻微摩擦的近音［ʋ］，跟该方言的奉母字合流。並母字弱化到最后，有可能演变为零声母。永州邮亭墟方言的並母字弱化为零声母，是並母字弱化的最极端类型。例如：婆 uo˧｜别 ye˧｜盘 uã˧｜贫 yn˧。原来充当声母的［v］由于在方言中的进一步弱化，变成零声母后，该浊擦音［v］也变成了韵母中［u］介音，因此，在並母字读为零声母的方言中都有这样一个"奇怪"的现象，原有的开口呼变成了合口呼，而原有的齐齿呼则变成了撮口呼，如永州邮亭墟方言中的"婆 uo˩｜贫 yn˩"分别读为合口呼和撮口呼韵母。

並母字弱化的第二种模式即向同部位的鼻音声母转化，这也是浊塞音声母弱化的一种较为常见的模式，在第二节"浊塞音的弱化"部分有较为详细的描述，此处从略。

五 浊音弱化对声母系统的影响

全浊声母的弱化对汉语方言的声母系统具有一定的影响，具体可以从两个方面进行说明，一是对辅音音位的影响；二是对塞音格局的影响。

（一）对辅音音位的影响

全浊声母的弱化，往往会造成音类分合关系的变化，使不同的全浊声母之间出现合流现象。但是全浊声母弱化后，音系中辅音音位的数量是否发生变化，会根据弱化的程度有不同的表现。全浊声母弱化后对音类分合关系以及辅音音位的影响主要有以下三种情形：

（1）音类分合关系不变，辅音音位不变。
（2）音类分合关系变化，辅音音位不变。
（3）音类分合关系变化，辅音音位变化。

第（1）种类型是全浊声母弱化程度最低的一种类型。即全浊声母的弱化只出现在部分全浊声母的部分字音中，弱化正处于"扩散"的初始阶段。例如湖南邵阳县方言有个别奉匣母字读为零声母，但仍有一部分保留浊音声母。例如奉母：浮 uəi˩—肥 vəi˩；匣母：还 uã˩—红 ɦoŋ˩。由于奉匣母字只有个别字音出现了弱化的现象，因此，这类弱化并没有造成奉匣母跟该方言读零声母的影母合流，奉匣影三母仍然在一定程度上保持自己的独立性。就辅音音位的数量而言，由于奉匣母字仍有一部分保留[v ɦ]的读音，因此，辅音音位系统也没有因为奉匣母字的部分弱化而发生改变。

第（2）种类型表示弱化正处于进行之中，并且某些全浊声母已经完成弱化的过程，但属于同一个辅音音位的所有全浊声母并没有全部完成弱化。虽然全浊声母在音类分合关系上已经发生了改变，但对于整个音系来说，并没有出现音位数目的增加或减少。大部分汉语方言的弱化正处于这种阶段。下面比较吴语金坛方言和湘语邵阳市方言的浊辅音音位。

表 3-6　　　　　金坛方言与邵阳市方言浊辅音音位的比较

金坛		邵阳市	
音位	全浊声母	音位	全浊声母
[b]	並	[b]	並
[d]	定	[d]	定
[g]	群	[g]	群
[dz]	澄禅群	[dz]	从崇澄禅邪
[dʑ]	澄群	[dʑ]	澄船群邪
[z]	从崇船禅	[z]	禅从（字）崇（柿）
[ʑ]	邪	[ʑ]	船
[v]	奉	[v]	奉
[ɦ]	匣	[ɦ]	匣

从表3-6可以看出，邵阳市方言只有从崇母的个别仄声字弱化，并且基本上仍保留了原有浊塞音、浊塞擦音和浊擦音的分立（但邪母读塞擦音是例外）。金坛方言跟邵阳市方言音类分合关系不同，但浊辅音音位却是完全一致的。在金坛方言中，从崇两母均弱化为浊擦音声母，跟船母合流，但由于澄禅部分群母均保留浊塞擦音声母不变，因此，该方言中仍然存在浊塞擦音声母。这说明如果弱化只出现于该音位包含的部分全浊声母中，且弱化后的音值跟原有的某个音位合流了，弱化并不会引起音位数量的增多或减少，即对辅音音位系统不会产生影响。

第（3）种类型是全浊声母弱化程度最深的一种类型。即弱化在同一个音位所辖的全浊声母字中全部完成，这样的结果是整个音位被音系中原有的或是一个新的音位替换了。例如吴语宣州片方言中，来自群从澄崇船禅邪母的字全部合流成浊擦音声母后，不仅原有字音的音类分合关系发生了巨大的改变，同时，这些方言中的辅音音位系统也发生了变化。例如吴语宣州片宁国南极方言的音位系统中，浊音声母只有浊塞音和浊擦音 [b d ɦv hz hʑ ɣ]，没有浊塞擦音声母。这是因为该方言中的群从澄崇船禅邪母已经全部合流成浊擦音声母，导致了浊塞擦音声母在整个音位系统中的消失。

（二）对塞音格局的影响

在全浊声母保留浊音的方言中，塞音塞擦音声母"帮滂並""端透定""知彻澄"等保留了声母清浊对立的三分格局。通常是帮端知等母读不送气清音，滂透彻等母读送气清音，並定澄等母读送气或不送气浊音，具有相同部位上的清浊三分。例如湘语祁阳方言：

帮滂並：拜 pæ˦—派 pʻæ˦—败 bæ˨
端透定：带 dæ˦—太 tʻæ˦—袋 dæ˨
知彻澄：张 tɕiaŋ˦—昌 tɕʻiaŋ˦—长 dʑiaŋ˨

在全浊声母发生弱化的方言中，全浊声母跟相应的全清次清声母在声母格局上仍然保留清浊对立的三分格局，但与传统的塞音三分格局相比有了一定的变化。例如吴语苏州方言在塞音声母上保留传统意义上三分格局的对立，"帮滂並""端透定"读音分别为"[p]—[pʻ]—[b]""[t]—[tʻ]—[d]"。但在塞擦音方面，苏州方言的澄崇从船母跟邪禅母合流为浊擦音声母[z]，但该方言中相应的清塞擦音声母并没有跟清擦音声母合流，因此，苏州方言在塞擦音声母上的三分格局就变成了如下的情形：

端　　透　　定　　知　　彻　　澄　　精　　清　　从
当 tã˦　汤 tʻã˦　糖 dã˨　锥 tsE˦　吹 tsʻE˦　锤 zE˨　最 tsE˦　脆 tsʻE˦　字 zI˨

苏州方言由于浊塞擦音声母向浊擦音声母演变，使原有塞擦音声母的格局发生了一定的变化，原有的塞擦音声母音值上的"清不送气—清送气—浊"的格局中，三者之间两两相配时只有一对最小对立的区别特征，"送气—不送气"或"清—浊"，而浊塞擦音声母与浊擦音声母合流后，清音和浊音之间除了"清—浊"对立的特征外，还多了一对"塞擦音—擦音"的对立。

全浊声母弱化后，塞音塞擦音声母虽然从理论上仍然保留了清浊声母的三分格局，但有时这种"三分格局"的保留却跟人们脑海中"保留浊音"的印象有一定的差距。例如涟源六亩塘方言的全浊声母中，从澄群崇船邪禅等声母合流，今读清擦音声母。涟源方言的並、定母今读弱化为鼻边音声母，跟相应的帮滂、端透母保持声母格局上的三分：

帮　　滂　　並　　端　　透　　定
拜 pɑ˦　派 pʻɑ˦　败 mɑ˨　东 tən˦　通 tʻən˦　动 lən˨

但是涟源六亩塘方言的並定母字读为鼻边音声母的这种现象，往往不被看作是浊音声母的保留，而视为全浊声母演变过程中的一种特殊读音（陈晖，2006）。益沅小片湘语的全浊声母部分保留声母清浊的三分格局，但由于其浊音主要是边音声母，也历来被当作特殊声母看待，并将其视为全浊声母已经清化的方言中的特殊演变现象。声母清浊三分格局的保留跟全浊声母读浊音之间怎样取得一致，是今后值得关注的课题。

第四节 益沅小片湘语全浊声母舒声字弱化的考察

全浊声母的弱化是全浊声母演变过程中的一种语音渐变现象。在全浊声母的演变过程中，为了维持其浊音的特征，保持喉下压力高于喉上压力，浊音会减弱其浊度，增加响度来维持音系中的清浊平衡。如增加口腔容量，减小阻塞和摩擦等，前者如浊塞音转化为相同部位的鼻边音声母，后者如浊塞擦音弱化为浊擦音，浊擦音弱化为零声母等。这一节以具体汉语方言为例，考察浊音弱化的演变过程，考察对象为益沅小片湘语的全浊声母舒声字。

一 概说

益阳地区包括益阳市、沅江市、桃江县、安化县、南县等三县两市，位于湖南省中部偏北地区，分别跟汉寿、常德、宁乡、湘阴、望城等县市交界。益阳地区的方言分别属于湘语长益片益沅小片和湘语娄邵片湘双小片。鲍厚星、陈晖（2005）在描述长益片方言的主要特点时指出：全浊声母今逢塞音、塞擦音时清化，舒声字一般不送气，入声字部分不送气，部分送气。其中益沅小片的主要特点是，古从、邪、澄、崇、船、禅等全浊声母舒声字有大批字读［l］声母。实际上，益沅小片的全浊声母舒声字除了有［l］声母的读音外，还有其他各种读音类型，并且全浊声母舒声字的弱化情况在各地并不完全一致。因此，对该地区全浊声母的读音进行共时平面的考察，有利于了解全浊声母弱化的过程，并且能为全浊声母弱化的顺序等问题提供一些有益的线索。

本节的研究对象为益阳、沅江、桃江等两市一县的方言即益沅小片湘语，材料来源为本人实地调查所得，益阳市方言还参考了一些公开发表的材料。益沅小片湘语各地声调基本上都是5类，例如益阳：阴平［˧］33、阳平[˧]13、上声[˩]41、去声[˨]21、入声[˥]45①。某些方言可能在具体调值上有细微的区别，但各地的调类及调型都是一致的（为了便于比较，用代码表示调类，1—阴平、2—阳平、3—阴上、4—阳上、5—阴去、6—阳去、7—阴入、8—阳入。如果某调类发生了合并，按合并后的调类标注，如部分阴去字并到入声，标调为7，阳上和阳去合并为去声，标调为6）。此外，值得注意的是，益沅小片湘语的全浊声母有大量的文白异读，往往白读为弱化声母，文读为清音声母。本节主要讨论全浊声母的弱化情况，因此，不经特别说明，一般只记白读音。

益沅小片湘语的全浊声母入声字除"昨猾滑划"等几个字外，其他均已清化，读为同部位的清音声母。其中今读塞音塞擦音声母有的送气，有的不送气，从共时平面上看不出规律。例如益阳市区：

并母：拔 pʻa⁷｜薄 pʻo⁷｜雹 pʻau⁷｜仆 pʻu⁷｜别 pʻie⁷｜白 pʻa⁷/po⁷｜弼 pʻi⁷

奉母：乏 fa⁷｜伐 fa⁷｜罚 fa⁷｜服 fu⁷｜伏 fu⁷

定母：蝶 tʻi⁷｜突 tʻəu⁷｜跌 ti⁷｜读 təu⁷｜迪 ti⁷｜敌 ti⁷

从母：族 tsʻəu⁷｜贼 tsʻə⁷｜嚼 tɕʻio⁷｜绝 tɕʻi⁷~代/tɕi⁷~对｜杂 tsa⁷｜寄 tɕi⁷｜籍 tɕi⁷｜截 tɕi⁷

群母：杰 tɕʻi⁷｜竭 tɕʻi⁷｜掘 tɕye⁷｜倔 tɕye⁷｜极 tɕi⁷｜局 tɕy⁷

澄母：择 tsʻə⁷｜辙 tsʻə⁷｜直 tsʻʅ⁷｜着 tsʻo⁷睡~了/tso⁷~落｜侄 tsʅ⁷｜掷 tsʅ⁷

崇母：铡 tsʻa⁷｜闸 tsa⁷

船母：术 ɕy⁷｜舌 sə⁷｜食 sʅ⁷｜实 sʅ⁷｜赎 səu⁷

禅母：植 tsʻʅ⁷｜殖 tsʻʅ⁷｜涉 sə⁷｜石 sa⁷~头/sʅ⁷吸铁~｜十 sʅ⁷｜熟 səu⁷

邪母：夕 ɕi⁷｜袭 ɕi⁷｜习 ɕi⁷｜席 ɕi⁷｜俗 səu⁷

匣母：狭 ɕia⁷｜核 xə⁷｜盒 xo⁷｜活 xo⁷｜学 ɕio⁷

益沅小片湘语全浊声母入声字的读音跟湘语长益片方言全浊声母入声字的读音相当一致，并且跟其他湘语全浊声母入声字的读音也基本相同。

---

① 曾毓美（2001）等将益阳方言的调类命名为阴平[˧]33、阳平[˧]13、上声[˩]41、阴去[˥]45、阳去[˨]21，与本书命名有所不同。益阳方言的入声命名是根据其调类归并而言的，入声字本身并不带塞音韵尾或喉塞音韵尾。

陈晖（2006）用大量的语言事实证明，多数湘语全浊声母入声字都已经清化，其中今读塞音塞擦音声母既有送气读法，又有不送气读法。因此，就全浊声母的弱化来说，益沅小片湘语的全浊声母入声字基本上没有弱化现象，本节的讨论仅限于全浊声母舒声字的弱化。

二　读音

（一）並定群母

1. 读音类型

並定群母有如下几种读音类型，其中"υ/m/ø"表示有些字读[υ]，有些字读[m]或[ø]，依此类推。

表3-7　　　　　益沅小片湘语並定群母舒声字的读音

	代表点	並	定	群	备注
1	三堂街	υ/m/ø	l	ø/k	桃江：武潭镇、大栗港、罗家坪、鸬鹚渡
2	马迹塘	b	l	ø/k	桃江：修山镇
3	浮丘山	p	l	ø/k	
4	桃花江	p	t	tɕ/k	益阳绝大部分地区；桃江：石牛江、灰山港、高桥、牛田；沅江绝大部分地区

说明：这里的浮丘山指浮丘山乡石桥坝村，跟"地图集"记录的浮丘山乡万金村方言有所不同。

由表3-7可以看出，在第1种类型中，並定群母都有弱化声母的读法，第2、3种类型只有定母和群母字有弱化声母的读法，第四种类型中並定群母已经全部清化，基本上读不送气清音声母。可见，益沅小片湘语中並定群母舒声字的演变以清化为主，包括了益阳、沅江的绝大部分地区和桃江县的一部分。並定群母舒声字的弱化现象集中在桃江县境内。下面分别作一些说明。

2. 並母

並母字的弱化主要分布在桃江县西北部地区，即三堂街、武潭、鸬鹚渡等地。马迹塘方言的並母字基本上没有弱化声母的读法，但是在调查过程中发现，该方言中"菩萨"的"菩"读为 [ʋu²]，"稗子"的"稗"读为 [ʋa⁶]，其他并母字均读 [b] 声母。由于并母字弱化的字数极少，因此仍将其列为第 2 种类型。并母字弱化后的音值根据不同的语音条件分别读为 [ʋ m ∅] 等音值。以三堂街方言为例，并母字在三堂街方言中的读音可以分为三种情况：逢止摄开口三等、蟹摄合口一等字，即韵母为 [i] 时，读鼻音声母 [m]；逢山摄、梗摄开口三、四等、臻摄、效摄开口三等字读撮口呼零声母 [∅]，逢果摄合口一等字也读零声母，音值为 [o]，例如：平 yn² ｜ 婆 o²，但"方便"的"便"读 [miẽ⁶]；其他并母字读音为唇齿无擦通音 [ʋ]，但"笨"读音为 [mən⁶]。

表 3-8　　　　　　　　　三堂街方言并母字的读音

	音值	例字	条件
1	[m]	mi² 赔培陪脾皮疲楷 ｜ mi⁶ 背~书焙备~课篦 被~子倍 miẽ⁶ 便方~ mən⁶ 笨	止开三，蟹合一
2	[∅]	yɔ² 嫖 ye² 便~宜 ｜ ye⁶ 辫辨辩 yn² 平坪评瓶萍屏贫频 ｜ yn⁶ 病白 ｜ yn⁵ 病文 o² 婆薄~荷	效开三 山开三、四 梗开三、四，臻开三 果合一
3	[ʋ]	ʋi⁶ 被 ʋu² 菩 ｜ ʋu⁶ 步埠部簿 ʋa² 杷爬耙琶 ｜ ʋa⁶ 稗 vɔ² 袍刨 ｜ vɔ⁶ 菢鉋抱 ʋai² 牌排 ｜ ʋai⁶ 败 ʋan⁶ 办 ʋən² 棚蓬篷朋盆 ʋəŋ² 旁螃傍盘 ｜ ʋəŋ⁶ 蚌伴拌	其他

其他地点并母字读弱化声母的情况跟三堂街方言较为一致。例如大栗港：排 ʋai² ｜ 赔 mi² ｜ 皮 mi² ｜ 病 ʋin⁶ ｜ 部 ʋu⁶；鸬鹚渡：爬 ʋa² ｜ 排 ʋai² ｜ 赔 mi² ｜ 被~窝 ʋi⁶ ｜ 办 ʋan⁶。不过值得注意的是，"爬"字在武潭镇和大栗港镇不读上述三类声母，而读成边音声母 [la²]，但其他并母字没有发现读为边音声母的现象。益沅小片多数方言点中的"爬"字读为边音声母。前文已经提到，其他湘语点中也有"爬"字读为边音的现象，

例如：如古丈（乡话）[lo²]、泸溪（乡话）[lo²]、双峰 [lo²]、新化 [la²]、沅江 [la²]、南县 [la²]。

3. 定母

定母字读弱化声母的范围比并母字要更广一些。除了表 3-8 第 1 种类型所涉及的区域外，还包括第 2、3 种类型的桃江县马迹塘、修山、浮丘山及其周边地区。不过，比较而言，定母字的音值并没有并母字复杂，在调查到的桃江县各乡镇中，定母字的弱化声母只有边音声母 [l] 一种音值。下面是马迹塘方言中读边音的定母字举例。

题 li² | 提 lia² | 驼 lo² | 抬 lai² | 头 lɔ² | 屠 ləu² | 甜 lie² | 潭 lan² | 停 lin² | 糖 lan² | 弟 li⁶ | 箪 lie⁶ | 稻 lɔ⁶ | 断 lɤ⁶ | 舵 lo⁶ | 第 li⁶ | 豆 lɔ⁶ | 大 lai⁶ | 渡 ləu⁶ | 垫 lie⁶ | 电 lie⁵ | 定 lin⁶ | 洞 lən⁶。

定母字今读边音声母的数量在各地并不一致。据统计，在三堂街方言的定母字中，只有"涛跳啼兑电艇挺队诞"等几个日常生活中不常用的字读为清音声母，其他定母字一律读为边音声母。但在浮丘山、修山等一些方言中，定母字读边音声母的比例要小得多，一些日常口语常用字如"洞潭豆"等字都读为清音声母，其他定母字读边音声母一般出现在一些特定的词汇中，例如浮丘山：糖打白~lɔŋ²/tɔŋ² | 洞大水~:地名 lən⁶/tən⁶ | 袋 lai⁶ | 甜清~的 liẽ²/tiẽ² | 大 la⁶/tai⁶ | 动 lən⁶ | 淡 lan⁶ | 铜 tən² | 潭 tan² | 豆 tɔ⁶。

4. 群母

群母字弱化的范围跟定母字大致重合，其分布区域也为桃江的西北部地区，桃江东部、益阳、沅江等地群母字读清音声母，没有弱化声母的读法。群母字弱化后一律读齐齿呼或撮口呼零声母。但属于群母合口三等的"狂葵共逵"等几个字不发生弱化，例如马迹塘：狂 kuan² | 葵 kuei² | 共 kən⁶ | 逵 kuei²；三堂街：狂 kɔŋ² | 葵 kuei² | 共 kən⁶ | 逵 kuei²。下面是三堂街方言群母字读零声母的例字：

[i²] 祁其棋期旗骑奇岐祁 | [i⁶] 徛

[iɔ²] 侨桥荞乔 | [iɔ⁶] 轿

[iəu²] 求球仇 | [iəu⁶] 旧舅

[iẽ²] 乾钳 | [iẽ⁶] 件

[in²] 琼琴禽擒穷勤芹 | [in⁶] 近

[iɔŋ²] 强 | [iɔŋ⁶] 犟

［y²］渠瞿｜［y⁶］柜｜［y⁵］具
［ya²］茄瘸
［yẽ²］拳权｜［yẽ⁶］圈动词
［yn²］裙群｜［yn⁶］菌

群母字在其他方言中读零声母的现象，例如：
修山：茄 ya²｜桥 iɔ²｜件 ie⁶｜近 in⁶｜旧 iəu⁶
武潭：茄 ya²｜桥 iɔ²｜权 ye²｜棋 i²｜件 ie⁶｜近 in⁶｜旧 iəu⁶

（二）从澄崇船邪禅母

从澄崇船邪禅母属于中古浊塞擦音擦音声母。这几个声母往往按同样的方式演变，即在相同的条件下（相同韵母或调类）读音相同。下面将这几个声母一起讨论。

从澄崇船邪禅舒声字的读音已经合流，具体音值会根据韵母开齐合撮的不同分化出不同的读音类型。属于从澄崇船邪禅母的字缺少合口呼韵母，因此上述几母的读音可以分为跟［ɿ］韵母相拼、跟开口呼韵母相拼、跟齐齿呼韵母相拼以及跟撮口呼韵母相拼几种类型进行讨论。需要说明的是，由于从澄崇船邪禅等全浊声母的读音跟［ɿ］韵母有直接的关系，这里将［ɿ］韵母从开口呼韵母中单立出来，作为一个独立的条件。因此这里的开口呼韵母均不包括［ɿ］韵母，以后不再说明。

表 3-9　　益沅小片湘语从澄崇船邪禅母舒声字的读音

类型	［ɿ］	开	齐	撮	备注
1	z	z	z	ø	桃江：鸬鹚渡
2	z	l	ø	ø	桃江：三堂街、武潭、马迹塘、大栗港
3	z	l	l	ø	桃江：浮丘山、修山
4	z	z	z	tɕ	桃江：牛田、高桥 沅江：新湾、琼湖
5	z	z	l	tɕ	桃江：桃花江、石牛江、灰山港，益阳大部分 沅江：草尾、茅草街
6	ts/s	ts/s	tɕ/t	tɕ/t	沅江：南大膳

说明：修山的浊擦音［z］是一个真正的浊擦音声母，其他各地的［z］的实际读音为［ɹ］或［ʐ］；徐芳（2006）所调查的南大膳镇团结街方言记录了［b d g dz dʑ z］等浊音声母，与本人的调查结果有所不同，但南大膳方言的全浊声母基本上没有弱化现象这一点跟本人的调查是一致的。

由表 3-9 可知，除了南大膳等少数地方外，从澄崇船邪禅母舒声字在益沅小片湘语中有弱化声母的读法，其中跟撮口呼韵母相拼时发生弱化的情况只出现在桃江县境内，跟开口呼、齐齿呼或 [ʅ] 韵母相拼时弱化的现象十分普遍，不过，各地存在着音值的差异。下面对从澄崇船邪禅母字的弱化现象进行分析。

（1）从澄崇船邪禅母同蟹止摄开口三等韵相拼，即今韵母为 [ʅ] 时，读浊擦音 [z] 声母。这一读音在各点相当一致。除了所调查的沅江南大膳方言读为清音声母外，其他调查点均读 [z] 声母。例如以下例字在各调查点中均读 [zʅ]：瓷匙时词祠辞磁豉誓视逝嗜侍士柿示自字寺嗣祀似巳治滞。

（2）从澄崇船邪禅母逢开口呼韵母时，有两种读音，一是边音声母 [l]，二是浊擦音声母 [z] 或浊边擦音声母 [ɮ]，[z] 或 [ɮ] 没有辨义作用，统一记为 [z]。

[l] 声母

	蚕	坐	茶	长	赵	柴	愁	锄	松	城
三堂街	lan²	lo⁶	la²	lɔŋ²	lɔ⁶	lai²	ləu²	ləu²	lən²	lən²
马迹塘	lan²	lo⁶	la²	lan²	lɔ⁶	lai²	ləu²	ləu²	lən²	lən²
灰山港	lan²	lo⁶	la²	laŋ²	lau⁶	lɛ²	ləu²	ləu²	lən²	lən²
益阳市	lã²	lo⁶	la²	lɔ̃²	lau⁶	lai²	ləu²	ləu²	lən²	lən²

[z] 声母

	蚕	坐	茶	长	赵	柴	愁	锄	松	城
高桥	zan²	zo⁶	za²	zɔŋ²	zɔ⁶	zai²	zəu²	zəu²	zən²	zən²
鸬鹚渡	zan²	zo⁶	za²	zɔŋ²	zɔ⁶	zɛ²	zəu²	zəu²	zən²	zən²
新湾	zã²	zo⁶	za²	zɔ̃²	zɑu⁶	zai²	zəu²	zəu²	zən²	zən²
琼湖	zã²	zo⁶	za²	zɔ̃²	zɑu⁶	zai²	zəu²	zəu²	zən²	zən²

（3）从澄崇船邪禅母跟齐齿呼韵母相拼时，有三种读音：零声母、边音声母或浊擦音声母。不过，值得注意的是，跟齐齿呼韵母相拼的基本上都是从邪母来源的字。

[ø] 声母

三堂街：齐徐 i² | 罪 i⁶ | 邪斜 ia² | 谢 ia⁶ | 樵 iɔ² | 囚泅 iəu² | 就 iəu⁶ | 全泉钱潜旋 ie² | 贱 ie⁶ | 渐 ie⁵ | 晴情秦寻 in² | 静尽 in⁶ | 靖 in⁵ | 祥墙详 iɔŋ² | 象像橡匠 iɔŋ⁶

大栗港：全 ie² | 寻 in² | 罪 i⁶ | 匠 iɔŋ⁶ | 谢 ia⁶ | 像 iɔŋ⁶

[l] 声母

益阳市：情 lin² ｜ 尽 lin⁶ ｜ 罪 li⁶ ｜ 寻 lin² ｜ 徐 li² ｜ 全 liẽ² ｜ 像 liɔ̃⁶ ｜ 袖 liəu⁶ ｜ 谢 lia⁶ ｜ 就 liəu⁶ ｜ 匠 liɔ̃⁶ ｜ 贱 liẽ⁶

桃江镇：全 lie² ｜ 寻 lin² ｜ 匠 liɔŋ⁶ ｜ 罪 li² ｜ 徐 li² ｜ 谢 lia⁶

灰山港：全 liẽ² ｜ 晴 lin² ｜ 齐 li² ｜ 静 lin⁶ ｜ 匠 liaŋ⁶ ｜ 贱 liẽ⁶ ｜ 寻 lin² ｜ 斜 lia² ｜ 像 liaŋ⁶ ｜ 谢 lia⁶

[z] 声母

	全	晴	齐	静	匠	贱	寻	斜	像	谢
高桥	zie²	zin²	zi²	zin⁶	ziɔŋ⁶	zie⁶	zin²	zia²	ziɔŋ⁶	zia⁶
新湾	ziẽ²	zin²	zi²	zin⁶	ziɔ̃⁶	ziẽ⁶	zin²	zia²	ziɔ̃⁶	zia⁶
琼湖	ziẽ²	zin²	zi²	zin⁶	ziɔ̃⁶	ziẽ⁶	zin²	zia²	ziɔ̃⁶	zia⁶

（4）从澄崇船邪禅母和撮口呼韵母相拼时，弱化类型只有零声母[Ø]一种读音，并且在整个益沅小片，全浊声母跟撮口呼韵母相拼时发生弱化的范围很小，如益阳、沅江等地方言的全浊声母拼撮口呼韵母时都不弱化，弱化声母主要集中在桃江县境内。

	树	纯	蝉	储	传	锤	柱	住	船	顺
三堂街	y⁶	yn²	ye²	y²	ye²	y²	y⁶	y⁶	yẽ²	yn⁶
马迹塘	y⁶	ɕyn²	tɕye²	y²	ye²	y²	y⁶	y⁶	ye²	yn⁶
鸬鹚渡	y⁶	yn²	ye²	y²	ye²	y²	y⁶	y⁶	ye²	yn⁶
修山	y⁶	yn²	tɕye²	y²	ye²	y²	y⁶	y⁶	ye²	yn⁶
浮丘山	y⁶	tɕyn²	tɕye²	y²	ye²	tɕy²	y⁶	y⁶	ye²	yn⁶
武潭	y⁶	yn²	yẽ²	y²	yẽ²	y²	y⁶	y⁶	yẽ²	yn⁶
大栗港	y⁶	yn²	ye²	y²	ye²	y²	y⁶	y⁶	yẽ²	yn⁶

（三）奉匪母

奉匪母舒声字基本上都已经发生了弱化，当拼合口呼音节时，读为唇齿无擦通音[ʋ]，拼其他音节时，读为零声母，但[ʋ]和零声母之间没有辨义作用。不过，也有少数奉匪母字已经清化，读清声母。

	防	肥	饭	犯	黄	鞋	含	厚	户	汗	红	嫌	县
三堂街	ɔŋ²	vei²	van⁶	van⁶	ɔŋ²	ai²	an²	ɔ⁶	ʋu⁶	an⁶	n²	ie²	iẽ⁶
马迹塘	van²	vei²	van⁶	van⁶	van²	ai²	an²	ɔ⁶	ʋu⁶	an⁶	n²	ie²	ie⁶
高桥	ɔŋ²	vei²	ʋan⁶	ʋan⁶	ɔŋ²	ɛ²	an²	an⁶	ʋu⁶	an⁶	n²	tɕie²	tɕie⁶
灰山港	ɑŋ²	ʋei²	ʋan⁶	ʋan⁶	ɑŋ²	ɛ²	an²	au⁶	ʋu⁶	an⁶	on²	tɕie²	tɕie⁶
新湾	ɔ̃²	vei²	vã⁶	vã⁶	ɔ̃²	ai²	ã²	au⁶	ʋu⁶	ã⁶	n²	tɕiẽ²	ɕiẽ⁶

| 琼湖 | ɔ̃² | ʋei² | ʋã⁶ | ʋã⁶ | ɔ̃² | ai² | ã² | au⁶ | ʋu⁶ | ã⁶ | n² | tɕiẽ² | ɕiẽ⁶ |
| 益阳市 | ɔ̃² | ʋei² | ʋã⁶ | ʋã⁶ | ɔ̃² | ai² | ã² | au⁶ | ʋu⁶ | ã⁶ | n² | tɕiẽ² | ɕiẽ⁶ |

三 分布

由上文描述可以看出，全浊声母舒声字的弱化是益沅小片湘语中十分突出的现象，弱化的地域覆盖了桃江、益阳、沅江的大部分地区。在这一区域，可以按照弱化所涉及的全浊声母的多少划分为以下四个层次：

第一层：全部弱化。
第二层：并母不弱化，其他声母弱化。
第三层：并定群不弱化，其他声母弱化。
第四层：全部不弱化。

表 3-10　　益沅小片湘语全浊声母舒声字弱化的类型

	类型	分布
1	全部弱化	桃江：武潭、大栗港、鸬鹚渡、三堂街、罗家坪
2	并母不弱化，其他弱化	桃江：修山、浮丘山、马迹塘
3	并定群不弱化，其他弱化	桃江：灰山港、高桥、牛田、石牛江，益阳大部分、沅江大部分
4	全部不弱化	沅江：南大膳

表 3-10 和图 3-6 显示，全浊声母舒声字的弱化涉及了益阳、桃江、沅江等地的绝大部分地区。其中弱化最彻底的地区集中在桃江县的西北部，从乌旗山、三堂街往西到达罗家坪、武潭，往南达到大栗港，不过大栗港往西的马迹塘方言的弱化程度有所减弱，其中并母字不发生弱化，乌旗山往东南方向的修山、浮丘山的弱化程度也渐次递减，并母字也读塞音声母；再从石桥坝往南的整个桃江县东部地区，并定群母均不发生弱化。因此，如果按弱化的程度而言，益沅小片湘语全浊声母舒声字呈现由西北向东南渐次递减的趋势。

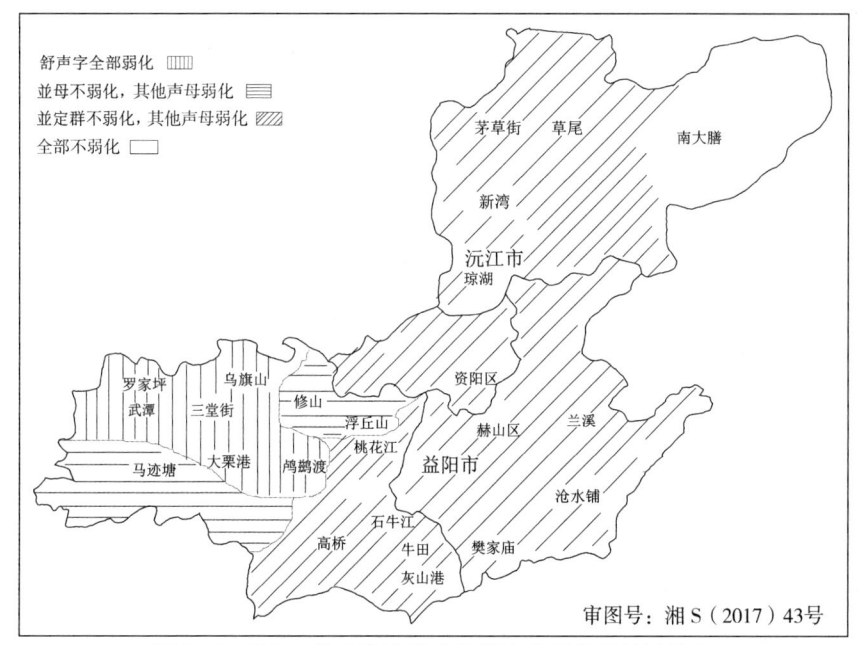

图 3-6 益沅小片湘语全浊声母舒声字弱化的地域分布

四 全浊声母舒声字弱化的过程

从全浊声母弱化后的音值来看，益沅小片湘语的全浊声母弱化后主要有鼻边音声母，擦音声母和零声母等几种不同的读音。有的地点同一个全浊声母还涉及好几个不同的读音，如三堂街方言的並母字。那么，这些不同音值的读音之间是一种什么样的相互关系，它们之间是平行发展，还是具有相互演变的关系，这是接下来讨论的问题。

（一）並定母

定母字弱化后的读音比较简单，只有边音声母一种读法。本章第二节中已经对定母字读边音的现象进行了一些分析，例如永州邮亭墟方言，涟源方言以及建阳等地的定母字均可以弱化为相邻部位的边音声母，益沅小片湘语的定母字读边音声母跟其他方言中定母字读边音声母的语音机制相同，此不赘述。

並母字的读音分化为两类，一类是同部位的鼻音声母［m］。发同部位的鼻音声母时，软腭下垂，通往鼻腔的通道打开，使喉上空间增大，有利于更好地维持喉上、喉下压力差，保持音系中的清浊对立。益沅小片湘语的並母字只有少数字读鼻音声母，并且限于跟［i］韵母相拼的字。但其中有两个例外：便方~ miẽ⁶｜笨 mən⁶，与"便、笨"两字处于同一音韵地位的其他字一律读［ʋ］，例如：便~宜 viẽ²｜盆 ʋən²。

另一类是擦音及零声母，其演变过程为为：［b］＞［v］＞［ʋ］＞［Ø］。並母字读［v］在汉语方言有吴语宣州片的繁昌、铜陵、宣城等地。永州岚角山方言的並母字也读［v］声母，例如：赔 veˍ｜败 vaˍ｜白 vəɯˎ。不过，益沅小片湘语的並母字基本上都不读浊度较强的擦音［v］声母，而是读为近音［ʋ］，实际上並母字已经跟奉微匣喻等母字合流，跟零声母已经没有区别音位的作用了。当［ʋ］声母跟带有介音［i］的韵母结合时，会通过"［ʋ］+［i］＞［y］"的方式进一步融合为撮口呼零声母。例如三堂街：嫖 yɔ²｜便~宜 yẽ²｜辫辨辩 yẽ⁶。在读零声母的字中，"婆薄~荷 o⁶"读开口呼零声母，这跟"［v］+［i］＞［y］"的过程不同，可能是［ʋ］声母直接脱落的结果，只是这种声母脱落的现象在该地区中还没有扩散开来，在没有外力的情况下，如果这种扩散继续下去，该地区並母字的读音会出现更多读为零声母的现象。

（二）从澄崇船邪禅母

由从澄崇船邪禅母舒声字的读音（表3-9）可以看出，这几个声母已经完全合流，本身没有任何区别。例如益阳：沉澄 lən² = 乘船 lən² = 辰禅 lən²。历史比较法告诉我们，在相同语音条件下区分更多音类的读音反映更古老的情况，益沅小片湘语中的从澄崇船邪禅母完全按同一个方向演变，即使有不同的读音，也是由于韵母的不同引起的，可能代表一种晚期的语音演变现象。从澄崇船邪禅母舒声字的读音，与韵母的开齐合撮有直接的关系，不同的几个读音始终处于一种互补的状态。这些互补的读音之间是一种什么样的关系，并且不同地点的读音之间又是一种怎样的关系呢？下面试着用图3-7表示从澄崇船邪禅母的弱化过程。

图3-7表示从澄崇船邪禅母舒声字的演变与分化过程。这一过程可以用三次分化来进行说明，分别用数字①（①'）、②（②'）、③（③'）表示。

1. 第一次分化

第一次分化以撮口呼韵母作为条件，这一分化在各调查点中均已完成。应当说明的是，从澄崇船邪禅等母在第一次分化以前在发音部位上已

第三章 浊音弱化 159

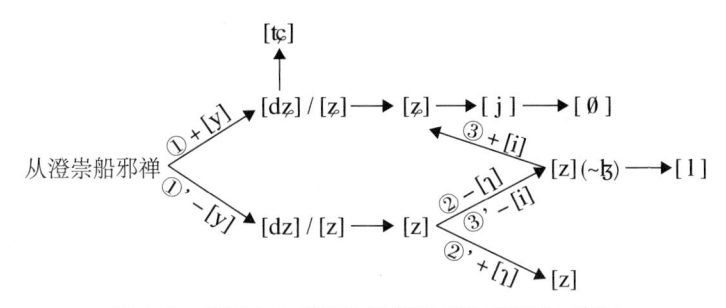

图 3-7 益沅小片湘语从澄崇船邪禅母弱化示意图

说明：长箭头表示分化，短箭头表示演变，"+［y］"表示跟撮口呼韵母相拼，"+［i］"表示跟齐齿呼韵母相拼，以此类推。

经合流，即取消了舌尖前音和舌尖后音的区别，但是当时的精组声母还没有完成腭化，因此，跟撮口呼韵母相拼的声母不包括从邪两母。处于第一次分化的方言有两种类型。

（1）桃江鸬鹚渡。桃江鸬鹚渡方言的从澄崇船邪禅母以撮口呼韵母为条件分化为两种不同的读音。当上述声母跟撮口呼韵母相拼时，这些声母经历了弱化为浊擦音［ʐ］、半元音［j］的过程后，最后弱化为零声母的过程。当与非撮口呼韵母相拼时，上述声母弱化为浊擦音声母［z］。

撮口呼：纯 yn² ｜ 蝉 ye² ｜ 柱 y⁶ ｜ 船 ye²

非撮口呼：蚕 zan² ｜ 茶 za² ｜ 时 zɿ² ｜ 齐 zi² ｜ 贱 zie⁶ ｜ 谢 zia⁶

（2）沅江新湾。沅江新湾方言的从澄崇船邪禅母也是以撮口呼为条件分化为两种读音，不过，当跟撮口呼韵母相拼时，新湾方言的上述声母今已清化，读［tɕ］声母。这是因为经过第一次分化后，新湾方言与撮口呼相拼的声母并没有朝弱化的方向演变，而是朝着清化的道路进行。

撮口呼：纯 tɕyn² ｜ 蝉 tɕyẽ² ｜ 柱 tɕy⁶ ｜ 船 tɕyẽ²

非撮口呼：蚕 zan² ｜ 时 zɿ² ｜ 柴 zai² ｜ 齐 zi² ｜ 贱 ziẽ⁶ ｜ 谢 zia⁶

沅江琼湖、桃江牛田、高桥等地的从澄崇船邪禅母均是处于第一次分化的阶段，其读音跟沅江新湾的读音相似。

2. 第二次分化

第二次分化以舌尖元音［ɿ］作为条件。在经历第一次分化后，跟非撮口呼韵母相拼的从澄崇船邪等声母弱化为［z］声母后，会进一步根据是否为［ɿ］韵母分化为两种读音。这样，经历过第二次分化的从澄崇船等母实际上有三种不同的读音。处于第二次分化的方言也有两种类型。

（1）桃江修山。桃江修山方言的全浊声母跟撮口呼韵母相拼时弱化为零声母，与 [ɿ] 韵母相拼时仍读为 [z] 声母，跟开口呼以及齐齿呼韵母相拼时弱化为边音声母。例如：

撮口呼：传 ye² ｜ 柱 y⁶ ｜ 顺 yn⁶

[ɿ] 韵母：时 zɿ² ｜ 字 zɿ⁶ ｜ 视 zɿ⁷

开口、齐齿呼：蚕 lan² ｜ 柴 lai² ｜ 情 lin² ｜ 匠 liɔŋ⁶

与桃江修山的从澄崇船邪禅母读音相同的还有桃江浮丘山等地。

（2）益阳市。益阳市境内的从澄崇船等母经历了第二次分化，但与修山不同的是，与撮口呼韵母相拼的从澄崇船等母没有朝着弱化的方向演变，而是与新湾等地一样，读为清塞擦音声母。例如：

撮口呼：传 tɕyẽ² ｜ 柱 tɕy⁶ ｜ 顺 tɕyn⁶

[ɿ] 韵母：时 zɿ² ｜ 字 zɿ⁶ ｜ 视 zɿ⁷

开口、齐齿呼：蚕 lã² ｜ 柴 lai² ｜ 情 lin² ｜ 匠 liɔ̃⁶

与益阳市属于同一类型的还有桃江的桃花江、灰山港、石牛江等地，以及沅江的绝大部分地区。

3. 第三次分化

第三次分化的条件是齐齿呼。在经历前面两次分化以后，某些地点还经历了第三次分化。前面已经提到，一些地点中的 [z] 声母有浊边擦音声母 [ɮ] 的音位变体。其实只有当 [z] 声母跟开口呼韵母相拼时，才有 [ɮ] 的读音，当 [z] 跟齐齿呼和 [ɿ] 韵母相拼时，读音还是 [z]。这样，当从崇船等母与开口呼相拼由浊边擦音声母 [ɮ] 向边音声母演变的时候，与齐齿呼和 [ɿ] 韵母相拼的从澄崇船等母也发生了分化，其分化的条件是齐齿呼。当与齐齿呼韵母相拼时，[z] 声母在元音 [i] 的影响下腭化成 [ʑ] 声母，后来进一步弱化为零声母，当与 [ɿ] 韵母相拼时，保持 [z] 声母不变。虽然经历了三次分化，但在方言中并没有形成四种不同的读音，原因是与齐齿呼相拼和与撮口呼相拼的零声母合流了。经历第三次分化的方言只有桃江三堂街、武潭、马迹塘、大栗港等地。例如三堂街：

撮口呼：锤 yẽ² ｜ 柱 y⁶

齐齿呼：情 in² ｜ 匠 iɔŋ⁶

[ɿ] 韵母：时 zɿ² ｜ 字 zɿ⁶

开口呼：蚕 lan² | 柴 lai²

这里有一个问题，就是三堂街等地的方言为什么不认为一开始就是根据韵母的洪细进行分化的呢？即在第一次分化时，三堂街方言的全浊声母拼洪音时为［dz z］、拼细音时为［dʑ ʑ］，后来［ʑ］进一步弱化为零声母。这样一来，三堂街方言也只经历了两次分化。这样的假设对于单独解释三堂街方言的零声母的来源有一定的道理。但是如果把眼光放宽到整个益阳地区，就会发现，桃江修山、浮丘山两地的全浊声母与齐齿呼韵母和撮口呼韵母相拼时，前一个读边音声母，后一个读零声母。例如修山：寻 lin² ≠ 纯 yn²。这说明与齐齿呼韵母相拼和跟撮口呼韵母相拼的全浊声母演变并不同步。与齐齿呼韵母相拼的全浊声母实际上只有从邪母字，如果承认从邪母字读为边音声母是由［z］声母弱化而来的话，那么从邪母字开始弱化时并没有腭化。潘悟云（2006）认为，"在一个充分小的地理范围内，会发生相同的历史音变"。桃江修山、浮丘山以及三堂街等地都是在同一个县境范围内相邻的乡镇，说明修山等地全浊声母的读音可以看成桃江三堂街方言的前身，因此三堂街方言从邪母字读零声母是从澄崇船等母与非撮口呼音节合流为［z］声母后，再经历腭化的音变，最后与方言中的其他零声母一起合流造成的。

到了三堂街等地的方言中，从崇澄船等母已经根据韵母的不同条件，完成所有的三次分化。益阳地区各地方言中从崇澄船等母的读音，都是处于不同分化阶段的结果。

（三）群母

群母字的演变比较简单，多数地点的群母字不发生弱化，直接读为不送气清音。但在三堂街、马迹塘、浮丘山等地的群母字读为零声母。群母字在中古的拟音是［g］，那么群母字的读音到底是［g］声母直接脱落的结果还是由浊塞音演变到浊塞擦音后不断弱化的结果呢？这个问题可以结合周边方言一起考察。

在群母字不读零声母的地点中，除了"葵狂跪共"等少数几个字读塞音外，均经历了腭化的过程，即群母均读为塞擦音声母。例如益阳：茄 tɕya² | 桥 tɕiau² | 穷 tɕin² | 舅 tɕiəu⁶ | 件 tɕi⁶ | 距 tɕy⁷ | 旧 tɕiəu⁶ | 具 tɕy⁷ | 柜 tɕy⁶。同时，三堂街等地群母读零声母的方言中，"葵狂跪共"等几个字仍然读成塞音声母，不读零声母。表明群母字的零声母读法不是直接由［g］声母脱落引起的，而是腭化后经历一系列的变化演变

而来的。

三堂街方言的群母字读零声母，可以说是经历了"浊塞音>浊塞擦音>擦音>零声母"的过程，但在益阳地区，没有看到群母字读为浊擦音的情况。不过，如果将眼光投放于整个湘语，可以看到，湘语永州、芷江等地方言的古群母字均读浊擦音声母。例如永州：棋 ʑi˧ | 茄 ʑia˧ | 近 ʑin˧ | 件 ʑie˧ | 局 ʑy˧；芷江：棋 ʑi˧ | 茄 ʑiɜ˧ | 近 ʑin˧ | 件 ʑiã˧。这两处方言的读音可以看成是三堂街等地群母字读音的一个中间阶段。

五 结论

益沅小片湘语的全浊声母按入声字和舒声字分别进行演变，全浊声母入声字均已清化，全浊声母舒声字在益阳、桃江、沅江等地由浊音声母发生了向相邻部位的鼻音、边音、擦音、零声母等的变化。全浊声母舒声字的弱化应该发生在全浊声母入声字清化之后，如果在全浊声母入声字清化之前或同时出现的话，没法解释在相同的语音条件下，全浊声母入声字没有读弱化声母的现象（夏俐萍，2008）。

在读弱化声母的全浊声母舒声字中，浊擦音声母的弱化是最彻底的，在益阳、桃江、沅江方言中，除了沅江南大膳等个别地点，奉匣母字不论开齐合撮，基本上都有零声母的读法。浊塞擦音声母的弱化程度其次，浊塞擦音声母中，跟撮口呼相拼的声母只有桃江西北部一带的方言发生弱化，其他方言中均读清塞擦音声母，浊塞音的弱化程度最低，其中又以并母字弱化的范围最小，只有桃江三堂街等一些方言的并母字才发生弱化，其他方言中并定母字基本上都读清音声母，不过也有少量地点的并定母字有浊塞音声母的读音，如修山。

益沅小片湘语全浊声母舒声字的弱化读音和地域分布证明了全浊声母弱化的顺序和过程。即如果全浊声母发生弱化演变的话，最容易弱化的是浊擦音声母，其次是浊塞擦音声母，最后才是浊塞音声母。益沅小片湘语全浊声母舒声字的弱化符合浊音弱化的一般规律，但又有鲜明的个性，那就是韵母的开齐合撮对于全浊声母弱化的先后和弱化的结果起决定作用。

第四章 浊音清化（一）
——浊音清化的顺序

中古全浊声母表现为清不送气、清送气和浊音三分，在世界语言中，这种三分对立的格局并不占主流地位。据 Maddieson（1984）的统计，在 76 种具有三分对立的语言中，处于 VOT 连续体上的三分对立：清送气—清不送气—浊音，只占到 19 种。其他三种最常见的三分对立分别是：清音—浊音—喷音（13 种，占 17.1%）；送气—不送气—喷音（15 种，占 15.8%），清音—浊音—浊内爆音（12 种，占 15.8%）。可以看出，这几种类型中，均是 VOT 对立加上一种喉特征成分，或是喉头气流或者咽部气流，超过 50 种语言遵守这个规则。也就是说，"2VOT+喉"模式比 3 种 VOT 的对立更加普遍。

上一章所讨论的"浊音弱化"中，全浊声母虽然弱化为同部位的鼻音、边音以及近音等声母，但从音系格局来讲，弱化声母与清音声母仍然保留了清浊三分的格局。而当浊音清化之后，音系中的清浊对立消失，三分格局简化为"清不送气—清送气"的两分格局。不过从世界语言来看，清浊对立是一种更基本的特征，如果一种语言具有两种发音方法，一般是有清和浊的对立，如 162 种语言中有 117 种如此。另外有 27 种具有送气和不送气的对立。总的来说，88.9% 的语言如果有两类发音方法，是通过元音起始时间进行区分的，剩下的情况是：浊音和前冠鼻塞音的对立（9 例），另外 11 例是气流机制的不同，如清塞音/清喷音，或者清喉塞音，只有 2 种语言是浊内爆音的对立。"浊音清化"（Devoicing）从语音角度来讲，是指浊音起始时间（Voiceing Onset Timing）与音段发音之间的关系，如果在发一个具体音段时，浊音开始较晚或结束较早，则可以称为浊音部分清化，包括音节起始部分清化（initially devoiced）和结尾部分清化（finally devoiced）。如果从音系的角度来讲，浊音清化（Devoicing）是指历史上或底层中存在的浊音音段失去浊音的音系过程。浊音音段的清化是一个渐进的过程,在清化过程中,有些音段率先发生了清化,而另外一些音段可能继续保留浊音的特征不变。本章从音系角度探讨浊音清化的过程。

"浊音清化"的演变,可以从两个方面考察:一是动态方面,即"浊音清化"的过程。就汉语方言而言,指全浊声母为什么会发生清化、各音段是按何种途径清化的、各音段的清化之间有无相关规律和顺序。二是静态方面,即"浊音清化"后的结果。汉语方言全浊声母清化后的差异很大,清化后塞音塞擦音今读送气不送气的情况,不仅在各方言表现不一,即使在同一方言的不同调类中,也表现复杂多样。浊塞音塞擦音清化后送气不送气的情况就是浊音声母清化后的结果。本章主要从动态方面探讨"浊音清化"的过程,下一章将要从静态方面讨论"浊音清化"后塞音塞擦音的送气/不送气问题。不过,这里所指的"动态"和"静态"是一对相对的概念,相当于历史语言学中所指的"历时"和"共时"。

汉语方言全浊声母的演变,从其对立的两端来看,一是浊音,一是清音。全浊声母今读浊音与清音之间用什么作为演变的桥梁,似乎并不容易窥见。但共时平面上全浊声母的读音可以表明,全浊声母由浊变清这一过程并不是瞬间完成的,而是一个逐步推进的过程。浊音清化的演变过程也不是杂乱无章的,反映了一定的语音基础与变化规律。如果语言的空间状态可以反映语言的时间演变过程,那么,现实汉语方言中全浊声母部分读浊音、部分读清音的现象可以反映历史上浊音清化的某些特定阶段。这一章主要通过当前汉语方言中部分保留浊音、部分清化这种"正在进行的变化"来观察浊音清化的进程,即"用现在解释过去"。同时利用现有的一些文献材料,对浊音清化的一些相关问题进行印证。

第一节 按声类清化

按声类清化指全浊声母以塞音、塞擦音或擦音等不同发音方法为大类顺序进行的清化。值得说明的是,全浊声母清化时,塞音、塞擦音或擦音的分类,跟中古时期的全浊声母所属的声类并不一定完全一致。因此,这里所讨论的全浊声母清化时的声类是以发生清化的那个时间作为参照点的。讨论清化时主要就不同的声类而言,只有在讨论具体方言全浊声母的清化时才会涉及具体的全浊声母的名称。

一 浊擦音清化，塞音塞擦音保留浊音

（一）浊擦音清化的类型

在全浊声母保留浊音的方言中，不少方言的浊擦音声母已经出现清化的苗头或是正在经历清化的演变，但浊塞音塞擦音声母仍然保留浊音。从浊擦音声母清化的程度对这些方言进行分类，可以分出如下的类型。

1. 浊擦音出现清化的趋势

吴语从整体上继承了《切韵》音系清浊对立的语音系统，但是在吴语的浊声母系统中，浊擦音声母已经有向清擦音声母演变的趋势。

在吴语的靖江、海门、玉山、武义等地，浊塞音塞擦音的浊音成分十分明显，但浊擦音的浊音色彩不明显，有的属于先清后浊，有的甚至可以说接近清音。例如吴语靖江方言的浊塞音、浊塞擦音声母读成浊音，而擦音声母则是"先清后浊"：爬 bo˩ ｜白 bɔʔ˩ ｜大 da˩ ｜动 doŋ˩ ｜跪 gue˩ ｜共 gɔŋ˩ ｜锤 dzʮe˩ ｜撞 dzʮaŋ˩ ｜近 dʑiəŋ˩ ｜直 dʑiəʔ˩ ｜肥 fʱi˩ ｜祠 sʱɿ˩ ｜犯 fʱã˩ ｜谢 sʱia˩ ｜罚 fʱaʔ˩。又如吴语海门方言的浊擦音声母开头读清擦音，伴随着同部位的浊擦音成分。例如：肥 fvi˩ ｜犯 fvɛ˩ ｜罚 fvaʔ˩ ｜含 hʱɤŋ˩ ｜红 hʱoŋ˩ ｜恨 hʱən˩ ｜厚 hʱɯɯ˩ ｜学 hʱoʔ˩ ｜寻 tʑin˩ ｜树 sʐʮ˩。

吴语浊擦音声母出现清化趋势的现象，在有关吴语语音的专著中已有相关的说明。钱乃荣（1992：436）讨论吴语近六十年来全浊声母的变化时指出：衢州、永康、金华等地［v］＞［fv］；童家桥、靖江、温州、金华、永康、金坛城内、西岗老派［z］＞［sz］，［ʑ］＞［ʑz]。曹志耘等（2000）关于玉山方言的音系有如下的描写：[v z ʐ]的实际音值接近清音，甚至可以说就是清音。曹志耘（2002：25）中也提到："常山、开化一般浊声母的浊音色彩非常明显，但[v z ʐ]的浊音色彩有时不如其他浊声母明显。又如玉山，全浊声母今读塞音和塞擦音的，浊音成分十分明显；今读擦音[v z ʐ]的，实际音值十分接近清音。再如武义，浊塞音、浊塞擦音声母仍读浊音，但浊擦音[v z ʐ]开头有清化现象。"

2. 浊擦音部分清化

在浊音保留较完整的一些方言中，部分浊擦音声母字出现了清化的现

象，主要来自于奉母字和匣母字，另外有一部分来自邪禅等母字。其中高淳、溧水、南陵、池州等吴语宣州片方言的浊擦音声母读作"清音浊流"，甚至有一部分浊擦音声母丢失其中的浊流成分，完全读作清擦音声母。下面是部分方言浊擦音声母清化的例字。

资源：罚 ɸuəˇ｜横 ɸuẽˇ｜盒 ɸuo˩｜活 ɸeə˩｜红 xõŋ˩｜恨 xẽˇ

兴安：防 faŋˇ｜浮 fəuˇ｜犯 fuai˩｜鞋 ha˥｜换 fan˩｜厚 hao˥｜后 hao˩｜户 fu˩｜谢 ɕiɛˇ

建德：舌 seˇ｜罚 foˇ｜盒 xoˇ｜后 xɯˇ

苍南（闽）：横 hã˥｜恨 haŋ˩｜盒 haʔ˩｜罚 fəʔ˩

通州：含 xõˇ｜浮 fuˇ

南陵：浮 huˇ｜十 səʔ˥｜户 ɸu˩

高淳：罚 faʔ˥｜局 ɕyeˇ｜鞋 xɛ˩｜还 fã˩｜恨 xənˇ｜盒 xɑˇ｜户 fuˇ

溧水：舌 sɔʔ˥｜蚕 ɕiuˇ｜防 fã˩｜浮 xuˇ｜罚 faʔ˥｜鞋 xɛˇ｜含 xæˇ｜嫌 ɕiˇ｜咸 xæ˩｜换 xuæˇ｜盒 xoʔ˥｜学 sɥoʔ˥

池州：罚 fa˩｜含咸 xan˩｜盒 xo˩｜户 xuˇ｜谢 sieˇ

据鲍厚星（2006），东安花桥方言中浊擦音声母今读清音的例字有：号号数 xauˇ｜协 ɕieˇ｜习 ɕi˩｜十 ɕi˩｜缓 fan˩｜实 ɕi˩｜愤 fenˇ｜晃 faŋ˥｜食 ɕi˩｜复 fu˩｜俗 su˦/suˇ。不过，这些字音均是非口语常用字，因此不排除这些字音是强势方言的语音经过折合以后进入东安方言的语音系统中的。因而对于上面各点中所举的例字，也不排除个别字音来自异方言的叠置。但是，浊擦音声母部分出现清化，而浊塞音塞擦音声母完整地保留浊音是很多方言全浊声母清化的共同方向。

表4-1根据谢建猷（2007）所调查的全州城里方言，考察该方言中奉匣邪禅母的读音，旨在了解浊擦音声母在全州方言中的清化情况。个别读不出音来的字不计算在内（如"鲥鮟"），如果同一个字有清音和浊音两种读法，则按两字计算。此外，上述四母读塞音（如"舰械"）和塞擦音时不统计在内。其中，奉母字和匣母字在全州方言中大量存在读零声母的现象，由于零声母是由浊擦音声母弱化而来的，这里也放到浊音声母一类进行统计。

表 4-1　　　　　　　全州城里方言古浊擦音声母的读音类型

声母	今读	例字	字数	百分比（%）
奉	清擦	釜腐辅附吠浮负复愤忿	10	24.3
奉	浊擦/零	符扶芙父肥妇凡帆范犯乏烦藩矾繁饭伐筏罚房防冯凤服伏复逢缝~衣服奉俸缝一条~	31	75.7
匣	清擦	霞虾~蟆瑕遐户沪互护瓠~瓜骇惠慧浩号~数肴洧效校学~校上~酗协辖现缓换幻县眩很核晃~眼幸核审~核果子~	34	22.8
匣	浊擦/零	荷河荷~花和~面禾祸和~气下底~夏姓厦下~降夏春~暇华中~铧划华姓胡湖狐壶乎瓠~芦胡孩亥害谐鞋解姓画话毫豪壕侯喉猴厚后候号呼~含函撼憾合盒咸全部咸~淡陷馅衔嫌寒韩旱汗焊翰闲限苋贤弦桓完丸肉~活滑猾还~原还~有环宦患玄悬穴痕馄浑混行航杭鹤黄簧皇镬项巷学恒弘或惑衡杏行品~形型刑横宏获划红洪鸿虹哄	114	77.2
邪	清擦	谢絮序叙绪辞词祠似祀已遂隧穗袖习袭涎羡善膳单姓禅折旬循殉象像席夕诵颂讼	35	77.8
邪	浊擦	寺嗣饲蝉禅旋俗续蜀属	10	22.2
禅	清擦	佘社署薯誓逝视嗜垂睡瑞韶绍邵涉甚肾慎苟盛~满盛~开石淑	23	47
禅	浊擦	竖树匙是氏时市侍受寿授蟾十什~物拾辰晨臣纯醇裳上~山尚上~面熟	26	53

从上表中的例字数及相应百分比可以看出，全州方言的浊擦音声母已经有了一定程度的清化，尤其是邪母字和禅母字。邪母字读清擦音占了大多数，禅母字读清擦音和浊擦音的比例基本持平。奉母字和匣母字由于有一部分在全州方言中读零声母，因此奉匣母字读清擦音声母的比例反而不如邪禅母。在全州方言中，奉匣邪禅等母今读清擦音的字均是一些日常口语不太常用的字，也就是说，浊擦音的清化跟字的使用频率有一定的关系，非常用字容易清化，常用字则较为稳定。张一舟（1987）也指出："四川中兴话的平声字基本上保留浊音，仄声字大多数都已经清化。不过就具体情况来说，常用字较难清化，而非常用字容易清化。例如船母仄声的一些常用字今仍读浊音，如'顺剩舌射（中江附近有射洪县）'；另外一些擦音非常用字虽然读作平声，却已经清化，例如'绳'（口语说'索

索'或'索子')、'唇'（口语说'嘴皮'）。"四川中兴话与全州湘语均表明，浊擦音声母的清化与词语日常使用的频率有一定的关系。

根据谢建猷（2007），灌阳文桥方言的浊塞擦音声母有擦音化的现象，来自奉匣邪禅母的擦音声母基本上已经清化，来自浊塞擦音声母的擦音声母大多数保留浊音。因此，灌阳文桥方言基本上保留了原有浊塞擦音和浊擦音之间的区别。不过，很多由浊塞擦音声母弱化而来的浊擦音声母也难以为继，经不住浊擦音清化的强大冲击，有的字也出现清化的现象。例如：坠 suei˧｜崇 suŋ˧｜偿 siaŋ˧。同样的字在全州城里方言中仍读成浊塞擦音声母，例如：坠 dzui˧｜崇 dzoŋ˧｜偿 dziāŋ˧。因此就整个全浊声母今读擦音的情况来看，灌阳文桥和全州城里等地的方言也属于擦音部分清化的类型。此外，史有为（1985）对江苏、浙江 20 个方言点的统计中，除了绍兴以外，其余 19 个点均有个别奉母字清化的现象，不过这种零星的清化现象既没有造成辅音音位的消失，也没对声类的分合关系造成根本性的影响。

3. 浊擦音全部清化

在一些方言中，浊擦音声母的清化非常彻底，在整个声母系统里，只有浊塞音塞擦音声母，没有来自全浊声母的浊擦音声母（一些方言的日母等次浊声母字读浊擦音除外）。

（1）湘语及湘西西南官话

湖南有些方言的全浊声母在某些调类上已经清化，但有些方言的浊擦音声母不管处于何种调类均已清化，并不受调类的限制。例如湘西地区的洪江、花垣、会同、吉首、辰溪（湘）、泸溪（湘）、溆浦等地的方言中，擦音声母一律读为清音，但塞音塞擦音声母根据调类有不同的分化。请看洪江等地方言中奉匣船禅母今读擦音声母时的读音。

	防	肥	罚	还	鞋	盒	顺	舌	树	十
洪江	faŋ˧	fei˧	fa˨	uã˧	xai˧	xo˧	ɕyn˧	ʂɤ˧	ɕy˧	ʂɭ˧
花垣	faŋ˨	fe˨	xua˨	fã˨	ɭɤ˨	xo˨	suẽ˨	sɤ˨	su˨	sɭ˨
会同	faŋ˨	fei˨	fa˧	fã˨	xai˨	ɭox˨	ɕyn˨	ʂɤ˨	ɕy˨	ʂɭ˨
吉首	faŋ˨	fe˨	xua˨	uã˨	ɭɤ˨	xcx˨	suẽ˨	se˨	su˨	sɭ˨
辰溪（湘）	fɯaŋ˨	fi˨	fɔ˧	xuɤ˨	xa˨	xɒ˨	ʂuei˨	ʂɤ˨	ʂu˨	ʂɭ˨
泸溪（湘）	faŋ˨	fi˨	fɔ˧	xɤu˨	xa˨	xcx˨	ɕeus˨	ɕiɜ˨	ɕnu˨	ʂɭ˨
溆浦	faŋ˨	fei˨	fɒ˨	xuai˨	xa˨	xu˨	suen˧	sai˨	ʂɭ˨	ʂɭ˨

湘西地区各方言古浊擦音声母清化的现象，在《湖南方言调查报告》

中就有记录。杨秀芳（1989）根据杨时逢等（1974）讨论湘语的"浊音清化"时谈到："奉匣母全部清化，其余声母平声不清化（仅船邪禅读擦音者清化），仄声清化，大都为不送气清音，少数为送气清音。如果以今天的读音来看，凡擦音者都清化……这样的方言有永顺、保靖、永绥、古丈、沅陵、泸溪、乾城、辰溪、溆浦，其中永顺、保靖、沅陵、泸溪、溆浦浊音较弱，永绥、古丈、乾城、辰溪浊音较重。"这段文字说明，早在20世纪二三十年代，湘西地区汉语方言的浊擦音声母已经完全清化了。另外，杨时逢等（1974）的祁阳白水方言中，全浊声母今读塞音塞擦音时绝大多数保留浊音，但今读擦音时一律读清音声母。例如：爬 baɤ˩ ｜ 桃 daɤ˩ ｜ 直 dʑi˩ ｜ 垂 dzuɐ˩ ‖ 石 çi˩ ｜ 狐 hu˩ ｜ 贤 çiẽ˩ ｜ 饭 fã˥。不过，鲍厚星（2006）所记录的祁阳白水方言的全浊声母无论平仄，也无论今读塞音、塞擦音还是擦音，基本上都读成浊音声母，这可能是《湖南方言调查报告》的发音人是两位年龄不到20岁的学生，受读书音的影响很深。而鲍厚星（2006）记录的是祁阳白水的老派发音人的语音，在全浊声母方面更加完整地保留了浊音。

据崔荣昌（1996），四川境内的永兴、竹篙、石坝、温塘等地的"老湖广话"以及"安化腔"的全浊声母部分保留了浊音。其中在石坝方言中，全浊声母今读塞音、塞擦音声母部分保留了浊音 [b d g dz dʐ]，今读擦音声母全部清化为 [f x s ç] 等。例如：[sʅ] 实示船视禅 ｜ [çy] 续遂隧俗邪玄悬匣 ｜ [xan] 酣寒鞋限汗匣伐筏奉 ｜ [fən] 焚坟奉混匣。石坝方言音系中的两个浊擦音声母 [z v] 来源于次浊影、微、日母等字。例如：[zu] 如儒日 ｜ [vu] 污屋影舞武微五误疑服伏非。

（2）赣语

湘鄂赣交界处的武宁等地赣语中，全浊声母保留浊音，即形成全浊、全清、次清声母格局上的三分。但武宁方言的全浊声母仅保留了浊塞音和浊塞擦音的读法，古浊擦音声母在武宁方言中一律清化。例如：爬 ba˩ ｜ 长 dʑioŋ˩ ｜ 洞 dəŋ˥ ｜ 直 dʑi˩ ｜ 柱 dʑy˥ ‖ 防 foŋ˩ ｜ 红 həŋ˩ ｜ 十 çi˥ ｜ 顺 çyn˥。

（3）吴语

福建浦城吴语的全浊声母今读塞音塞擦音时平声保留浊音，仄声绝大部分清化，但今读擦音时不论平仄绝大多数都已经清化。例如：皮 bi˩ ｜ 愁 dʑiou˩ ｜ 桥 giau˩ ‖ 肥 fi˩ ｜ 含 xãe˩ ｜ 柿 sɛ˥。此外，据曹志耘

(2002),汤溪方言全浊声母逢擦音几乎已经完全清化,逢塞擦音、塞音从听觉上看像是清音浊流,但浊流不是很明显;但是从语音实验的结果来看,则不管是擦音还是塞擦音、塞音均已跟清音无异。

4. 浊擦音清化的顺序

在不同的浊擦音声母中,清化也有先后顺序之分。大致说来,[v ɣ/ɦ]等唇、喉部位的浊呼音较容易清化,而[z ʐ ʑ ʒ]等舌部位的浊咝音较难清化。例如义乌、海门、启东、昌化、崇明等地方言奉母字的今读已经出现清化现象,其他全浊声母仍读浊音;上文提到的吴语出现浊音清化的趋势也是最先来源于奉母的[v]。广西资源、福建浦城(闽)等地的一部分奉匣母字清化为[f h],其他全浊声母也读浊音。杨时逢等(1974:445)所记录的城步方言全浊声母较为完整地保留浊音,但全部奉母字跟个别匣母字读成清擦音[f]。例如:缓皖 fã˩ | 防房 faŋ˩。又如《报告》中所记录的零陵方言,奉匣母字全部清化,邪禅母字一部分清化,另一部分保留浊音,不清化的部分是清音浊流的读法(杨时逢等,1974:993)。

就大多数方言中读为擦音的奉匣邪禅母而言,奉母字和匣母字是最容易清化的,邪母和禅母的清化要慢一些。这可能跟奉母和匣母的发音部位有一定的关系。"擦音可以按摩擦强弱分成两类,一类是咝音(sibilants),是强擦音;一类是非咝音,是弱擦音。强擦音包括[s ɕ ʃ z ʐ ʑ ʒ]等齿龈一带的音。非咝音包括唇音[ɸ f β v],齿间音[θ ð],软腭音[x ɣ]等。从声学特征来说,咝音的能量集中区比较高,是高频音,而且振幅很大;呼音的振幅很小,而且没有明显的能量集中区,要有也比较低。"(朱晓农,2003)可能由于非咝音属于弱擦音,比较容易清化,因而汉语方言中的奉匣母字清化速度要比其他全浊擦音声母要快。同时,有些匣母字由于合口呼的作用,在许多方言中都已经同奉母字的唇齿擦音声母合流,合流后的奉匣母会发生同步演变。如资源、兴安等地的奉匣两母合流以后出现同步清化的现象。

二 浊塞擦音擦音清化,塞音保留浊音

在一部分汉语方言的全浊声母中,浊塞音声母保留浊音,浊塞擦音浊擦音声母全部清化或部分清化。例如缙云方言的塞音声母[b d]从开头

就有浊流，但擦音声母［v z］和塞擦音声母［dz dʑ］则是先清后浊，可记作[vɦ zɦ]、［dzɦ dʑɦ］，也可以记作［fɦ sɦ］、［tsɦ tɕɦ］，值得注意的是，塞音［g］也属于先清后浊的情况，可以记作[gɦ]或［kɦ］（曹志耘，2002：26）。

刘倩（2008）指出，浙江九姓渔民方言的全浊声母逢擦音全部清化，逢塞擦音时也已经清化，不过三都船上话少数塞擦音声母还略带浊音色彩，但在音系处理时可以记为清音声母，而塞音声母在九姓渔民方言中还部分保留浊音。兰溪、淳安等地单字音比较时，发音人一般都认为清上字和浊上字有一点区别，后字略带浊音色彩。例如：胆 taɹ ≠ 淡 daɹ｜鬼 kueɹ ≠ 跪 gueɹ｜倒 tɔɹ ≠ 稻 ˌdɔɹ｜短 tɛɹ ≠ 断 dɛɹ。

某些方言的全浊声母只在部分调类中保留浊音，在另一部分调类中出现不同程度的清化。在全浊声母出现清化的调类中，也有浊塞擦音擦音清化，塞音保留浊音的现象。吴语宣州片方言的全浊声母舒声字多有弱化现象，浊塞音塞擦音擦音在一定程度上已经合并了。但有些地点中的全浊声母入声字还存在着塞音塞擦音和擦音的区别，不过全浊声母入声字已经部分清化。宁国南极方言中的全浊声母入声字中，塞音声母完整地保留浊音，塞擦音擦音声母出现部分清化的现象（蒋冰冰，2003）。例如：白 bɜɹ｜笛 diɹ｜毒 dəuɹ‖杰 tɕieʔɹ｜铡 tsaʔɹ｜镯 tsoʔɹ｜术 ɕyʔɹ。湖南武冈方言的全浊声母入声字中，擦音声母全部清化，塞擦音声母除极个别字以外也已经清化，但塞音声母非常完整地保留了浊音。例如：白 bɜɹ｜毒 duɹ‖贼 tsɛɹ｜局 tɕuɹ｜舌 ɕiɜɹ｜十 sʅɹ｜盒 xəɹ｜学 ɕiəɹ｜罚 faɹ。

三　浊塞音的清化

来源于并定群三母的浊塞音声母［b d g］在汉语方言中的演变往往不是那么一致，首先表现在群母字上。群母字跟细音韵母相拼时，在多数汉语方言中已经腭化。全浊声母今读浊音的吴、湘语，群母字逢细音时多数已经腭化为［dʑ］声母。如赵元任（1928）所记录的吴语 33 个方言中，群母字逢细音时除松阳和黄岩的部分字外，其余都已经腭化。曹志耘（2002）所记的南部吴语 11 个方言中，除了广丰的群母字跟细音相拼保留［g］声母外，其他各点均已发生腭化。

浊塞音［b d g］三母的清化进程似乎不太一致，来自群母的［g］总是更容易清化。例如曹志耘（2002）已经指出，缙云方言的［b d］一开头就有浊流，但［g］跟浊塞擦音声母一样，也属于先清后浊的情况，可以记作[gʱ]或［kʱ］。李星辉（2003）所记录的永州岚角山土话的群母字逢细音时读浊擦音声母［z］，逢洪音时读清塞音声母，不读［g］，例如：葵 k·ui˦｜共 koŋ˦。但该方言中的并定二母仍读浊音［v d］。

朱晓农（2003）指出［g］容易消失是因为"从舌根与软腭相接的地方到声门那里一共就没有多大的空间"，而发［b d］时"口腔较宽绰"。由此可见，成阻点越往前，口腔空间越大，就越能够抗拒清化。因此，浊塞音消失是从成阻点在后的部位开始的：小舌塞音［ɢ］最早，然后软腭塞音［g］，然后硬腭塞音［ɟ］，最后是齿音［d］和唇音［b］。最后两个没什么区别。

四 浊塞音塞擦音清化，擦音保留浊音

在个别汉语方言中，全浊声母今读擦音时保留浊音，今读塞音塞擦音时清化，跟上面提到的第一种类型刚好相反。不过，这种类型出现的范围和地域都不是很广，可以看成是全浊声母按声类清化的特殊演变。

这种类型主要分布在湖南娄底、桃江、沅江；浙江景宁（吴）等地，具体请参见表4-2。其中娄底方言只有奉匣两母今读为浊擦音声母，其他全浊声母全部清化；湖南桃江、沅江以及浙江景宁（吴）等地的古全浊从澄崇船邪禅母今读合流为浊擦音声母，其他全浊声母今读塞音塞擦音时，桃江、沅江全部清化，景宁（吴）部分清化，部分仍保留浊音。

擦音保留浊音、塞音塞擦音清化的类型跟第一种类型刚好相反，但如果细究起来，造成这种现象是有原因的。就桃江、沅江等地的方言来说，浊擦音声母不仅来自古全浊擦音声母，还有一部分来自全浊塞擦音声母，而且今读浊擦音声母［z］时，［z］的浊度很弱，其实际音值应该是近音［ɹ］，近音［ɹ］是浊擦音声母进一步弱化的结果。桃江、沅江浊擦音［z］读近音［ɹ］的现象，在彭建国（2010b）的文章中用语音实验得到了证实。桃江等方言中浊擦音声母的弱化，阻碍了清化的进程，使浊塞擦音声母和浊塞音声母的清化反而在先。景宁（吴）的情况从表面上看跟桃

表 4-2　　　　　　擦音保留浊音，浊塞音塞擦音清化举例

	擦音	塞音	塞擦音
娄底	防 yoŋ˧˩｜肥 yui˧˩ 犯 yua˨｜咸 ya˨ 黄 yoŋ˧˩｜户 yu˨	皮 p·i˧˩｜白 p·o˥ 潭 t·a˧˩｜袋 t·ue˨ 共 k·aŋ˨	茶 ts·o˧˩｜直 tɕ·i˥ 愁 ts·iɔ˧˩｜床 ts·oŋ˧˩｜ 字 tsʅ˨｜祠 tsʅ˧˩
桃江	城 zen˧˩｜迟 zʅ˧˩ 全 ziẽ˧˩｜字 zʅ˨ 谢 zia˨	爬 pa˧˩｜排 pai˧˩ 败 pai˨｜潭 tã˧˩ 铜 toŋ˧˩｜大 tai˨	传 tɕyẽ˧˩｜锤 tɕy˧˩ 棋 tɕi˧˩｜树 tɕy˨ 县 tɕiẽ˨
沅江	茶 za˧˩｜长 zɔ˧˩ 撞 zɔ˨｜坐 zo˨ 谢 zia˨｜柴 zai˧˩	赔 pi˧˩｜皮 pi˧˩ 潭 tã˧˩｜甜 tiẽ˧˩ 败 pai˨｜豆 tɑu˨	传 tɕyẽ˧˩｜锤 tɕy˧˩ 棋 tɕi˧˩｜件 tɕiẽ˨ 树 tɕy˨｜县 tɕiẽ˨
景宁 (吴)	柿 zʅ˩｜贼 ziz˩ 船 zyə˨｜饭 vɒ˩ 罚 vɒʔ˨｜松 ziɔ̃˨ 床 ziɔ̃˨｜城 ziŋ˨	爬 pəu˨｜棒 pɔ̃˩ 潭 tə˨｜糖 tɔ̃˨ 甜 tia˨	权 tɕyə˨｜跪 tɕy˩ 件 tɕiɛ˩｜桥 tɕiɑɔ˨ 近 tɕiŋ˩

说明：景宁（吴）全浊声母读塞音塞擦音时一部分保留浊音，举例时只举今读清音的例字。

江等地方言十分相似，但还需要对浊擦音声母的实际音值进行核实。而娄底方言的浊擦音声母主要是匣母字，该方言中为什么会出现匣母字保留浊音，而其他全浊声母清化的现象也需要进一步研究。

第二节　按调类清化

有关全浊声母与调类的关系，以往关注得更多的是全浊声母清化后今读送气不送气清音与调类之间的关系。但实际上全浊声母在清化的过程中，不仅与发音方法中的声类有关，与调类之间也存在相关关系。从发音方法的角度来讲，哪一类声母更容易清化，哪一类声母更难于清化具有一定的共性。不同语言都大致显示，浊擦音比浊塞擦音和浊塞音更易于清化，这是由发不同声类的语音生理基础决定的。根据 Ruhlen（1975）的统计，在 706 种语言的音系中，浊擦音缺位的语言是浊塞音塞擦音缺位的语言的两倍，比例分别为 0.358 和 0.16。这是因为发浊擦音时需要满足声带振动时的喉上气流小于喉下气流，但摩擦又要求口腔中有足够的气

流，二者很难调和（Ohala，1983：201-202）。

不过，与按声类清化的表现不同，全浊声母按调类清化时，在不同的方言体现出不同的个性，例如古全浊擦音声母先清化，塞音塞擦音声母保留浊音，在现代全浊声母部分保留浊音，部分清化的方言中都能找到，但全浊声母哪一个调类先清化，哪一个调类后清化，具有很强的地域特征。一般来说，同一地域或同一类型的方言体现出相同的特征。要说明的是，不同的调查材料会出现不同的结果，这可能跟同一地域内的具体地点有关。如曹志耘等（2000）中的开化方言，全浊声母完整地保留了浊音声母，但在"地图集"材料中，开化方言全浊声母在上声和去声已经清化；吴语宣平方言根据曹志耘（2002），全浊声母平声和上声字出现了清化现象（尤其是上声），但"地图集"中宣平方言的全浊声母只在平声字中出现清化，在上声字中仍然读浊音。下文如不经特别说明，均指"地图集"中所调查的地点方言的材料，其他材料的来源随文注出。

一 舒浊入清

全浊声母舒声字保留浊音，入声字全部或部分清化是湘语浊音清化的一个显著特征。保留全浊声母的湘语，其清化过程均是从入声字开始的，有些湘语的全浊声母入声字已经完成清化的过程，而另外一些湘语全浊声母入声字正开始出现清化现象。

（一）舒声字完整地保留浊音，入声字全部清化

湘乡、双峰方言的全浊声母舒声字完整地保留浊音，全浊声母入声字则已经完全清化。属于西南官话的芷江方言的全浊声母入声字也已经完全清化，但舒声字全部保留浊音，也放入此表中一并讨论。这些方言中有的浊入字有文白两读，为了方便起见，只取白读。

	皮	糖	床	船	棋	含	浮	坐	淡	顺
湘乡	biˊ	daŋˊ	dzaŋˊ	dyĩˊ	giˊ	ɣuæ̃ˊ	bɑˊ	dzuˉ	dãˉ	ɣɣʌŋˉ
双峰	biˊ	dõˊ	dzõˊ	duĩˊ	dziˊ	xæˊ	bɤˊ	dzuˉ	dæˉ	zɣʌŋˉ
芷江	bi˩	daŋ˩	zuaŋ˩	zuã˩	zi˩	fiã˩	vu˩	zoˊ	dãˊ	zuənˊ
	白	局	直	毒	贼	十	舌	罚	盒	活
湘乡	pʻoˊ	tyˉ	tʂʅˊ	tʻuˉ	tsʻaiˊ	ʂʅˊ	ɕiaˊ	xuɑˉ	xueiˉ	xuɛiˊ
双峰	pʻoˊ	tɕyˊ	tʂʅˊ	tʻuˊ	tsʻeˊ	ʂʅˊ	ɕieˊ	xuaˊ	xʊˊ	xueˊ

芷江　　pɛ˨˩　tɕy˨˩　tsɿ˨˩　tu˨˩　tsɿ˧˥　tsʰɿ˧˥　sɿ˧˥　sɛ˧˥　xuɑ˨˩　xo˨˩　xo˨˩

洞口黄桥方言全浊声母的读音跟双峰相似，舒声字完整地保留浊音，入声字基本上均已清化（唐作藩，1960）。例如：皮 bi˩｜糖 dɔ̃˩｜床 dzɔ̃˩｜船 dʑyæŋ˩｜淡 daŋ˨｜顺 ʑyɐʏ̯˨‖白 pˑa˩｜嚼 tsˑiəu˩｜毒 tu˨｜罚 ɸua˨。

（二）舒声字完整地保留浊音，入声字部分清化

湘语中的武冈、新宁、城步、新邵等方言中，全浊声母舒声字完整地保留浊音，入声字也有部分字保留浊音，但是一部分已经出现清化。其中清化程度最深的是擦音声母，其次是塞擦音声母，塞音声母基本上不发生清化。武冈方言的浊入字大多出现清化现象，新宁、城步、新邵方言的浊入字中擦音声母大多清化，塞音塞擦音声母部分清化。下面是武冈、新宁等四地方言中全浊声母舒声字保留浊音以及入声字清化的读音举例。

　　　　　舒声
武冈　　败 bæ˨｜洞 dɛŋ˨｜城 dzin˨｜树 zɐ˨｜恨 fiɛn˨
新宁　　排 bai˨｜潭 dan˨｜城 dzen˨｜顺 zen˨｜坐 dzo˨
城步　　赔 bɤ˨｜茶 dza˨｜豆 dɤ˨｜树 ʑy˨｜饭 vai˨
新邵　　爬 ba˨｜病 ben˨｜跪 guei˨｜树 dʑy˨｜鞋 ɦai˨
　　　　　入声
武冈　　贼 tsɛ˨｜局 tɕy˨｜盒 hə˨｜罚 fa˨
新宁　　舌 sɛ˨｜活 huai˨｜盒 ho˨｜学 çio˨
城步　　局 tɕy˨｜盒 ho˨｜罚 fa˨｜学 çio˨
新邵　　毒 tu˨｜局 tɕy˨｜十 sɿ˨｜盒 ho˨

湘语（主要是娄邵片）古全浊舒声字保留浊音，入声字清化这一现象一直以来没有引起研究者的重视，直到陈晖对湘语的全浊声母进行全面的研究后再次提出，并在鲍厚星、陈晖（2005）的文章中对湘语全浊声母今读类型进行了重要的修正。其中在谈到娄邵片的主要特征时提到，古全浊声母舒声字在绝大多数地点保留浊音，且今读塞音塞擦音时，一般读不送气。古全浊声母入声字全部或绝大多数都已清化，清化后今读塞音塞擦音的，不少地方送气占绝对优势。其实这一现象早在 20 世纪 30 年代所调查记录的《湖南方言调查报告》（杨时逢等，1974）中便有所反映。《报告》中所记录的城步、武冈、新宁方言中，全浊声母入声字已经出现清化的现象，其中武冈方言的全浊声母入声字大部分读作清音声母。例如城步：属续 su˨｜序 çy˧｜孝 çiao˨｜学 çio˨；武冈：拔 pˑa˨｜读 tu˨｜

达 ta˦ │ 族 tsʰu˦ │ 集 tɕi˦ │ 泽 tsɐ˦ │ 石 sʅ˦；新宁：序遂 ɕy˦ │ 续俗 səɯ˦ │ 夺 to˦ │ 属 su˦ │ 学 ɕio˦。向熹（1960）指出双峰方言"古全浊声母入声字的浊音几乎完全清化"。唐作藩（1960）指出洞口黄桥镇方言"就发音方法来说，古全浊声母并奉定澄从崇邪船禅群匣等，在黄桥方言里都保存了下来，唯全浊入声字变成相应的清音。"唐作藩（1997）对娄邵片湘语全浊声母入声字的读音进行了详细的分析，并明确指出，双峰、洞口、城步、邵阳等地方言的清化是从全浊声母入声字开始进行的。

二　平浊仄清

在部分湘语以及湘西西南官话中，全浊声母的清化不仅牵涉入声字，而且波及其他的仄声字。但这些方言中的全浊声母平声字基本上较为完整地保留了浊音。

（一）洪江、花垣、会同、吉首、辰溪（湘）、泸溪（湘）、溆浦等地的全浊声母逢擦音时一律清化，逢塞音塞擦音时平声字完整地保留浊音，仄声字全部清化。下表是这些方言的全浊声母逢塞音塞擦音声母时的读音。

	平声					仄声				
	爬	排	潭	桥	茶	败	病	动	贼	件
洪江	ba˦	bai˦	dã˦	dʑiɑu˦	dza˦	pai˧	pin˦	təŋ˦	tsɐ˦	tɕiã˦
花垣	ba˦	bɜ˦	dã˦	dʑiməɯ˦	dza˦	pɜ˦	piẽ˦	toŋ˦	tsɐ˦	tɕiã˦
会同	ba˦	bai˦	dã˦	dʑiəɯ˦	dza˦	pai˦	pin˦	təŋ˦	tsɐ˦	tɕiã˦
吉首	ba˦	bɜ˦	dã˦	dʑiməɯ˦	dza˦	pɜ˦	piẽ˦	toŋ˦	tse˦	tɕiã˦
辰溪	bo˦	bai˦	de˦	dʑiau˦	dzo˦	pai˦	pei˦	təɯ˦	tsɐ˦	tɕiɤ˦
泸溪	bɔ˦	ba˦	dɜ˦	ʑnei˦	czo˦	pa˦	pɤ̃˦	toŋ˦	tsʰai˦	tɕi˦
溆浦	bɒ˦	ba˦	dai˦	dʑuai˦	dzɒ˦	pa˦	pʰiaŋ˦	tʰəŋ˦	tsʰai˦	tɕi˦

（二）在邵东、邵阳、邵阳市等地的湘语中，全浊声母不仅在入声字开始清化，连个别上声字和去声字也已经走上清化的道路，不过在上声和去声的清化不如入声彻底。这些方言中的平声字，却比较完整地保留了浊音声母，暂时还没有出现清化的迹象。

	平声	仄声
邵东	赔 bei˨ ǀ 全 dʑye˨ ǀ 肥 vei˨	坐 tso˦ ǀ 罪 tsuei˦ ǀ 字 tsɿ˦ ǀ 毒 tu˦ ǀ 谢 ɕie˦ ǀ 舌 sɤ˦
邵阳	赔 bəɯ˨ ǀ 全 dʑye˨ ǀ 肥 vəi˨	罪 tsuɯ˦ ǀ 办 pā˦ ǀ 直 tsɿ˦ ǀ 舌 se˦ ǀ 盒 ho˦
邵阳市	赔 bei˨ ǀ 全 dʑyē˨ ǀ 肥 vei˨	字 tsɿ˦ ǀ 坐 tso˦ ǀ 贼 tsɛ˦ ǀ 罚 fa˦ ǀ 十 sɿ˦ ǀ 活 ho˦

杨时逢等（1974：509）所记录的邵阳音系中，邵阳方言的全浊声母保留浊音限于平声字，仄声字全部清化。例如：桃 dɑɤ ‖ 件 tɕien ǀ 洞 toŋ。但"地图集"中邵阳市方言的仄声字仍有大部分保留浊音，清化的只是少数。在鲍厚星（1989）记录的邵阳市方言音系中，全浊声母平上去完整地保留了浊音，只有一部分浊入字清化，如上文所举的"字、坐"读音：dzɿ˦ ǀ dzo˦，并没有清化。这三份材料的不一致可能跟被调查者的年龄以及调查的具体地点有关，不过可以肯定的是，邵阳市方言的浊音清化开始于全浊声母入声字，然后是全浊声母仄声字，全浊声母平声字是最为稳定的。

有意思的是，福建浦城地区吴语全浊声母清化的过程跟湘西等地的汉语方言非常相似。擦音声母全部清化，塞音塞擦音声母平声字完整地保留浊音，仄声字已经清化。例如：赔 bᴇ˨ ǀ 潭 dãe˨ ǀ 甜 diãe˨ ǀ 棋 gi˨ ǀ 寻 dzueiŋ˨ ǀ 迟 dʑi˨ ‖ 败 pa˦ ǀ 地 ti˦ ǀ 跪 ky˦ ǀ 柱 tɕyᴇ˥ ǀ 贼 tsʻᴇ˦。此外，据张一舟（1987）、关英伟（2005），四川中江县的中兴话和广西恭城直话，全浊声母平声字较多保留浊音，仄声字较多清化，也可以视为"平浊仄清"的类型。

三 平清仄浊

吴语虽然大体上保留了全浊声母，但在一些地区也开始出现清化现象，其清化过程与调类也有十分密切的关系。其中，有些吴语的浊音清化是从平声字开始的。江山方言中的全浊声母平声字已经开始出现清化，但仄声字完整地保留浊音，还没有清化的迹象。"地图集"材料显示，江山方言中的"爬皮茄浮咸鞋"等平声字已经读作清音。据秋谷裕幸（2001），江山方言的全浊声母读音很不稳定，浊音色彩很不明显，很少读真正的浊音，例如[b]有时是清化浊音，有时是[bʻ]等送气清化浊音，还有时是［pʻ］等送气清音。如果继续发展下去，江山方言的全浊声母应该离全部清化为时不远。

吴语宣平、泰顺方言的全浊声母平声字除极个别字保留浊擦音的读法，其余均已清化，仄声字保留浊音不变。例如宣平：爬 pʊ˦｜城 ɕiŋ˦｜长 tɕiã˦｜锤 tɕyɤ˦｜全 ɕyɤ˦｜权 tɕyɤ˦｜浮 fu˦；泰顺：排 pɑu˦｜皮 pi˦｜茶 tsou˦｜长 tɕiẽ˦｜虫 tɕiʌuŋ˦｜锤 tɕy˦｜茄 tɕyou˦｜祠 sɿ˦｜松 ɕyõ˦｜肥 fi˦。这两处的平声字还有个别擦音声母保留浊音，例如宣平：柴 za˦｜愁 zɯɤ˦；泰顺：锄 zɿ˦｜蚕 ze˦。

在上饶方言中，平声字的清化更加彻底。上饶方言中的平声字不论塞音塞擦音还是擦音声母，都一律清化，但仄声字不论属于哪一声类，均不发生清化，规律相当严整。

平声：皮 pi˦｜城 sɿ˦｜茶 tsa˦｜桥 tɕɑi˦｜含 xĩ˦｜防 fõ˦｜

仄声：败 bæ˦｜大 do˦｜撞 dzõ˦｜柱 dzy˦｜顺 zyĩ˦｜县 ziẽ˦｜

此外，部分吴语全浊声母的读音在年龄差异上的变化也体现出平清仄浊的趋势。吴语云和方言的全浊声母部分老年人今天仍读浊音声母，五六十岁以下的人逢平声读作不送气的清塞音、清塞擦音或清擦音，逢仄声字仍读全浊声母（曹志耘等，2000）。这说明云和方言全浊声母的清化也是从平声字开始的。

四　上声清化，平去入浊音

一部分吴语的上声字率先完成了清化。例如金华小黄村、丽水、龙泉、磐安、青田等地的全浊声母上声字除了个别字仍保留浊音外，其他均已清化，而非上声字则不论塞音塞擦音擦音全部保留浊音声母。其中龙泉的浊上字清化最为彻底，几乎所有的上声字均已清化。

	上声	非上声
金华小黄村	淡 tɒ˦｜厚 kiɯ˦｜柱 tɕy˦｜近 tɕiŋ˦｜犯 fɒ˦｜罪 sei˦	排 bɒ˦｜迟 dzi˦｜豆 dɯɯ˦｜树 zy˦｜直 dzi˦
丽水	柱 tɕy˦｜罪 sɛ˦｜动 tom˦｜跪 tɕy˦｜近 tɕiən˦	排 bɒ˦｜含 gəŋ˦｜茶 dzuo˦｜洞 doŋ˦｜字 zɿ˦
龙泉	棒 pʊŋ˦｜动 təŋ˦｜柱 tɕy˦｜近 kə˦｜柿 sɿi˦	爬 bu˦｜茶 dzo˦｜办 bã˦｜字 zɿ˦｜直 dzʔ˦
磐安	淡 tɑ˦｜动 tom˦｜柱 tɕy˦｜坐 suɤ˦｜犯 fɒ˦	皮 bi˦｜迟 dzi˦｜办 bɑ˦｜字 zɿ˦｜贼 zei˦

| 青田 | 棒 pɒ˧ | 柱 tʃy˧ | 淡 tɑ˧ | 动 toŋ˧ | ‖ 爬 bu˩ | 长 dzie˩ | 洞 doŋ˩ | 饭 va˩ | 毒 du˩ |

五　上去清化，平入浊音

吴语开化方言的全浊声母上声去声字基本上均已清化，平声入声字基本上保留浊音，但个别塞擦音擦音声母已经出现了清化现象。

上			去			平		入	
动	柱	坐	败	树	地	爬	长	直	贼
toŋ˧	tsʰou˧	sue˧	pa˥	tɕʰiu˥	tie˥	buo˩	dɑ˩	di˩	zã˩

六　平上清化，去入浊音

吴语景宁方言全浊声母今读塞音塞擦音时，平声字和上声字已经清化，去声字和入声字保留浊音。

平			上		去			入	
爬	茶	潭	淡	柱	病	大	撞	直	毒
pʰɑ˩	tsʰɑ˩	tʰɛ˩	tʰɑ˥	tɕʰy˥	biŋ˩	dʱe˩	dziɤ˩	dzʔ˩	dɐɯ˩

关于吴语和湘语按调类清化的现象，郑张尚芳（1985）、曹志耘（2002）、陈晖（2006）均有相关论述，可以参看。

第三节　其他清化现象

一　乡话

乡话是一种系属未定的汉语方言，主要分布在湖南省西部的沅陵以及与沅陵交界的溆浦、辰溪、泸溪和古丈等县，是一种处于濒危境地的、极具特色的汉语方言，其音韵特征极其复杂，全浊声母的演变也十分特殊。乡话的全浊声母一部分读为浊音，另一部分清化，总体上来说，入声清化的字最多，其他平上去声的字，有的清化，有的不清化，看不出明显规律。

180   汉语方言全浊声母演变研究

	赔	皮	罪	坐	茶	锤	红	活	袋	豆
辰溪	bɒ˧	fɑ˧	dzuɔ˥	tɕiɔ˥	tsˠɿʅ	diɣ˧	ɣeu˧	xu˧	dɤ˧	dɑ˥
泸溪	pa˧	fa˧	dzu˥	tsai˥	tçɣ˥	due˧	ɣei˧	xu˧	dei˧	ta˥
古丈	ba˧	fa˧	dzua˥	tɕie˥	tsˠɿʅ	tui˧	ɣeu˧	xu˧	—	ta˥
沅陵	bu˧	fu˧	dzu˥	tɕie˥	tsˠæʅ	ty˧	ɣu˧	xu˧	dõ˥	tɒ˥

乡话的全浊声母虽然正处于由浊变清的过程之中，但是在清化的顺序方面却找不出明显的规律，处于同一音韵地位的字，有的清化，有的不清化。例如古丈高峰乡话（伍云姬，2000）：棚 bau˧ ≠ 朋 pau˧；桐 dau˧ ≠ 筒 tiau˧；在同一调值（同为高调或低调）内，有的字清化，有的字不清化，例如泸溪乡话的"罪、茶"今调值均为[˥]53 调，前者清化，后者不清化。沅陵乡话中的"赔、皮"均为[˧]13 调，前者清化，后者不清化。

伍云姬（2000）在研究古丈高峰乡话时指出，古丈高峰乡话全浊声母没有清化的字音里，除了三个之外，绝大多数的词为低调类的字（即低升调[˧]13 和低平调[˩]33）。不过从泸溪、沅陵等地的乡话来看，情况不尽如此。根据杨蔚（1999：18）所记录的沅陵乡话，全浊声母今读浊音不乏高调类的字，例如：床 dzoŋ˥ ｜ 渠 gəɯ˥ ｜ 徒 du˥ ｜ 杷 bo˥ ｜ 调 diã˥。此外，杨蔚（2010：82）所记录的湘西乡话方言中，清水坪、木溪等地方言的全浊声母在高调和低调均既有读浊音，又有读清音，看不出明显的规律。不过，乡话中全浊声母清化后的送气/不送气跟调类有密切的关系，留待下章讨论。

二　浦城闽语

福建浦城闽语是闽语中为数不多的全浊声母今读浊音的方言。浦城石陂等地闽语的全浊声母正处于清化的过程之中，全浊声母今读擦音时清化，今读塞音塞擦音时分读浊音，不送气清音和送气清音三类，这一点跟乡话很相似。不过，浦城石陂闽语的全浊声母今读清音和今读浊音不同调。分调情况如下：

浊音字：阳平甲[˥]42；阳上甲[˩]33；阳去[˥]45；阳入甲同阳平甲[˥]42；

清音字：阳平乙[˩]33；阳上乙[˥]53同阴平；阳去[˥]45；阳入乙同阳

上乙［˨˩］53

下面参照郑张尚芳（1985）"石陂话全浊声母的读法"，并将秋谷裕幸于2006年所调查的浦城石陂闽语全浊声母的读音列表如下：

表4-3　　　　　　　　浦城石陂闽语全浊声母的读音

古声调	今声调	今声母清浊		例字
平	［˨˩］42	浊音		锄 dy｜全 dzyiŋ｜甜 daiŋ｜铜 doŋ｜棋 gi｜含 gəŋ｜排 bai｜传 dyiŋ｜城 ɦiaŋ｜迟 di
	［˧］33	清音	不送气	爬 pa｜赔 po｜茶 ta｜桥 kiau｜茄 kio
			送气	皮 p·o｜床 ts·oŋ｜潭 t·aiŋ｜糖 t·oŋ
上		浊音		罪 dzo｜淡 daŋ｜件 giŋ｜厚 gəu
	［˨˩］53	清音	不送气	坐 tsuai｜近 kyiŋ
			送气	柱 t·iu｜柿 k·i
去	［˦˥］45	浊音		败 bai｜字 dzi｜袋 do｜洞 doŋ｜县 gyiŋ｜谢 dzia
		清音	不送气	病 paŋ｜大 tuai｜共 kuieŋ｜豆 təu
			送气	办 p·aiŋ｜树 tɕ·iu
入	［˨˩］42	浊音		毒文 du｜局 gy｜活 ɦuai
	［˨˩］53	清音	不送气	白 pa｜直 te｜拔 pa｜石 tɕio
			送气	贼 ts·e｜毒白 t·u

说明：有少数字与上文的调类分合关系不符，跪 gy˨˩（阳去）、棒 boŋ˨˩（阳去）、撞 doŋ˧（阴上）、汗 guaiŋ˨˩（阳平甲）。郑张尚芳（1985）所调查的石陂闽语全浊声母去声字读浊音和清音不同调，读浊音时为［˨˦］24调，清音时为［˥］55调；古全浊入声字读浊音和清音时同调，均为阳平甲［˨˩］42调。

表4-3显示出石陂闽语全浊声母的读音跟声调有密切的关系。上表中甲调类的字保留浊音，乙调类的字今读清音，规律相当整齐。从上声和入声的情况来看，今读浊音的调值要比今读清音的调值要低，例如上声：浊［˧］33—清［˨˩］53；入声：浊［˨˩］42—清［˨˩］53。但平声字中读中平调阳平乙［˧］33调的全浊声母字今读均为清音，读高降调阳平甲［˨˩］42调的全浊声母字今读浊音。此外，石陂闽语全浊声母的乙类调值跟清声母的调值有合流现象。石陂闽语的清声母调值如下：阴平［˨˩］53、阴上［˧˩］21、阴去［˧］33、阴入［˨˩˦］214。可以看出，阳平乙跟阴去合，阳上乙跟阴平合；阳入乙也跟阴平合。也就是说，石陂闽语中一部分全浊声母由原来的阳调

类并入阴调类中,并且并入阴调类中的全浊声母今读清音(阳上甲的情况有点特殊,和阴去[˦]33合流,但仍读浊音)。

王福堂(1994)认为,"综合石陂、建阳、建瓯等地的情况来分析,石陂等地一部分全浊声母今读浊声母应当是在闽语的全浊声母清化以后从邻近的保持古浊声母浊音音值的吴语借入的……石陂地处闽语区的边缘,紧邻吴语区,因此能较长时期保持这些借字的浊音音值。"从方言接触的角度分析石陂闽语的全浊声母读音比较有说服力,石陂闽语的全浊声母今读清音和浊音归属不同调类的情况确实比较特别,但这也不为石陂等地方言所特有。南部吴语中的金华小黄村、磐安两地的全浊声母上声字出现清化现象,今读清音的浊上字跟今读浊音的浊上字往往不属于同一调类。例如:

	清音	浊音	清音	浊音
金华小黄村	棒白 paŋ˦	棒文 bɑŋ˧	动 toŋ˦	动文 doŋ˧
磐安		近 tɕien˧	件 dziʔ˧	淡 tˀ˦	棒 bɔ˧

金华小黄村、磐安方言全浊上声字今读浊音时为阳去调,今读清音时为阴平调。其中金华小黄村的全浊声母今读浊音时属于文读,读清音时属于白读,这说明金华小黄村方言的浊上字按自身规律已经清化了,并且已经跟阴调类合流,但是受到吴语权威方言的影响,金华小黄村方言的浊上字归入阳去,声母上也相应地读为浊音声母。可见金华小黄村方言的全浊声母上声字的清浊两读也是文白两个语音系统的叠置,这似乎为石陂闽语全浊声母今读浊音的来源提供了一个旁证。

三 四川境内湘语的浊音清化

四川境内的湘语中,也有少数地区的全浊声母今读浊音声母。从崔荣昌(1996)所提供的线索来看,四川湘语有两处全浊声母保留浊音的读法,一是中江、金塘的"老湖广话",二是四川营山县的"安化腔"。据崔荣昌搜集到的祖谱记载,讲"老湖广话"和"安化腔"的人基本上是"湖广填四川"时,从湖南移民过来的。尽管四川有部分湘语的全浊声母保留浊音读法,但是由于处于四川西南官话这一强势方言的包围之中,这些湘语的浊音声母也处于不断萎缩之中,已经很难有一个湘方言岛的全浊声母非常完整地保留浊音了。从所记录的四个方言点的情况来看,全浊声母保留浊音最多的是永兴话,共有432个全浊声母字今读浊音,石湾话的全浊声母保留浊音的数量最少，只有55个全浊声母字今读浊音。处于西南官话包围之中的这些湘语，在浊音清化方面，即体现出与湘语一脉相承的关系，又不可避免地打下西南官话的深深"烙印"。本节对四川境内湘语全浊声母的读音进行简要介绍。四川境内湘语的材料取自崔荣昌（1996）。

（一）四川湘语与湖南湘语在浊音清化方面的共性

在全浊声母今读浊音的四川湘语中，永兴、温塘方言的浊入字部分保留浊音，其他地点的全浊声母入声字不论塞音、塞擦音和擦音基本上均已清化，这跟湖南本地湘语全浊声母入声字的读音有很多相同之处。下面是永兴等四地全浊声母入声字的读音举例。

	拔	毒	白	达	贼	局	植	席	俗	服
永兴	bʻaˌ	duˌ	beˌ	taˌ	dzeˌ	tɕyˌ	tʂɿˌ	ɕiˌ	ɕyoˌ	fuˌ
竹篙	pʻaˌ	tuˌ	peˌ	taˌ	tsʻeˌ	tɕyˌ	tʂɿˌ	ɕiˌ	ɕyoˌ	fuˌ
石埂	pʻˈɔˌ	dəuˌ	pʻˈɔˌ	taˈˌ	tsʻeˈˌ	tɕyˈˌ	tʂɿˈˌ	ɕiˈˌ	ɕyˈˌ	ʋuˌ
温塘	pʻɔˌ	dauˌ	pʻɔˌ	dãˌ	dzẽˌ	tɕyˌ	dʑiˌ	sĩˌ	sauˌ	xuˌ

从舒声字保留浊音的情况来看，四川湘语中全浊声母平声字保留浊音最多，上去声字保留浊音较少。例如在竹篙方言的55个浊音声母中，全浊声母平声字占了44个。例如：[b]盆彭膨瓶朋棚蓬篷｜[d]堂棠唐塘糖搪溏｜[dz]船藏墙床。这是跟湖南邵东、邵阳等地的"浊音清化"相似的地方。不同的是，邵阳等地全浊声母仄声字的清化才刚开始，但四川湘语全浊声母仄声字的清化已经全面展开，并且有个别方言的全浊声母仄声字的清化已经接近尾声（如石埂），这跟湘西洪江、花垣等地的浊音清化情况十分一致。

在四川湘语中，就塞音塞擦音擦音三类声母保留浊音的情况来看，擦音声母清化较快，塞音塞擦音声母清化较慢。例如，石埂方言共有291个全浊声母来源的字今读浊音声母，但没有一个来源于古全浊擦音声母，古全浊擦音声母字在石埂方言中均读清音（有个别奉匣母字弱化为零声母），不过并不是所有的方言点均是如此。上文提到的竹篙方言虽然只有50多个全浊声母字今读浊音，但仍有一部分字来自奉匣邪禅的浊擦音声母。总之，四川湘语擦音先清化的事实符合大多数汉语方言浊音清化的规律。

（二）在西南官话影响下的四川湘语全浊声母的"变异"

四川湘语在四川属于弱势方言，处于西南官话的强势包围之中，长期与西南官话的接触与交往，使四川湘语的面貌发生了极大的变化，有时甚至难于确认。例如"在中江县的中部地区,四川话同'老湖广'相互接触,相互渗透,其界线极难划出"(崔荣昌,1996:39)。单就全浊声母方面来说,湘语进入四川后,有的接受了四川官话的某些语音特征,而有的在四川官话的影响下发生了一些新的变化,下面择要说明。

1. 调类

湖南境内的湘语调类一般为五个,去声分阴阳、全浊上归去。在四川湘语中,除了温塘话,均是四个调类,同当地的西南官话相同。全浊声母平声、入声字今读阳平,全浊声母上声、去声字今读去声。如表4-4。

表4-4　　　　　　　　　四川湘语调类

	阴平	阳平	上声	去声	
				阴去	阳去
永兴	[˥]55	[˨]21	[˥˧]53	[˩˦]14	
竹篙	[˥]55	[˨]21	[˥˧]53	[˩˦]14	
石塆	[˥]44	[˨]213	[˥˧]42	31[˧˩]	
温塘	[˥]44	[˨]213	[˥˧]42	[˥]45	[˧˩]31

2. 永兴、竹篙方言的两套浊塞音塞擦音声母

我们知道,无论是在古代文献中,还是现代汉语方言中,浊塞音塞擦音声母的送气和不送气在同一个方言中往往是互补的,不具有区别音位的作用。但在永兴话和竹篙话中,全浊声母平声字的读音十分特殊。这两处方言的浊塞音塞擦音声母分为两套,一套是不送气的,如[b dz],另一套是送气的,如[bʿ dzʿ]。下面是永兴方言和竹篙方言读[b]、[bʿ]声母的例字。

永兴方言

[b] 29字　[bi˨]鼻脾皮並匹滂 | [bi˩˦]避並 | [bu˨]部步薄捕並 | [bo˨]婆薄並 | [be˨]白並 | [bai˨]牌排並 | [bai˩˦]败稗並 | [bei˨]倍並 | [bau˩˦]抱並豹帮 | [ban˨]伴拌办瓣並扮帮 | [bian˩˦]便並 | [bən˨]笨並 | [bin˩˦]病並 | [baŋ˨]棒蚌並

[bʿ] 37字　[bʿu˨]葡並朴滂 | [bʿa˨]拔跋並扒帮 | [bʿie˨]劈滂 | [bʿei˨]培陪赔並 | [bʿiau˨]瓢嫖並 | [bʿan˨]盘並 | [bʿian˨]便~宜並 | [bʿən˨]盆彭膨並 | [bʿin˨]贫频蘋瓶屏平苹萍坪评凭冯並 | [bʿaŋ˨]旁膀彷螃庞並 | [bʿoŋ˨]

朋棚蓬篷並

竹篙方言

[b] 8字　　[bən˩]盆彭膨並｜[bin˩]瓶並｜[boŋ˩]朋棚蓬篷並

[bʻ] 6字　　[bʻi˩]匹滂皮疲脾並｜[bʻi˩]屁滂｜[bʻai˩]牌並

从永兴和竹篙方言读［b］、［bʻ］声母的例字来看，读［bʻ］声母的，均是並母平声字，还有个别滂母字。永兴方言中另有两个並母入声字读送气的［bʻ］声母：拔跋。而读［b］声母的字，在永兴方言中既有平声字，又有仄声字，竹篙方言的全浊声母仄声字绝大多数已经清化，因此，［b］、［bʻ］两声母中均没有仄声字。通过［b］、［bʻ］声母各自所辖的字不难看出，［bʻ］声母是在与西南官话的接触中产生的。西南官话全浊声母平声字均读送气清音，从湖南境内移民过来的永兴话和竹篙话的全浊声母平声字原本应该读作不送气浊音，因为湖南境内全浊声母保留浊音的湘语绝大多数为不送气浊音，而且竹篙、永兴方言中至今仍有一部分全浊声母保留不送气浊音的读法。由于受到西南官话的强烈冲击，永兴、竹篙方言的全浊声母平声字也改读了送气，但是由于不愿意放弃原有的浊音特性，所以"送气"和"浊音"两种特征杂揉在一起，成了"送气浊音"。不过，这种改变并不是很彻底，两方言中仍有一部分全浊声母平声字保留不送气浊音的读法。关于永兴、竹篙方言的两套浊塞音塞擦音声母的来源以及变化过程，何大安（2004）作过十分精彩的论述，此不赘述。

第四节　小结

一　"浊音清化"是汉语语音史上的一项重要演变

"浊音清化"是汉语语音史上的一项重要演变，这是汉语学界的共识。在世界上的各种语言中，都有诸如清音浊化、浊音清化的演变。清音浊化的演变如位于词首或紧跟在重读元音之后的原始印欧语［p t k］在日耳曼语中变成［f θ h］，除此之外则变成浊塞音［b d g］。例如：pater（拉丁语）>fadar（哥特语）。浊音清化的演变更是不胜枚举。中古汉语塞音塞擦音声母保持着"全清—次清—全浊"的三分格局，汉语方言从中古演变到现代，原来的浊声母逐渐向清声母演变，不过这一演变在汉语方言中极不平衡。广大的北方地区，"浊音清化"这一语音演变早已完成，例如官话、晋语。在南方汉语方言地区，有些方言已经完成"浊音清化"，有些方言的"浊音清化"正在进行，还有极少数的方言，浊音声母已经出现清化的趋势。从现代汉语方言全浊声母读音的情况来看，"浊音清化"是汉语方言全浊声母演变的主流，虽然不能保证最终所有方言的全浊声母都会经历"浊音清化"的过程，但"浊音清化"是绝大多数方言全浊声母演变的方向和主流却是不争的事实。

前面提到，"浊音弱化"的过程其实就是浊音声母的阻力不断变弱的一个过程。而"浊音清化"则完全相反，是指辅音受阻程度加强的一个过程。张世禄（1984）早已经指明："浊音声母的清音化，就是由弱辅音变做强辅音……实质上是语音的强化。"就发音阻力而言，清辅音强于浊辅音。这样，"浊音清化"的过程其实就是辅音声母发音阻力不断增强的一个过程，如果跟"浊音弱化"并提，"浊音清化"称为"浊音强化"也无不可。

二 "浊音清化"与声母

（一）从方言材料看与声母有关的浊音清化

"浊音清化"与声母的关系十分密切，就汉语方言全浊声母的清化来说，有的声母没有清化，有的声母则已经完全清化（见本章第二节），其表现形式十分复杂。杨秀芳（1989）曾根据《湖南方言调查报告》将湖南24个方言点浊音清化的情况整理成表，由于第（一）至第（六）种类型的"浊音清化"跟声母有直接的关系，现将其转抄如表4-5所示。

从表4-5可以看出，在20世纪二三十年代的湖南方言中，不少方言全浊声母的清化跟声母有直接的关系，24个方言中有11个方言的清化直接跟声母有关。在各个方言中，塞音、塞擦音和擦音三者内部有着高度一致性。例如，並定群母的清化在同一方言的内部相当一致，或者均发生清化，或者均不发生清化。从崇澄、船邪禅以及奉匣母的清化也有很高的一致性，例如船邪禅母逢擦音和逢塞擦音时清化的情况总是十分一致。在擦音声母中，清化程度又有不同的表现，基本上是奉匣母清化的程度最深，其次是邪禅母，船母清化的程度最弱。

表 4-5　《湖南方言调查报告》反映的浊音清化类型（按声母分）

並	定	群	从	崇	澄	船	邪	禅	奉	匣	类型	点数
+	+	+	+	+	+	△	△	△	+	+	（一）	2
+	+	+	-	-	-	○	○	○	+	+	（二）	1
+	+	+	(+)	(+)	(+)	○	○	○	+	+	（二）	1
-	-	-	-	-	-	○	○	○	+	+	（三）	3
-	-	-	-	-	-	-	-	-	+	(+)	（四）	1
-	-	-	-	-	-	(+)	(+)	+	+	+	（五）	1
-	-	-	-	-	-	-	-	-	+	-	（六）	2

说明："+"表清化，"-"表不清化，"（+）"表部分清化，"△"表擦音不清化、塞擦音清化，"○"表擦音清化、塞擦音不清化。

如果将上述 11 个湖南方言的全浊声母按照塞音、塞擦音和擦音进行区分的话，又可以得出如下的结果（见表 4-6）。

表 4-6　《湖南方言调查报告》反映的浊音清化类型（按声类分）

类型	塞音	塞擦音	擦音	点数
1	-	-	+	7（临湘、麻阳、祁阳、城步、零陵、新宁、东安）
2	+	-	+	2（湘乡、安化）
3	+	+	-	2（益阳、沅江）

表 4-6 显示，在 20 世纪初的湖南方言中，全浊声母的清化多数是从浊擦音声母开始的，浊塞音塞擦音声母的清化要缓慢得多。在湘乡和安化方言中，全浊声母逢塞擦音时保留浊音，逢塞音和擦音时已经清化。例如安化：柴 dzæ˩ ‖ 赵 tɔ˥ | 席 si˥，湘乡：求 dʑiɤ˩ ‖ 婆 pu˩ | 黄 haũ˩①。在益阳和沅江方言中，全浊声母逢擦音时保留浊音，逢塞音和塞擦音时清化，其清化情况跟第 1 种类型刚好相反。前面已经提到，益阳、沅江方言的擦音声母来源广泛，不仅来源于奉邪禅匣等母，还来源于从澄崇船等母。实际上当时的益阳、沅江方言的擦音声母也有个别字出现了清

---

① 《湖南方言调查报告》所记录的湘乡方言浊擦音已经清化，《地图集》调查的湘乡方言浊擦音仍然保留浊音。

化现象，并且益阳方言的浊擦音声母的保留跟弱化有密切的关系，因为益阳、沅江方言的浊擦音声母不是一个真正的浊擦音，而是一个接近无擦通音的［ɹ］。由于浊音声母已经弱化了，使其清化的速度跟其他声母比较起来较为滞后。

如果将研究的视角扩大，那么将会发现，浊音清化跟声母（或声类）之间的密切关系不仅只出现于湖南省境内的方言，而且还涉及吴语、闽语、赣语等不同的方言。根据"地图集"材料所反映的情况，下面将汉语方言浊音清化与声类之间的关系整理成表（4-7），其中"+"表示清化，"-"表示不清化，"（+）"表示部分清化，由于这里只讨论浊音清化跟声类之间的关系，有些方言只在某一个具体的调类发生清化，因此在某些具体方言中只涉及某一调类的浊音清化。

表4-7　　　　　汉语方言浊音清化的类型（按声类分）

	条件	塞音	塞擦音	擦音	分布
吴语		-	-	(+)	通州、南陵、溧水、高淳、池州少数擦音清化，塞音塞擦音保留浊音
		(+)	(+)	+	浦城（吴）擦音全部清化，塞音塞擦音部分清化
		(+)	(+)	-	景宁（吴）擦音保留浊音，塞音塞擦音部分清化
	平声	+	+	(+)	宣平、泰顺擦音部分保留浊音，塞音塞擦音全部清化
湘语及湘西西南官话		-	-	(+)	东安、永州少数匣母字清化
		(+)	(+)	+	洪江、花垣、会同、吉首、泸溪（湘）、辰溪（湘）、溆浦塞音塞擦音部分清化，擦音全部清化
	入声	-	-	+	武冈、新宁、新邵塞音塞擦音保留浊音，擦音全部清化
		(+)	(+)	(+)	城步入声字塞音、塞擦音、擦音均出现清化，擦音清化程度最深
	舒声	+	+	-	益阳、沅江、桃江、娄底舒声字塞音、塞擦音清化，擦音保留浊音
		-	-	(+)	冷水江塞音塞擦音保留浊音，擦音部分清化

续表

	条件	塞音	塞擦音	擦音	分布
赣语		−	−	+	武宁、湖口老派话
闽语		−	−	(+)	苍南（闽）擦音部分清化、塞音塞擦音保留浊音
		(+)	(+)	+	浦城（闽）擦音清化，塞音塞擦音部分清化
土话		−	−	(+)	资源、兴安、全州少数擦音清化，塞音塞擦音保留浊音

说明：当"条件"栏为空白时，表示适应所有的塞音、塞擦音、擦音声母。"条件"为"平声"时，表示浊音按声类清化只在平声条件下进行，其余类推。

由表4-7可以看出，汉语方言中全浊声母的清化跟声类有着密切的关系。上表显示出塞音和塞擦音往往表现非常一致。不过，古全浊塞音塞擦音声母的清化在某些方言中也有可能不同步，上一节已经介绍，浙江九姓渔民方言浊塞音保留浊音，浊塞擦音浊擦音已经清化的情况，另外还有吴语宣州片方言在某一调类上塞音塞擦音的清化也不同步，有的方言中，浊塞音比浊塞擦音更难清化一些。不过，杨时逢等（1974）所调查的湘乡、安化等方言显示浊塞擦音比浊塞音更难清化。

上表还给人一个十分深刻的印象，即在大部分全浊声母保留浊音的方言中，浊擦音声母的清化往往是最先开始的，即使清化只出现于某一个调类，最先清化的也往往是那个调类的浊擦音声母，例如武冈、新邵、新宁等地的方言。这种现象同时出现于吴语、湘语及湘西西南官话、赣语、闽语以及土话当中。曹志耘（2002：25）指出，在一个方言里，如果全浊声母是部分地发生了清化，从声母的类别来看，最先清化或最容易清化的是浊擦音声母，其次是浊塞擦音声母，而浊塞音声母的变化速度是最缓慢的。通过20世纪30年代湖南方言的材料以及21世纪初期正在发生浊音清化的吴、湘语的材料证实了这一推断。

不过，如果将浊擦音声母率先清化看成是浊音清化的一种规律，那么在这种规律的背后还有一些例外。吴语景宁方言擦音声母保留浊音，塞音塞擦音声母清化。湘语长益片的益阳、沅江、桃江以及娄邵片的娄底方言擦音声母保留浊音，塞音塞擦音声母清化则可以看成是浊音按声类清化中的例外。不过，上文已经多次强调，湘语长益片方言浊擦音声母经历了一个弱化的阶段，已经不是真正的浊擦音，而是无擦通音[ɹ]。这也是浊擦音声母进一步演变的结果。至于吴语景宁方言以及娄底等方言是否也属于类似的情况有待更多的研究。

（二）从历史文献记载看与声母有关的浊音清化

从正在经历"浊音清化"的方言来看，大部分方言的浊擦音声母最容易清化，不过，也有像景宁（吴）那样浊擦音声母更容易保留浊音的方言。虽然现实汉语方言中能观察到的正在发生"浊音清化"的方言还是少数，只有吴语、湘语以及其他个别方言。不过，可以设想，其他如晋语、官话、粤语的全浊声母已经完全清化的方言中，很可能也经历过像上述方言那样的"部分清化"的阶段，而在清化过程中，不同声母或不同声类的清化可能也有先后之分。这里可以借助一些历史文献的记载来看浊音声母清化的顺序。

罗常培（1933）的《唐五代西北方音》指出，反映唐五代时期的西北方音的藏汉对音译音材料主要有《千字文》《大乘中宗见解》《阿弥陀经》《金刚经》《开蒙要训》《唐蕃会盟碑》等。在这几项材料中，《大乘中宗见解》跟《开蒙要训》中的全浊声母已经清化，其余几种材料中的全浊声母正处于清化过程之中。大致情况是塞音塞擦音声母保留浊音，擦音声母已经清化。书中写道（罗常培，1933：141）："摩擦音的浊声禅邪匣三母在前面所引的藏音里除去时代较早的《阿弥陀经》跟译音本《大乘中宗见解》还有三个禅母字'善、是、受'保持浊音，其余的已竟完全混入清声审心晓了。可见浊摩擦音的变清要比浊破裂音早的多。"此外，这些材料中的"床"母已经由"禅变审"，也读为清擦音声母。马伯乐（1985）同样发现这些藏汉对译材料中，混淆了汉语的[s]和[z]，[ç]和[ʑ]，并把它们全都译作[s]或[ç ʃ]。马伯乐（1995：42）对这种现象是这样解释的："藏文除了有[s]和[ç]外，也有[z]和[ʑ]，因而由我看来，如果藏文把汉语的古浊擦音译作清音，那么就说明这些浊擦音在汉语里已经清化了。"如果上文所提到的这些藏汉对译的材料能反映现代西北方言全浊声母演变的早期阶段，那么，完全可以认为西北等地方言全浊声母的清化是从浊擦音声母开始的。

从梵汉对音的一些材料来看，汉语方言的全浊声母在清化过程中，擦音声母跟塞音塞擦音声母的清化快慢也不一致。施向东（1983）研究的玄奘译著中的梵汉对音，代表的是7世纪时期汉语中原方言的语音系统，也就是官话的一支。其对音材料反映了当时的浊音声母较好地保留，但匣母字已经清化，跟晓母字合流。施向东（1983）认为"除了承认匣母已清化之外，无法解释这种现象"。张福平（1996）研究宋初天息灾译著的梵汉对音，储泰松（1996）研究宋初施护译著的梵汉对音，也都发现对音中的汉语一方已有全浊声母清化的现象，其中又都以匣母字清化最为彻底。这些梵汉对音的材料均可以代表官话方言的特点，其中匣母字最容易清化的现象跟东安、永州等地方言中匣母字最先清化的现象如出一辙。

以上汉语方言的材料以及历史文献记载的材料都有力地表明，全浊声母的清化与声母有十分密切的关系。在全浊声母清化的过程中，各类声母的清化进程是不一样的。其中大部分方言的浊擦音声母最容易清化或最早清化，而浊塞音塞擦音声母的清化都晚于浊擦音声母。浊塞音塞擦音清化的步调应该较为一致，不过，在不同的方言中又有不同体现，如杨时逢等（1974）指出的安化、湘乡方言的浊塞音比浊塞擦音更容易清化，赵元任（1928）指出丹阳方言的浊塞擦音比浊塞音更容易清化。

三　"浊音清化"与声调

在全浊声母清化的过程中，不同声母的清化程度在各方言有大致相同的表现，即擦音声母的清化要早于塞音塞擦音声母。除了与声母有密切的关系外，全浊声母的清化进程与声调也有十分密切的关系。下面根据本章第二节"按调类清化"，将"地图集"中汉语方言全浊声母按调类清化的类型整理成下表（表4-8），郑张尚芳（1985）提供了泰顺城关罗阳、景宁沙溪区标溪、龙泉、上饶市区、江山长台方言的全浊声母按调类分读浊音和清音的情况，一并列入此表以备参考。由于擦音声母在某些方言中跟塞音塞擦音声母的清化速度不一致，这里讨论按调类清化的类型时，主要指塞音塞擦音声母。其中"+"表示已经清化、"-"表示不清化。"（+）"表示部分清化。

表 4-8　　　　　　　汉语方言浊音清化的类型（按调类分）

	平	上	去	入	分布
吴语	+	−	−	−	江山、泰顺、宣平、上饶、云和、景宁沙溪区标溪话
	−	+	+	+	浦城（吴）
	−	+	−	−	金华、丽水、磐安、青田、龙泉
	−	+	+	−	开化
	+	−	+	−	泰顺城关罗阳
	+	+	−	−	景宁（吴）
湘语及湘西西南官话	−	−	−	+	双峰、湘乡、芷江
	−	−	−	(+)	武冈、城步、新宁、新邵
	−	+	+	+	洪江、花垣、会同、吉首、辰溪（湘）、泸溪（湘）、溆浦
	−	(+)	(+)	(+)	邵东、邵阳、邵阳市

　　从正在进行"浊音清化"的方言来看，全浊声母清化的进程跟调类有十分密切的关系。但跟全浊声母按声类清化的情况不同，不同方言间并没有一种核心的"凝聚力"。如吴语和湘语的"浊音清化"之间缺乏像按声类清化那样的共性，而保持了各自显著的"个性"。从上表的情况来看，湘语全浊声母在入声字最容易清化，其次是上声字和去声字，最难清化的是平声字，上述湘语及湘西西南官话中的全浊声母平声字无一例外今仍读浊音声母。吴语按调类清化的情况跟湘语恰恰相反。吴语中，除了浦城吴语跟湘西等地方言相似外，其他吴语全浊声母的清化最先出现于平、上、去三声，而入声则是清化最晚的。上述吴语除浦城方言外，其他方言全浊声母入声字均未发生清化。曹志耘（2002）根据三份关于泰顺方言的记录推断泰顺方言全浊声母的清化过程是按"平声—去声—上声、入声"的顺序实现的。如果根据湘语及湘西西南官话浊音清化的共时面貌，可以推断湘语及湘西西南官话全浊声母清化的过程应该是按"入声—上声、去声—平声"的顺序实现的。

　　吴语和湘语全浊声母按调类清化过程中表现出来的差异，可能跟不同方言间各调类的具体调值有密切的关系。如果吴语的阳调和阴调合并的原则是按照"调值的相近度"原则的话（曹志耘，1998），我们认为，在吴语中，调值高的全浊声母字往往更容易清化，调值低的全浊声母字往往更容易保留浊音。下面是吴语金华小黄村、泰顺（吴）、开化、景宁（吴）的全浊声母今读调类以及调值举例。金华小黄村方言浊上字今读阴平，调值为[˨˦]334，其调值高于浊平、浊去、浊入的今读调值（浊平、浊入为[˨]313，浊去为[˧]143）。浊上字在金华方言中今读清音声母。泰顺（吴）、开化、景宁（吴）等地的方言全浊声母出现清化的调类往往调值较高，例如景宁（吴）浊平字、浊上字今读高调，已经清化；浊去字和浊入字今读低调，仍然保留浊音。在这些吴语中，浊入字往往是一个低升调，今读仍为浊音声母。

	浊平	浊上
金华小黄村	阳平［313］（排 bɒ）	＝阴平［334］（动 toŋ）
泰顺（吴）	阳平［412］（长 tɕiē）	阳上［33］（柱 dʑy）
开化	阳平［31］（长 dā）	＝阴上［24］（淡 tʻā）
景宁（吴）	阳平［42］（排 pa）	＝阴上［44］（柱 tɕy）

	浊去	浊入
金华小黄村	阳去［143］（败 bɒ）	＝阳平［313］（直 dʑiə）
泰顺（吴）	阳去［214］（病 beŋ）	阳入［13］（直 dʑiek）
开化	阳去［53］（病 piŋ）	阳入［341］（舌 dʑiəʔ）
景宁（吴）	阳去［213］（病 biŋ）	阳入［23］（局 dʑiouʔ）

说明：开化方言的浊入字连读时常为[˨˦]23短促调。

在湘语及湘西西南官话中，浊平字今读阳平，是一个低升调。浊上、浊去字常常合流为阳去调，调值比阳平的调值要高，浊入字多数跟舒声调类的字合流。邵东方言的全浊声母上声、去声合流为阳去，全浊声母上声字已出现部分清化的现象。辰溪等地湘语的全浊声母上声和去声合流，调值是一个高平[˥]55调，全浊声母上、去声字已经全部清化，而调值较低的全浊声母平声字今读仍为浊音。以上的论述似乎也支持在湘语及湘西西南官话也是高调容易清化，低调容易保留浊音。但湘语及湘西西南官话全浊声母的调类分合关系十分复杂。就拿全浊声母入声字来说，有的跟阴去合、有的跟阳去合、还有的跟阳平合，似乎各自为政，且浊入调值跟其他调类合并以后，有的读高调，有的读低调，似乎看不出原有的浊入调值到底是高调还是低调。但不管今属哪一调类或哪一调值，全浊声母入声字在这些方言中大多已经清化，似乎暗示浊入字的清化跟归入哪一调类没有关系，清化是在调类归并之前发生的。例如吉首方言，浊入字已经和阳平字合流，均为[˨]22调，但浊平字今读浊音，浊入字已经清化，这只能说明浊入字的清化发生在浊入跟阳平合流之前。但是浊入字在归入舒声调以前的调值究竟是一个高调还是一个低调，现在还不能判断。周赛红（2006）搜集到的清代县志的记录来看，泸溪、宁乡、沅江、祁阳等地的全浊声母入声字均有清化现象，例如泸溪"呼白曰派"，祁阳"借读嚼"等，都反映出湘语全浊声母入声字的清化现象由来已久。下面是双峰等地湘语及湘西西南官话全浊声母的读音及其所属的调类。

	浊平	浊上
双峰	阳平［13］（赔 be）	＝阳去［22］（淡 dæ）
武冈	阳平［213］（爬 ba）	＝阳去［24］（罪 dzɛ）
邵东	阳平［213］（爬 ba）	＝阳去［24］（淡 dā｜坐 tso）
辰溪	阳平［213］（爬 bo）	＝阳去［55］（柱 tʂu）
吉首	阳平［22］（皮 bɿ）	＝去声［213］（柱 tsu）

	浊去	浊入
双峰	阳去［22］（字 dzɿ）	阴去［35］（毒 t·u）
武冈	阳去［24］（大 dɑ）	＝阳去［24］（局 tɕu）
邵东	阳去［24］（病 bin｜字 tsɿ）	阳去［24］／阴去［35］（贼 tsɛ˧˥｜毒 tu˧˥）
辰溪	阳去［55］（败 pai）	＝阳平［213］（局 tɕy）
吉首	去声［213］（败 pɛ）	＝阳平［22］（贼 tse）

尽管现在还不能完全确定"浊音清化"与声调之间到底是怎样一种互相制约的关系，但可以肯定的是，"浊音清化"的顺序应该与调值有十分密切的联系。这一方面的研究，还有待将来更多方言事实的出现以及语音实验的验证。

第五章　浊音清化（二）
——今读塞音塞擦音声母送气／不送气的考察

上一章从共时平面上讨论了汉语方言全浊声母清化的过程，即"浊音清化"的动态方面，这一章将探讨浊音清化后今读塞音塞擦音声母送气和不送气的问题，从静态方面讨论全浊声母清化以后的表现，也就是"浊音清化"以后全浊声母读音的结果。需要说明的是，这里的今读塞音塞擦音跟中古全浊塞音和塞擦音的内涵并不完全一致。因为现代汉语方言全浊声母的读音，跟中古时期相比，在发音部位和发音方法上都已经发生了一系列改变，如中古时期的塞音在有的方言里读成了塞擦音（如大多数方言的群母字），中古时期的塞擦音在一些方言中读成了擦音（如部分崇船母在方言中读擦音声母）。由于送气／不送气的对立只存在于塞音和塞擦音声母当中，因此这一节的讨论也只限于今读塞音塞擦音声母的字。

全浊声母今读塞音塞擦音声母的送气／不送气，在不同的方言中有不同的语音演变规律，如果用公式进行说明的话，可以写成以下的形式：

式 5-1　A>B/_ C

其中 A 是变化项，B 是生成项，C 是条件项。A、B、C 是规律本身结构上的三个必有成分。不同的是，A、B 是必然要呈现出来的成分，而 C 在表面上有时为零。当 C 为零的时候，式 5-1 属于无条件的演变，否则为有条件的演变（何大安，2004：19）。"有条件音变"和"无条件音变"都是从共时平面的角度来说的，因为共时平面上的"无条件音变"在历时音变过程中有时是通过"有条件音变"发展而来的。王士元（2000：16）在讨论"词汇扩散理论"时也谈到："一个语音演变可能是从词汇中偶尔发生的变化开始的（即它影响所及的词只能通过列举限定）；然后它巩固自己，并且变得有规律，不过它是有条件的；而这些条件可能会简化，直到最后，它变成了无条件的演变。"

就汉语方言全浊声母今读塞音塞擦音的共时类型来说，大多数属于

"有条件的音变"，即不同的方言或以声调、或以声母作为送气/不送气的语音条件，但是也有不少方言，例如客赣方言和平话，全浊声母今读塞音塞擦音时一律读清送气或清不送气，从表面上看没有语音条件的限制，属于"无条件音变"。还有汉语方言的全浊声母经过了多个历史层次的叠加或是一些非语言因素的影响，哪些字读送气清音，哪些字读不送气清音，从共时平面上找不出其中分化的条件，甚至处于同一音韵地位的全浊声母都有送气或不送气两种读音类型，对于这样的方言，当然不能用式5-1的公式加以概括。这些方言将放在"无条件音变"和"有条件音变"之外的"不规则现象"中进行讨论。

有两点需要指出。首先，这里提出来的类型并非完全整齐划一，这些类型只是一种演变的大趋势，每种类型里面可能有个别例外现象，但这并不影响对于类型的归纳。如北京话里的全浊声母上声字有"否臧~痞圮、孵（並）、挑~战窕、俎、殄、艇挺梃、强勉~"等字读送气清音，入声字中也有"特仆瀑"等字读送气清音，但这并不影响将北京话的全浊声母归纳为"平送仄不送"的类型，任何语音规律都有或多或少的例外现象，当我们讨论的范围是全国的汉语方言时，谈论的只能是这种规律的主流和趋势。其次，有些方言的全浊声母有成系统的文白异读现象，是不同历史层次的叠置，应该分别按照文读层和白读层归入相应的类型。例如晋语大宁方言，白读层不论平仄一律送气，将其归入送气清音的类型，文读层平送仄不送，将其归入平送仄不送的类型进行讨论。

第一节　无条件音变

全浊声母在汉语方言中的"无条件音变"指全浊声母清化后，今读塞音塞擦音声母没有发生分化现象，统一地演变为送气清音或不送气清音。"无条件音变"有两种类型，一类是全浊声母清化后逢塞音塞擦音声母一律读送气清音，另一类是全浊声母清化后逢塞音塞擦音声母一律读不送气清音。

一 送气清音

全浊声母清化，今读塞音塞擦音声母一律读送气清音，是客赣方言最重要的语音特征，在客赣方言内部具有很高的一致性①。当然，关于客赣方言全浊声母的演变还有一些不同的意见，例如黄雪贞（1987）指出，客家话全浊声母有"辫笨渠队赠叛站车~铡"等字读不送气清音，这不能简单地说成少数或例外。谢留文（2003）、万波、庄初升（2011）对上述现象作了较为可信的分析和解释，可以参考。

客赣方言的分布很广，几乎包括了江西全省。此外，广东北部、安徽南部、湖南东部以及台湾、福建等地均有分布。由于全浊声母读送气清音在客赣方言内部具有很高的一致性，这里讨论全浊声母今读送气清音时，只重点分析除客赣方言以外的其他汉语方言。

（一）西北方言的白读层

西北方言是一个统称，本书具体所指今分布于甘肃、宁夏、陕西、山西等地的方言，豫西灵宝、陕县等地的方言也包括在内。根据罗常培（1933）的研究，敦煌文献中的几种藏译汉音的写本如《千字文》《金刚经残卷》《大乘中宗见解》等大概都是吐蕃占据陇西时代为学习汉语而作的。因此，这几种译本可以代表唐末西北的某一支方言。在时代最晚的《大乘中宗见解》中，全浊声母的字除了奉母的"凡梵"、定母的"怠道第大地盗定达"，澄母的"著"等11字外，其余都变成次清。这跟官话方言全浊声母最普遍的"平声送气，仄声不送气"的演变类型不同。《大乘中宗见解》所反映的全浊声母一律读送气清音的特点在现代西北方言中仍然有不同程度的保留。

（1）文读层与白读层

文白异读是汉语方言中常见的一种语音现象。关于文白异读的性质，学界还存在着不少分歧，如文读音与白读音的来源问题，文读音与白读音产生的先后等问题都没有统一的意见。不过大体可以认为，"白读代表本方言的土语，文读则是以本方言的音系所许可的范围吸收某一标准语

---

① 湘鄂赣交界处赣语的全浊声母有部分今读浊音声母或不送气清音声母，见第二章第二节的相关论述。

（现代的或古代的）的语音，从而在语音上向这一标准语靠拢"（徐通锵，1991：384）。王洪君（2006a、2006b）指出，文白异读反映的是叠置在单个共时音系中的、时间地点来源不同的几个层次。这些异源层次各自代表一个独特的音系（一套字音音类分合关系），彼此间实为已分化的姊妹方言的关系，而非相互演化的关系。虽然不见得每一个字都既有文读音，又有白读音，但从整个音系的字音分合关系去看，具备两种或两种以上读音的音类蕴含了不同的语音层次，我们不妨将蕴含文读音的那个层次叫文读层，将蕴含白读音的层次叫白读层。而"无异读音类"身兼两职，既可以算文读层，又可以算白读层。如甘肃华亭方言的全浊声母仄声字中，"豆共直近柱"等字只有不送气的读法，"败洞局罪件"等只有送气的读法，据此可以确定华亭方言中全浊声母仄声字具有文白两个层次。参照历史文献和字音出现的环境可以得知，前者为文读层的读音，后者为白读层的读音。白读层音可以反映某一历史时期本方言的语音面貌，文读层音则可以反映叠置在白读层上的某个权威方言的语音面貌。区分方言中的文读层和白读层，对于历史比较法的研究和语音演变的研究具有重大意义。

　　如果对方言中的文读层音类和白读层音类进行重建，可以采用王洪君（2006b）提出的公式，其中的"音类"均指"音类及其所辖的字"。

　　有异读白读音类 +（有同音关系的）无异读音类 = 白读层音类
　　有异读文读音类 +（有同音关系的）无异读音类 = 文读层音类
　　根据上述公式对华亭方言全浊声母的读音进行重建，会得到：
　　白读层：全浊仄$_{白读层音}$+全浊平$_{无异读}$ = 送气清音
　　文读层：全浊仄$_{文读层音}$+全浊平$_{无异读}$ = 平声送气，仄声不送气

　　现代许多西北方言都有跟华亭方言类似的现象，全浊声母读音一般分为两套：一套同于现代官话方言的"平声送气，仄声不送气"，即文读层。另一套全浊声母不论平仄，一律读为送气清音，即白读层。由于不论属于文读层还是属于白读层，古全浊平声字演变的情况都是一致的，即一律读为送气清音。因此，西北地区的方言实际上反映了仄声字具有文白两个历史层次的叠置，白读层读送气清音是自身的特征，文读层读不送气清音来自权威官话方言，这是跟《大乘中宗见解》不同的地方。白读层送气清音的读法在西北方言中有量的差异，有的方言的古全浊仄声字大部分都读送气清音，处于文弱白强的阶段，如万荣、大荔；而有的方言的古全浊仄声字只有极个别字保留送气清音的读法，处于文强白弱，甚至白读趋

于消失的阶段，如靖边、神木等地。

（2）地域分布

在"地图集"调查的方言点中，西北方言全浊声母仄声字的白读层读送气音的情况涉及中原官话和晋语两个大方言区。其中属于中原官话汾河片的有，甘肃：定西、华亭、环县、秦安、西和；宁夏：隆德、岷县；陕西：大荔、宝鸡、富县、黄龙、商洛、延安、耀县、永寿；山西：霍州、临猗、平陆、万荣、襄汾；河南：灵宝。属于晋语的有，陕西：米脂、清涧、靖边、神木、志丹；山西：大宁、中阳。

根据其他已经出版的资料显示，上述各点的周边县市，全浊声母仄声字也有读送气清音的现象，这些县市为：

陕西：渭南、华阴、华县、韩城、合阳、澄城、白水、宜川、洛川、黄陵、岐山、千阳、旬邑、淳化、麟游、富平、蒲城、铜川、丹凤、西安、三原、户县、泾阳、周至、临潼、咸阳、蓝田、礼泉、乾县（张维佳，2002）。

山西：五台、原平、忻州、翼城、新绛、河津、洪洞、兴县、柳林、离石、临县（韩沛玲，2006）。

河南：陕县、三门峡（笔者调查）。

甘肃：三水、商县（张成材，1983、1984a、1984b）。

此外，在陕北地区的延川冯家坪、延川、子长瓦窑堡、马家砭方言中，全浊声母仄声字读送气清音的比例也达到了60%以上，而府谷、吴堡、绥德、榆林等地的古全浊仄声字读送气清音的比例跟米脂、神木等地类似，一般在30%以下（李建校，2006）。

丁邦新（1998）在《论官话方言研究中的几个问题》中谈到："以前阅读客家话文献的时候，常常思考一个问题，客家话既然确实是从陕西、山西、河南三省之间迁徙南来，何以现在北方官话各小方言都没有全浊塞音平仄全变送气清音的现象？"他同时提到在安徽、江苏都找到全浊声母读送气清音的现象，但在北方官话中只找到不完整的记录，如灵宝。近年来，山西和陕西方言的全浊声母白读层中不论平仄读送气清音的现象已被陆续挖掘出来（陈庆延，1989；张维佳，2002；乔全生，2005；韩沛玲，2006；等），为客家话的来源及迁徙途径提供了语言学上的证据。然而有关陕北、宁夏、甘肃、青海等地的全浊声母仄声字是否有送气清音的读法一直鲜有报道。因此，张维佳（2002：243）认为："《文海》、《音同》

和《掌中珠》所反映的汉语字音代表的是秦陇和关中一带的方言，因为我们在西夏腹地的宁夏、陕北和甘肃西北、青海东北、内蒙南部方言中并没有发现全浊声母读为次清的任何例证。"乔全生（2004）提出唐五代西北方言的嫡系支裔就是现代晋方言。主要包括山西、陕西等地的方言。唐五代时的西北方言地盘较大，范围很广，西起敦煌、宁夏，东达陕北、山西。在后来的历史演变过程中，原来西北方言的故地甘肃、宁夏等地方言均被由关中而来的中原官话以及兰银官话覆盖，这样，西北方言当年所占据的范围，其西半部丧失，而东半部仍保留。可见，甘肃、宁夏全浊声母语音材料的缺乏，使上述学者均以为全浊声母仄声字读送气清音的现象在甘肃、宁夏等地并不存在。然而，没有找到相关的证据并不能否定这种现象的客观存在，张维佳文中所提到的五处地方，有三处（陕北、宁夏、甘肃）都发现了全浊声母仄声字读送气音的现象。青海东北、内蒙南部方言暂时还没有古全浊仄声字送气的相关报道，也许经过进一步的深入调查，还会有一些新的发现。

（3）读音考察

下面对"地图集"中调查的 28 个地点的 40 个常用全浊仄声字（今读塞音塞擦音声母）进行统计。得到的统计结果如下。

表 5-1　　　　西北方言全浊声母仄声字读送气清音举例

	上	去	入	读送气的字数	占统计字数的百分比（%）
	棒辫抱弟淡动肚人~稻件近在舅坐罪柱	败办病被~打大袋豆洞地共字赚座就撞	白拔毒局贼嚼直侄煤鼻①		
定西	肚在稻辫件近坐罪柱	袋洞地败病豆就共字撞	白毒嚼贼局拔鼻侄	28	70
华亭	棒稻件坐罪	败病洞撞赚	毒局	12	30
环县	坐罪	败撞	局	5	12.5
秦安	在稻辫肚淡件近坐罪柱	就败袋洞地字撞	白毒嚼贼拔鼻侄局直	26	65
西和	在稻辫肚棒淡件近坐柱	就败病袋洞地字撞	白毒嚼拔鼻侄局贼直	27	67.5

① 鼻，《广韵》毗至切。但在汉语方言中表现为去声和入声两个来源，在西北方言中根据声调判断为浊入来源，该字在北京话也符合入声的演变。

续表

	上 棒辫抱弟淡动肚人~稻件近在舅坐罪柱	去 败办病被~打大豆洞地共字赚座就撞	入 白拔毒局贼嚼直侄煤鼻	读送气的字数	占统计字数的百分比（%）
隆德	稻辫肚坐罪近	就败病撞字	毒局嚼拔鼻侄煤	18	45
岷县		撞	局	2	5
大荔	在稻辫肚弟柱罪坐淡动件近	败病撞字地大洞豆就	白直贼毒局嚼拔鼻侄	30	75
宝鸡	稻辫弟肚棒柱坐淡动件抱	败病撞字洞地	白直毒局嚼拔鼻侄	25	62.5
富县	棒柱罪坐淡动件近在稻辫弟肚抱	败病撞字大地洞豆座	白直贼毒局嚼拔鼻	30	75
黄龙	棒柱罪坐淡动件近在稻弟肚	败病撞字大地洞座豆被	白直贼毒局嚼鼻	29	72.5
商洛	稻淡	败撞豆	嚼拔鼻煤	9	22.5
延安	棒罪坐淡动在稻件近肚弟舅	败病撞字地座	白直贼毒局拔煤	25	62.5
耀县	稻	败撞	局嚼拔鼻侄煤	9	22.5
永寿	坐	败撞	毒	4	10
霍州	柱淡动件近在辫肚弟舅	办病撞字大豆地就	毒嚼拔鼻侄	23	57.5
临猗	棒柱罪坐淡动件近弟肚稻在舅	败办病撞字大袋地洞豆座就	白直贼毒局拔嚼侄煤鼻	32	80
平陆	棒柱罪坐淡动件近在抱辫肚弟舅	败病撞字地洞豆就	白直贼毒局嚼拔鼻侄	30	75
万荣	棒柱罪坐淡动件近在辫弟舅	败办病撞字大袋地洞座豆就赚	白直贼毒局嚼拔鼻侄	34	85
襄汾	柱罪坐淡件近在辫肚弟舅	败办病撞字大地豆就	白直毒局嚼拔鼻侄	29	72.5
灵宝	柱罪坐淡件近在稻辫肚舅	病撞字洞豆地赚	白直贼毒局嚼鼻侄	26	65
米脂	稻	败		2	5
清涧	淡动件近抱在稻辫弟舅肚	败撞字大地洞座	白直毒嚼拔煤	24	60
靖边		败		1	2.5

续表

	上	去	入	读送气的字数	占统计字数的百分比（%）
	棒辫抱弟淡动肚人~稻件近在舅坐罪柱	败办病被~打大豆洞地共字赚座就撞	白拔毒局贼嚼直侄煠鼻		
神木		败撞	直	3	7.5
志丹		败撞大	直	4	10
大宁	在辫肚弟舅	座豆就	嚼鼻侄煠	12	30
中阳	罪	撞	白拔鼻侄煠	7	17.5

由表 5-1 可以看出，各地全浊声母仄声字读送气清音的字数很不平衡。大荔、黄龙、万荣等地读送气音的仄声字占 70% 以上，而像环县、商洛、耀县、永寿等地读送气音的比例很小，占总数的四分之一以下，只在个别的口语常用字中保留送气的读法。各点的全浊声母仄声字在上去入三个调类中读送气音的比例大致相当，没有因为调类而出现明显的不同（中阳除外），并且哪些字送气、哪些字不送气具有较强的一致性，如"稻、败、嚼"等字在各地大多都读送气清音。唐代李肇的《唐国史补》记载："今荆襄人呼提为堤，……关中呼稻为讨，呼釜为付，皆讹谬所习，亦曰坊中语也。"坊中语即为口语的意思。关中人呼"稻为讨"的说法，在上述多个方言点中都得到了验证。可见，全浊声母仄声字送气的读法在西北方言中由来已久。不过，由于考察的全浊声母仄声字的总数较少，可能一些具体方言中的具体现象还没有得到充分的挖掘。例如刘勋宁（1980）指出，晋语西区的方山、柳林、离石、中阳一带某些古浊塞音、塞擦音仄声字有送气的白读音。例如离石有"避、婢、拔、薄、仆、曝、叛"读作 [p·]，"稻、杂、煠、铡、着、择、泽、宅、轴、昨、柞、撞"读作 [ts·]，"沓、突、毒、狄、特、笛"读作 [t·]（转引自韩沛玲，2006），晋西及晋北的全浊仄声字读送气音主要集中在浊入字，全浊上、去声字读送气清音的数量并不是很多（韩沛玲，2006）。

（4）类型

由表 5-1 可以看到，从地域的角度来看，全浊声母仄声字读送气主要集中在陕西中部及北部、甘肃东北部、山西南部、河南西部、宁夏南部等地。根据各地仄声字读送气音的数量，将西北方言中古全浊仄声字读送气音的情况分成四种类型。

A（30—40）：大荔、富县、万荣、平陆、临猗。
B（20—29）：定西、秦安、西和、宝鸡、黄龙、延安、霍州、襄汾、灵宝、清涧。
C（10—19）：华亭、隆德、大宁。
D（1—9）：环县、商洛、耀县、永寿、米脂、靖边、神木、志丹、中阳、岷县。

根据上述四种类型可以将28个地点方言全浊声母仄声字读送气清音的分布绘制成图5-1。

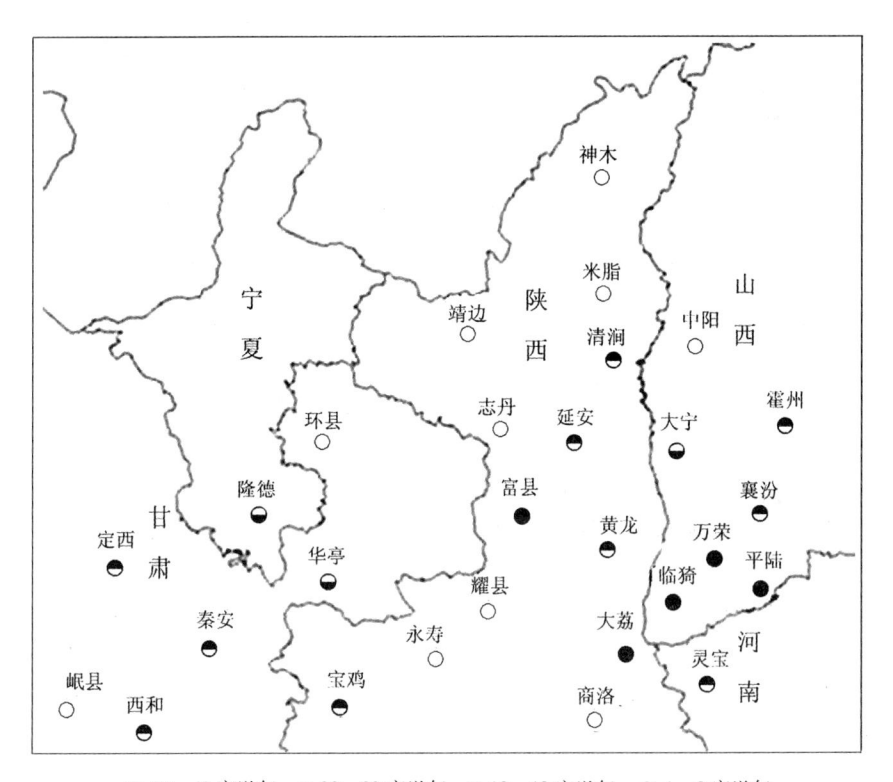

● 30—40字送气　◐ 20—29字送气　◑ 10—19字送气　○ 1—9字送气

图5-1　西北方言全浊声母仄声字读送气音的类型

由表5-1和图5-1可以看出，全浊声母仄声字读送气的情况在西北方言中呈"涡状"分布，读送气音的字数由外围向中心渐次递减，位于中心城市的送气音少，而处于边远山区的送气音多。陕甘宁交界处和陕晋豫交界处是分布最为集中的两大区域。陕甘宁交界处的秦安、定西、宝鸡和西和的全浊仄声字送气数量均在一半以上，陕晋豫交界处的大荔、富县、万荣等地的全浊仄声字送气数量更多，达到了70%以上。但中间部分以及北部地区读送气音的数量较少，如北部的靖边方言，在调查的40个字中，只有"稻、败"两个字读送气清音，其他都读不送气清音。

根据其他相关材料，西北其他方言中的全浊声母仄声字读送气清音的分布趋势跟图5-1的表现基本接近，陕西境内以关中地区读送气音居多，陕北及其他地区读送气音较少。如跟大荔接近的华阴方言古全浊仄声字的送气达95%以上，陕北临潼的全浊声母仄声字只有17%左右送气。山西境内古全浊仄声字读送气清音主要分布在晋南。如晋南的临汾、翼城等地的古全浊仄声字基本上全送气，晋西和晋北只有部分送气，且多集中在入声字，而晋中等地的古全浊仄声字基本上不读送气音。河南陕县、三门峡两地全浊仄声字读送气音的数量跟灵宝大致相当，占全浊仄声字总数的一半左右。

（5）讨论

由以上分析可以看出，全浊声母仄声字读送气清音在西北方言中的分布很不平衡，也就是说，西北方言的古全浊仄声字读送气清音跟客赣方言有很大的不同。客赣方言中，全浊声母不论平仄一律读成送气清音，没有文白之分；西北方言的古全浊仄声字只有在白读层中读送气清音，即从共时平面来看，西北方言全浊声母平声字送气，仄声字部分送气，部分不送气。西北方言中，全浊声母仄声字读不送气清音的来源是官话方言，这一点没有疑问。但是上述地区全浊声母仄声字读送气清音分布的不平衡现象是由于什么原因造成的呢？这一点有待进一步探讨。

从已有的研究来看，晋南、关中等地方言全浊声母送气清音的读法是直接继承了唐五代西北方音，这一点基本上已达成共识。王洪君（1987）、李如龙、辛世彪（1999）、张维佳（2002）、乔全生（2005）等进行了详细的分析，在此不再赘述。但是关于唐宋时期西北方言的代表区域，各位学者有不同的意见。"汉语音变的一种典型——全浊声母不分平仄读送气清音，在北方官话区是以关中地区为中心发展开去的。"（张维佳，2002：244）"陇东、关中、晋南、晋西在行政地理上曾经连成一片。这就使我们有理由推测，全浊声母仄声字清化为送气音，可能是上古到中古之间在这一区域发生的共同音变。从移民的角度讨论，陕北浊音清化送气很可能是山西方言扩散的结果。"（韩沛玲，2006）上述作者都基本上倾向于西北地区的全浊声母读送气音有一个中心扩散区域，前者认为是关中方言，后者认为是山西方言。根据我们的分析认为，唐五代西北方言的区域范围远远不止关中、晋南一带，应该包括今甘肃、宁夏等一大片区域的全浊声母读为送气清音，只是由于官话方言的攻势，才使现今某些地区中的仄声字只有极个别读为送气清音。也就是说，现代西北地区全浊声母读送气清音是自身特征的保留及其萎缩的结果，而不是以某一个中心扩散开去的。

反映西北方言读音的文献材料显示，当时西北方言的全浊声母读送气清音应该是西北地区极为普遍的现象。上文提到，在代表8、9世纪唐宋西北方言的汉藏对音材料《大乘中宗见解》中，除了11个字外，其他全浊声母均已清化，且读同部位的送气清音。另外西夏文与汉文的对照词汇集《番汉合时掌中珠》，是12世纪末汉语西北方音最重要的资料。龚煌城（1981）通过该书的对音材料观察到，在当时的西北方言中，中古汉语的浊塞音与浊塞擦音，不分声调，均变成送气清塞音与清塞擦音，浊擦音则变成清擦音。如滂母字和并母字可以互注，下面引用龚文的第18、19例，第18例以西夏字注汉字，第19例以汉字注西夏字〔（1.1；I46）表示西夏文平声第1韵，唇音第46类；汉字括号里的数字表示该字的出处，例如铺（255）表示第25页第5栏〕。

18 p·u¹（1.1；I46）　铺（255），菩（362，366），蒲（142），薄（145），泊（122），葡（151），萄（146）

19 p·u¹（1.1；I46）　〔普〕（102），〔部〕（115）

普　　ʿp·uo　　滂姥合一上
铺　　p·uoʾ　　滂暮合一去
菩蒲　₍buo　　并模合一平（《掌中珠》：蒲桃）
部　　ʿbuo　　并姥合一上
薄　　buâʾ　　并过合一去（《掌中珠》：薄荷）
泊　　buâ　　并铎开一入
葡　　同下　　同下（《掌中珠》：葫萝葡，汉萝葡）
萄　　bək₎　　并德开一入《掌中珠》：萝萄

上述第18和19例为西夏同音字，18不但用以注汉字滂母字，也用以注并母字，而且不分平、上、去、入。19不但以汉字滂母字来注音，也用並母字来注音。由此可见，12世纪末汉语的西北方言中，滂母与並母已完全不分（龚煌城，1981）。《掌中珠》中其他的全浊声母字同並母字一样，能跟次清互注，但它们跟全清毫不相混。可见，当时西北方言的古全浊塞音塞擦音声母一律读送气清音。

此外，《天城梵书金刚经对音残卷》（张清常，1963）反映的是唐五代时期西北方音的对音材料；西夏文韵书《文海》成书于12世纪中叶，反映了宋代西北方音。这两个文献中的对音和注音材料均反映了全浊声母与次清声母合流的事实。不过，上述文献材料均没有具体指明读送气清音的汉语代表什么区域。根据推测，罗常培认为《大乘中宗见解》等藏译汉音的材料大概是吐蕃占据陇西时代为学习汉语的方便而作的，它们所译写的语言似乎就是当时沙州或沙州附近流行的方言。12世纪的《掌中珠》《文海》反映的是宋代西北方音的情况。由于这些西夏·汉的对音文献是在黑水城遗址发现的，因此，王洪君（1987）认为宋西北方音是指在黑水城遗址发现的西夏·汉对音文献所反映的汉语方言音系。西夏是公元1038—1227年以党项为主体建立的一个封建割据地方政权。党项羌原居住在今甘肃、青海、四川交界的地区，它的主要活动地区在今宁夏、甘肃大部，陕西北部，内蒙西部及青海东北部。也就是说，唐宋时期全浊声母不论平仄都读送气清音的现象广泛存在于今陕西、甘肃、青海、内蒙及其周边地区，只是今天的西北地区，在青海、内蒙我们还没有找到相关的例证，即使在陕、甘、宁等地区也只有部分方言的白读层出现了全浊声母不论平仄读送气清音的现象。

由图5-1也可以看出，古全浊仄声字读送气音有两个中心地带，一是陕甘宁交界处（但读送气音程度不如晋陕豫交界处的方言），二是晋陕豫交界处。中部及其北部读送气音的情况比较少见。这也说明西北地区全浊声母仄声字的送气清音读法不存在一个中心，如果古全浊仄声字读送气音是以一个中心扩散开去的话，周边地区读送气音的现象应该呈递减趋势，而不会出现跳跃式的变化。例如，送气音如果以山西平陆、万荣等地为中心扩散，那么往西、往北读送气音的数量会越来越少，不会出现耀县、永寿送气数量少，而定西、秦安送气数量多的情况，反之也是这样。从地域分布来看，整个读送气音的地区受到两股强大势力的冲击。一是北京官话由北向南的冲刷，另外就是西南官话和中原官话的冲击。北京官话属于强势方言，其仄声不送气清音的读法由北向南插入，一波又一波地冲击陕北和晋北、晋中地区的全浊仄声字的读音，使这些地区读送气音的数量越来越少。二是在甘肃南部，陕西西南部等地，又受到西南官话和中原官话的夹击，这些地区的全浊仄声字今天基本上都已经读为不送气清音了。在全浊仄声字读送气音保留得较为完整的地区，像陕甘宁交界处和晋陕豫交界处均是处于山区，语言受到外界的冲击较小，因此，送气音的读法保留得也较为完整。

最后，从送气音的保留情况来看，送气音声母都保留在最常用的口语词中，而不是书面语词中。有时，一个字平常读音为不送气清音，只有在特殊的场合下读为送气清音。如灵宝方言，发音人见到"道"这一个字时，首先读出的是不送气清音[tao˧]，后来经提醒，发音人指出在"画一道"这个词语中，"道"应该读成送气的[t'ao˧]，在其他方言中也出现了类似的现象。如果陕北等地的送气音是由某地扩散开去的话，那么最容易读送气音的应该是一些较新的词，而不是当地极其常用的口语词。正如普通话对于其他方言的扩散一样，一般在较文的场合或是一些非口语常用词容易受到普通话的影响，而本方言固有的一些词语则容易保留自身的特点。从表5-1中可以看到，各地仄声字读送气音只有量的不同，没有质的变化，即各地读送气音的都是一些极常用的口语词，如"稻、败、直"等。

通过文献材料和全浊仄声字今读送气清音的地域分布分析，可以推断，唐宋时期陕甘宁地区和山西南部以及河南西部的方言在全浊声母演变方面具有一致性，全浊声母跟次清声母合流，读为送气清音。现代西北地区古全浊仄声字读送气的方言和唐宋西北方言之间具有继承关系，只是因为强势官话方言的包围和其他一些原因，这一支方言的分布区域在现代明显变小，并且有越来越萎缩的趋势。如有些方言的全浊仄声字只有极少数读送气清音（神木、岷县），随着时间的推移，从这些方言中可能就看不出仄声字曾经有过读送气清音的情况了。

（二）通泰方言

江苏通泰地区（泰州、通州、盐城）的南通、如东、如皋、东台、泰兴等地的全浊声母不论平仄一律读送气清音，与客赣方言一致。通泰方言的重要特征是全浊声母今逢塞音塞擦音不论平仄，一律读成送气清音，这是全区统一的特征，与客赣方言一致，与北邻的扬肥方言及南面的吴语迥然不同（顾黔，2001）。下面是如东、东台、泰兴的读音举例。

	皮	糖	桥	茶	虫	船	锄	淡
如东	pʻi˧	tʻã˧	tɕʻiɔ˧	tsʻa˧	tsʻoŋ˧	tsʻũ˧	tsʻu˧	tʻẽ˩
东台	pʻɿ˧	tʻã˧	tɕʻiɔ˧	tsʻa˧	tsʻoŋ˧	tsʻũ˧	tsʻu˧	tʻẽ˩
泰兴	pʻi˧	tʻã˧	tɕʻiɔ˧	tsʻa˧	tsʻoŋ˧	tsʻũ˧	tsʻu˧	tʻẽ˩

	近	柱	病	豆	字	白	直	贼
如东	tɕʻin˩	tsʻu˩	pʻin˩	tʻɤ˩	tsʻɿ˩	pʻoʔ˩	tsʻəʔ˩	tsʻəʔ˩
东台	tɕʻin˩	tsʻu˩	pʻin˩	tsʻɯ˩	tsʻɿ˩	pʻəʔ˩	tsʻəʔ˩	tsʻəʔ˩
泰兴	tɕʻiŋ˩	tsʻu˩	pʻiŋ˩	tʻei˩	tsʻɿ˩	pʻɔʔ˩	tsʻɜʔ˩	tsʻɜʔ˩

鲁国尧的《客、赣、通泰方言源于南朝通语说》（2003），提出在南北朝后期，汉语历史上形成了以洛阳话为标准的北朝通语和以建康话为标准的南朝通语，通泰方言是南朝通语在原地的嫡系后裔。该文还指出通泰、徽、赣、客四方言形成了对古老的吴语、闽语的包围态势，鲁先生说道："正如地质学家的板块构造说可以从非洲与南美洲海岸曲线的吻合得到印证一样，这个包围圈看来不是偶然的，这四个方言'板块'正是四世纪北方方言南下进逼吴、闽方言的结果"。此说如果成立，通泰、徽、赣、客等方言之间的关系的研究应该得到进一步的加强。

（三）徽语

徽语分布于新安江流域的安徽省旧徽州府（包括今属江西省的婺源县），浙江省的旧严州府，江西省的德兴县、旧浮梁县（今属景德镇市）（李荣，1985）。就全浊声母今读塞音、塞擦音是否送气来说，徽语内部不一致，有几种不同的类型。其中旌德、绩溪、祁门、婺源、德兴、淳安、遂安、寿昌（白读）的全浊声母今读清音声母，逢塞音、塞擦音不论平仄绝大多数读送气清音。

	爬	棋	长	茶	船	蚕	淡	件
旌德	pʻo˧	tɕʻi˧	tsʻuɔ˧	tsʻɔ˧	tɕʻyẽ˧	tsʻne˩	tʻã˩	tɕʻĩ˩
绩溪	pʻo˧	tsʻɿ˧	tɕʻiõ˧	tsʻo˧	tɕʻyei˧	sʻã˧	tʻɔ˩	tɕʻiei˩
祁门	pʻɔ˧	tɕʻi˧	tʃʻɔ˧	tsʻo˧	ʃyi˧	sʻã˧	tʻuã˩	tɕʻai˩
婺源	pʻo˧	tɕʻi˧	tsʻã˧	tsʻo˧	xu˧	tʻmɯ˩	tʻõ˩	tɕʻĩ˩
德兴	pʻo˧	tɕʻi˧	tʃʻɔ˧	tʃʻo˧	ɕie˧	tsʻã˧	tʻã˩	tɕʻiẽ˩
淳安	pʻo˧	tɕʻi˧	tsʻã˧	tʻo˧	suã˧	sã˧	tʻã˩	tɕʻia˩
遂安	pʻɑ˧	tʃʻɿ˧	tɕʻiõ˧	tʻo˧	fẽ˧	tsʻne˧	tʻɔ˩	tɕʻiĕ˩
寿昌	pʻɤ˩	tɕʻi˩	tsʻãĩ˩	tɕʻyə˩	ɕyei˩	tɕʻmɕiɔʔ˩	tʻeu˩	tɕʻi˩

	柱	坐	字	败	洞	袋	白	直
旌德	tsʻuˋ	tsʻoˊ	tsʻɿˋ	pʻaˋ	tʻŋˋ	tʻeˋ	pʻaˋ	tsʻɤˉ
绩溪	tɕʻyˋ	tsʻəˊ	tsʻɿˋ	pʻɔˋ	tʻũˋ	tʻaˋ	pʻɔʔˉ	tɕʻieʔˉ
祁门	tʃʻyˉ	tsʻɔˊ	sɿˋ	pʻʌˋ	tʻɤŋˋ	tʻaːiˋ	pʻʌˋ	tɕʻiˉ
婺源	tɕʻyˊ	tsʻoˊ	tsʻɿˋ	pʻɔˋ	tʻʌmˋ	tʻʌmˋ	pʻɔˋ	tsʻiˋ
德兴	tʃʻyˊ	tsʻɔˊ	sʻɿˋ	pʻɛˋ	tʻoŋˋ	tʻɑuˋ	pʻaˋ	tɕʻieˉ
淳安	tɕʻyaˋ	suˋ	sʻɐˋ	pʻaˋ	tʻmˋ	tʻeˋ	pɑˋ	tsʻəʔˉ
遂安	tʃʻʉˋ	səˋ	sʻɿˋ	pʻaˋ	tʻɐˋ	tʻʌmˋ	pʻaˋ	tɕʻieiˉ
寿昌	tɕʻyˋ	suˋ	sʻɿˋ	pʻaˋ	tʻɔmˋ	tʻiːˋ	pʻɔʔˉ	tsʻəɁˉ

以上各点中的全浊声母均有少量不送气清音的读法，赵日新（2002）认为这些不送气清音是因为普通话的影响所致，其理由有三：①这些字除个别外，大多是方言口语的非常用字；②除个别字外，大多是仄声字，而且在仄声分阴阳调的方言中都读阴调；③寿昌方言中这些字大多是文读形式。文章还列举了绩溪和淳安方言读不送气清音的全浊声母仄声字。转引如下：

绩溪：杜巨拒剂弊队技妓忌调~动宙俭但截弼邓仅仗棒蚌鲸竟剧并罢稚陛煤渠他

淳安：距巨拒住瞿具毙队忌站车~键健邓赠煤在宙竞

徽语全浊声母清化后读送气清音的现象，可能和客赣方言的影响有关。与此同时，受到普通话的影响，有少量古全浊仄声字读成不送气清音。但绩溪的"渠他"，淳安的"在、住"等个别口语常用字也读不送气清音，可能与徽语全浊声母早期的读音层次有一定的关系。

（四）土话

土话是系属未明的汉语方言，包括粤北土话（《中国语言地图集》（1987）称为"韶州土话"）和湘南土话。此外，桂北的资兴、全州、灌阳等地也有土话的分布（曹志耘，2006）。大多数土话的全浊声母已经清化，送气/不送气按不同条件可以分为多种类型，其中全浊声母今读送气清音的类型主要分布在：湘南土话：桂阳流峰，临武麦市，新田茂家岭、北乡，宁远禾亭，蓝山新圩。粤北土话：仁化、韶关市、南雄、曲江、乐昌梅花。桂北土话：灌阳洞井瑶族乡。土话全浊声母读送气清音举例如下：

	排	赔	桥	茶	蚕	淡	字	坐
桂阳	pʻaˊ	pʻɛˊ	tʻieˊ	tsʻɒˊ	tsʻanˊ	tʻanˋ	tsʻɿˋ	tsʻuˋ
宁远	pʻiaˊ	pʻeˊ	tsʻɿˊ	tsʻoˊ	—	tʻoˋ	tsʻɿˋ	tsʻeˋ

仁化	pʰa˨	pʰui˧	kʰiau˨	tsʰo˨	tʃʰɔŋ˨	tʰaŋ˧	sɿ˨	tsʰɔ˨
乐昌	pʰai˨	pʰic˧	tʃʰiau˨	tsʰa˨	tʃʰɔŋ˧	tʰain˨	sɿ˨	tsʰou˨
灌阳	pʰiE˨	pʰE˧	cʰiu˨	tʂʰa˨	tʰEn˧	tʰa˨	tsʰɿ˨	tsʰuo˨
	罪	件	近	豆	大	洞	毒	贼
桂阳	tsuɛ˨	tɕʰian˧	kʰin˨	tʰɤ˨	tʰa˨	tʰəŋ˧	tʰu˨	tsæ˨
宁远	tsʰo˨	—	tɕʰie˧	tʰəu˨	tae˨	tʰie˧	tʰao˨	tsʰə˨
仁化	tsʰui˨	kʰiŋ˧	kʰɤ˨	tsʰu˨	tʰa˨	tʰœŋ˧	tʰu˨	tsʰə˨
乐昌	tsʰei˨	tʃʰien˧	tʃʰuin˨	tɕʰu˨	tʰai˨	tʰɔŋ˧	tʰouʔ˨	tsʰɛiʔ˨
灌阳	tsʰyE˨	cʰin˧	kʰEn˨	tʰɒ˨	tʰa˨	tʰəŋ˧	tʰEl˨	tsʰɿ˨

上述土话中全浊声母不论平仄均读送气清音，可能受到了客赣方言的影响。唐湘晖（2000）指出：就桂阳县而言，几个大姓（刘、李、袁等）都是从江西一带迁徙过来的，但迁入的时间有先有后，祖籍也各地不同。曲江县白沙镇《李氏族谱图叙》也记载：（白沙大村李姓太始祖宣仪）自宋端平三年（1236）由江右吉安府吉水县樟树镇谷村迁居于粤东之韶州府曲江县白沙村。由于江西移民的大量涌入，江西等地客赣方言全浊声母一律读送气清音的特点带入了土话区，使上述土话区的全浊声母今读一律为送气清音。

（五）其他

除了以上提到的全浊声母清化后读送气清音外，在汉语方言中，还有一些地区全浊声母不论平仄读成送气清音。

（1）福建：建宁、泰宁、邵武、顺昌、光泽、将乐。福建的这六个县市位于福建西北部地区，这一带是闽语和客赣方言的交界地带，东邻的崇安、建阳、建瓯、南平等县市属于闽北方言区；东南邻界的沙县、三明、永安三县市是闽中方言区；西南面的宁化、清流两县通行的是闽西客家话；西面相邻的各县是赣方言的赣东（抚广）片（李如龙、陈章太，1991）。由于特殊的地理位置，这六个县市方言的面貌极其繁杂。在全浊声母演变方面，这六个县市大部分读为送气清音，这一点跟客赣方言是一致的，但也有个别的全浊声母字跟闽语读音相同，如将乐的"办、淡"读不送气清音，在福州、厦门、仙游等地也读不送气清音；光泽的"全、权"读不送气清音，在大多数闽语中也是读不送气清音。此外，这些县市在语音上还具闽语的其他特点，如古知彻澄母大多都有舌头音的读法，心邪书禅等母有塞擦音的读法，等等。因此，这些方言在长期的接触中，往往具有"混合方言"的性质。

（2）娄底、隆回荷田乡。关于娄底方言全浊声母的读音，历来有不同的意见。李济源等（1987）认为，全浊声母今逢塞音塞擦音的，舒声字读不送气浊音，入声字读送气清音。彭逢澍（2003，未刊）则认为，全浊声母今逢塞音塞擦音的，无论平仄都读送气清音（转引自陈晖，2006），陈晖（2006）对娄底市区及娄底城郊等各地进行了实地调查，根据听感和实验语图分析，证实了娄底一带的方言中全浊声母已经完全清化，且不论平仄大多读为送气清音。娄底一直以来被认为是典型的湘语，但全浊声母的演变跟周围的双峰、湘乡、涟源等地截然不同，这其中的原因值得进一步探索。隆回在陈晖、鲍厚星（2007）中，南部属于湘语，全浊声母舒声字大部分保留浊音，入声字绝大多数清化，只有个别字保留浊音。北部属于赣语，全浊声母逢塞音塞擦音一律清化为送气清音。当然在给方言分区时，也不能单靠全浊声母的读音就能清楚地区分出湘语和赣语，还有其他一些语音、词汇、语法等条件。荷田乡刚好位于隆回县的中部地区，如果从综合角度来考虑的话，可以划归为湘语，但该方言的全浊声母读音跟一般湘语不同。该方言处在和赣方言的交界地带，在语言特征上不免同时具有湘语和赣语的一些混合特征。

（3）两广。广东吴化片的吴川、化州、湛江市粤语跟广西粤语的博白、钦州等地的全浊声母清化后一律读送气清音。此外，广西临桂两江平话的全浊声母今读也是送气清音。这些地区全浊声母的读音跟粤语或平话的读音都大相径庭，而跟客赣方言相同。至于这些读音是方言接触的产物还是自身发展的结果，有待进一步研究。

（六）汉语方言全浊声母读送气清音的讨论

1. 地域分布

由上述全浊声母读送气清音在汉语方言中的分布可以看出，汉语方言的古全浊塞音塞擦音清化后读送气音的范围非常广泛，跨越了汉语方言的南北两大地区。从西北片南下，中间穿越了湖北、河南以及安徽的大部分地区，最后扎根在江西和广东北部、福建西部、安徽南部以及偏处一隅的通泰地区。此外，广西、湖南、海南等地也有零星的分布。从送气音的数量来看，西北地区全浊声母读送气音多保留在白读层中，读送气音的数量有从两边向中间，由南向北递减的趋势，东南地区的客赣及个别其他方言中，除了个别字受普通话及周边方言的影响读不送气音外，全浊声母不论平仄绝大多数读送气清音。

2. 客赣方言与西北方言的关系

中国境内如此广阔的地域上存在着全浊声母清化后不论平仄一律读送气清音的类型，而涉及的方言又如此之多，几乎在每个大方言区中都能找到这种现象，这不得不令人思考这些方言的来龙去脉及其它们之间的关系。事实上，早在 20 世纪 40 年代，罗常培就提出了客赣方言"同系异派"的说法。王福堂（1999）、鲁国尧（2003）等都同意客赣之间有密切的关系，其中全浊声母今读送气清音就是最重要的证据之一。近年来，对于客赣方言特点的认识不断深入，但是有关客赣方言的关系问题还是存在不同的看法。

从全浊声母的今读方面来讨论客赣方言、通泰方言以及今晋南、关中等地方言关系的文章近年来不在少数。陈庆延（1989）描述了晋西南古河东郡的临汾、稷山、洪洞、闻喜等方言中，全浊声母今逢塞音、塞擦音无论平仄一概送气的特点。并且认为，由全浊声母一律读送气清音和移民史的研究，可以推断河东方言（今山西西南部地区）跟客家方言之间有着同源性。李如龙、辛世彪（1999）认为，现今南北方言中的"全浊送气"的特点都应该说是有源流关系的，换言之，都是从古代秦晋方言承传下来的。全浊声母今读一律送气的方言，全浊音也最早清化。秦晋、江淮（通泰）、客赣方言中"全浊送气"这一声母上的承传演变至少已经有 1500 年的历史了。顾黔（2001：514）也认为，这四大成片的区域（笔者按：客、赣、通泰、西北方言）"一律送气"及入声调值阴低阳高，反映了它们的同源关系。晋西南是客、赣、通泰先民居地之一，此四种方言同为 3、4 世纪汉语北方方言的后裔。鲁国尧（2003）认为客赣、通泰方言都源于南朝通语，对于它们跟今晋南、关中等地方言的关系，鲁先生在给顾黔《通泰方言音韵研究》（2001）的"序"里写道："如果承认客赣方言的先民也导源于永嘉南徙的北人，那么这些北人多半是今河南地区人士，当然也可能有今晋西南人，可是也有上党人等等，前辈学者早已指出，自东汉以来中州地区即为全国中心，洛阳方言是汉语通语的基础方言，直至两晋之交亦是如是。因此可以说，如欲上溯通泰方言之源，其祖语只能是东汉、魏、西晋时代的今山东、河南地区的北方方言。客赣方言的祖语也应该是这支北方方言。如欲将通泰、客赣的祖方言即东汉至西晋的中原方言和现代的陇东、关中、晋西南方言及唐五代的关中方言'联宗'，还需作细致的研究。即使能联宗，那也应该是另一个层次的事，方言繁衍分化的树形图当是另一种画法。"也就是说，鲁先生同意客赣和通泰方言存在同源关系，而对于客赣、通泰方言跟西北方言是否具有同源关系则持保留态度。

讨论客赣、通泰跟晋南、关中等地方言的关系，不仅牵涉语音方面的问题，而且跟移民史有密切的关系。客家迁徙的经过主要有三次，第一次是晋永嘉之乱后元帝的渡江；第二次是唐僖宗末黄巢起义；第三次是南宋末年元人的南侵。这三次迁徙的具体经过，罗香林的《客家研究导论》（1992）已有详细的记载。下面的这段话，往往成为人们论证客赣方言同西北方言关系的一个重要证据。

> 客家先民东晋以前的居地，实北起并州上党，西届司州弘农，东达扬州淮南，中至豫州新蔡、安丰；换言之，即汝水以东，颍水以西，淮水以北，北达黄河以至上党，皆为客家先民的居地。上党在今山西长治县境，弘农在今河南灵宝县南四十里境上，淮南在今安徽寿县境内，新蔡即今河南新蔡县，安丰在今河南潢川，固始等县附近。客家先民虽未必尽出于这些地方，然此实为他们基本住地，欲考证客家源流，不能不注意及此。客家先民第一次迁移的途径，远者自今日山西长治起程，渡黄河，依颍水，顺次南下，经汝颍平原，达长江南北岸；或者由今日河南灵宝等地，依洛水，逾少室山，自临汝，亦经汝颍平原达长江南北岸。要之，客家先民第一期的迁移，大抵皆特颍、汝、淮诸水流域，向南行动，这是可从该地自然地理推证出来的。至于第二期的迁移，则远者多由今河南光山、潢川、固始，安徽寿县、阜阳等地，渡江入赣，更徙闽南；其近者则径自赣北或赣中，徙于赣南或闽南，或粤北边地。第三期的迁移则多自赣南或闽南徙于粤东、粤北。

时贤在引用这段话时，往往是为了证明客赣方言和河南、山西等地的方言之间具有源流关系。因为这些地区实为客家先民的基本住地。根据文献记载，唐宋时期，西北等地区存在全浊声母一律读送气清音的现象，这就可以将移民路径和语音特征结合起来，认为客赣、西北方言之间存在着同源关系。在引用这段话时，有几个方面需要注意：①根据罗香林的研究，客家移民经过了三次大的迁移，只有第一次迁移的出发点跟山西、陕西、河南等地有着密切的关系，至于后两期的迁徙，跟陕西、山西等地没有太大关系，是以河南南部以及安徽、江西等地作为起点的，尤其是第三次迁徙，与西北地区更没有关系了。这三次迁移之间的间隔时间相当长，如第一次和第二次之间就长达四个多世纪。它们之间的语言是否有继承关系现在还不清楚。②目前所知的早期西北方言的面貌最早只能上溯到8、9世纪末，也就是《大乘中宗见解》所代表的汉藏对音译音材料的时间，对于东晋时期西北地区全浊声母的面貌还不得而知。不过，可以肯定的是，东晋时期西北方言的全浊声母还保留浊音。因为通过研究，发现浊音清化的最早时间也只能在唐朝。也就是说，在浊音清化之前，客家先民已经开始迁移了，至于迁移后的客家先民全浊声母的演变跟留在客家原住地的西北方言的全浊声母演变之间是否具有源流关系，那是另一个问题。③要证明客赣跟西北方言以及通泰方言之间的源流关系，除了全浊声母演变类型上的一致以外，最好还要有其他语音方面的证据，如知庄章的分合、阳声韵的演变等。王洪君（1987）论证山西闻喜方言跟宋代西北方言的关系时，就分别讨论了闻喜方言白读层中宕江曾梗通等后鼻韵尾的分合归属以及全浊仄声字的归属这两个重要方面，从而推断了闻喜方言白读层与宋西北方言之间的相似性。在全浊声母演变方面，类型上的一致并不能肯定两种或几种方言之间具有同源关系。如湖南娄底方言，全浊声母不论平仄演变为送气清音，跟客赣方言一致，但人们并不否认娄底方言是典型的湘语，只是娄底方言在全浊声母演变方面，跟其他湘语有不同罢了。因此，要论证客赣方言的来源问题以及同西北方言的关系，还有很多工作要做。难怪乎罗常培（1989）曾说："我尝说，如果有人把客家问题彻底研究清楚，那么，关于一部分中国民族迁徙的途径和语言演变的历程，就可以认识了多一半。"

二 不送气清音

相比全浊声母清化后今读送气清音在汉语方言中的广泛分布，全浊声母清化后今读不送气清音在汉语方言中的分布十分有限，不送气清音作为白读层的特征比较显著，而且分布的连续性也不是很强。主要有以下几个地区全浊声母清化后今读不送气清音。

（一）晋中、胶东方言的白读层

1. 晋中

晋语区全浊声母读音复杂，不少地区存在文白两个层次。如前文提到的晋南地区全浊声母仄声字存在文白两个层次，文读层不送气，白读层送气。晋中地区全浊声母也有文白两个层次。和晋南地区不同的是，晋中地区的全浊声母平声字具有两个层次，文读层为送气清音，白读层为不送气清音。也就是说，晋中方言全浊声母的白读层一律读不送气清音，跟晋南地区全浊声母的白读层读音刚好相反。

（1）地域分布

晋中地区全浊声母的白读层无论平仄均读不送气清音主要分布在清徐、榆次、太谷、交城、文水、祁水、平遥、孝义、介休9个点（侯精一，1999），另外，据韩沛玲（2006），晋北的五台、原平、忻州、大同、山阴等地的白读层全浊声母也有不送气清音的读法。在"地图集"所调查的山西方言中，有大同、代县、左权、灵丘、平遥几个点的全浊声母在白读层中有不送气清音的读法。下面是部分晋中方言全浊声母平声字读不送气清音的例字。

清徐：婆 pɤɯ˩ ｜ 甜 tie˩ ｜ 钱 tɕie˩ ｜ 骑 tɕi˩ ｜ 穷 tɕyɑ̃˩ ｜ 肠 tsɒ˩ ｜ 赔 pei˩

祁县：婆 pɯ˧ ｜ 茄~子 tɕi˧ ｜ 瘸 tɕyi˧ ｜ 团 tuɯ̃˧ ｜ 钱 tɕiẽ˧ ｜ 穷 tɕyuɯ̃˧ ｜ 甜 tiẽ˧ ｜ 迟 tsɿ˧

太谷：赔 pei˩ ｜ 田 tiẽ˩ ｜ 甜 tiẽ˩ ｜ 钱 tɕiẽ˩ ｜ 穷 tɕyu˩ ｜ 骑 tɕi˩ ｜ 肠 tsɒ˩

大同：锤 tsuɛi˧˩ ｜ 稠 tsəu˧˩ ｜ 提 tia˧˩ ｜ 婆 pʊ˧˩ ｜ 祠 tsɿ˧˩

左权：迟 tʂʅ˩ ｜ 虫 tsuŋ˩

灵丘：提 tiə˩ ｜ 排 pai˩

代县：赔 pei˧˩

以上方言点中，全浊声母平声字读不送气清音的字数并不是很多，也就是说，从共时平面看，全浊声母在晋中方言中还是以平声送气，仄声不送气为主。跟晋南地区全浊声母仄声字读送气音的数量相比较，可以发现，晋中地区全浊声母平声字读不送气音的数量还是比较少的，主要存留在少数一些口语词汇当中。

(2) 平遥方言全浊平声字的读音

为了对晋中方言全浊声母的读音有一个更加全面的了解，本节重点考察平遥方言的全浊声母。平遥方言的全浊仄声字一律读为不送气清音，跟北京等地的官话方言一致。全浊平声字有的读送气清音，有的读不送气清音，有的有送气/不送气的文白异读。下面是根据《平遥方言简志》（侯精一，1982）统计的平遥方言全浊声母平声字不送气音的读法（一字两读的，斜线后为文读）。

并母：钯琶杷爬 paˊ｜陪~随 pæˊ/pʰæˊ｜赔~钱 pæˊ/pʰæˊ｜牌~~: 围嘴 pæˊ/pʰæˊ｜刨 pɔˊ/pʰɔˊ｜鳔 piɔˊ｜皮~~儿 piˊ/pʰiˊ｜疲~茶水: 不热的茶水 piˊ/pʰiˊ｜葡~萄 puˊ｜菩~萨 puˊ｜脯~子 puˊ｜婆 peiˊ｜盆 peŋˊ｜旁一~边 paŋˊ/~人 pʰaŋˊ

定母：桃 tɔˊ｜甜田填 tiEˊ｜台圪~~: 台阶 tæˊ/~湾 tʰæˊ｜抬 tæˊ/tʰæˊ｜蹄提 tiˊ｜头~发 təuˊ/tʰəuˊ｜团一~痰 tuaŋˊ/~圆 tʰuaŋˊ｜腾疼誊 təŋˊ｜弹~琴 taŋˊ/tʰaŋˊ｜糖 taŋˊ｜痰吐~ taŋˊ｜亶 tʰaŋˊ｜调~和 tiɔˊ/tʰiɔˊ｜笤 tɕiɔˊ｜驼 teiˊ｜条 tiɔˊ｜铜~的 tuŋˊ

群母：茄 tɕiEˊ｜钳 tɕiˊ/tɕʰiˊ｜拳 tɕyEˊ/tɕʰyEˊ｜强 tɕyəˊ｜荞 tɕiɔˊ｜桥~头 tɕiɔˊ/tɕʰiɔˊ｜樵~夫 tɕiɔˊ/tɕʰiɔˊ｜骑 tɕiˊ｜瞿 tɕyˊ｜渠 tɕyˊ｜穷~人 tɕyŋˊ/tɕʰyŋˊ

澄母：搽 tsaˊ｜茶~盅 tsaˊ/喝~ tsʰaˊ｜迟~~底 tʂʅˊ/tʂʰʅˊ｜厨~房 tʂʅˊ/tʂʰʅˊ｜储~蓄 tʂʅˊ/tʂʰʅˊ｜除年~下 tʂʅˊ/~法 tʂʰʅˊ｜槌~头 tsueiˊ/tsʰueiˊ｜锤~子 tsueiˊ/tsʰueiˊ｜稠~~底 tʂəuˊ/tʂʰəuˊ｜缠 tʂaŋˊ｜橼~子 tʂuaŋˊ/tʂʰuaŋˊ｜虫~~ tʂuŋˊ/tʂʰuŋˊ｜场~子: 院子 tsuəˊ/tsʰuəˊ｜肠 tsuəˊ｜长~的 tsuəˊ/~短 tʂaŋˊ

从母：钱~儿 tɕiEˊ/tɕʰiEˊ｜前~头 tɕiEˊ/tɕʰiEˊ｜墙 tɕyəˊ｜泉 tɕyEˊ/tɕʰyEˊ｜瓷慈磁 tsʅˊ/tsʰʅˊ｜蚕~儿 tsaŋˊ/tsʰaŋˊ｜藏~拍 tɕyəˊ/tsʰaŋˊ｜槽 tɕɔˊ/tsʰɔˊ

崇母在平遥方言的白读层读为擦音，跟禅母合流。例如：茬 saˊ｜柴 sæˊ｜愁 səuˊ。

平遥方言的全浊平声字读不送气音有以下特点：①一部分字只有不送气音的读法，如"菩刨荞"等。②一部分字有不送气和送气两种读法，这两种读法通常可以区别词义，例如：台圪~~: 台阶 tæˊ｜~湾 tʰæˊ｜除年~下 tʂʅˊ/~法 tʂʰʅˊ，即同一个平声字在一个固定的词里面通常只有一种读音。③平声字的送气不送气两读，除了声母发生了改变外，有的韵母也跟着发生了变化。如：长~的 tsuəɿ/~短 tʂ·aŋɿ｜藏~拍 tɕyəɿ/tsʰ·aŋɿ。在送气声母的读音中，除了声母用了送气的文读形式外，韵母也采用了文读的形式，也有些字只有声母发生变化，而韵母仍然采用白读的形式，例如：场~子：院子 tsuəɿ/tsʰ·əɿ。

（3）晋中方言全浊平声字读不送气音的文献记载

关于晋中地区的全浊平声字读不送气清音的情况，在早期反映西北方言的文献中有所记载。据罗常培（1933）记载，代表8、9世纪西北方言的注音材料《开蒙要训》，可以代表后唐明宗时代的敦煌方言。《开蒙要训》所代表的方言全浊声母有跟全清混淆的现象。如文中用"婆"注"跛"，用"志"注"绐"等都反映了全浊声母跟全清声母不分的现象，跟今天平遥等地全浊声母的白读层一致。

表 5-2　　　　《开蒙要训》的全浊、全清互注一览表

类型	本文	声母	注音	声母	类型	本文	声母	注音	声母
帮并互注	屏	帮	平	并	端定互注	锻	端	段	定
	瓢	并	标	帮		蹬	定	等	端
	跛	帮	婆	并					
见群互注	瓹	群	鬼	见	精从互注	踪	精	从	从
	拑	群	甘	见		荠	从	精	精
	钜	见	巨	群		鳟	从	遵	精

现代山西方言全浊声母白读层的读音以及反映西北方言的文献材料证明，在山西晋中等地区的某一片方言中，全浊声母曾经有过不论平仄均读不送气清音的现象。这种现象跟晋南等地全浊声母不论平仄均读送气清音的现象刚好相反。全浊声母读音的这种全送气和全不送气以及平送仄不送三者之间的关系，徐通锵（1990）在分析山西方言全浊声母的读音时认为，"并存"是唯一可能的解释。要是在三种类型的语音表现中确定某一种类型为"正宗"，其他两种类型都是从它"变"出来的，那在音理上会遇到无法克服的矛盾和困难。

2. 胶东

胶东地区的荣成、文登、牟平等地的方言一部分古全浊塞音塞擦音平

声字在口语中读为不送气清音,利用中国社会科学院语言研究所编的《方言调查字表》稍作增减,共得242字,口语读不送气清音的共50字,占调查字数的五分之一强（钱曾怡,1981）。就全浊声母的演变来说,胶东地区的官话绝大多数地区是平声送气,仄声不送气,荣成等地的全浊平声字读不送气音在胶辽官话乃至整个官话地区都引人注目。王淑霞（1995）对荣成方言有较为详细的记载。下面就荣成方言全浊平声字的读音进行分析,所用材料全部出自《荣成方言志》（王淑霞,1995）。

荣成方言的全浊声母平声字在口语中读为不送气音的共有 63 个,它们是"爬揌茬碴婆驮砣陀蹄齐骑蒲渠便茄瘸牌台抬苔裁赔刨桃槽潮瓢筶条荞头盘弹团缠甜填钱前拳盆存陈沉频裙群糖长场肠墙瓶晴勤丛虫穷瞿槌谭耙鲣"。涉及的全浊声母有并定澄从群崇六母,其中并定两母的不送气读音最多,崇母字最少。荣成方言全浊声母平声字的不送气读音中,少数几个字只有一种读法:勤~快、鲣~巴鱼。其余口语中读不送气的平声字,均有相应的送气读法。因此,荣成方言的一部分平声字有送气/不送气的异读。这些具有送气/不送气两读的字,有如下几个方面的特点:

（1）全浊平声字的两读,只有声母的送气/不送气的差异,韵母和声调都保持一致。例如:缠 tʃanㄱ/tʃˑanㄱ｜齐 tsiㄱ/tsˑiㄱ｜婆奶奶 pɔㄱ/老~儿:儿媳对人称自己的婆婆 pˑɔㄱ。这跟晋语区的文白异读的情况有点不同。如上文所提到的平遥方言的全浊声母平声字文读送气时,韵母有时也采用文读的形式。荣成方言全浊声母平声字的异读只有声母送气/不送气的交替,没有声调和韵母的叠置,这是跟平遥等地晋语读音的不同之处。

（2）一部分平声字的送气/不送气没有区别词义的作用。同一个口语字,既可以用送气读音,又可以用不送气读音。例如:蒲~草 puㄱ~pˑuㄱ｜便~宜 piɛㄱ~pˑiɛㄱ｜槽马~子 tsauㄱ~tsˑauㄱ｜瘸~子 cyɛㄱ~cˑyɛㄱ。

（3）另一部分平声字的送气/不送气读法具有区别词义的作用。它们只出现在相应的词中,哪些词读不送气,哪些词读送气用法比较固定。大致说来,不送气的读音多用于较旧的词语、地名或一些当地特殊的土语,送气的读音用于比较新的词语或流行地域较广的词语。如"槌"在"线槌子"中读[tʂueiㄱ],而在"棒槌"中读[tʂˑueiㄱ];"团"在"团弄用手搓东西使成圆形"中读[tanㄱ],而在"团员"中读[tˑanㄱ]。

荣成方言的古全浊平声字既有送气清音,又有不送气清音的读法,从音韵的角度看不出分化的条件,甚至一些古音相同的字,今读音也不相同。例如：瓶 piŋ˧≠萍 pʰiŋ˧｜蹄 ti˧≠题 tʰi˧。关于荣成方言全浊声母的这种不规则分化，冯爱珍（2000：127-133）曾将其跟闽语全浊声母的读音进行比较，认为全浊声母字送气与不送气的读音并存是汉语方言发展过程中出现的现象。并认为这种相同音韵地位的字的不规则分化，不仅是语言时代层次的积淀，也是语言交际中区分词义的需要。

荣成方言全浊声母平声字送气/不送气的差异，有的可以区分词义，如上文（3）所示，也有的不区分词义，如（1）、（2）所举的例子。就那些具有区别词义的音而言，有的字音表示的不同词义的出现有先后顺序，如"团员"一词，就比"团弄"一词出现的时间要晚得多，相应的"团员"的"团"的读音跟周边其他方言一样读成了送气声母。但就前文提到的"婆奶奶"和"老婆儿儿媳对人称自己的婆婆"，前者不送气，后者送气，但哪个更老，哪个更新，这就不好判断。因为"奶奶"和用于叙称的"婆婆"这两个称呼按理都是本方言比较固定的词，出现的时间应该不会相距太远。从荣成方言平声字读音的表现来看，不送气读音应该是本地固有的语音特征，送气读音是周边平声送气的强势方言的扩散造成的。荣成方言的全浊声母平声字在共时平面上体现为既有送气读法，又有不送气读法的现象，是两个姊妹方言叠置的结果，是两种不同性质的方言长时间竞争的产物。

荣成方言古全浊平声字的异读只有声母的差异，没有韵母或声调差异。因此，荣成方言的文白异读既可以说是声类上的"异"，也可以看成是语素上的差异，即某个语素读送气音或不送气音，或二者兼具。来源于权威方言全浊声母平声字的送气清音向荣成方言"侵入"时，应该是以词汇或语素为单位进入的（从目前的观察来看，荣成方言全浊声母字的"异读"没有形成"文白杂配"的局面，可以视为以语素为单位进行的置换），但这个过程并不是瞬间完成的，经历了几个不同的阶段。

（1）一部分不属于本地方言的新词语首先进入荣成方言的词汇系统，这一部分词语中，属于古全浊平声的字均读送气清音，被整个借入荣成方言。从某种程度上讲，这一部分词也就相当于荣成方言中的新借词，因此，它们进入荣成方言没有任何阻力，也不存在与本地方言的竞争，词类和语音形式从强势方言中被整个借进来。如"团员""旗袍""胸脯子"（加着重号的字为古全浊平声字）。这种进入的方式如果给它命名的话，可以称之为"自由进入"。

（2）同属于强势方言和荣成方言的词语，强势方言平声字的送气清音和荣成方言的不送气清音之间存在竞争关系。也就是说，平声字的送气清音在进入过程中遇到了阻力，这种阻力的结果往往会造成同一个词语的送气和不送气两种读法，两种读法并没有区别意义的作用。例如：蒲~草 pu˧~pʻu˧｜便~宜 piɛ˧~pʻiɛ˧。但是由于强势方言的攻势，原来的不送气音逐渐无法抵挡，最终让位给送气音。因此，在现今的荣成方言中，全浊声母平声字有三分之二左右读送气清音，只有少数词语有送气不送气两种读法，且这两种读法之间没有区分词义的作用。全浊声母的送气不送气两读可以看成是古全浊平声字的自由变读阶段。

（3）对于由同一个语素组成的一组本地土语词，"平声送气"的进入总是以一个一个的方式进行。但是哪个先读送气清音，哪个后读送气清音，这是不定的，从共时平面上找不到规律。如"线槌子"和"棒槌"两个词都是本地所有的，"槌"在前一个词中读不送气清音，在后一个词中读送气清音，但不能据此就认为"线槌子"是先有的，"棒槌"就是后有的，更不能说前者是口语词，后者是书面语词。上文提到的"婆"用于"奶奶"和叙称"婆婆"这两个称呼时，前者不送气，后者送气，也不能据此认为前者是口语词，后者就是书面语词。

（4）最后，对于一些本地独有的词语或是一些特有的地名词语，"平声送气"在进入过程中可能会留下一些空档，造成不送气声母的残留。如"鲢~巴鱼"就保留了不送气读音，并且没有送气的读法。再如"谭家庄"和"谭村林家"，这两个词语均为村名，前者用得比较普遍，"谭"在前一个词语中已经读成了送气清音[tʻan˧]，后者应该属于本地特有的村名，因此"谭"还保留了不送气的读法，读音为[tan˧]。这种本地独有词语和特有地名里的不送气读法，可以看成是文白竞争过程中的残留。

总之，荣成方言古全浊平声字的60多个不送气清音是本地白读音跟强势方言来源的文读音长期竞争的产物。这些不送气清音在跟送气清音的竞争过程中，可能会进一步地失去原有的地盘（如那些同时具有两种读音的词），最终被送气清音征服。但在一些地名和本地常用特殊用语中，不送气清音的读法还会以"存古"的方式保留下来，成为荣成方言里古全浊平声字曾经有过不送气读音的"活化石"。从文读进入的过程中，可以看到一个大致的次序，即先新兴或书面语词，再一般语词，再后本地特有词，最后本地小地名。侵入有"阶"的差异，但没有口语词不被侵入的限制。这一点跟陈保亚证明接触的"有阶无界"律具有相似之处（陈保亚，1996）。

（二）平话

大多数平话的全浊声母不论平仄一律读成不送气清音。但近年来，在平话的内部也发现了全浊声母读音的一些差异。如属于桂北片平话的临桂两江无论平仄均送气（梁金荣，1994）；临桂四塘、五通等地今读上声送气，非上声不送气；邕宁五塘平上不送气，去入送气（覃远雄，2007）；横县、平南等地平话全浊声母仄声字读不送气清音，平声字一部分读不送气清音，一部分读送气清音，看不出有何规律，而且这两地全浊声母平声字读送气清音的数量比读不送气清音的数量还要多。例如横县：排 p'ai˧｜皮 p'i˧｜长 ts'eŋ˧｜锤 ts'ui˧｜蚕 ts'am˧｜全 ts'yn˧｜潭 t'am˧｜棋 k'i˧；平南：爬 p'a˨｜茄 k'ɛɜ˨｜糖 t'œŋ˨｜迟 ts'i˨｜床 ts'œŋ˨。除上文提到的各点，其他平话全浊声母基本上是不论平仄一律读为不送气清音。下面是桂南平话的龙州、百色、田东、宾阳和桂北平话的桂林市、平乐、灵川、富川等地古全浊声的读音。

	爬	潭	茶	柱	近	病	字	白	直
龙州	pa˨	tam˨	tsa˨	tsui˦	kən˦	peŋ˨	tsi˨	pɛk˨	tsɐt˨
百色	pʌ˨	tam˨	tsʌ˨	tsui˦	kən˦	pən˨	tsi˨	pɛk˨	tsɐt˨
田东	pa˨	tam˨	tsa˨	tsui˦	kən˦	pən˨	tsi˨	pɛk˨	tsɐt˨
宾阳	pa˨	tam˨	tsa˨	tsui˨	kən˨	peŋ˨	tsii˨	pak˨	tsik˨
桂林市	—	taŋ˨	tsɔ˨	tsy˦	tɕiŋ˦	pai˨	tsɿ˨	pa˨	tsai˨
平乐	pa˨	tæ̃˨	sa˨	tɕy˨	tɕiẽ˨	pæ˨	si˨	piɣ˨	sa˨
灵川	pɔ˨	tɔ˨	tsɔ˨	ty˨	tɕiŋ˨	pai˨	tsɿ˨	pa˨	tsai˨
富川	pa˨	tan˨	sa˨	ɕy˨	tsɿ˨	peŋ˨	ɕi˨	pa˨	ɕiɜ˨

值得注意的是，古全浊塞音塞擦音声母读不送气清音的平话内部也有差异，"不送气清音"主要就今读塞音塞擦音而言的，古全浊塞音塞擦音声母在平话中的演变并不完全一致。如平果、青秀等地的古全浊塞音塞擦音多数变成同部位的不送气清音，但昭平、富川、岑溪、平乐等地的古从、崇、船母一律读成清擦音，无送气/不送气之分。例如，富川古从崇船母的读音：虫 soŋ˧｜长 ɕiaŋ˧｜全 suin˧｜柱 ɕy˧｜字 ɕi˨｜直 ɕiɜ˨。

就全浊声母读音的音值而言，平话各地也存在着差异。平南的从母和邪母合流，均读成边擦音 [ɬ]，如：蚕 ɬam˨｜寻 ɬəm˨｜字 ɬi˨｜贼 ɬɐk˨‖祠 ɬi˨｜谢 ɬɛ˨。另外，像桂北平话的临桂五通、两江和灵川等地的

澄母字也有读如 [t] 声母的，如灵川：长 tiɑŋ˧ | 迟 ti˧ | 柱 ty˧。桂南平话澄母字基本上读为塞擦音声母。

（三）粤语

粤语中也有一部分县市方言的全浊声母清化后一律读为不送气清音，如广东怀集、连县；广西昭平、岑溪、藤县、容县等地，跟平话相似，全浊声母在这些方言中读作不送气清音时还有一些内部差异。例如容县的从母字读边擦音声母 [ɬ]。下面是怀集、容县两地古全浊塞音塞擦音声母的读音。

怀集：赔 pui˧ | 长 tyŋ˧ | 蚕 tʃam˧ | 铜 toŋ˧ | 淡 tam˧ | 罪 tʃɔi˧ | 败 pai˧ | 大 tai˧ | 毒 tok˧ | 直 tʃek˧

容县：排 pai˧ | 皮 pi˧ | 淡 tam˧ | 件 kin˧ | 豆 teu˧ | 撞 tsɔŋ˧ | 局 kuk˧ | 白 pek˧ | 贼 ɬek˧

粤语全浊声母读不送气清音主要集中在勾漏片。《广东方言的分区》（熊正辉，1987）将广东粤语分为广府片、四邑片、高阳片、勾漏片和吴化片。全浊声母今读塞音塞擦音时，勾漏片一般都不送气。勾漏片分布在四会、广宁、德庆、罗定、郁南、封开、怀集、信宜、阳山、连县、连山11个县境内。《广西的汉语方言（稿）》（杨焕典等，1985）将广西粤语分为广府片、邕浔片、勾漏片和钦廉片。勾漏片包括玉林、梧州两地区的13个县，主要是广大农村。全浊声母今读塞音塞擦音时，勾漏片的广大农村地区，不论平仄都读不送气声母，但县城的情况不一样。

虽然粤语全浊声母读不送气清音分布在勾漏片，但勾漏片内部也有差异。大致说来，怀集、阳山、连县、昭平、苍梧、岑溪、藤县、容县、兴业、玉林等地的全浊声母基本上读为不送气清音。信宜的全浊声母基本上读为送气清音；罗定、郁南平声基本送气，仄声字里古全浊上声字也有部分字送气，同粤语广府片较为一致。例如罗定：赔 pʰui˧ | 茶 tʃʰa˧ | 迟 tʃʰi˧ | 柱 tʃʰy˧ | 柿 tʃʰi˧ | 坐 tʃʰu˧；四会、广宁、德庆等地古全浊平声字有部分字读送气清音，其余基本上读不送气清音，例如四会：锄 tsʰoi˧ | 锤 tsʰø˧ | 茄 kʰe˧ | 权 kʰyn˧ | 祠 tsʰi˧。连山并定群母读不送气清音，其他声母一律读成清擦音，以声母为条件进行分化。

（四）土话

全浊声母读不送气清音的土话主要分布在湘南地区，包括江永、江华、道县的大部分以及双牌打鼓坪、蓝山新圩、竹管寺、嘉禾石桥的部分地区。

粤北土话中目前只发现南雄市区雄州镇及其近郊的方言具有这个特点（庄初升，2004b）。土话中全浊声母读不送气清音，也存在一定的内部差异，具体表现如下。

（1）只有并定群母读为不送气清音，其他声母一律读为清擦音。主要分布在湖南江华、广东连山。

	爬	皮	办	铜	淡	豆	桥	件	局
江华	pa˩	pi˩	pan˥	toŋ˩	tan˧	tao˧	kiɔɯ˩	kin˩	tɕy˩
连山	pa˧˩	pi˧˩	pan˧˩	toŋ˧˩	tan˧	tɑu˧	kiu˩	kin˩	kok˩
	蚕	全	坐	迟	柱	直	船	柴	柿
江华	tsʻan˩	syn˩	sø˩	si˩	sy˩	sie˩	syn˩	sae˩	—
连山	ɬan˧˩	ɬun˧˩	ɬø˧˩	ʃi˧˩	ʃy˩	tʃɛk˩	ʃyn˩	ʃai˩	ʃi˩

（2）南雄雄州镇古全浊塞音塞擦音今读同部位的不送气清音，此外，邪母字也读不送气清音，同从母字合流。例如：排 pɔɛ˩｜被~子 pi˩｜条 tai˩｜淡 tɔ̃˩｜坐 tsɔ˩｜才 tsɤ˩｜谢 tɕia˩｜徐 tɕy˩｜植 tɕie˧˩｜助 tsɔ˧˩｜状 tsɔŋ˧˩｜旧 tɕiɤ˧˩｜近 tɕioŋ˩。

（3）蓝山竹官寺、江永城关全浊声母读不送气清音，从邪相混均读成不送气清音，船禅相混，但均读成清擦音，同时，一部分奉母字也读成不送气的塞音声母。江永：耙 pɯa˧˩｜饭 paŋ˧｜田 təŋ˧˩｜大 tø˧｜桥 tɕiu˧˩｜字 tsɯə˧｜集 tsa˧｜习 tsa˧｜旋 tɕyn˧˩｜愁 tsou˧˩｜助 tsu˧｜城 ɕioŋ˧˩｜船 ɕyəŋ˧˩。

（4）双牌打鼓坪、道县清塘、营江、仙子脚、寿雁一部分从崇澄母字读擦音声母。以道县寿雁为例，古并定群从澄船崇母字今逢塞音塞擦音不论平仄均读不送气清音，如：婆 pu˩｜簿 pu˧˩｜桃 ta˩｜道 ta˧˩｜近 tɕi˧˩｜匠 tɕiaŋ˧˩｜晴 tɕiu˩｜迟 tʂɿ˩。但该处古全浊澄从崇母有部分字今读擦音声母：茶 su˩｜柱 so˧˩｜沉 siɛ˩｜重 siɛ˩｜才 si˩｜状 soŋ˩。该点奉母字也有不送气塞音的读法，例如：浮 pa˩｜份 piɛ˧˩｜妇 pɤ˧˩。

（五）其他

1. 湘语

湘语全浊声母的研究，最近几年有了较大的进展，可参看鲍厚星、陈晖《湘语的分区（稿）》（2005），陈晖《湘方言语音研究》（2006）。一直以来，湘语都被认为全浊声母不论平仄清浊都不送气，但经过近年来的调查发现，大部分湘语全浊声母清化后入声字部分送气，部分不送气

(详细情况见于本节下文)。而全浊声母清化后一律读不送气清音主要集中在湖南南部的衡阳市、衡阳县、衡南县等少数地区，这几处地方的全浊声母入声字基本上都读不送气清音，与双峰等地全浊声母入声字绝大多数送气明显不同，与长沙古全浊入声字半数左右送气也有很大的差距。下面是衡阳、衡南两地全浊声母的读音。

	皮	茶	淡	件	字	袋	白	直	贼	毒
衡阳	pi˨	tsua˨	tan˦	tɕien˦	tsʅ˧	tae˦	pe˦	tɕi˦	tse˦	tu˦
衡南	pi˨	tsua˨	tan˦	tɕien˦	tsʅ˧	tae˦	pa˦	tɕi˦	tse˦	tu˦

2. 吴语

虽然大多数吴语的全浊声母仍然保留浊音，但有部分吴语正在经历"浊音清化"的过程，甚至有些吴语的整个全浊声母系统都已经变成清音。全浊声母系统完全变成清音的吴语多分布在不同方言的交界地带，就语言环境而言，容易受到周边方言的影响。如吴、闽语交界处的庆元、浦城_{南浦}方言，吴语和江淮官话交界处丹阳方言的全浊声母均已读成清音。就清化后的读音而言，吴语清化后的塞音塞擦音一般不送气，与周边方言的清化路线大异其趣。如庆元方言的全浊声母今读塞音塞擦音一律读不送气，而和庆元毗邻的徽语淳安、遂安等方言全浊声母清化后一律读送气清音；丹阳方言的全浊声母今读不送气清音，但与丹阳毗邻的丹徒、句容等地则是平声送气，仄声不送气。

庆元：爬 pu˧ | 排 pa˧ | 白 paʔ˦ | 潭 tæ˧ | 铜 toŋ˧ | 淡 tã˦ | 毒 tuʔ˦ | 棋 tɕi˧ | 桥 tɕiɔ˧ | 件 tɕie˦ | 树 tsiɯ˦ | 舌 tsiʔ˦

丹阳：排 pɑ˨ | 赔 pe˨ | 茶 tsu˨ | 虫 tsoŋ˨ | 柱 tsɯ˨ | 淡 tæ˦ | 豆 te˦ | 共 koŋ˦ | 直 tɕieʔ˦ | 局 tsəʔ˦

3. 湖北通山、阳新方言

湖北东南地区的方言非常复杂。据黄群建（1994），就湖北通山一县而言，全浊声母就有四种类型，其中全浊声母清化后不论平仄均读不送气清音的类型主要分布在通羊镇、横石潭、宝石、高湖、九宫山等地。下面以通羊镇全浊声母的读音为例。

並母：婆 pu˨ | 备 pæi˦ | 鳖 pi˦ | 拔 pə˦

定母：台 tœ˨ | 提 tæi˨ | 蛋 tæ˦ | 毒 tau˦

群母：奇 tɕi˨ | 强 tɕioŋ˨ | 旧 tɕiu˦ | 竭 tɕi˦

从母：前 tsiĩ˨ | 齐 tsæi˨ | 坐 tsø˦ | 嚼 tsiø˦

澄母：除 tɕy˩ ｜ 柱 tɕy˦ ｜ 逐 tsau˦ ｜ 掷 tsʅ˥
崇母：床 tsoŋ˩ ｜ 助 tsau˦ ｜ 镯 tsø˦ ｜ 闸 tsɒ˥

据黄群建（1994），湖北境内除了通山外，跟通山毗邻的阳新县龙港话的全浊声母不论平仄也读为不送气清音，跟通羊镇等地的演变类型一致。王福堂（1999）分析了通山（城区）方言全浊声母的读音类型，认为通山方言全浊声母读不送气清音反映了新湘语的特点。

第二节 有条件音变

全浊声母在汉语方言中的"有条件音变"，指全浊声母清化后，今读塞音塞擦音声母依据一定的条件分化为送气清音或不送气清音。其中的语音条件主要包括声调和声母两个方面。声调和声母在全浊声母送气/不送气的分化当中，通常是单独作为语音条件，但是在个别方言中，声调和声母可以共同作为送气/不送气分化的语音条件。

一 按声调分化

（一）平声送气，仄声不送气

1. 分布

（1）官话

官话是中国境内分布地域最广，使用人口最多的汉语方言。根据李荣（1989）的统计，官话的使用人数达到了 66224 万人。依据最新的统计，官话的使用人数已经达到了 79858 万人（熊正辉、张振兴，2008）。从地域来说，"包括长江以北地区，长江以南镇江以上九江以下沿江地带，湖北（东南角除外）、四川、云南、贵州四省，湖南省西北角"，官话的分布可以说占据了大半个中国。官话分布地区广大，要是画在一幅图里，几乎就是全国图了，必须分成若干幅（李荣，1985）。官话全浊声母绝大多数已经清化，大多数地区今读塞音塞擦音声母基本上为平声送气，仄声不送气。全浊声母的这种演变类型，在官话内部有着很强的一致性，并且基本能与其他大方言相区分，可以说，全浊声母的"平声送气，仄声不送气"的读音是属于官话的"对内一致性，对外具有排他性"的一个重要语音特点。并且这条规律以越来越强的优势，不断对其他汉语方言全浊声母的演变产生着不可估量的影响。

官话全浊声母的读音虽然具有相当高的一致性，但是在官话内部也有一些差异，主要表现在官话与其他方言交界的地区，全浊声母读音出现了一些变异。还有一些在系属上确认为官话的方言，全浊声母的今读不属于"平声送气，仄声不送气"的类型。这些官话方言全浊声母读音的形成，可能跟方言之间的接触或相互影响有着较为密切的关系。

①一律送气。江苏通泰地区（泰州、通州、盐城）的南通、如东、如皋、东台、泰兴等地属于江淮官话，全浊声母一律读送气清音（见本章第一节）。

②白读层一律送气或不送气。这种类型特指西北及其胶东等地的官话方言。如陕甘宁交界处以及山西、河南等地的部分中原官话汾河片方言，全浊声母有文白两个层次，文读层全浊声母今读平声送气，仄声不送气，白读层一律送气（见本章第一节）；胶东半岛的文登、荣成、牟平等 56 个点属于胶辽官话，全浊声母读音有文白两个层次，其中文读层平声送气，仄声不送气，白读层一律不送气（见本章第一节）。在这种类型中，官话全浊声母的读音是作为后来的层次叠置在原来全浊声母读音之上的。

③部分仄声字送气。江西九江市、九江县、瑞昌以及湖北武穴等地的江淮官话，全浊声母今读基本上是平声送气，仄声不送气，但是这几点的古全浊声母入声字有一部分读送气清音。如瑞昌市在所调查的 23 个古全浊入声字当中有 15 字读送气清音（《江西省方言志》，2005）：叠 tʰie﹨｜达 tʰa﹨｜及 tɕʰi﹨｜拔 pʰa﹨｜杰 tɕʰie﹨｜绝 tɕʰie﹨｜薄 pʰo⊦｜凿 tsʰo⊦｜着 tʂʰo⊦｜浊 tʂʰo⊦｜特 tʰe﹨｜直 tʂʰʅ﹨｜贼 tsʰe﹨｜植 tʂʰʅ⊦｜白 pʰe⊦。颜森（1986）认为，九江、瑞昌、信丰三县的古全浊入声字今有部分读送气音（瑞昌较多些），这反映出赣语和客家话的影响。此外，赵元任等（1948）指出，湖北浠水、黄梅、广济等地全浊声母平声送气，上、去不送气，入声送气与否不定，与湖北武穴等地全浊声母的读音相似。

湖南凤凰、中方，湖北潜江全浊声母平声送气，仄声大部分不送气，小部分送气。例如潜江：柱 tsʰu﹨｜坐 tso﹨｜淡 tʰan﹨｜件 tɕʰiɜŋ﹨｜败 pʰai﹨｜撞 tsʰuaŋ﹨｜字 tsʰʅ﹨｜袋 tʰai﹨｜共 kʰoŋ﹨｜白 pʰe⊦｜直 tsʰʅ⊦。从地理位置上看，潜江跟湖北大冶等地的赣语交界，在全浊声母的读音上估计受到赣语读送气清音的影响。湖南凤凰、中方全浊声母仄声字的部分不送气，部分送气读法可能跟声调的归并有关。例如凤凰：罪 tsuei˨˩ ∣ 动 toŋ˨˩—淡 tæ˨˩ ∣ 坐 tsʻo˨ ‖ 败 pɛ˨˩ ∣ 大 ta˨˩—病 pʻi˨˩ ∣ 大 tʻɛ˨ ‖ 毒 tɣɯ˨˩ ∣ 局 tʃy˨˩—直 tsʻɛ˨ ∣ 白 pʻa˨。中方：动 toŋ˨˩ ∣ 近 tɕiẽ˨˩—淡 tʻæ˨ ∣ 件 tɕei˨˩ ‖ 办 pæ˨˩ ∣ 袋 tɜ˨˩—字 tsʻɿ˨ ∣ 豆 tʻiɣu˨。

④部分平声字不送气。江苏句容、丹徒，湖南临澧，四川遂宁等地的官话有部分古全浊平声字读不送气清音，因此，这几处方言全浊声母的读音在共时平面上平声字部分送气，部分不送气，仄声字不送气，跟晋中及胶东的方言有点类似，但其中是否也有文白两个层次的关系，目前不太清楚。"地图集"的 27 个全浊平声字中，以下四点有如下平声字读不送气清音。

句容：爬 pɑ˨˩ ∣ 排 pɛ˨˩ ∣ 赔 pei˨˩ ∣ 皮 pi˨˩ ∣ 长 tsa˨˩ ∣ 虫 tsoŋ˨˩ ∣ 锤 tsuei˨˩ ∣ 柴 tsɛ˨˩ ∣ 锄 tsɯ˨˩ ∣ 蚕 tsei˨˩ ∣ 潭 ta˨˩ ∣ 糖 tã˨˩ ∣ 铜 toŋ˨˩ ∣ 棋 tɕi˨˩ ∣ 桥 tɕio˨˩

遂宁：皮 pi˨˩ ∣ 赔 pei˨˩ ∣ 权 tɕyan˨˩ ∣ 桥 tɕiao˨˩

丹徒：爬 pa˨˩ ∣ 糖 tã˨˩

临澧：排 pai˨˩ ∣ 锄 tsou˨˩

⑤部分保留浊音。在湘西，吉首、保靖、花垣、古丈、沅陵等地的全浊声母今逢塞音塞擦音，平声读不送气浊音，仄声读不送气清音，此为湘语的特点，但由于声调特点是西南官话的模式，根据当地群众存在的土人感，陈晖、鲍厚星（2007）将其划归为西南官话。曹志耘（2007）根据湘西方言"部分保留浊音"和"舒声无送气"在地理分布上的重合关系，认为可以将上述方言中的吉首、花垣两地连同芷江、辰溪、泸溪、溆浦、洪江、会同划入湘语区。湘南东安、冷水滩区、芝山区等地的一部分西南官话全浊声母今读不同程度地保留了浊音声母（曾献飞，2012）。

此外，湖南靖州寨牙乡全浊声母舒声字基本上读不送气清音，入声字则部分读送气清音，部分读不送气清音，在全浊声母的演变类型上更加接近湘语，但平声字里面有少量读送气清音，例如：城 tɕʻin˨ ∣ 传 tɕʻyan˨ ∣ 船 tɕʻyan˨ ∣ 全 tsʻian˨ ∣ 权 tɕʻyan˨ ∣ 潭 tʻan˨。胡萍（2007）所调查的靖州城内方言的全浊声母今读为平声送气，仄声不送气，跟其他西南官话相同。

（2）晋语

晋语北部五台片、大包片、东南部上党片全浊声母平声送气，仄声不送气。此外，部分晋语全浊声母的读音存在文白两个层次，文读层均是平声送气，仄声不送气，就白读层而言，晋南等地全浊声母一律读送气清音，晋中等地全浊声母一律读不送气清音。不过，晋语全浊声母今读还是以"平声送气，仄声不送气"占优势。

（3）湘语

湘语衡东、衡山两地全浊声母今读平声送气，仄声不送气，跟其他湘语全浊声母的演变规律不同，与官话的类型相同。

	爬	糖	传	床	近	淡	病	字	局
衡东	pʻɑ˨	tʻõ˨	tʻuen˨	tsʻõ˨	tɕŋ˦	tãn˦	piãn˦	tsŋ˦	tɕy˦
衡山	pʻɑ˨	tʻom˨	tɕʻyæn˨	tsʻom˨	tɕŋ˦	tãn˦	piãn˦	tsŋ˦	tɕy˦

（4）其他

土话。湘南土话中蓝山楠市、祠堂圩、上洞全浊声母平声送气，仄声不送气（罗昕如，2002；唐伶，2010）。粤北土话和桂北土话中暂时还没有发现这种类型。

徽语建德方言全浊声母文读层平声送气，仄声不送气，白读层去声送气，平上入不送气。

2."平声送气，仄声不送气"的文献记载

全浊声母清化后逢塞音塞擦音"平声送气，仄声不送气"的记载主要见于有关官话的文献。关于官话全浊声母清化的确切时间没有详细的资料记载，一般认为在唐末就开始了（王力，1985）。不过，可以肯定的是，在官话浊音清化以前，全浊声母也不是一成不变的。最为明显的一个例证是早在浊音清化以前，官话的全浊上声字就有归到去声的迹象，造成了全浊上、去声不分的现象。唐昭宗时李涪《刊误》批评《切韵》说了如下一段话：

> 吴音乘舛，不亦甚乎？上声为去，去声为上……恨怨之恨则在去声，很戾之很则在上声。又言辩之辩则在上声，冠弁之弁则在去声。又舅甥之舅则在上声，故旧之旧则在去声。又皓白之皓则在上声，号令之号则如去声。又以恐字恨字俱去声。今士君子于上声呼恨，去声呼恐，得不为有识之所笑乎？……凡中华音切莫过东都，盖居天下之中，禀气特正，予尝以其音证之，必大哂而异焉。

李涪这段话中提到的"很、辩、舅、皓"都是全浊上声字,而"恨、弁、旧、号"都是全浊去声字,李涪不承认这种区别,不同意《切韵》的分法,而他又以东都(洛阳)方言为天下之正宗,可见当时洛阳方言中的古全浊上声字和去声字已经合而为一了。

官话全浊声母平声字送气,仄声字不送气的记载最早可以上溯到宋代河南籍邵雍(1011—1077)的《皇极经世》。《皇极经世》是谈论数理的书,全书共分 12 卷,其中第七到十卷为声音图,邵雍所讲的声为韵类,音为声类。声音图共有十声,十二音。《皇极经世》音图的排列跟别的韵书有很大的不同。如第一音、第五音排列如下(引自李荣,1956:166-167):

表 5-3 　　　《皇极经世》的"一音"图和"五音"图

一音	清	水	古甲九癸	五音	清	水	卜百丙必
	浊	火	□□近揆		浊	火	步白备鼻
	清	土	坤巧丘弃		清	土	普朴品匹
	浊	石	□□乾虬		浊	石	旁排平瓶

上面的"一音"图和"五音"图显示,在邵雍的方言中,一套浊塞音用两套清音相配,其中火行的浊音跟水行的不送气清音相配,限于仄声字;石行的浊音跟土行的送气清音相配,限于平声字。这就反映了当时的浊塞音依据声调的平仄已经有送气不送气的分别。不过,《皇极经世》的音图能否反映当时的全浊声母已经清化,却有不同的意见。李荣(1956)承认邵雍所根据的方言,浊塞音有两种不同读法,平声送气,仄声不送气。但他认为浊音里的送气/不送气是"非辨字性的区别"(non-phonemic distinction)。后来,浊塞音清化,仄声字读不送气清音,平声字读送气清音,取消了清浊的区别,送气不送气一律是"辨字性的区别"。邵荣芬(1982)认为,音图反映了当时全浊之仄声已读同全清,全浊之平声已读同次清,与今日北方语音正合。李新魁(1991)的意见与李荣大致相同。虽然学者们对于"平声送气,仄声不送气"的性质还有不同的看法,不过,认为邵雍的音图可以代表官话全浊声母平声送气仄声不送气的源头,应该是不成问题的。根据冯蒸(1991a、1994)的研究,时代不会晚于宋

代的《尔雅音图》音注清楚地显示，当时的官话全浊声母平声字读送气清音，仄声字读不送气清音。

成书于14世纪的《中原音韵》里，全浊声母已经完全清化，平声字读送气清音，仄声字读不送气清音（罗常培，1963a；杨耐思，1981；邵荣芬，1982）。此后15世纪的《韵略易通》（1442）、《中原雅音》（1398—1460）都有相同的系统。但是"浊音清化"的步调即使在官话中也不是完全一致的。明朝初年"一以中原雅音为定"的《洪武正韵》（1375），它的声母是31类，保留浊声母。由于它标榜的是"中原雅音"，这种方言应该不会超出官话的范围。跟《中原音韵》（1324）差不多同时代的韵书，如《古今韵会举要》《七音三十六母通考》《蒙古韵略》和《蒙古字韵》的音系中，浊声母自成一类。也就是说，这些韵书所代表的语音系统中，浊声母还完整地保留了下来。丁邦新（1987）也指出，在韩国资料里，全浊塞音保存在《翻译老乞大》《释译朴通事》15世纪的左侧音里，到16世纪的右侧音里才完全清化，并按平仄分读。

通过以上文献的记录可以看出，官话方言全浊声母清化的步调尽管存在地域差异，但其平声字读送气清音，仄声字读不送气清音的现象由来已久。对官话方言全浊声母清化后"平声送气，仄声不送气"这一类型的研究，对于全浊声母演变的其他类型的研究具有重要的参考价值。

3. "平声送气，仄声不送气"的成因

官话（少数其他方言）全浊声母平声送气，仄声不送气是汉语方言全浊声母演变最主要的一种类型。对于这种类型的成因，不少学者作出过有益的探讨，但仍然有值得研究的必要。

（1）前人的研究

由于全浊声母平声送气，仄声不送气是按声调的不同进行分化的，因此，大多数学者还是从声调上去找原因。罗常培（1933）通过研究发现，《大乘中宗见解》代表的那支汉语西北方言的古全浊声母不论平仄是一律送气的，但仍然有"凡梵怠道第大地盗定达著"11个字保留浊音。不过这11个字里面没有一个是平声字，"可见全浊声母的送气成素从那时候起已竟受声调的影响而有强弱的不同了"。罗先生同意中古全浊声母是送气的，认为全浊仄声字之变全清是受声调的影响而逐渐蝉蜕而成的。但他没有说明为什么会受声调的影响而发生变化，是受到怎样的影响而变化的。同时，值得注意的是，在《大乘中宗见解》中，已经清化的全浊声母字，无论平仄，一律读为送气清音，不限于平声字。可见，《见解》里11字保留浊音可以证明全浊声母的清化过程依声调会有不同的表现，但不能说明仄声字受声调的影响变成全清。况且，《见解》所代表的西北方言全浊声母不论平仄一律读送气音在今西北方言中也有不同程度的体现。因此，《见解》的材料不能成为官话以及其他少数方言全浊声母"平声送气，仄声不送气"的证据。

俞敏（1987）同意全浊声母是不送气的，现代北京话里平声字加上一个送气的原因是平声字储存次清音极少。"全浊变清，把声带颤动改成送气，造成新同音字引起误解的机会少得多。要是全浊变不送气清音，那引起误解的机会就多到六倍了。这就是人们为什么给古全浊平声字加上送气的缘故。"俞敏的观点如果单用于解释官话方言这种类型来看，也许有一定的道理。但在实际的汉语方言中，全浊声母平声字不读送气清音的方言很多，如平话、湘语等，这些方言全浊声母均读不送气清音，但在实际交际过程中并没有遇到什么障碍。加上大部分汉语方言平分阴阳，全浊声母平声字即使读不送气，也不会跟全清平或次清平发生混淆。

徐通锵（1990）认为，全浊声母读送气清音，不送气清音或平声送气，仄声不送气的读法，"并存"是唯一的解释，即指全浊声母未清化以前，浊音声母就有送气、不送气或平送仄不送等多种读音。

李新魁（1991）研究，南宋祝泌所作的阐述邵雍《声音倡和图》天声地音理念的《皇极经世解起数诀》显示，该书全浊声母既有列入清音的，又有列入浊音的。大致说来，列入清音的都是平声，列入浊音的都是仄声。这个发现具有重要的意义，通过这个材料可以了解到，宋时的全浊声母依据平仄的不同有演变快慢的差异。

(2) 按平仄清化的汉语方言

语言发展的不平衡性体现在时间和空间上，就拿全浊声母的读音来说，一方面，汉语方言中，有的地方保留浊音，有的地方浊音已经完全清化，这就体现了地域上的不平衡性。另一方面，某些方言的全浊声母一部分保留浊音，一部分已经清化，从共时读音面貌可以反映全浊声母演变过程的不平衡性。汉语方言全浊声母演变过程的不平衡性有多种表现：有的是擦音先清化，塞音塞擦音后清化，如江西武宁方言；有的是塞音塞擦音清化，擦音保留浊音，如湖南益阳等地的方言；还有的是按声调进行清化，有的入声先清化、有的上声先清化或是以平声和仄声为条件清化。这些时间进程不一的演变为全浊声母清化后朝不同的方向发展提供了有利的条件。

"现在的规则次序往往是历史音变的先后次序。"（Halle，1962；转引自王洪君，1999：92）官话（其他少数方言）全浊声母以平声和仄声作为送气与否分化的条件，声调的规则如果放置于历史演变的长河来看，也许可以反映官话全浊声母演变的先后顺序。虽然现在已经看不到这些方言全浊声母清化的初始阶段，当然也不知道这些方言的平声和仄声清化孰先孰后，但是现代汉语其他方言全浊声母的演变或多或少地能给我们提供一些线索。在汉语方言中，全浊声母以平仄为顺序进行清化的演变有相反的两种类型，一种是平声读浊音，仄声先清化；一种是仄声读浊音，平声先清化。

①福建浦城（吴）、湖南洪江、花垣、吉首、会同、辰溪（湘）、泸溪（湘）、溆浦等地的全浊声母平声字均保留浊音，仄声字全部清化，基本上读不送气清音，但湖南辰溪、泸溪等地的湘语古全浊入声字有少量读送气清音的。

吉首：爬 baˉ｜长 dzaŋˉ｜船 dzuãˉ‖柱 tsuˉ｜地 teˉ｜白 peˉ

②江西上饶、浙江泰顺（吴）、宣平等地全浊声母平声字全部清化，读不送气清音，仄声字保留浊音。另外，浙江江山古全声母平声字有部分清化，读送气清音，但仄声字完整地保留浊音。

宣平：赔 peˉ｜茶 tsoˉ｜虫 tɕyəŋˉ‖罪 zeˉ｜袋 deˉ｜直 dziɛʔˉ

江山：爬 pʻoˉ｜皮 pʻiˉ｜茄 kʻoˉ‖败 bæˉ｜共 goŋˉ｜直 diɛʔˉ

以上全浊声母共时平面上的两种类型为追踪官话全浊声母的历时演变提供了两种可能的模式。第一种类型中，古全浊仄声字读不送气清音，跟官话相合，但平声字读音的最后走向是送气还是不送气，目前还不能判定。不过，吉首等地的全浊声母除了保留浊音这一点外，其他方面跟别的西南官话没有什么差异，如声调的归并跟西南官话相同而跟周围的湘语不同，将来吉首方言全浊声母平声字的清化也许能为官话全浊声母的清化顺序提供依据。第二种类型中，上饶、泰顺（吴）、宣平等地全浊声母平声字读不送气清音，跟官话相异，但江山的古全浊平声字部分先清化，也读送气清音，这是跟官话相同的。曹志耘（2002：26）指出，江山方言全浊声母的实际音值有时是[b̥]等清化浊音，有时是[bˑ]等送气清化浊音，有时则是［pʻ］等送气清音。并认为江山历来是浙赣两地往来的门户，与赣语区交往频繁，江山全浊声母读送气清音可以看成是受赣语感染的结果（曹志耘，2002：201）。如果此说成立，那么江山方言全浊声母将来也许不会按调类进行分化，而是一律变成送气清音声母，跟官话全浊声母的演变模式并不相同。

上述全浊声母以平仄为顺序演变的两种类型对官话按平仄为顺序先后清化的假设提供了可能的证据，但至于为什么官话的全浊声母平声字读送气清音，仄声字读不送气清音，这是属于语音演变的深层机制问题，不仅跟中古全浊声母的读音性质有关，而且跟声调也有密切的关系。比如为什么官话是平声送气，仄声不送气，而不是相反（只有湖南安仁等少数方言属于这种类型），这跟官话等地平声或仄声的性质有什么关系，这也许要结合音韵学以及声调的进一步研究才能有更加深入的发现。

4. 官话"平送仄不送"模式对其他汉语方言的影响

前面已经提到，"平声送气，仄声不送气"是汉语方言全浊声母演变最普遍的一种类型。这种类型历史悠久，分布地域广泛，并且对其他汉语方言全浊声母的演变产生着越来越重要的影响。这种演变类型其实是依附于它所在的语音系统而存在的，而这种语音系统又是由说这种语言的人实现的。相对于其他汉语方言，官话历来都是汉语中的"强势"方言，是不同地区人们交际的最重要工具，历来就有"雅言""通语"之称，被上层机构加以推广。尤其是近些年来，以北京方言为基础方言的普通话通过文教、广播、电视等途径进行广泛传播，更使官话方言普遍地深入社会生活的每一个角落。比如中国有一个"广播电视村村通"工程，广播电视的覆盖率基本上达到了100%。人们看电视、听广播已经成了日常生活不可或缺的内容。由于人们对于官话的语音耳濡目染，到陌生的地方跟来自不同地方的人进行交际时，人们会自觉地选择普通话作为交际的工具，放弃自己的母语。如城市里的农民工群体来自全国各个地区，他们在日常生活中一般会选择普通话进行交际。因此可以说，官话方言及其语音特征以越来越强势的姿态，从方方面面对汉语的各个方言产生着巨大的影响。全浊声母今读"平声送气，仄声不送气"的官话模式，经常以覆盖、渗透以及语码转换等方式影响着其他方言区全浊声母的读音。

(1) 覆盖

"覆盖"指官话以方言岛的形式迁入一个非官话方言区，官话方言的覆盖往往跟移民有十分密切的关系。中国是一个人口大国，由于政治、军事、经济等各方面的原因，各朝各代都有大量的移民，可以说移民的历史就是汉语方言发展演变的历史。其中有些移民是从非官话地区进入官话地区，如历史上著名的"湖广填四川"，造成了今天四川境内分布着大量的湘语以及客家话。而另外一些移民是从官话区进入非官话区，从而官话以方言岛的形式进入一些非官话地区扎根，扎根后的官话方言进一步在地域上扩张，有可能跟当地方言势均力敌，有时甚至"反客为主"，成为当地的强势方言。

　　官话方言迁入非官话区后，往往都能很快地生存下来，并且在地域上进一步扩张。如古湘语区大概相当于湖南省全境。从南朝到唐代中期大量北方移民带来的方言在今常德地区扎根，到两宋时期北方方言扩展到了整个沅水流域。今天的西南官话在湖南属于第二大方言，使用人口约达到1891万人（陈晖、鲍厚星，2007）。在异地扎根的官话方言岛在语音上可能有一些变化，但在全浊声母读音方面基本上保留了"平声送气，仄声不送气"的特征。浙江安吉县境内的官话方言岛可以分为河南话、湖北话、安庆话和苏北话（黄晓东，2004）。安吉境内的官话区跟太平天国战争后的移民有密切关系，这种移民运动使安吉当地以官话和吴语共存。从目前官话方言岛的面貌来看，虽然在语音上与原住地官话存在一些变异，但在全浊声母演变方面仍然跟原住地的官话是一致的，即全浊声母今读清音，其中塞音塞擦音声母逢平声送气，仄声不送气。

　　2001年，由于三峡水库的建立，三峡地区的许多四川籍人口向全国各地移民。这些移民在湖南省主要集中在汨罗大荆县境内，此处原住民说的是湘语，这些移民说的是西南官话。这样，通过移民方式，西南官话又进一步深入湘语内部。西南官话全浊声母的读音跟湘语的不同主要在平声字的读音上，湘语古全浊平声字一律读不送气清音，西南官话的古全浊平声字一律读送气清音。在当地湘语和西南官话的竞争中，全浊声母会朝哪个方向发展，不久的将来应该能见分晓。

　　（2）渗透

　　"渗透"指官话的某些语音特征通过长时间的冲击，深入某个方言的内部系统当中，在这个方言中形成一个时间较晚的语音层次。如全浊声母的"平声送气，仄声不送气"的语音特征，往往在其他方言中形成系统的文白异读。引起官话语音特征渗透到别的方言的原因主要有两个，一是地域上的接触；二是文教势力的影响。

官话方言不是以真空的形式孤立存在的，它总是跟别的方言或语言在一个大环境下共存，并且不断地向周边方言或语言扩散。官话与其他方言的接触属于"强弱方言的接触"，官话是强势方言，其他方言是弱势方言。因此，官话的特征像波浪一样对其他方言进行冲刷，甚至有时会将其他方言的某些特征取而代之。如晋语区的全浊声母白读层有全部送气、全部不送气等多种类型，但是在晋语区的文读系统中，全浊声母的读音均采取了官话模式，即平声字读送气清音，仄声字读不送气清音。如果渗透的时间过长，有可能会使原来的方言特征进一步萎缩，使官话方言的特征不断地增加。极端的结果是，官话方言的特征已经完全取代了原有方言的特征。如西北晋语等地方言的全浊声母就被"平声送气，仄声不送气"的特征所取代，甚至在很多的晋语区，如果不是在某些地名或一些有音无字的音节中保留的残迹，就不知道这些方言的全浊声母曾经有过"平送仄不送"之外的读音。

另外，由于官话在政治、经济、文化上的地位，有可能使别的方言产生一种权威性的文读系统，并不需要经过地域上的扩张就可以直接渗透到对方方言的语音系统当中。今属于杭州市建德梅城一直是浙西地区的政治、经济、文化中心，梅城话形成了白读和文读两套语音系统，白读系统是梅城话原有的语音系统，文读系统是一种比较接近杭州话的语音系统。梅城话全浊声母字今读清音声母。其中塞音塞擦音声母，在白读中逢古去声读送气清音，逢古平、上、入读不送气清音；在文读中逢古平声读送气清音，逢古仄声读不送气清音（曹志耘，1996：58）。

	平		上		去		入	
	婆	权	棒	件	度	阵	薄	择
白读	pu˩	tɕye˩	po˩	tɕie˩	tʰu˥	tsʰen˥	pu˩	tsa˩
文读	pʰu˩	tɕʰyā˩	paŋ˩	tɕiā˩	tu˥	tsen˥	pəʔ˩	tsəʔ˩

(3) 语码转换

我国的湘南、粤北以及广西东部的一部分地区是土话和西南官话的双方言区。人们在交际中经常进行语码转换，对内交际时使用系属未明的土话，对外交际时使用的是西南官话。双方言只是语言接触的一个过渡阶段，从长远来看，双方言有可能会变成单方言。如在湘南、粤北等地区，有些人已经不会说土话，只会说官话。放弃土话意味着当地人民的交际工具选择了官话的语音系统，自然也选择了官话全浊声母的读音类型。

　　进城务工人员在进行交际时，有时也进行语码转换，即在跟陌生人打交道时采用官话系统，内部人员交际时采用自身方言系统。不过，这种语码转换的时间有限，通常不会对自身的母语产生本质的影响。

　　从表面看来，覆盖属于一种突变的行为，渗透属于一种渐变的行为。但有时候，覆盖、渗透和语码转换三者是互相联系的，可以同时起作用。例如官话以方言岛形式覆盖某一种方言后，会继续对方言岛周边的方言进行渗透，进一步扩大自己的势力范围。如果官话对某一周边方言渗透的时间很长，官话的特征也有可能覆盖本地方言的特征。

（二）平声不送气，仄声送气

1. 分布

　　这是跟官话全浊声母读音完全相反的一种类型，在汉语方言中的分布非常有限。就目前得到的材料来看，只分布在非常有限的一些地区。

（1）中原官话汾河片的汾城、翼城等地的白读层。晋语汾城方言的白读系统中，全浊声母平声字读不送气清音，仄声字读送气清音。平声字读不送气清音与远离300公里的晋中清徐话等并州片方言相同，仄声字读送气清音与周围汾河片方言一样。翼城以及晋北的五台、定襄、原平等地全浊声母的白读系统也是这种类型（李殿臣，2002；韩沛玲，2006）。经统计，汾城话全浊声母平声字读不送气清音的字46个，仄声字读送气清音的字43个。

平声：婆 pɤ˧ ｜ 头 tou˧ ｜ 稠 tʂou˧ ｜ 前 tɕiã˧

仄声：稻 tʻɑo˥ ｜ 件 tɕʻiã˥ ｜ 洞 tʻuəŋ˥ ｜ 直 tʂʻʅ˥ ｜ 碟 tʻie˧

（2）湖北通山县的杨芳①、三界、三源等地全浊声母平声字全部读不送气清音，仄声字全部读送气清音，跟官话完全相反（黄群建，1994）。以杨芳为例：

平声：台 tœ˩ ｜ 齐 tsæi˩ ｜ 奇 tɕi˩

仄声：蛋 tʻæ˦ ｜ 族 tsʻu˨˩ ｜ 竭 tɕʻi˧

（3）湖南安仁方言属于赣语耒资片，但全浊声母逢平声不送气，逢仄声送气，不同于赣语全浊声母一律读送气清音的类型。

----
① "地图集"中湖北通山县调查地点也为杨芳，具体地点晓泉村三组，但全浊声母除"爬"一字外全部送气，可能跟《通山县志》调查的具体地点不一样。

平声：排 paeˊ｜皮 piˊ｜茶 tsaˊ｜长 tʃioŋˊ｜柴 tsaeˊ｜愁 tseˊ｜全 tsuĩˊ｜潭 tãˊ｜糖 toŋˊ

仄声：败 pʻaeˇ｜白 pʻaˊ｜树 tɕʻyˇ｜直 tɕʻiˊ｜字 tsʻɿˇ｜贼 tsʻeˊ｜罪 tsʻueiˇ｜坐 tsʻuˇ

（4）粤北土话的南雄百顺方言全浊声母逢平声不送气，逢仄声送气（庄初升，2004b）。

平声：爬 paˇ｜徒 tuˇ｜茶 tsaˇ｜齐 tseˇ｜查 tsaˇ｜球 tɕieˇ

仄声：办 pʻaŋˊ｜洞 tʻʌŋˊ｜柱 tsʻuˊ｜寨 tsʻæiˊ｜白 pʻaˇ｜植 tsʻɿˊ

2. 讨论

"平声不送气，仄声送气"这种类型，在汉语方言中极其罕见，因此引起了不少学者的关注。关于南雄百顺的全浊声母平声不送气，仄声送气的类型，庄初升（2004b）认为这是语言发展不平衡性的结果。在同一个语言系统中，由于发展的不平衡性，各种音类发展演变的速度是有可能不均衡的，有的变化快，有的变化慢，这样为不同音类朝着不同的方向发展演变提供了空间。平声字和仄声字在南雄百顺方言中的清化进程并不是同步的，假设仄声字先清化，结果朝着送气清音的方向演变；平声字后清化，结果朝着相反的方向发展，变成了不送气的清音。晋语翼城、汾城等地的全浊声母读音，乔全生（2005）认为是送气型和不送气型的综合变异形式，是并州片的不送气型和汾河片的送气型碰撞、融合的结果。韩沛玲（2006）则认为这可以看成是三个层次的叠置（平仄都不送气，平仄都送气，平声送气，仄声不送气）。

上述几种解释都有一定的道理。因为现在已经不清楚这些方言中全浊声母清化的初始情况，也没有相关的历史文献证据，这为我们的解释带来了难度。值得注意的是，研究全浊声母的演变不仅要跟历史条件相结合，而且应该考察共时分布的情况。研究"平声不送气，仄声送气"的类型最好跟周边方言全浊声母的读音结合起来考察，这样能发现不同方言中的这种类型在地域分布上的一些共同之处。

首先，上文提到的三处地区在地理上相距甚远，也无文献资料证明它们之间有内在的联系，这样基本上可以排除它们之间具有源流的关系。同时，通过考察可以发现，上述不同地区全浊声母读"平声不送气，仄声送气"的分布都十分有限，如通山、南雄整个县都只有一两个乡镇有这种类型的存在，临汾、安仁等地这种类型的分布范围也十分有限。上述这些方言点周边方言的全浊声母一般有两种类型，一种是全部送气类型，一种是全部不送气类型。下面以通山方言全浊声母读音类型的分布为例进行说明，通山县全浊声母读音的类型可以分为以下四种：①不论平仄皆不送气，主要分布在通羊镇、横石潭、宝石、高湖、九宫山等地；②不论平仄皆送气，分布在楠林、港路、大畈、慈口等地；③舒声皆不送气，入声有一部分字送气，如洪港、燕厦、富有；④平声不送气，仄声送气，如杨芳、三界、三源等地。这四种类型及其地域分布可以用图5-2表示。

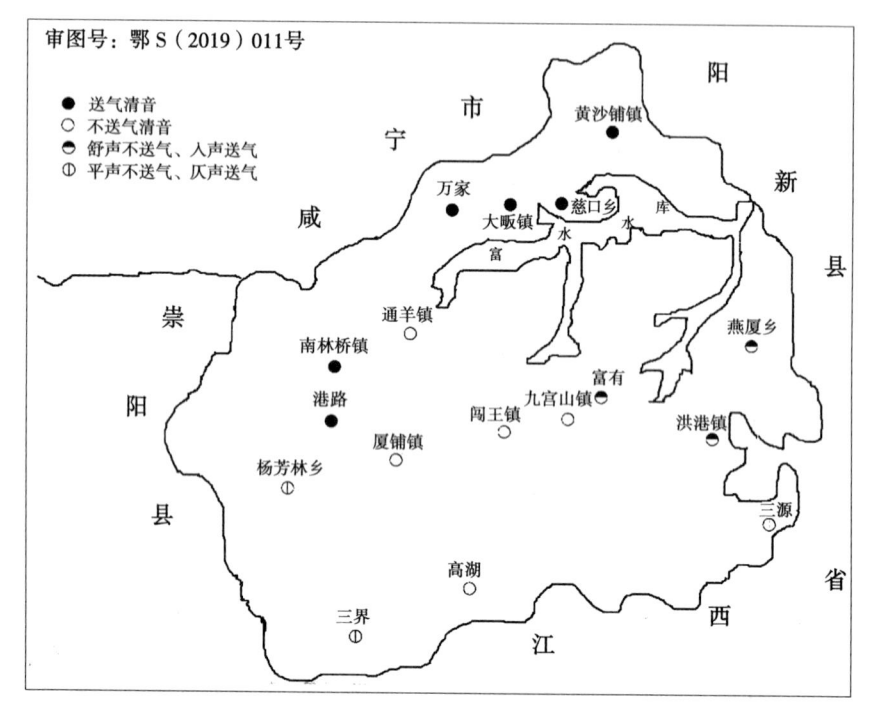

图 5-2　通山方言全浊声母的读音类型

杨芳位于通山的西南部，其北部是港路和楠林，西部是湖北的崇阳县，南部是三界，东部是通羊镇和厦铺及高湖。杨芳周边乡镇中，港路、楠林全浊声母全部读送气清音，东部的厦铺、通羊镇、高湖全部读不送气清音。也就是说，杨芳的北部是送气清音，东部是不送气清音，西部又是湖北崇阳县的送气浊音声母。可以设想，杨芳方言是北路送气清音和东路不送气清音碰撞、融合的结果。由于周边不送气清音和送气清音的势力相当，两股势力在接触时互不相让，谁也不愿意被谁征服，结果生成了一套与原来两类语音都大不相同的语音系统。我们认为，杨芳方言的全浊声母读音是不送气清音和送气清音碰撞后进行融合的结果。

上文提到的全浊声母平声不送气，仄声送气的几种方言形成的原因不一定完全一致，但它们之间的共同点是显而易见的。晋语汾城方言位于白读全部读不送气清音的并州片和白读全部读送气清音的汾河片之间；南雄百顺方言西部和北部的长江、乌迳以及仁化方言全浊声母不论平仄一律读送气清音，东部的雄州镇及其郊区读不送气清音；安仁方言周围是赣语，但它的北边却是全浊声母不论平仄都不送气的衡阳方言，而且湘语区内的全浊声母读不送气清音的势力也非常强大，直接对安仁方言全浊声母的读音产生了影响。因此，从这几处方言的地理环境以及周边地区全浊声母读音的类型来看，上述各点全浊声母的读音有可能是全浊声母读送气清音和读不送气清音两种类型碰撞、融合的结果。

其实，由于语言（方言）接触而产生碰撞的这种类型在汉语方言中并不罕见。曹志耘（2002）直接将"碰撞"视为语言变化的原因之一。"碰撞"是指在一个相对固定的区域内，几个较大但势力相当的语言（方言）系统，相互接触，相互竞争，最终融合而成一个大同小异、多元一体的系统。碰撞的结果就是融合，如果着眼于变化结果，也可以将这种变化称为融合。南部吴语的汤溪话语音面貌跟周围的吴语相比，独具特色。如辅音韵尾，疑母洪音不读[ŋ]声母，[f]、[x]相混，浊入归阳上等现象都可以看成是多种方言剧烈碰撞的结果。何大安（2004）指出，四川达县"长沙话"一部分平声字读送气浊音声母，跟原来的不送气浊音声母形成对立，便是受到西南官话平声送气的影响造成的。这也可以看成是全浊声母读浊音的达县方言跟周围西南官话平声送气、仄声不送气的方言相互接触、碰撞的结果。

（三）舒声不送气，入声自成一类

1. 分布

全浊声母清化后，舒声字不送气，入声字自成一类有两种情况。一是舒声字不送气，入声字基本上送气。就目前所掌握的材料看，这种类型的分布不是很广。杨时逢等（1974）报道的岳阳樟木铺方言以及赵日新

(2002)报道的徽语婺源北乡、江湾方言大致属于此种类型。

全浊声母清化后,舒声字不送气,入声字自成一类时,入声字既有送气清音,又有不送气清音,且送气/不送气之间没有明显的规律可循。这一类型主要集中在湘语长益片方言中。此外,赵元任等(1948)调查的通山焦夏湾方言,全浊声母舒声字全部读不送气清音,入声字一部分送气一部分不送气。据黄群建(1994),湖北通山县的洪港、燕厦、富有等方言的全浊声母舒声字均不送气,入声字有一部分送气,一部分不送气,与湘语长益片方言的读音极其相似。由于全浊声母清化后"舒声不送气,入声自成一类"主要分布在湘语长益片方言中,下文的分析也以湘语长益片方言为主。

2. 舒声字的读音

在湘语长益片方言中,全浊声母舒声字逢塞音塞擦音基本上读不送气清音,这在湘语内部具有很强的一致性,不仅适用于湘语长益片方言,也适用于发生浊音清化的其他湘语。下面以长益片的安化梅城、长沙、湘潭、株洲方言的读音为例。

	排	赔	潭	茄	全	床	虫	淡	近
安化梅城	pai˧	pei˧	ta˧	tɕya˧	tɕie˧	tsaŋ˧	ten˧	ta˨	tɕin˨
长沙	pai˧	pei˧	tan˧	tɕia˧	tɕiẽ˧	tɕyan˧	tsən˧	tan˧	tɕin˨
湘潭	pae˨	pei˧	tã˧	tɕya˧	tsiĩ˧	tsoŋ˧	tʂŋ̍˧	tã˧	
株洲	pai˧	pei˧	tan˧	tɕya˧	tsiẽ˧	tsoŋ˧	tʂŋ̍˧	tan˧	tɕin˨

	件	坐	罪	柱	败	病	豆	共	字
安化梅城	tɕie˨	tsɔ˨	tsei˨	tɕy˨	pai˨	piaŋ˨	tio˨	ken˨	zɿ˧
长沙	tɕiẽ˨	tso˨	tsei˨	tɕy˨	pai˨	pin˨	təu˨	kən˨	tsɿ˨
湘潭	tɕiĩ˨	tso˨	tsei˨	tɕy˨	pae˨	pioŋ˨	tɤ˨	kəŋ˨	tsɿ˨
株洲	tɕiẽ˨	tso˨	tsei˨	tɕy˨	pai˨	piaŋ˨	tei˨	kən˨	tsɿ˨

3. 入声字的读音

绝大多数湘语的全浊声母入声字已经完全清化,除了长益片和衡州片外,湘语辰溆片全浊声母只有平声字保留浊音,入声字已经全部清化,娄邵片古全浊声入声字绝大多数已经清化,只有永全片的祁阳和东安等少数地方全浊声母入声字较为完整地保留浊音。这些已经清化的古全浊入声字中,今逢塞音塞擦音有的读送气清音,有的读不送气清音。送气和不送气之间没有明显的规律可循。

关于湘语古全浊入声字一部分送气、一部分不送气的原因,大部分学者认为不送气音与强势方言（官话）的影响有关。唐作藩（1997）在讨论洞口黄桥方言时提出，黄桥方言全浊塞音塞擦音入声字大多数读送气清声母，少数读不送气清声母，后者是受了普通话或本地方言读书音的影响。陈晖（2006）提出，从湘语各地送气不送气的比例数字来看，古全浊入声字清化后读不送气似乎与官话的影响有一定的关系。彭建国（2010c）也指出，湘语古全浊入声字读作送气音是固有层，读作不送气音是外来层，是受官话影响所致，它们属于不同的层次。大致上说，上述学者的意见有一定的合理性，即湘语读不送气清音跟官话的影响有一定的关系。湘语全浊声母入声字的读音应该有两个不同的层次，各位学者都已经指出来了。但同时也应该注意到，在不少湘语中，一些口语常用字也读为不送气音。如"侄杂局"等字读不送气，在各地的湘语中具有很高的一致性。这不能不使人想到，在官话影响的层面上，有什么内在的机制制约哪些口语常用字读送气音，哪些口语常用字又容易受官话的影响读为不送气音呢？同时，如果说官话影响湘语全浊声母读音的话，为什么只影响到了入声字的读音，而不影响平声字的读音呢（大多数湘语的古全浊平声字读不送气清音，与官话相异）？为了对这一问题有更加深入的认识，下面将 15 个湘语点的 33 个古全浊塞音塞擦音入声字统计如下表（其中包括部分全浊声母舒声字保留浊音的湘语）：

例字	长沙	望城	娄底	安化	湘乡
杂	tsa˧入	tsa˧入	tsa˧阳平	tsa˥阴去	tsa˧次阳平
闸	tsa˧入	tsa˥/tsa˧	tso˥阴去	tsa˥阴去	tsa˧次阳平
炸	tsa˥阴去	tsa˥阴去	tso˥阴去	tsa˥阴去	ts'a˧次阳平
叠	tie˧入	tie˧入	t'e˥阴去	t'i˧次阴去	tia˧次阳平
碟	t'ie˧入	t'ie˧入	t'e˥阴去	t'i˧阳去	t'ia˧次阴去
及	tɕi˧入	tɕi˧入	tɕ'i˥阴去	tɕ'i˧次阴去	k'i˧次阴去
达	ta˧入	ta˧入	ta˧阳平	ta˥阴去	ta˧次阳平
铡	tsa˧入	tsa˧入	ts'a˥阴去	tsa˥阴去	ts'a˧次阳平
截	ts'ie˧入	tsie˧入	ts'e˥阴去	tɕ'ie˧次阴去	tɕ'ia˧次阴去
夺	to˧入	to˧入	tue˧阳平	to˥阴去	tua˧次阳平
绝	tsie˧入	tsie˧入	ts'ue˥阴去	tɕi˥阴去	tɕya˧/tɕ'ya˥
疾	tsi˧入	tsi˧入	tɕ'i˥阴去	tɕ'i˧次阴去	tɕi˧次阳平
侄	tʂʅ˧入	tʂʅ˧入	tɕi˧阳平	tsʅ˥阴去	tʂʅ˧次阳平
薄	po˧入	po˧入/p'o˥	p'ɵ˥阴去	p'o˧次阴去	p'u˧次阴去

凿	tsʻoˀ阴去	tsoˀ阴去	tsɷˀ阴去	tsʻoˀ次阴去	tsʻʊˀ次阴去
昨	tsoᴧ阳平	tsoᴧ入	tsɷˀ阴去	tsʻoᴧ次阴去	tsʻʊᴧ/dzpᴧ
着睡~	tʂoᴧ入	tʂoᴧ入	tɷᴧ阳平	tsoˀ/toˀ	tʻʊᴧ次阴去
雹	pʻauˀ阴去	pʻauˀ阴去	pʻɤˀ去	pʻɔˀ次阴去	pʻauˀ次阴去
镯	tʂoˀ入	tʂoˀ入	—	tʻəuᴧ次阴去	tsʊᴧ次阳平
特	tʻəᴧ入	tʻəᴧ入	tʻeᴧ阳平	tʻəᴧ次阴去	tʻiaᴧ阳平
贼	tseiᴧ/tsʻəᴧ入	tseiᴧ/tsʻəᴧ入	tsʻeˀ阴去	tsʻəˀ次阴去	tsʻaiᴧ次阴去
直	tʂʅᴧ入	tʂʅᴧ入	tɕʻiˀ去	tsʻʅˀ阴去	tʂʻʅˀ次阴去
值	tʂʅᴧ入	tʂʅᴧ入	tɕʻiˀ去	tsʻʅˀ阴去	tʂʻʅˀ次阴去
极	tɕiᴧ入	tɕiᴧ入	tɕʻiˀ去	tɕiᴧ次阴去	kʻiˀ次阴去
白	pəᴧ入	pəᴧ入	peᴧ/pʻoˀ	pəˀ阴去	piaᴧ/pʻoˀ
泽	tsʻəᴧ入	tsʻəᴧ入	tsʻeᴧ阳平	tsʻəˀ阴去	tɕʻiaᴧ阳平
择	tsʻəᴧ入	tsʻəᴧ入	tsoˀ阴去	tsʻəˀ阴去	tɕʻiaᴧ/tsʻoˀ
笛	tiᴧ入	tiᴧ入	tʻiˀ阴去	tʻiˀ次阴去	tiaᴧ次阳平
独	təuᴧ入	təuᴧ入	tʻəuˀ阴去	tʻəuᴧ次阴去	tʻuᴧ次阴去
读	təuᴧ入	təuᴧ入	tʻəuᴧ阴去	tʻəuᴧ次阴去	tuˀ/tʻuˀ
族	tsʻəuᴧ入	tsʻəuᴧ入	tsʻəuˀ阴去	tsʻəuˀ次阴去	tɕʻiɛiˀ次阴去
毒	təuᴧ入	təuᴧ入	tʻəuˀ阴去	tʻəuᴧ次阴去	tʻuᴧ次阳平
局	tɕyᴧ入	tɕyᴧ入	tʻyˀ阴去	tɕʻyˀ阴去	tʻyᴧ次阳平

例字	双峰	湘潭	洞口黄桥	会同	衡阳
杂	tsaᴧ次阳平	tsaᴧ入	tsaˀ阴去	tsaᴧ上声	tsuaˀ阳平
闸	tsʻaᴧ次阴去	tsaᴧ入	tsaˀ阴去	tsaᴧ上声	tsaˀ阳平
炸	tsaᴧ次阳平	tsaˀ阴去	tsaˀ阴去	tsaˀ阴去	tsaˀ/tsuaˀ
叠	tʻiaᴧ次阴去	—	tʻeˀ阴去	tʻieˀ阴去	tieˀ阳平
碟	tiaᴧ次阴去	tʻieˀ阴去	tʻeˀ阴去	tʻieˀ阴去	tieˀ阳平
及	tɕʻiᴧ次阴去	tɕʻiᴧ入	tʂʻʅˀ阴去	tɕiᴧ上声	tɕiˀ阳平
达	taᴧ次阳平	taᴧ入	taˀ阴去	tʻaˀ阴去	taˀ阳平
铡	tsʻaᴧ次阴去	tsʻaˀ阴去	tsaˀ阴去	tsaᴧ上声	tsaˀ阳平
截	tɕʻiaᴧ次阴去	tsʻieᴧ入	tsieˀ阴去	tɕieᴧ上声	tɕieˀ阳平
夺	tuæᴧ次阳平	toᴧ入	toˀ阴去	tʻoˀ阴去	toˀ阳平
绝	tɕʻyaᴧ次阴去	tsieᴧ入	tsyeᴧ/tɕyeᴧ	tɕyeᴧ/tɕʻieᴧ	tɕyeˀ阳平
疾	tɕʻiᴧ次阴去	tsiᴧ入	tsiˀ阴去	tɕiᴧ上声	tɕiˀ阳平
侄	tʂʻʅᴧ次阴去	tʂʅᴧ入	tʂʻʅˀ阴去	tʻeˀ阴去	tɕiˀ阳平
薄	pʻuᴧ次阴去	pʻoˀ阴去	poˀ阴去	pʻauˀ阴去	poˀ阳平

第五章　浊音清化（二）　243

例字					
凿	tsʻʊ˧次阴去	tsʻo˥阴去	tsʻo˧阴去	tsʻo˥阴去	tso˩阳平
昨	tsʻʊ˧次阴去	tso˧入	tso˧/tsʻã˧	tsʻo˥阴去	tso˩阳平
着睡~	tʊ˧次阳平	tʂo˥阴去	tʂo˧阴去	tʻo˥阴去	tɕio˩阳平
雹	pʻɤ˧次阴去	pʻaɯ˥阴去	—	pʻau˥阴去	pau˩阳平
镯	tsʊ˧次阳平	—	tsʻo˥阴去	tso˥上声	tso˩阳平
特	tʻia˩阳平	tʻə˧入	tʻe˥阴去	tʻie˥阴去	te˩阳平
贼	tɕia˧次阴去	tsæ˧入	tsʻe˥阴去	tsʻe˥阴去	tse˩阳平
直	tʂʅ˧次阴去	tʂʅ˥阴去	tʂʅ˥阴去	tʻe˥阴去	tɕi˩阳平
值	tʂʅ˧次阴去	tʂʅ˧入	tʂʅ˥阴去	tʻe˥阴去	tɕi˩阳平
极	tɕia˧次阴去	tɕi˧入	tʂʅ˥阴去	tɕi˥上声	tɕie˩阳平
白	pia˧/pʻo˧	pæ˧入	pe˧/pʻa˧	pʻe˥阴去	pe˩阳平
泽	tɕia˩阳平	tsæ˧入	tsʻe˥阴去	tse˧上声	tse˩阳平
择	tsʻia˧/tsʻo˧	tsæ˧入	tsʻe˧/tsʻa˧	tse˧/tsʻe˧	tse˩阳平
笛	tia˩次阳平	ti˧入	tʻi˥阴去	tʻi˥阴去	ti˩阳平
独	tʻɔu˧次阴去	təu˧入	du˧/tʻu˧	tʻəu˥阴去	tu˩阳平
读	tʻɔu˧次阴去	təu˧入	du˩阳平	tʻəu˧/tʻo˧	tu˩阳平
族	tsʻɔu˧次阴去	tsʻuɔ˧入	tsu˧/tsʻu˧	tsʻəu˥阴去	tsu˩阳平
毒	tʻɔu˧次阴去	təu˧入	tu˧阴去	tʻəu˥阴去	tu˩阳平
局	ty˥阴去	tɕy˧入	tʂʅ˥阴去	tɕy˥阴去	tɕy˩阳平

例字	泸溪（湘）	邵阳	涟源	江永	益阳
杂	tso˩阳平	tsa˧入	tsa˧入	tsu˩阳平	tsa˥阴去
闸	tso˥阴去	tsa˧入	tso˥阴去	tsu˧入	tsa˥阴去
炸	tso˥阴去	tsa˧入	tsʻa˥阴去	—	tsa˥阴去
叠	tiɛ˩阳平	tiɛ˧入	tʻi˥阴去	tiɛ˩阳平	tie˥阴去
碟	tiɛ˩阳平	tiɛ˧入	tʻi˥阴去	tiɛ˩阳平	tʻie˥阴去
及	tɕi˩阳平	tɕi˧入	tɕʻi˥阴去	tɕi˩阳平	tɕi˥阴去
达	to˩阳平	ta˧入	ta˥阴去	tuo˥入	ta˥阴去
铡	tsa˩阳平	tsa˧入	tsʻa˥阴去	tsu˥入	tsʻa˥阴去
截	tɕiɛ˩阳平	tɕiɛ˧入	tsʻi˥阴去	tsei˥入	tɕie˥阴去
夺	tʊ˩阳平	to˧入	tɷ˥阴去	ləu˥入	to˥阴去
绝	tɕyɜ˧/tsʻɜɯ˧	tɕye˥阴去	tsui˧入	tsuei˥阴去	tɕʻie˥阴去
疾	tɕi˩阳平	tɕi˧入	tsʻi˥阴去	tɕi˥入	tɕi˥阴去
侄	tʂʅ˥阴去	tsʅ˧入	tɕʻi˥阴去	tio˧阴平	tsʅ˥阴去
薄	pʊ˧/pʻaɯ˧	po˥阴去	pʻə˥阴去	pəɯ˩阳平	pʻɤ˥阴去

凿	tsʰo˧˥阴去	tsʰo˧˩阳去	tsʰω˧˥阴去	tsou˩阳平	tsʰo˧˥阴去
昨	tɕʰio˧˥阴去	dzo˧˩阳去	tsʰω˧˥阴去	tɕiɛ˩阳平	lo˩阳平
着睡~	tso˩阳平	tso˧入	tω˧˥阴去	təɯ˩阳平	tʰo˧˥阴去
雹	pʰəɯ˧˥阴去	pʰəu˧˩阳去	—	pəɯ去声	pʰau˧˥阴去
镯	tsu˩阳平	tsu˧入	tsʰω˧˥阴去	tɕia˩阳平	tso˧˥阴去
特	tʰe˩阳平	tʰɜ˧入	tʰe˧入	tʰɯɛm˩阳平	tʰɤ˧˥阴去
贼	tsʰai˧˥阴去	dzɤ˧˩阳去	tsʰe˧˥阴去	tɕiɛ˧˥阴去	tsʰɤ˧˥阴去
直	tʂʅ˧˥阴去	tsʰʅ˧˥阴去	tɕʰi˧˥阴去	tɕi˧入	tsʅ˧˥阴去
值	tɕʅ/tsʅ˧˥	tsʰʅ˧˥阴去	tɕʰi˧˥阴去	tɕi˧˥阴去	tɕi˧˥阴去
极	tɕi˧˥阴去	tɕʰi˧˥阴去	tɕʰi˧˥阴去	tɕiɛ˧入	tɕi˧˥阴去
白	pe˧˥/pʰai˧˥	pɛ˧˥阴去	pʰo/pe˧˥	pu˩阳平	pɤ˧˥/pʰa˧˥
泽	tsʰe˩阳平	tsʰɜ˧入	—	tsɯa˧˥	tsʰɤ˧˥阴去
择	tsʰe/tsʰai˧˥	dzɤ/tsʰɜ˧˥	tsʰo˧˥阴去	tsu˧入	tsʰɤ˧˥阴去
笛	ti˩阳平	ti˧入	tʰi˧˥阴去	ti˩阳平	ti˧˥阴去
独	tɤɯ˩阳平	tu˧入	tau˧˥阴去	tau˩阳平	təu˧˥阴去
读	tɤɯ˩阳平	du˧˩阳去	tʰau˧˥阴去	tau˩阳平	təu˧˥阴去
族	tsʰɤɯ˧˥阴去	tsʰu˧入	tsʰau˧˥阴去	tsɯɛm˧入	tsʰəu˧˥阴去
毒	tɤɯ˩阳平	tu˧入	tʰau˧˥阴去	tau˩阳平	təu˧˥阴去
局	tɕy˩阳平	tɕyɛ˧入	tʰy˧˥阴去	tɕia˩阳平	tɕy˧˥阴去

说明：益阳材料来自笔者母语，洞口黄桥取自唐作藩（1997），娄底、涟源取自陈晖（2006），其余均取自鲍厚星（2006）。

以上各点的全浊声母入声字的演变，如果结合声调讨论，可以分成以下几种类型。

（1）长沙、望城、湘潭方言全浊声母入声字今大部分读入声，除个别字外，基本上都读不送气清音。另外，古全浊入声字有几个字归到阴去，多读送气清音。如"贼"在长沙方言中有[tseiɿ]和[tsʰɤ˧˥]两种读音，前者入声，读不送气清音，后者阴去，读送气清音。湘潭方言古全浊入声字读阴去的数量稍多于长沙和望城，有些字在长沙、望城读入声不送气，在湘潭方言中读成相应的阴去送气。如"镯"在长沙、望城的读音是[tsaɿ]，在湘潭是[tsʰa˧˥]。但在这三个方言中，有少量读入声的字均读成送气音，如"泽择族"，另外也有个别读阴去的字读不送气音，如"杂闸"。邵阳方言的古全浊入声字大部分归入声，读不送气清音，少数读阴去、少数读阳去，读阴去和阳去的字都有一部分字今读送气清音。

（2）安化、益阳①、洞口黄桥、涟源方言全浊声母入声字基本上都读阴去，其中一部分送气一部分不送气，读送气的音多于读不送气的音。如洞口黄桥方言，据唐作藩（1997）统计，在 86 个全浊塞音塞擦音入声字中，读送气清音的有 56 个，占 65.1%，约占三分之二，其余 30 个中有"读犊牍"三字读不送气浊音，其余 27 字读不送气清音，多不是口语用字，是读书音。涟源方言全浊声母读阴去送气的数量更多一些。在上面举的 31 个例字中，有 22 个读去声送气，占 70%以上。

（3）会同、娄底、泸溪（湘）三处方言的古全浊入声字分读两类舒声。会同方言古全浊入声字分读上声和阴去两类，上声基本上读不送气清音，阴去基本上读送气清音。娄底、泸溪方言的古全浊入声字主要读为阳平和阴去两类，读阳平的多为不送气清音，读阴去的多为送气清音。

（4）安化、双峰、湘乡三处方言都是属于有全次清分调的方言，大概读次阴去的均是送气清音，读其他调类的都是不送气清音。

（5）江永方言全浊声母入声字的读音相当复杂，有读入声、阳平和阴平的读法（读去声的有一个"雹"字），但不论读成上述何种调类，均读不送气清音。

（6）衡阳方言古全浊入声字统一归到阳平，均读不送气清音。

通过以上入声字读音的几种类型可以看出，湘语全浊声母入声字的读音极其复杂，首先体现在调类上，湘语古全浊入声字可以读成任何一种调类：阴平、阳平、上声、阴去、阳去、入声。可以说，湘语古全浊入声字的演变属于典型的"自主型"演变（曹志耘，1998）。

就全浊声母入声字今塞音塞擦音的送气与否来说，湘语内部的一致性也不是很强，几乎形成"各自为政"的局面。但如果将湘语浊入字是否送气跟声调结合起来就可以发现，读送气清音的古全浊入声字跟阴去调类之间有较为密切的关系（在全次清分调的方言中，古全浊入声字的送气体现为跟次阴去之间的关系，如安化、双峰、湘乡）。古全浊入声字今读阴去的方言送气的比例最高，如涟源、益阳、洞口黄桥等地；同时，古全浊入声字今读有阴去的方言比今读为其他调类的方言送气比例要高，如会同、娄底、泸溪（湘）古全浊入声字今读阴去基本上送气，今读非阴去

---

① 安化、益阳方言全浊声母入声字今读入声，但调值与洞口黄桥、涟源等地的阴去字相同，而与长沙等地的入声字调值不同，因此归入此种类型。

基本上不送气；而古全浊入声字今读调类不读阴去的方言，读送气音的比例非常少，如衡阳方言的古全浊入声字全部归入阳平，相应地均为不送气清音，江永方言的古全浊入声字基本上不读阴去，也没有送气清音的读法。

至于全浊声母入声字的送气读法为什么跟阴去调类有关，目前还找不到一个非常满意的答案。如果只从阴去的调值上来看，湘语各地的阴去基本上都是一个高调，可以设想，湘语中的古全浊入声字在未清化之前是一个调值接近阴去的带塞尾的高调，后来浊音清化，塞音韵尾消失，声调上跟阴去合流。但这一假设不能解释湘语中大部分调类阴高阳低的事实。同时，如果湘语入声的归并也按照"调值相近"的原则，这也不能解释湘语古全浊入声字为什么除了读高调阴去之外，还会归并到调值跟阴去相差很大的其他调类中。

（四）平上送气，去入不送气

这一种类型主要分布在除吴化片、勾漏片以及钦廉片以外的粤语里，还有香港和澳门的粤语也是这种类型。全浊上声字在粤语中实际上只有一部分是送气的。如果按今音来说，应该是今音为阳平、阳上的字送气，今音为阳去、阳入的字不送气。因为，全浊声母上声字在粤语中一部分变为去声（阳去），全浊声母今音读为不送气清音；另一部分保留上声（阳上），同全浊平声字一样变送气清音。

	皮	排	桥	棒	淡	动	件	近
顺德	pʻi˧	pʻai˧	kʻiu˧	pʻaŋ˧	tʻa˧	tʻoŋ˨	kʻin˧	kʻɔn˧
南宁市	pʻi˨	pʻai˨	kiu˨	pʻaŋ˨	tʻa˨	toŋ˨	kin˨	kʻɐn˨
香港	pʻei˧	pʻai˧	kʻiu˧	pʻaŋ˧	tʻa˧	tʻoŋ˨	kʻin˧	kʻɐn˧
澳门	pʻei˧	pʻai˧	kʻiu˧	pʻʌŋ˧	tʻʌm˧	tʻoŋ˨	kʻin˧	kʻɐn˧
	坐	罪	柱	洞	病	撞	局	毒
顺德	tsʻœ˧	tsøy˨	tsʻy˧	toŋ˨	piaŋ˨	tsɔŋ˨	kok˨	tok˨
南宁市	tsʻɔ˧	tsui˨	tsʻy˧	toŋ˨	peŋ˨	tsɔŋ˨	kok˨	tok˨
香港	tʃʻɔ˧	tʃøy˨	tʃʻy˧	tʊŋ˨	pɛŋ˨	tʃɔŋ˨	kʊk˨	tʊk˨
澳门	tʃʻɔ˧	tʃøy˨	tʃʻy˧	toŋ˨	pɛŋ˨	tʃɔŋ˨	kok˨	tok˨

（五）平上入不送气，去声送气

在浙江建德梅城方言（今属徽语）中，全浊声母今读清音声母，其中塞音塞擦音声母，在白读中逢古去声读送气清音，逢古平、上、入读不送气清音。在文读中则是平声送气，仄声不送气（曹志耘，1996）。下面是建德梅城的全浊声母白读的语音：

第五章　浊音清化（二）　247

非去声：婆 puˊ｜皮 piˊ｜芹 tɕinˊ｜权 tɕyeˊ｜被~子 piˋ｜件 tɕieˋ｜稻 tɔˋ｜动 taomˋ｜柱 tɕyˋ｜近 tɕinˋ｜薄 puˋ｜答 tɔˋ｜择 tsəˋ｜宅 tsʰəˋ

去声：办 pɜˑˋ｜败 pɑˑˋ｜大~蒜 tɑˑˋ｜洞 taomˋ｜袋 tɛˋ｜阵 tsʰenˋ｜忌 tɕiˋ

（六）上声送气，平去入不送气

湖南新田，广西永福，临桂四塘、五通等地属于这种类型。下面以湖南新田为例：

非上声：败 paeˋ｜白 paˋ｜甜 tanˋ｜地 tiˋ｜毒 toˋ｜迟 tʃiˋ｜锄 tsuˋ｜直 tseˋ｜茄 tɕiaˋ

上声：淡 tʰoŋˉ｜罪 tɕʰyˉ｜坐 tsʰoˉ｜柱 tsʰuˉ｜跪 kʰueiˉ｜近 tɕʰinˉ

（七）按今调类送气/不送气

上面提到的方言中，全浊声母今读塞音塞擦音是否送气跟古调类的平、上、去、入有直接的关系。但在湘西等地的汉语方言中，全浊声母今读是否送气跟古调类的关系不大，倒是跟今声调的演变有直接的关系。

湖南凤凰、中方两地均属西南官话，调类都是四个：阴平、阳平、上声、去声。

	阴平	阳平	上声	去声
凤凰	[ˊ]24	[ˉ]33	[ˋ]41	[ˇ]435
中方	[ˉ]55	[ˇ]213	[ˉ]33	[ˊ]24

凤凰、中方的全浊声母平声字归阳平调类，今读塞音塞擦音一律送气，全浊声母仄声字分属不同的调类（一般为两个），其中今读送气和不送气根据不同的调类有所不同。

　　　　　凤凰
上　送气[ˋ]41　　淡 tʰæˋ｜坐 tsʰoˋ
　　不送气[ˇ]435　罪 tsueiˇ｜动 toŋˇ
去　送气[ˊ]24　　病 pʰinˊ｜大 tʰɛˊ
　　不送气[ˇ]435　败 pɛˇ｜大 taˇ
入　送气[ˇ]435　　直 tsʰɛˇ｜白 pʰaˇ
　　不送气[ˉ]33　毒 tʰɯˉ｜局 tʃyˉ
　　　　　中方
上　送气[ˉ]33　　淡 tʰæˉ｜件 tɕʰiæ̃ˉ
　　不送气[ˊ]24　动 toŋˊ｜近 tɕiẽˊ

去	送气[˥]55	字 tsʮ˥ | 豆 tiɣu˥
	不送气[˩]24	办 pæ̃˩ | 袋 tɛ˩
入	不送气[˨˩˧]213	直 tsʮ˨˩˧ | 白 pɛ˨˩˧ | 贼 tsɛ˨˩˧ | 局 tɕy˨˩˧

凤凰、中方两地全浊声母仄声字的归并具有较强的一致性，即浊上字分别归入上声和去声；浊去字分别归入阴平和去声；浊入字凤凰归入去声和阳平、中方全部归入阳平。全浊声母仄声字送气与否在这两地的规律是：全浊上＝上声（送气）、全浊上＝去声（不送气）；全浊去＝阴平（送气）、全浊去＝去声（不送气）；全浊入＝去声（送气）、全浊入＝阳平（不送气）。湘西西南官话中的麻阳和洪江两地全浊声母的读音跟凤凰和中方类似。洪江浊入字今读去声[˥]35 时送气，今读阳平[˨˩˧]213 时不送气。麻阳古全浊上声字今读上声[˩]33 时送气，今读去声[˥]45 时不送气；古全浊去声字今读阴平[˥]55 时送气，今读去声[˥]45 时不送气；古全浊入声字今读去声和阴平时送气，今读阳平时不送气。

在湘西地区的乡话，全浊声母一部分保留浊音，一部分清化。今读塞音塞擦音清化后送气与否跟调类的演变也有十分密切的关系。杨蔚（2010）指出，乡话中古全浊平声、去声字今读阴平调时，总是读送气清音，古全浊上、去声字今读上声调时也读送气清音，跟凤凰、中方两地十分相似。以高峰和棋坪两地乡话为例（杨蔚，2010）：高峰、棋坪两地乡话的调类均是五个。

	阴平	阳平	上声	去声	入声
高峰	[˥]55	[˩]13	[˥]35	[˩]22	[˥˩]53
棋坪	[˥]44	[˩]23	[˥]35	[˥]55	[˥˩]53

高峰、棋坪两地全浊声母清化后今读塞音塞擦音都有根据今调类的不同分读送气/不送气的情况。

高峰

平	不送气[˩]13	财 tsa˩ | 强 tɕiː˩
	送气[˥]55	堂 tʰoŋ˥ | 筒 tʰɣu˥
上	不送气[˩]22	坐 tɕie˩ | 簿 pu˩
	送气[˥]35	在 tsʰɤ˥ | 断 tɕʰĩ˥
去	不送气[˩]22	耙犁~ po˩ | 队 tua˩
	送气[˥/˥]35/55	背 pʰa˥ | 代 tʰa˥
入	不送气[˩]13	毒 tu˩
	送气[˥]55	十 tsʰɔ˥ | 白 pʰo˥

棋坪
平　不送气[˩]23　　　抬 ta˩ ｜财 tsa˩
　　送气[˥]44　　　　堂 tʰoŋ˥ ｜驰 tʰa˥
上　不送气[˥]55　　　坐 tɕie˥
　　送气[˧]35　　　　在 tsʰəu˧ ｜菌 tɕʰie˧
去　不送气[˥]55　　　队 tua˥ ｜住 tiəu˥
　　送气[˧/˥]35/44　　尚 tsʰə̃˧ ｜代 tʰa˥
入　不送气[˩]23　　　毒 tu˩
　　送气[˥]44　　　　侄 tʰi˥ ｜白 pʰo˥

可以看出，乡话全浊声母的读音跟调类的分化也有十分密切的关系，并且基本规律与湘西凤凰、中方等地的西南官话有相似之处。今读上声和阴平的全浊声母送气，今读去声和阳平的全浊声母不送气。伍云姬（2000）对高峰乡话全浊声母送气/不送气的规律概括为高调送气、低调不送气，但这不能解释所有乡话全浊声母送气与否的分化情况，例如，棋坪的全浊声母读[˧]35 或[˥]44 送气，读高调[˥]55 反而不送气。因此，我们认为，湘西地区汉语方言全浊声母的送气与否只能结合调类的分化进行解释。粤语全浊声母上声字今读阳上时送气，今读阳去时不送气，跟西南地区汉语方言全浊声母上声字的规律一致，不过粤语全浊声母上声字今读阳上是白读，今读阳去是文读，至于湘西等地汉语方言全浊声母调类分化是否也有这样的时间层次，需要进一步的研究。

全浊声母按声调规则分化为送气/不送气主要有上述几种类型。此外，根据别人发表的材料介绍，汉语方言全浊声母演变以声调作为送气/不送气分化规则的还有：福建连城厦庄全浊平和全浊入的全部和多数全浊上归阴平的字读送气清音，全浊去的部分字和部分全浊上归阳去的字尚有不送气的读音（严修鸿，1998），广西邕宁五塘平上不送气，去入送气（覃远雄，2007）。这两处方言也是以声调作为分化条件的类型。

二　按声母分化

全浊声母清化后塞音塞擦音声母送气/不送气的规则分化除了以声调作为条件之外，还可以按不同的声母分化为送气清音或不送气清音。不过，这种以声母为条件的演变在汉语方言中不是很普遍，目前只在粤北、湘南等地的土话以及其他少数方言中有所发现，成为全浊声母演变除按声调为条件之外的一种新的类型。

（一）并定不送气，非并定送气

这种类型主要分布在粤北、湘南等地的土话中。如广东连南、连州；湖南汝城、宜章、永兴、资兴、嘉禾、临武等地。此外，根据公开发表的材料，广东乐昌黄圃、叛塘、三溪（张双庆，2000）；湖南桂阳燕塘、洋市（唐湘晖，2000；邓永红，2004）、宜章大地岭（彭泽润，2002）、嘉禾广发、塘村、洋头（卢小群，2003）、蓝山太平（罗昕如，2004a）等地全浊声母的演变也属于这种类型。下面以连州星子、嘉禾石羔、临武武水、汝城城郊为例说明。

	爬	皮	病	铜	甜	淡	大	毒
连州星子	pʌu˧	pi˧	pãi˩	tʌŋ˧	tãi˧	tɔŋ˩	tɔ˩	tau˦
嘉禾石羔	pa˩	pj˩	pae˥	taŋ˩	tae˩	tom˦	ta˥	tʌ˦
临武武水	po˧	pi˧	pen˧	toŋ˧	tin˧	taŋ˧	ta˥	təu˦
汝城城郊	po˦	pi˥	piŋ˩	toŋ˥	tia˥	ta˦	tae˦	tu˦
	件	坐	贼	茶	虫	柱	直	床
连州星子	kʻai˦	tsʻʌu˧	tsʻɜi˩	tʃʻʌu˧	tʃʻʌŋ˧	tʃʻy˦	tʃʻɨ˧	tʃʻɔŋ˩
嘉禾石羔	—	tsʻo˦	—	tsʻa˩	—	tʻu˦	tsʻʌ˦	tsʻom˩
临武武水	—	tsʻu˩	tsʻie˩	tsʻo˥	tsʻoŋ˧	tɕʻy˥	tsʻie˥	tsʻuaŋ˧
汝城城郊	tɕia˦	tsʻu˦	tsʻæ˦	tsʻo˩	tioŋ˥/tsʻoŋ˩	tɕʻy˥	tɕʻi˦	tsʻaŋ˩

（二）并定群不送气，非并定群送气

广西龙胜马堤乡方言的全浊声母清化后塞音塞擦音逢并定群母读不送气清音，逢非并定群母读送气清音。不过，该方言的崇船两母的字大多已经读成了擦音。

并定群：爬 pia˧｜皮 pi˧｜办 pa˩｜病 peŋ˩｜铜 toŋ˧｜淡 tan˩｜豆 tou˩｜毒 tu˧｜桥 tɕiu˧｜件 tɕin˩｜共 koŋ˩｜局 tɕy˧

其他：蚕 tsʻan˧｜全 tʻuan˧｜坐 tsʻa˧｜字 tʻi˩｜贼 tʻe˩｜迟 tɕʻi˧｜柱 tsʻu˩｜直 tɕʻiɯ˩｜愁 tsʻou˧｜船 suan˧｜柴 sai˧｜柿 sɿ˩

该方言点在"地图集"词汇部分出现的全浊声母并定群母读不送气清音，非并定群母读送气清音的例字还有：

并定群：条 tiu˧｜头 tou˧｜肚 tu˦｜瓶 peŋ˧｜糖 taŋ˧｜拳 tsuan˧｜舅 tsu˩｜鼻 pi˩

其他：赚 tsʻuan˩｜虫 tsʻoŋ˧｜寨 tsʻai˩｜着 tsʻɤ˩｜藏 tʻaŋ˧

第五章 浊音清化（二） 251

（三）澄崇船送气，非澄崇船不送气

湖南道县梅花、小甲两地的土话中，澄崇船母读为送气清音，非澄崇船母基本上读为不送气清音（周先义，1994），但是"贼局"等少数几个从母入声字也读送气清音。此外，据鲍厚星（2004），双牌理家坪也属于这种类型。以道县梅花为例：

澄崇船：茶 tsʽuˎ｜传 tsʽuɛnˎ｜锤 tsʽuaˎ｜撞 tsʽɔŋˎ｜柱 tsʽo˧｜柴 tɕʽiˎ｜床 tsʽoŋˎ

其他：爬 puˎ｜赔 pɤˎ｜败 piˎ｜白 puˎ｜船 tɕyɛnˎ｜全 tɕyɛnˎ｜罪 tso˧｜字 tsɿˎ｜袋 tiˎ｜豆 tɯˎ｜桥 tɕiɯˎ｜件 tɕiɛn˧｜舅 tɕiɯ˧

（四）並（奉）送气，非並（奉）不送气

並（奉）母字读送气清音，非並（奉）母字读不送气清音，这一类型目前只发现了海南儋州新英等地。但值得注意的是，儋州新英的定群母字全部读成清擦音，绝大部分澄从母字也读成清擦音，实际上读不送气清音的字主要是崇母、船母以及禅母平声字。下面是海南儋州新英並（奉）母与非並（奉）母的读音。

並（奉）：爬 pʽaˎ｜排 pʽaiˎ｜赔 pʽuiˎ｜皮 pʽiˀˎ｜败 pʽaiˎ｜办 pʽanˎ｜病 pʽiaŋˎ｜白 pʽeʔ˧｜防 pʽuaŋˎ｜肥 pʽuiˎ｜犯 pʽanˎ｜饭 pʽanˎ｜罚 pʽat˧

其他：柴 taiˎ｜床 tuaŋˎ｜愁 tɛuˎ｜船 tunˎ｜顺 tɛnˎ｜舌 tɛt˧｜柱 tɕiˎ｜贼 tsaʔ˧｜城 tiɛŋˎ｜树 tioˎ｜松 toŋˎ

三 按声母和声调分化

有些汉语方言全浊声母清化后是否送气的条件既有声母的因素，又有声调的因素。

（一）按声母和声调分化的类型

（1）广东乐昌长来方言的全浊声母今读送气和不送气，与今声母的发音方法和发音部位有关系，今塞擦音及舌根塞音送气，今双唇塞音、舌尖塞音逢平去入不送气，上声送气。大致说来，古从崇邪从群母送气，古並定母平去入不送气，上声送气（张双庆、万波，1998）。

並定平去入：婆 pouˎ｜赔 pʌuˎ｜步 pɔ˧｜败 pu˧｜鼻 pai˧｜拔

┤pou˩ | 图 tɔ˥ | 台 tʌu˦ | 碟 tæi˩ | 垫 taĩ˦

并定上声：断 t·ɜŋ˦ | 弟 t·i˥①| 淡 t·ɔŋ˦ | 荡 t·aŋ˦ | 部 p·ɔ˥ | 棒 p·ɔŋ˥ | 倍 p·ʌu˥ | 抱 p·a˦ | 被~子 p·ai˦

从崇邪澄群：坐 tsʰ·ɔ˥ | 贼 ts·ei˩ | 谢 tʃ·i˦ | 斜 tʃ·i˥ | 茶 tʃ·ou˩ | 值 tʃ·ei˩ | 锄 tʃ·ou˥ | 状 ts·aŋ˦ | 寨 tʃ·i˦ | 茄 k·ou˥ | 旧 k·i˦ | 件 k·æĩ˦ | 杰 k·æi˩

同乐昌长来属于同一类型的还有乐昌犁市、北乡方言（庄初升，2004b），杨时逢等（1974）中所记资兴方言，湖南汝城县濠头方言（曾献飞，2002）也是这种类型。

（2）粤北土话乐昌的梅村、桂头两地全浊声母的演变跟上面提到的乐昌长来等地相似，不同的是，梅村、桂头两地的并定母不但常用口语上声字送气，入声字也读送气清音（庄初升，2004b）。例如乐昌梅村：

并定平去：爬 p·ɔ˥ | 徒 tu˦ | 步 pu˦ | 杜 tu˦ | 袋 tuɤ˦ | 道 tau˦

并定上入：部 p·uʔ˦ | 弟 t·aʔ˩ | 淡 t·ɤŋ˩ | 别 p·ei˦ | 薄 p·ou˦ | 白 p·ie˦ | 达 t·a˦

其他：坐 tsʰ·ɔ˩ | 查 ts·ɔ˥ | 谢 ts·ie˦ | 舅 k·iu˦ | 杂 ts·a˦ | 近 k·yẽ˩ | 床 tsʰ·ɔŋ˥ | 植 ts·ai˦

（3）徽语歙县富锡方言全浊声母逢并定群母舒声字读不送气清音，入声字读送气清音，其他全浊声母一律读送气清音。例如：

并定群舒声：爬 po˦ | 排 pɔ˥ | 病 piã˦ | 铜 tã˦ | 甜 te˦ | 动洞 tã˦ | 权 tɕye˦ | 件 tɕie˦

并定群入声：白 p·a˦ | 薄 p·o˦ | 毒 t·ʌ˦

其他：虫 tsʰ·ã˦ | 撞 tsʰ·o˦ | 直 tɕ·i˦ | 愁 tɕ·ɤ˦ | 船 tɕ·ye˦ | 舌 tɕ·ie˦ | 全 ts·e˦ | 贼 ts·e˦

（4）永兴城关方言全浊声母的读音也与声母和声调同时有关系（胡斯可，2007），大致的规律是并定母无论平仄均读不送气清音，其他声母基本上是平声送气，仄声不送气，但仄声中有个别上声字和入声字读送气清音②。据胡文，并定母外的仄声字读送气清音主要集中在从、澄、群母，

---

① ˥为高降小称变调。
② 原文的"徛"写成"椅"，估计是误写。

声调主要是上声调。这 12 个字是：坐造践昨择泽直重徛跑近菌。

（二）按声母/声调分化为送气/不送气清音的讨论

上文提到的按声母演变类型和这一节的按声母和声调演变的类型都可以放在按声母演变这一大范围内进行考察。从地域分布的角度来看，除了海南儋州新英和安徽歙县富锡两点之外，其余集中在粤北、湘南和桂北土话的区域范围内。在这一地区，可以按照全浊声母读不送气清音的从少到多，分为以下六个层次：

第一层：並定母平去不送气。

第二层：並定母平去入不送气。

第三层：並定母不送气。

第四层：並定群母不送气。

第五层：並定群从母不送气。

第六层：仄声不送气，並定平声不送气。

各种读音类型及其分布见表 5-4。

表 5-4　　湘、粤、桂土话全浊声母按声母清化的类型

	类型	分布
1	並定母平去不送气	粤北：乐昌梅村、桂头
2	並定母平去入不送气	粤北：乐昌长来、犁市、北乡 湘南：汝城濠头乡
3	並定母不送气	粤北：连南、连州 湘南：宜章、永兴、资兴、临武、嘉禾广发、塘村、洋头、汝城城郊乡、蓝山太平、桂阳燕塘、洋市
4	並定群母不送气	桂北：龙胜马堤乡
5	並定群从母不送气	湘南：道县梅花、小甲、双牌理家坪
6	仄声不送气，並定平声不送气	湘南：永兴城关

1. 湘、粤、桂土话按声母送气/不送气的相关讨论

土话中並定母读不送气清音，非並定母读送气清音的现象曾引起学术界广泛的关注。学者们从不同的角度、不同方面去论证全浊声母这种特殊演变的发生原因。学者们的意见，可以简单地归纳为三种类型：底层论、音变论、发音生理论。

(1) 底层论

王福堂（2001、2002、2006b）认为，粤北、湘南地区的古并定母读不送气清音是壮侗语底层或影响的反映，而塞擦音声母读送气清音可能和客赣方言的影响有关。湘南土话、粤北土话中的并定母（包括音值为塞音的奉澄母）可能在清化前曾受壮侗语言的影响变为[ɓ ɗ]（或[ʔb ʔd]）。这样，在以后全浊声母清化的过程中，某些土话中的[ɓ ɗ]（或[ʔb ʔd]）因为都有吸气的特性，就不再能参与方言中送气化的音变（这估计是客赣方言的影响引起的）。并定演变为不送气音，其他全浊声母则变为送气音（乐昌长来方言中并定母上声字口语音也送气，可能还有珠江三角洲的影响）。王福堂（2006b）从壮侗语和汉语方言接触的不同阶段来探讨汉语方言中并定母读音的各种类型。其中粤北、湘南等地并定读音的情况是由于浊化阶段的壮侗语和保留浊音阶段的并定接触而产生的。其演变过程可以表示为：[b 并 d 定] > [ʔb ʔd] > [p t]。正是壮侗语声母和汉语方言声母各自的演变以及演变过程中不同阶段的接触，使壮侗语[ʔb ʔd]声母对汉语方言帮端母和并定母的影响产生了不同的结果，从而造成共时平面上壮侗语[ʔb ʔd]分别或同时和汉语方言古清声母浊声母相对应的局面。

王福堂这几篇文章论证严密，对于汉越语和某些土话中全浊声母两种不同的语音表现，以及以声母为条件的特殊音变，从语言接触的角度出发考虑，从音理上得到了合理的解释，得到一些学者的赞同（罗昕如，2004b）。

(2) 音变论

庄初升（2004b）从语音演变的不平衡性上来解释并定母读不送气清音，非并定母读送气清音的现象，认为这是语音演变不平衡性的反映。"古全浊塞音塞擦音声母是按照全清、次清和全浊三分的，对于同一个发音部位来说，清声母有不送气（全清）和送气（次清）两个音位，浊声母则只有一个音位，这就为浊塞音塞擦音清化后究竟是读为送气音还是读为不送气音留下了活动的空间。"他认为梅村、桂头等地方言的古全浊塞擦音、擦音以及群母字先发生清化，变成送气清音，而古全浊唇音和舌头音较迟清化，同时还根据调类的不同而有清化快慢的不同。他同时认为粤北土话中的全浊送气是比全浊不送气更早的一个历史层次，而中南部的石陂、白沙等地全浊声母的全部送气类型是在梅村、桂头等类型的基础上受到客家话的影响而形成的。

曾献飞（2005）也认为湘南、粤北等地古全浊塞音、塞擦音、擦音的演变速度有快慢的差异，应该是擦音先清化，塞擦音次之，最后是塞音。他将并定母不送气、非并定母送气的演变过程分为四个阶段：

	①	②	③	④
并定母	[b d] →	[b d] →	[b d] →	[p t]
其他声母	[g dʐ] →	[k tɕ] →	[kʻ tɕʻ] →	[kʻ tɕʻ]

上述两篇文章均认为并定母跟其他全浊声母读音不一致的现象是音变发展不平衡性的结果，但对于其他声母送气的原因，前者（庄初升，2004b）认为是较古老层次的反映，而后者（曾献飞，2005）认为是受到客赣方言的影响形成的。

（3）发音生理论

王本瑛（1997）尝试从发音生理学的角度来解释湘南土话中并定母读不送气送气音，其他全浊声母读送气清音的类型。但她的解释无法解释湘南土话中与此相关的几种其他演变类型。

以上对于湘南地区的并定母读不送气清音，其他声母读送气清音的解释似乎各有道理，但是要进一步证实还需要有更多的证据。值得指出的是，在道县小甲、梅花、双牌理家坪土话中，古全浊并定从群母读不送气清音，其他声母读作送气清音（周先义，1994；鲍厚星，2004）。如果用壮侗语的影响来解释的话，还得考虑这两处土话为什么受壮侗语影响后群从母字也出现读不送气清音的情况。如果用语音发展的不平衡性来解释，一般来说，相同声类的演变往往是一致的，那么，为什么同属于塞擦音的从母字跟其他塞擦音声母字演变的结果不同，前者不送气，后者送气。此外，在徽语歙县富場方言中，古全浊并定群母舒声字读不送气清音、入声字读送气清音，其他全浊声母全部读送气清音。歙县富場方言全浊声母的读音也是以声母作为分化的条件的，这种与湘南、粤北等地土话的"异地同变"的现象又应该如何解释。

2. 相关问题的讨论

以声母作为全浊声母清化后送气/不送气类型的方言中，进一步归纳，基本上是塞音声母（并定以及今读塞音的奉澄母或群母）读不送气清音，塞擦音声母读送气清音。但海南儋州新英有点特殊，刚好是并母送气，其他声母不送气。不过，从今音上来说，儋州新英除并母外的全浊声母少数读清擦音，绝大多数读塞音声母［t］。这样，儋州新英的全浊声母读音成了送气的［pʻ］和不送气的［t］的对立。这里主要讨论除儋州新英以外的其他方言中按声母分化送气/不送气的类型。

（1）塞音、塞擦音、擦音读音的不一致

曹志耘（2002）在分析了南部吴语全浊声母的读音类型后得出结论，"在一个方言里，如果全浊声母系统是部分地发生了清化，从声母的类别来看，最先清化或者说最容易清化的是浊擦音声母……在一些方言里，全浊声母的清化进程跟调类因素有关。"朱晓农（2003）从音理上证实了浊擦音最容易清化，浊塞擦音次之，最难清化的是浊塞音。具体到汉语方言中，有许多方言全浊声母的清化是从浊擦音开始的，如吴语海门、靖江，湘语东安等方言。此外，也有个别方言的古全浊塞擦音、擦音已经清化，而塞音还较完整地保留浊音。吴语缙云方言浊擦音、浊塞擦音两类已经出现清化，但塞音［b d］从开头就有很强的浊气流，擦音声母跟塞擦音声母以及塞音［g］都属于先清后浊的情况（曹志耘，2002）。浙江九姓渔民方言古全浊擦音声母均已清化，古浊塞擦音也已经清化，而古浊塞音声母是清化速度最慢的，并且与调类有密切关系。兰溪、淳安等地的浊上字跟清上字在发音人看来有一点区别，如：胆 taɹ ≠ 淡 daɹ｜鬼 kueɹ ≠ 跪 gueɹ｜倒 tɔɹ ≠ 稻 dɔɹ｜短 tɛɹ ≠ 断 dɛɹ。从听感上，后音的声母略带浊音色彩（刘倩，2008）。吴语缙云方言以及九姓渔民方言的材料表明，汉语方言全浊声母可以按照擦音、塞擦音和塞音的顺序进行清化，擦音和塞擦音清化以后，塞音还可以在一定程度上保留浊音。由于塞音跟塞擦音擦音的清化不是同步进行的，它们之间存在着先后顺序关系，这就为全浊声母清化后根据不同的声类朝不同的方向发展提供了有利条件。

上述道县梅花、小甲和双牌理家坪方言古全浊并定群从母均读不送气清音。从声类上来看，从母字属于古浊塞擦音。但其演变结果上跟并定群母一致。这只能解释为古全浊从母字在道县等方言中清化速度与并定群母一致。

（2）塞音内部读音的不一致

上述提到的几种读音类型中，全浊声母的读音除了以声母作为送气/不送气的条件外，塞音声母内部还出现了送气/不送气的分化。如乐昌长来并定母上声字送气，乐昌犁村等地并定母上声字和入声字都送气。另外，徽语歙县富锡方言的并定群母入声字也读送气清音。对于乐昌等地并定母上声字送气的现象，王福堂（2001）认为是受到粤方言全浊上声字读送气清音的影响产生的。这种意见对于乐昌犁村、歙县富㮾等地全浊声母入声字也读送气音则不好解释。曾献飞（2005）认为在这些方言中，送气清音的读法受到了客赣方言的影响。确实，上文的各种类型方言的周围，都有客赣型方言的存在。但是，这里有一个问题，客赣型方言如果对其他方言全浊声母读音有影响的话，这种影响应该是时时刻刻都存在的，那么为什么之前清化的声母（塞擦音）受到客赣方言的影响变成送气清音，而之后清化的声母（塞音）却不受到影响呢？同时，为什么在塞音内部只有上声字或入声字受到客赣方言的影响，而平声字或去声字却不受影响呢？

在汉语方言中，全浊声母清化的进程不仅跟声母的性质有关，而且跟调类也有很密切的关系。在保留浊音的湘语中，如湘乡、双峰、冷水江等地的古全浊舒声字较完整地保留浊音，而古全浊入声字已经全部清化，反映出全浊声母的清化按"入—舒"的顺序进行。吴语金华、兰溪、磐安方言全浊声母上声字率先完成了清化，而非上声字仍较完整地保留浊音。如果某一调类的字先清化，全浊声母的读音完全可以按调类的不同而出现送气/不送气的差异。大量事实证明，湘语全浊声母的清化是从入声字开始的，在现代全浊声母读清音的湘语中，入声字和舒声字的读音往往在送气与不送气方面的表现不同。如湘语涟源方言古全浊舒声字读不送气清音，而古全浊入声字则读送气清音，其他湘语中的古全浊入声字都或多或少地有送气清音的读法。庄初升（2004b）也指出，乐昌等地上声字和入声字的送气读法主要是出现在口语当中，应该是比较早期的一个层次。

全浊声母按调类的不同发生清化，不同调类之间清化的进程有先有后，这也为清化后的读音按调类不同向着不同方向发展提供了便利条件。但值得注意的是，永兴城关方言古全浊并定母不送气，其他声母平声送气，仄声不送气，这是否有方言接触的因素在里面，有待进一步分析。

综合以上讨论，我们认为，由于"浊音清化"在不同声类、不同调类上表现的不平衡性，使一些方言全浊声母的读音按照声类或调类的不同而出现差异。浊音清化的这种不平衡性，不仅可以用来解释湘南、粤北等地土话的全浊声母按照声母分化为送气/不送气的现象，而且可以解释部分声母内部出现的送气/不送气分化，同时徽语歙县富㮾方言的全浊声母与湘南、粤北土话的"异地同变"现象也可以得到很好的解释。

第三节 送气/不送气的不规则现象

本章前两节提到的全浊声母清化后送气/不送气的类型，不管是无条件音变，还是有条件音变，都属于规则的语音演变现象，体现了绝大多数汉语方言全浊声母演变的规律性。但并不是所有的汉语方言都可以从声调或声母的角度解释全浊声母清化后送气/不送气的分化，在一部分汉语方言的语音系统中，可能叠置了多个不同时代的语音层次，因此从共时平面上无法找出全浊声母清化后送气与否的语音条件，或是这种语音条件不甚明显。对于这类方言全浊声母的演变，本书称之为不规则的语音演变现象。但是，即便是不规则的语音演变现象，常常可以发现，在一定的语音条件下发生某个不规则音变的词比另一语音条件下更多一些，这说明了在不规则的现象下面，隐藏着更深一层的语音条件（潘悟云，2006）。因此也可以说，"不规则"只是一种表面现象，只是暂时没有找到更深层次的语音条件罢了。

全浊声母清化后，今读塞音塞擦音送气/不送气的不规则现象，指全浊声母送气与不送气的读音在表面上呈现某种无序状态，从共时平面上，不能按照声母、声调或其他一些语音条件找出其中送气/不送气的规律。

一 徽语

（一）读音

徽语中的黟县、屯溪、休宁、歙县岩寺（今黄山市徽州区）等地的全浊声母均已清化，其中今逢塞音塞擦音的，大部分读送气清音，小部分读不送气清音。送气/不送气之间看不出声类、调类等方面的差异。下面是这几地全浊声母读音的举例。

	爬	白	败	淡	袋	洞	棋	件	共
歙县	pʰa˧	—	pʰa˦	tɜ˥	tˀʌ˥	tˀʌ˥	tɕi˧	tɕie˥	kʰuʌ˩
黟县	pʰoː˧	pʰaɯ	pʰɐ	toːɥ	tɜːɥ	tuau˩	tɑŋ˩	tɕiɕi˧	tɕɜːi˥	tʃɑŋ˩
休宁	pʰuː˧	pʰa˩	pʰaɥ	tɕʌ˧	—	tɐŋ˩	tɕi˧	tɕɜːɥ	tɕin˩
屯溪	pʰuə˧	pʰaɥ	pʰaɥ	toɥ	tɤːyˀ	tʌɥ	tɕi˧	tɕːiɕeˀ	kʌnɥ

第五章 浊音清化（二） 259

	蚕	坐	字	茶	长	直	船	锄	柱
歙县	tsʰɜ˧	tsʰo˩	tsʰɿ˩	tsʰa˧	tɕʰia˧	tɕʰi˩	tɕʰyɛ˧	tsʰu˧	tɕʰy˩
黟县	tʃʰoːen˧	tsʰau˩	tsʰɿ˩	tʃʰoːʃ˧	tɕiŋ˧	tʃʰɿ˩	suː˧	tʃʰu˧	tʃʰu˩
休宁	tsʰɜ˩	tsʰo˩	tsʰɿ˩	tsʰɜ˩	tʃɑŋ˩	tʃʰɿ˩	ʃyːɜ˩	su˩	tʃy˩
屯溪	tsʰɔːɜ˧	tsʰo˧	tsʰɿ˩	tsʰɔ˩	tɕiuŋ˩	tɕʰi˩	ɕiuːɜ˩	sou˩	tɕʰy˩

从例字可以看出，徽语休宁、屯溪等地方言的全浊声母今读送气还是不送气均无法从声、韵、调方面找出规律，但总的来说，读送气清音的字数要多于读不送气清音的字数，这也可以看成不规则音变现象下面的一点小规律。

（二）徽语全浊声母不规则读音的原因

徽语全浊声母今读塞音塞擦音送气和不送气的不规则现象，引起了不少学者的兴趣。平田昌司（1982）从语言层次的角度探讨徽语全浊声母演变的原因，对徽语全浊声母读音的不规则现象作了十分精彩的分析，提出了徽语全浊声母今读的三个层次。其中，不送气清音是古层，如休宁等地的全浊声母的不送气读法。第二层的送气清音来自安庆话或客赣方言，例如绩溪岭北方言位于徽州东北隅，紧接江淮官话区。因此它受到送气清音的影响最深，只在个别的白读形式里保存不送气层的痕迹以外，大多数都读为送气清音。第三层是近代官话为代表的北方方言，带来了平声送气音的增加和仄声不送气音的增加。该文用文献证据和语言事实相结合的方法，对徽语全浊声母的不规则读音作出的解释十分深入。王福堂（1999：93）显然同意平田昌司（1982）的分析，他说："目前休宁话中出现的送气音，显然和赣方言的影响有关"。

赵日新（2002）同意客赣方言对徽语全浊声母读音的影响，不过同时指出，清代江永《音学辨微·榕村等韵辨疑正误》说："即如吾婺源人呼'群、定、澄、并'诸母字，离县治六十里以东，达于休宁，皆轻呼之；六十里以西，达于饶，皆重呼之。""前言吾婺源人于最浊位，离县治六十里以东轻呼，以西皆重呼，不但平声，即仄声然。"（原注：惟"奉从"二字否），所谓"轻呼"即不送气，"重呼"即送气，可知至少在三百年前，徽语祁门、黟县、屯溪、休宁等地的古全浊塞音塞擦音声母清化后是不送气的，而婺源以西的赣语则是送气的。如果像王福堂（1999）所认为休宁话的送气音，和赣方言的影响有关，那么这种解释会遇到一个困难："绩溪县（在休宁的东北方向）的古全浊塞音塞擦音声母不论平仄均读送气清音。如果绩溪的'全送气'也是因为赣语的影响，那么这种影响为什么是跳跃性的呢？如果不是赣语的影响，那么如何解释呢，这个问题目前只能存疑。"

（三）徽语全浊声母读音的内部差异

谈到徽语全浊声母的读音时，大部分学者认为全浊声母今读送气/不送气无规律可循是徽语的特点。平田昌司（1982）谈到，徽州方言全浊声母今读既有不送气清音，也有送气清音。而且哪些字不送气，哪些字送气，无论从韵母系统还是从声调系统来看，完全看不出分化条件。这是徽州方言的重要特点之一。《中国语言地图集》（1987）也指出："全浊声母字徽语都读清音，多数地点也读送气音。休黟片送气比不送气多。送气与否，总的说不出条例。婺源北部古入声送气，严州片建德古去声送气，条件比较清楚。"这段话也将休黟片的送气/不送气看不出条例放在最显著的位置。不过，就徽语全浊声母读音的实际情况而言，内部存在着很大的差异。

徽语绩歙片方言全浊声母今读基本上为送气清音，读不送气的字除个别外，大多是口语中的非常用字；婺源江湾方言全浊声母今读舒声不送气，入声送气；建德梅城方言全浊声母逢去声送气，平上入不送气（曹志耘，2000）。黄山市徽州区（原属歙县）呈坎方言全浊声母并定母舒声字均读不送气清音，入声部分字读送气清音（"拔、白、碟、夺"等），部分字读不送气清音（"泊、瀑、叠、达"等）；群母字基本上是平声送气，仄声不送气；其他全浊声母字不论哪个声调都既有送气，又有不送气，看不出声调上的分化条件（贾坤，2007）。歙县富堨方言全浊声母今读音并定群母舒声字不送气，入声字送气；其他声母一律送气。这些不同的类型充分说明了徽语全浊声母的演变在地域上的不平衡性。

此外，徽语全浊声母的演变除了有地域上的差异外，同一地区之间还具有城乡差异。伍巍（2000）指出，"徽州方言分东、西两个区域，东区包括绩溪、歙县等地，历来是徽州的政治、经济中心，交通较为便利，歙县、绩溪两县县城方言，全浊声母字今天基本均为送气清音；西区的休宁等地的县城徽语亦有部分或大部分全浊声母字今读送气清音，但休宁等地的乡下方言多读不送气清音"。例如杞子岭、岭南、段辛等地方言的全浊声母基本上读不送气清音（材料取自伍巍，2000）。

	排	步	台	洞	旗	轿	长	坐
杞子岭	pɔ˩	pu˩	ta˧	tʌŋ˧	tsʅ˩	tɕie˩	tɕiɔ˩	tsʰau˩
岭南	pa˩	pu˥	tɤ˩	təm˥	tɕi˩	tɕia˩	tsɒ˩	tsʰo˥
段辛	po˩	pu˥	tɯ˩	təŋ˥	tɕi˩	tɕiɔ˥	tsɒ˩	tsʰo˥

徽语全浊声母的演变在地域上的不平衡性以及城乡差异，都充分说明了全浊声母的演变在徽语中的复杂性。休黟片方言全浊声母一部分不送气，另一部分送气，但看不出分化条件这一特征可以看成徽语全浊声母演变的一个重要特征，但还不能代表整个徽语全浊声母的演变面貌。因为徽语全浊声母的演变还不像闽语那样在内部有着高度的一致性，甚至哪些字读送气清音，哪些字读不送气清音内部也相当一致。徽语语音面貌内部的分歧，从其全浊声母的读音可见一斑。

二 闽语

（一）读音

闽语全浊声母的演变具有很高的一致性，除了石陂等地的闽语由于受到吴语的影响保留浊音，建阳等地闽语全浊声母部分弱化，光泽、邵武等地跟客赣方言表现一致读作送气清音外，其他地区的闽语古全浊塞音塞擦音声母均已清化，今读塞音塞擦音既有送气读法，又有不送气读法，且送气/不送气之间看不出明显的规律，但总的来说，大部分读不送气清音，小部分读送气清音（跟徽语屯溪、休宁等地的读音刚好相反）。

	爬	皮	病	白	虫	全	罪	大	洞
福州市	pɑ˩	pʰuei˩	pɑŋ˩	pɑʔ˥	tøyŋ˩	tsuoŋ˩	ysy˩	tuɑi˩	tøyŋ˩
厦门市	pe˩	pʰe˩	pĩ˩	peʔ˥	tʰaŋ˩	tsŋ˩	tsue˩	tua˩	toŋ˩
仙游	pɒ˩	pʰue˩	pã˩	pɛʔ˥	tʰaŋ˩	tsyøŋ˩	tsue˩	tua˩	tɒŋ˩
建瓯	pa˩	pʰoi˩	paŋ˥	pa˩	tʰœŋ˩	tsye˩	tsoi˩	tua˩	tɔŋ˩
沙县	pa˥	pʰuɐ˩	pã˥	pa˥	tʰaŋ˥	tsĩ˥	tsuei˥	ta˥	taŋ˥
	淡	长	柱	锄	棋	局	近	柿	贼
福州市	tɑŋ˩	tɯoŋ˩	tʰieu˩	tʰy˩	ki˩	kuoʔ˥	køyŋ˩	kʰei˩	tsʰiʔ˥
厦门市	tam˥	tŋ˩	tʰiau˩	tʰɯ˩	ki˥	ki˥	kun˥	kʰi˥	tsʰat˥
仙游	taŋ˩	tŋ˩	tsy˥	tʰy˥	ki˥	kyøʔ˥	kyøŋ˥	kʰi˥	tsʰɛʔ˥
建瓯	—	taŋ˥	tʰiu˩	tʰy˥	ki˥	ky˥	kye˩	kʰi˥	tsʰai˥
沙县	tʰã˥	tiaŋ˩	tʰø˥	tʰø˥	ki˥	ky˥	kuɐ˥	kʰi˥	tsʰæ˥

(二) 特点

全浊声母今读不送气清音，通常被认为是闽语和湘语的共同特点，但这种表述其实是不够准确的。其一，湘语全浊声母舒声字绝大部分读不送气清音，很少有例外，但闽语全浊声母舒声字既有不送气读音，也有送气读音，且以不送气读音为主；其二，大多数湘语古全浊入声字有送气读音，且多数地点送气的比例高达50%以上，闽语古全浊入声字虽然也有送气的读法，但入声字读送气总的来说还是占少数，不会像双峰等地的方言那样占到70%以上。可以说，闽语全浊声母的读音与湘语相比，有着自己的特点。

虽然闽语全浊声母今读送气和不送气没有调类或声类上的规则可循，但哪些字读送气音、哪些字读不送气音在闽语中大体上是一致的。如"被、皮、糖"等字在闽语区一般读为送气清音，"局、洞、排"等一般读为不送气清音。这可以视为闽语自身规律的反映。罗杰瑞（1982）指出："任何一个汉语方言如果全浊声母不分平仄兼有送气不送气两种表现的就可能是闽方言。以定母为例，假如某个方言'啼、头、糖、沓'四字读送气清音 [tʻ]，而'蹄、铜、弟、袋、豆、腚、毒'八字读不送气清音 [t]，那个方言很可能就是闽语。"（转引自李荣，1989）。李如龙（1985）列出了闽语口语比较常用的40个字，40个字都能单用，而且各地读音比较一致。这40个字是：皮藻瓢稗被楠~鼻彭篷曝雹浮缝—条~啼苔桃头谭潭糖桐叠槌锤柱治蛇虫杖蚕簟贼锄柴床柿钳白虹瘸徛。李如龙（1985）同时指出，送气不送气的分化既然不以《广韵》的韵类或调类为条件，可见它不是单纯的语音历史变化。李荣（1989）说："一两个闽语方言某些全浊声母字今读送气可以说是例外。这几个闽语方言这些字送气，那几个闽语方言那些字送气，对不起来，那也可以说是例外。要是某些全浊声母字在全体闽语或者多数闽语里都送气，那就不是例外了。'各方言一致的例外'本身就是一种规律。"这段话精辟地概括了闽语全浊声母读音上的特点。上述学者的分析都说明闽语全浊声母送气/不送气的读音虽然找不出明确的条件，但闽语内部全浊声母读音的一致性可以看作是闽语全浊声母读音"对内具有一致性，对外具有排它性"的一个特点。

前贤关于闽语全浊声母不规则读音的探讨，本书第一章第二节有简单的论述，也可以参看庄初升（2004a）的《中全浊声母闽方言研究述评》。此外，邵荣芬（1985）的《明代末年福州话的声母系统》指出，根据明

第五章 浊音清化（二） 263

末陈第的《毛诗古音考》《屈宋古音义》，得知陈第当时福州话的古浊母也已清化，大致上与今日福州话情形相同。不过，陈第当时读同次清音的情形比现代福州话少，这一现象是否表明闽语的不送气音属于较早的层次，可以提供给讨论闽语全浊声母读音的学者参考。

三 畲话

畲话在《中国语言地图集》（1987）中属于未分区的汉语方言，指散居在福建、浙江、江西、广东、安徽等省的畲族使用的汉语。有人认为畲话是一种客家方言（毛宗武、蒙朝吉，1986；罗美珍，2000），有人认为是一种接近闽语的特殊汉语方言（徐瑞蓉、伍巍，2000；傅根清，2001），在归属上至今没有取得统一的意见。但畲话的汉语方言属性已经得到一致的认同。

（一）读音

畲话全浊声母全部清化，其中今读塞音塞擦音的送气/不送气之间没有明显的规律，在同一声母同一调类下的字，有的读送气，有的读不送气。如宁德畲话：办 pen˩ | 病 pʻiaŋ˩。下面是浙江景宁、泰顺以及福建宁德三地畲话全浊声母的读音举例。

	爬	甜	棋	锤	柴	蚕	棒	淡	件
景宁	pʻɔ˧	tʻam˧	ki˧	tɕʻy˧	tsʻai˧	tsʻɒm˧	pɒŋ˧	tʻɒm˧	kien˩
泰顺	pʻa˧	tʻiem˧	kʻi˧	tɕʻy˧	tsʻai˧	tsʻɒm˧	—	tʻɒm˧	kien˩
宁德	pʻɔ˧	tʻam˧	ki˧	tʻui˧	tsʻai˧	tsʻɐi˧	—	tʻɔ˧	kʻøn˧

	柱	柿	败	大	共	字	白	局	直
景宁	tɕy˩	kʻi˧	pai˩	tʻi˧	tɕʻyŋ˩	tɕʻi˩	pʻaʔ˩	kyoʔ˩	tɕi ʔ˩
泰顺	tɕy˩	ki˧	pai˩	tʻai˩	—	—	paʔ˩	tɕio ʔ˩	tɕi ʔ˩
宁德	tun˧	kʻi˧	pai˩	tʻoi˩	kəŋ˩	tɕʻi˩	pʻaʔ˩	kuʔ˩	tɕiʔ˩

（二）景宁鹤溪畲话全浊声母读音的分析

畲话的全浊声母读音从共时平面上看，一部分送气，一部分不送气，其中送气/不送气看不出明显的规律。就这一点而言，这是畲话和闽语以及部分徽语在全浊声母读音上的共同特点。但畲话跟闽语及徽语在全浊声母演变上还是存在一定的差异。为了更好地分析畲话全浊声母的读音情况，利用景宁鹤溪畲话全浊声母的读音材料进行考察，考察的对象为《汉语方言调查字表》中今读塞音塞擦音的全浊声母字。

此次共统计到《汉语方言调字表》中全浊声母今读塞音塞擦音声母的字共372个。其中有12个字来自邪禅匣母，它们是平声5个：斜邪匙禅酬禅殊禅衔匣；上声两个：舰匣厚匣；入声5个：殖禅植禅蜀禅狭匣峡匣。船母字在景宁畲话中读擦音声母。下面对景宁鹤溪畲话并（奉）定群从澄崇七母的362个字进行统计（一字两读时按两个字计算）。

表 5-5　　景宁鹤溪畲话全浊声母今读送气/不送气的分化

		平	上	去	入	备注
并（奉）	不送气	芭杷朋彭膨棚爿琵枇便~宜萍贫旁螃培陪蒲篷蓬冯东韵冯蒸韵缝	抱鲍婢辨辩并辫伴拌棒簿倍笨	败币斃备箆避便方~办背叛薄捕	别雹缚	"雹"有不送气、送气两读
	送气	爬牌簰排袍跑皮脾平坪评瓶嫖藨盘婆菩赔盆肥坟房耙	被~子部妇	鼻病稗步饭	白薄仆雹	
定	不送气	檀壇弹谈题蹄亭填停廷庭堂棠驼驮平声台腾潭谭澄屠途涂图陶萄童臀徒	待簟锭舵断盾杜肚道稻动	代邓弹第掉调音~调~动澄殿奠佃垫驮去声兑段缎镀盗遁洞	笛敌耀蝶达毒独	
	送气	啼甜田逃条头投藤团糰唐糖塘桃苔同铜桐筒	弟艇淡	定大果摄大蟹摄豆袋队度渡钝	沓叠碟谍特读夺突	
群	不送气	渠他其棋期旗奇岐鲸乾球勤强~大权	件臼跪近技键距	忌仅健腱具郡共	及掘倔局极杰剧	
	送气	骑钳侨桥荞葵琴茄求裙拳穷群芹渠	徛舅菌巨拒	轿旧柜	屐	

续表

		平	上	去	入	备注
从	不送气	才财裁存瓷池齐情秦	在罪静尽	暂栈自净就	杂铡寂截疾绝	
	送气	材晴钱前蚕藏脐层墙	坐	藏西~座字	嚼凿贼	
澄	不送气	澄耕韵陈持橙呈程惩橙蒸韵储橼池	痔仗柱	治站召郑宙住撞传~记赚仲	泽择宅值侄逐轴尤	"池"有不送气、送气两读
	送气	沉绸茶搽迟朝~代尘除厨锤槌虫重~复传~达长肠场池	赵苧重轻~丈杖	瞠澄水浑,~一~箸	浊蛰直	
崇	不送气	查			煤闸镯	
	送气	柴豺床馋锄	柿	寨状		

表 5-6　景宁鹤溪畲话全浊声母今读送气/不送气的统计

		並（奉）	定	群	从	澄	崇	共计
平	不送气	22	29	13	9	11	1	85
	送气	23	19	15	9	18	5	89
上	不送气	13	11	7	4	3	0	38
	送气	3	3	5	1	5	1	18
去	不送气	12	20	7	5	10	0	54
	送气	5	9	3	3	3	2	25
入	不送气	3	7	7	6	8	3	33
	送气	4	8	1	3	3	0	18
	共计	85	106	58	40	59	12	362

从表 5-5 以及表 5-6 可以看出，景宁鹤溪畲话全浊声母今读送气与否呈现不规则分布。具体而言，景宁鹤溪畲话全浊声母的读音体现出如下几个特征：

（1）同一音韵地位的字有送气和不送气的区别，哪些字读送气，哪些字读不送气不能凭该字是否为日常用字来判断。例如：

蟹开四齐韵从母平声：脐 tɕ·i˧ ≠ 齐 tɕie˧
臻合一定母魂韵去声：钝 tʰun˧ ≠ 遁 tun˧
蟹开一咍韵定母去声：袋 tʰoi˧ ≠ 代 tai˧
蟹合一灰韵并母平声：赔 pʰoi˧ ≠ 培 poi˧
遇合一模韵并母上声：部 pʰu˧ ≠ 簿 po˧
咸开四贴韵定母入声：谍 tʰap˧ ≠ 蝶 tiap˧

有个别字同时具有送气读法和不送气读法，例如：池 tɕʰi˧/tɕi˧｜雹 poʔ˧/pʰau˥。

（2）全浊声母读送气/不送气与声调的平仄有关

景宁畲话全浊声母每一个调类既有送气读音，又有不送气读音。但是不同调类读送气音和不送气音跟声调的平仄有很大的关系。大致上说，平声字里不同声母读送气还是不送气的字数相差不大，如并（奉）母字，读送气音有23字，读不送气音有22字，定母字读不送气音的字数比送气音的字数略多，其他声母读送气音略多于不送气音，但相差不大。不过，从仄声字看，同一调类读送气音和不送气音的比例差距就很明显，仄声字（上去入三声）读不送气音的字数远远多于读送气音的字数，其中尤以上声字和去声字最为显著。以定母字为例，上、去、入三声的字读不送气和送气的比例分别是：11∶1，20∶9，7∶8。

从景宁畲话全浊声母演变的趋势来看，畲话全浊声母演变有向官话读音靠拢的趋势。最为明显的例证是景宁畲话全浊声母仄声字读送气音的数量明显少于读不送气音的数量。这跟官话的"仄声不送气"特征是吻合的。同时，景宁畲话全浊平声字读送气音的数量也不少，足以与不送气音相抗衡。景宁畲话的这种读音究竟是后来受官话影响的结果还是畲族人改操汉语时流传下来的读音，有待对各地畲话的语音进行共时比较和历时考察后再做进一步的研究。

（三）景宁畲话与客家话、闽语全浊声母演变的比较

畲话是畲族人所说的一种汉语方言，全国各地的畲族住处多是说客家话和闽语的汉族，畲族一般都会说客家话，有的也会说闽语或当地土话。就畲族所说的汉语方言而言（指畲话），由于与当地的客家话或闽语接触的关系，在语音上自然会带上客家话或闽语的一些特征。但具体就全浊声

母这一项语音特征而言，景宁畲话的表现跟客家话或闽语有一些不同的地方，下面仍以景宁鹤溪畲话为例进行说明。

1. 景宁畲话与客家话

全浊声母今逢塞音塞擦音一律读为送气清音，这是客家话和赣语在全浊声母演变方面的共性，同时，也是客赣方言区别于其他方言全浊声母的一项重要语音特征。景宁畲话全浊声母不论声调平仄一部分读送气清音，一部分读不送气清音，尤其是在仄声字中，读不送气清音的数量几乎是读送气清音数量的两倍。下面是景宁鹤溪畲话与梅县客家话全浊声母读音的比较。

表 5-7　　景宁鹤溪畲话与梅县客家话全浊声母读音的比较

	景宁（畲话）	梅县		景宁（畲话）	梅县
排	pʰai˩	pʰai˩	抱	pau˩	pʰau˧
陪	poi˩	pʰi˩	杜	tu˩	tʰu˧
弹~琴	tan˩	tʰan˩	稻	tɔu˩	tʰau˥/tʰau˧
甜	tʰam˩	tʰiam˩	柿	kʰi˩	sʅ˧
桥	kʰieu˩	kʰiau˩	病	pʰiaŋ˩	pʰiaŋ˧
球	kiu˩	kʰiu˩	柱	tɕy˩	tsʰu˥
存	tson˩	sun˩	字	tɕi˩	sʅ˧
晴	tsʰaŋ˩	tsʰiaŋ˩/tsʰin˩	白	pʰaʔ˩	pʰak˥
陈	ɕin˩	tsʰən˩	直	tɕiʔ˩	tsʰət˥/tsʰət˩
绸	tʰiu˩	tsʰu˩	局	kyoʔ˩	kʰiuk˥

梅县等地的客家话也有少量的全浊声母字读为不送气清音。如梅县"叛笨辫饯坠渠他"等，不过这些字数量较少，且以非口语常用字为主。而景宁畲话的全浊声母不论是读送气清音，还是读不送气清音，都是既有口语常用字，也有非口语常用字，全浊声母读音的送气或不送气无法从是否口语常用字得到判断。如"桥铜弟妇"等口语用字读送气清音，而"球齐瓷稻"等口语用字则读不送气清音。从这一方面可以显示出景宁畲话与客家话在全浊声母读音方面的差异。

2. 景宁畲话与闽语

前文已经提到，闽语全浊声母演变在内部具有高度的一致性。即全浊声母今逢塞音塞擦音多数读为同部位的不送气清音，少数读为同部位的送气清音。从送气/不送气的不规则读法来看，景宁畲话跟闽语在这方面是一致的。

周长楫（1981）对厦门方言的全浊声母进行了较为详细的分析，从他所统计的数据来看，厦门话全浊声母平声字读不送气音的比例为52.7%，读送气音的比例为47.3%。仄声字读不送气音的比例是82.6%，读送气音的比例是17.4%。由此可见，在厦门话里，全浊声母在平声字方面读不送气音和读送气音的字数不相上下。在仄声字方面，厦门话读不送气音明显占优势。如果将表5-19中景宁畲话全浊声母的读音进行统计，平声字读不送气音的比例是48.5%，读送气音的比例是51.5%。仄声字读不送气音的比例是67.5%，读送气音的比例是32.5%。这些数据表明景宁畲话与厦门话在全浊声母演变上表现较为一致。

罗杰瑞（1982）指出："任何一个汉语方言如果全浊声母不分平仄兼有送气不送气两种表现的就可能是闽语。以定母为例，假如某个方言'啼头糖沓'四字读送气清音［tʻ］，而'蹄铜弟袋豆胫毒'八字读不送气清音［t］，那个方言很可能就是闽语。"（转引自李荣，1989）。在景宁畲话中，上述12个全浊声母的读音分别是：

啼 tʻai˩ ｜ 头 tʻieu˩ ｜ 糖 tʻɔŋ˩ ｜ 沓 tʻap˩

蹄 tie˩ ｜ 铜 tʻuŋ˩ ｜ 弟 tʻai˩ ｜ 袋 tʻoi˩ ｜ 豆 tʻieu˧ ｜ 胫（无）｜ 毒 tuʔ˩

上述12字中，景宁畲话跟闽语有一致的地方，但也有一些参差。如"铜弟袋豆"闽语读不送气清音，但景宁畲话读为送气清音。

通过景宁畲话与客家话、闽语的比较，可以发现，景宁畲话与客家话、闽语在全浊声母演变上既有一些共同之处，但也有一些具体差异，不过，大体而言，景宁畲话全浊声母的读音与闽语的共性要多一些。而整个畲话全浊声母内部的读音是否具有像闽语那样高度的一致性，目前由于材料的相对缺乏，还不足以作出判断。

第四节 小结

中古全浊声母演变到现代，除了吴语和一部分湘语以及个别闽、粤、赣语外，在绝大多数汉语方言中均读清音声母。其中大部分方言中，今读塞音塞擦音声母依据一定的语音条件分化为送气清音和不送气清音，少数方言今读塞音塞擦音声母从共时平面上看不出明显的语音条件的制约，可能是不同历史时期不同语音系统叠置的结果。以往对于汉语方言全浊声母的清化类型虽然多有描述，但限于材料，有一些具体方言中清化的特殊类型没有涉及。

本节结合"地图集"所反映出来的材料以及一些现有的语言材料，综合本章前三节所描述的内容，归纳总结汉语方言全浊声母清化后今读塞音塞擦音声母送气/不送气的类型及其地域分布，由于前面三节对不同的类型均有具体说明，为了避免重复，本节尽量减少举例。

一 读音类型

汉语方言全浊声母清化后塞音塞擦音声母送气/不送气的类型可以列成表5-8。

（一）送气/不送气的类型

由表5-8可以看出，汉语方言的全浊声母清化后，塞音塞擦音送气/不送气的类型除了平时经常提到的"平声送气，仄声不送气；一律送气；一律不送气；平上送气，去入不送气"等几种大类外，还有多种小类。如全浊声母已经清化的湘语多为舒声不送气，入声有的送气、有的不送气。徽语建德梅城去声送气、平上入不送气；部分湘南土话和平话除了全部不送气的类型外，新田、永福、临桂等地上声送气、平去入均不送气等等。此外，在按声母进行分化的类型中，不仅有并定不送气，其他声母送气的类型，还有并定群不送气，其他送气；並母送气，其他不送气；澄崇船送气，其他不送气等各种类型。

表 5-8　汉语方言全浊声母清化后今读塞音塞擦音送气/不送气的类型

方式	分化条件	类型	代表方言
有条件音变	声调	平送仄不送	官话；少数晋语及其他方言
		平不送仄送	安仁，通山；南雄百顺；晋语汾城、翼城
		舒声不送气，入声不定	湘语；徽语婺源北乡、江湾
		平上送气、去入不送	粤语
		平上入不送气，去声送气	徽语建德梅城
		平去入不送气，上声送气	湖南新田、广西永福、临桂四通、五塘
		其他	广西邕宁：平上不送，去入送；福建连城厦庄：今阳去不送气，其余送气；湘西汉语方言按声调的演变进行分化
	声母	並定不送气，其他送气	一部分湘南、粤北土话
		並定群不送气，其他送气	龙胜马堤乡
		澄崇船送气，其他不送气	道县梅花、小甲、双牌江村
		並（奉）送气，其他不送气	儋州新英
	声母和声调	並定平去入不送气，上声送气；其他均送气	乐昌长来、犁市、北乡、汝城濠头
		並定平去不送气，上入送气；其他均送气	乐昌梅村、桂头
		並定群不送气，入声送气；其他送气	歙县富锡
		並定群不送气；其他平声送气，仄声不送气	永兴城关
无条件音变	无	全部送气	客赣方言；西北方言白读层；通泰地区方言；徽语部分
		全部不送气	平话；湘南土话；湘语衡阳、衡南方言；晋中方言白读层
不规则现象		大部分送气，小部分不送气	徽语休宁、屯溪
		大部分不送气，小部分送气	闽语
		平声送气/不送气持平，仄声大部分不送气	畲话

　　这些不同的小类虽然所涉及的方言或分布的面积不是很广，但是它们

在一定的语音条件下，内部的分化是十分整齐的。如平声不送气、仄声送气的类型，在汉语方言中的分布十分有限，但除了西北地区汾城、翼城等地只出现在白读层，从共时平面上看平声和仄声均是部分不送气、部分送气的类型外，安仁、杨芳和南雄百顺等地的分化均十分整齐，在平声和仄声上也没有出现文白的分化，即共时平面上体现出来的仍然是平声不送气、仄声送气的类型。其他类型的情况大致都是一样。由此看来，汉语方言全浊声母清化后送气/不送气类型是多样的，不同的类型之间可以构成相对独立的体系。

（二）送气/不送气的条件

古全浊塞音塞擦音声母清化后，除了全部读送气清音和全部读不送气清音没有出现送气/不送气的分化，闽语、徽语和畲话从共时平面上看不出送气/不送气分化的条件外，其他方言中读为送气或不送气的条件有两种，一是声调，一是声母。大多数方言只用一种条件进行分化，如官话以平仄为送气与否的条件，湘语以舒入为送气与否的条件，湘南等地一部分土话以并定母为送气与否的条件。也有个别方言兼用两个条件，如乐昌土话中的部分地区兼用声调和声母作为送气与否的条件。事实上，声调和声母这两个条件在送气/不送气分化中所处的地位是不一样的。送气/不送气主要以声调作为条件，较少用声母作为条件。这跟前面讨论浊音清化过程的情况不太一样，在全浊声母部分保留浊音、部分清化的方言中，声母往往是清化与否最重要的条件，并且通常按"擦音—塞擦音—塞音"的顺序进行清化，不同的方言基本上都是这种情况。而声调只是部分方言中作为清化与否的条件，且在不同的方言中体现出不同的个性。

二 地域分布

全浊声母清化后送气/不送气的类型及其地域分布，可以参看曹志耘主编（2008：039图）"浊塞音塞擦音声母的演变"。

可以看出，汉语方言送气/不送气的类型从地域上明显地分为南北两个区域。在北部和西南汉语方言中，全浊声母送气/不送气的类型较为单纯，而东南部汉语方言全浊声母送气/不送气的类型十分复杂。

平声送气，仄声不送气是一条几乎覆盖整个北方和西南部汉语方言的规律，按照目前汉语方言的分区，包括了官话和晋语两大方言。不过在西北地区的陕西、山西、宁夏、甘肃等地，白读层中出现了全浊声母全部送气或全部不送气的类型。前者主要分布在晋中等地，后者以晋南、晋中西部和陕北等地最为集中。西北地区汉语方言全浊声母异于"平声送气，仄声不送气"的现象说明，历史上西北地区的一部分汉语方言，全浊声母清化后是不需要按照一定的条件进行分化的，不论平仄朝着同一个方向演变成送气清音或不送气清音。

从地图上看，东南地区汉语方言全浊声母送气/不送气的类型，显得十分繁杂。东南地区的汉语方言中，浊音清化后具有全部汉语方言送气/不送气的所有类型。首先，一律读送气清音的类型覆盖了江西全省，一直向下延伸到福建西部和广东北部，在其他各个省份均有分布。一律读不送气清音的类型集中分布在广西的中东部地区，包括平话和一部分粤语。这种类型的分布跟以往的印象有点偏差，即湖南境内全浊声母一律读不送气清音的方言点并不多，只在南部的衡南、江永、蓝山等地有所分布。湘语全浊声母清化后多表现为舒声不送气，入声送气/不送气的类型。福建、广东等地的闽语全浊声母多是大部分不送气，小部分送气，这一分布的区域相当集中。此外，广东境内的粤语和部分广西粤语属于平上送气，去入不送气的类型。以上几种类型是东南方言全浊声母清化后送气/不送气的最主要的类型，占据东南方言的绝大部分地区。

除了上文提到的各种类型外，东南地区还有一些其他的演变类型，主要分布在各大方言的交界地带，显得十分零星和孤立。如全浊声母按声母演变的类型，只分布在湘粤桂交界处的方言中，如宜章、临武、道县等地；建德方言的去声送气、平上入不送气的现象在汉语方言中也显得十分特殊。

总的说来，汉语方言全浊声母清化后送气/不送气的类型十分复杂。具体而言，北方比较单纯、南方比较复杂。北方汉语方言全浊声母主要以声调的平仄作为分化的条件，而南方汉语方言尤其是东南方言中兼用到了各种不同的分化条件。北方地区全浊声母的读音体现了很高的区域集中性，而东南地区全浊声母的读音既有区域上的集中，同时也有一些孤立和零星的类型交错。

三 从"有序"和"异质"看全浊声母送气/不送气的类型

(一)"有序"与"无序","同质"与"异质"

索绪尔以来的结构主义语言学认为语言的结构是一种同质的系统（homogeneous system）。语言系统的"同质观"排斥任何异质（heterogeneous）的因素，认为系统只存于共时态中，排斥任何历时的因素，共时中不存在历时。同时，他们还排斥语言的相互接触和相互影响。语言系统的同质说在语言研究中追求齐整性、对称性、规律性，害怕语言中的变异性，因为变异会破坏结构的系统性。

语言的变异理论则认为，语言不是一种同质的系统，而是一种有序异质（orderly heterogeneous）结构。"有序异质"，核心的问题是"有序"。变异是有序之源，而有序是使语言成为一种有生命力交际工具的必要条件；语言只有在有序的变异中才能不断地改进自己的结构。所以，"变异不是语言结构之外可以置之不顾的成分，而是语言结构本身所具有的特征，在语言研究中应该占有它的重要地位"（徐通锵，1991：303）。

(二)"有序"与送气/不送气

《切韵》音系中的清塞音、清塞擦音有不送气（全清）和送气（次清）两套，但浊塞音、浊塞擦音声母只有一套，并没有形成送气与不送气的对立。然而在全浊声母已经清化的汉语方言中，塞音塞擦音声母形成了送气、不送气，依据一定的条件或送气或不送气等多种类型。要了解现代这些复杂多样的类型是按照怎样的机制演变而来的，《切韵》时期全浊声母的读音是送气浊音还是不送气浊音成了人们研究全浊声母演变时不可避免的问题。时至今日，人们持有"送气浊音""不送气浊音""多种类型"等不同的观点（见第一章绪论的相关论述）。但是以上三种学说至今都还存在一定的缺陷，并且没有哪种暂时占上风。比如送气说能解释现代汉语方言中全浊声母读送气清音的类型，不送气说能解释现代汉语方言中全浊声母读不送气清音的类型，但它们都不能完美地解释其他按条件分化为送气/不送气的类型。而如果认为《切韵》时期的古浊声母本来说存在多种类型，那么为什么历史上相关的韵书和文献资料都没有反映？此外，古代浊音送气/不送气的类型如果跟全浊声母清化后送气/不送气的类型一一对应的话，这也体现不出语言演变的规律性，不符合历史语言学的原则。

　　从共时平面看，全浊声母已经清化的汉语方言都共同存在于同一时间横截面上，并且各种送气/不送气的类型同时存在。但是如果将目光投向历时，那么我们看到的是，今天这些全浊声母已经清化的方言在历史上清化的时间并不是一样的。有足够的理由相信，官话全浊声母清化的时间要比吴语庆元方言全浊声母清化的时间要早得多，尽管现今两者的全浊声母均已清化。由于浊音在各地清化的时间有早有晚，那么，各地的全浊声母在浊音清化之前也不会停止演变的步伐。也就是说，各地的浊音在具体音值上会出现一些差异，从各地学者的记录就可以看出来，如吴语南部温州一带的浊音称为"浊音浊流"，发音时带有不很强的浊气流；其他吴语记录的是"清音浊流"；湘语城步、武冈等地的浊音"浊度"很强，是真浊音；湘语双峰、麻阳、洞口等地的浊音浊度很弱，是"半浊音"。此外，湘语新化、冷水江以及祁东、祁阳等地，全浊声母记成相应的送气浊音①。这些不同表现的浊音之间是否有内在的关联目前还不得而知。但可以确定的是，由于浊音声母在清化之前存在不同的读法，不同方言的全浊声母在清化之初的浊音表现完全有可能不同。如客赣方言以及一部分西北方言全浊声母在清化之初应该就带有气声或气流，导致其清化后读送气清音声母。这些地区的全浊声母清化的时间应当是较早的，如反映唐五代时期的对音译音材料《大乘中宗见解》中的全浊声母基本上已经清化为送气清音。而平话、粤语以及部分晋中等方言的全浊声母，清化后一律读不送气清音，似可推断其清化之初全浊声母不带气声或只有弱气声。同时，由于不同调类的全浊声母清化后送气/不同送气也有不同表现，可以推断全浊声母所读的浊音在同一个语音系统的不同时期也是会发生变化的。

　　至于怎么解释全浊声母今读依据不同的条件分化为送气/不送气类型的方言，这跟语言的变化及其有序性有关。语言的变化不仅体现在不同的地域上演变的不平衡性，而且也体现在同一个语音系统中各要素之间的不平衡性。第四章已经详细谈到，汉语方言全浊声母清化的进程会依据声类、调类而有所不同，有的是擦音先清化，有的是某个调类先清化。既然各种不同要素之间清化的时间有早有晚，那么，就有可能作出推测，一个方言的全浊声母清化之前，在不同调类或不同声类上的浊音音值也有可能

---

① 祁东等地的"送气浊音"实际上也是发塞音时声带并不振动的气声。

不同。宋代邵雍《皇极经世》的"十二音图"中，全浊声母根据平仄有送气/不送气的区别。如果全浊声母的送气/不送气的区别属于"非辨字性的区别"的话（李荣，1956），那么浊音清化时，平声字的全浊声母带有气声成分，后来会清化为相应的送气清音声母，等到仄声字清化时气声已经消失，到后来也会清化为相应的不送气清音声母。全浊声母在官话方言中全部清化后，在共时平面上会形成这种"平送仄不送"的局面。汉语方言全浊声母清化后读送气/不送气的其他类型如"舒声不送气，入声送气""平上送气，去入不送气"等都可以从这方面得到解释。当然，我们也不能将这种解释看成是万能的，有些方言全浊声母清化类型的成因十分复杂，如方言之间的碰撞或冲击会使全浊声母清化后的送气/不送气情况产生一些变异，还需要具体问题具体分析。

（三）"异质"与送气/不送气

虽然多数方言全浊声母清化后送气/不送气的类型都可以从语言演变和语言分化的角度得到解释，但是对于某些具体的方言来说，全浊声母的读音却不是一个方言的语音系统的反映，而是不同语音系统中全浊声母的读音共存于同一个平面，这就是我们所说的"异质"。事实上，很少存在真正纯净的语言或方言，尤其对于种类繁多，差异巨大的汉语方言来说，更是很少有一种方言不会受到外部其他方言的影响。一般地讲，方言区的基本特征是对中心地区方言诸多特征的概括。在方言研究中，人们常常以某一地点方言为描写对象，如此看来，方言区内的基本特征是同质的。然而，若从过渡地区方言观察，方言音韵结构就并非同质，不同结构的方言在边远稀疏的地区，在接触地带展开强有力的竞争。结果是，不同方言的竞争被凝固在稀疏地区方言结构的不同层面上，从而形成方言"你中有我，我中有你"的异质结构（张维佳，2002：118）。

首先，汉语方言的异质性反映在方言与方言的交界地带。如江西九江市、九江县、瑞昌以及湖北武穴等地的江淮官话，全浊声母今读基本上是平声送气，仄声不送气，但是这些方言的古全浊入声字出现了送气清音的读法。例如瑞昌"叠达及拔杰绝薄凿着浊特直贼植白"等字均读送气清音声母。可以认为瑞昌等地入声字的送气清音读法是受到了客赣方言的影响而形成的；此外，吴语江山方言全浊声母清化后读送气清音，跟其他吴语清化为不送气清音不同，这也是因为江山地区历来是浙赣两地交往的门户，江山等地读送气清音也可以认为是受到了赣语的影响。

其次，汉语方言的异质性还体现在文白异读的叠置上。例如西北地区全浊声母文读层平声送气，仄声不送气，白读层一律送气或一律不送气的现象，就是官话和西北地区原有方言两个语音系统全浊声母读音叠置的结果。此外，闽语、徽语等地方言的全浊声母读音的不规则现象可能也是全浊声母读音"异质性"的反映，但是由于这两种方言涉及的历史层次复杂，目前我们还没有能力对这些不同的层次进行离析，只能留待以后的进一步研究。

余论　全浊声母的演变与竞争

语言作为一个系统，总是处于不断的演变和竞争当中，既有语言自身朝某个方向发生的演变，又有来自语言系统内部和语言系统外部的不断竞争。全浊声母作为汉语方言语音系统的一个重要组成部分，同样处于不断的演变和竞争当中。本书前面几章以全浊声母发展演变的逻辑顺序探讨了共时平面上汉语方言全浊声母的各种类型及读音，分别对应于今读浊音、浊音弱化和浊音清化几个不同的阶段。无论对应于哪个阶段，均有错综复杂的表现，体现出语音系统中声、韵、调之间相互影响相互制约的关系，也反映了强势方言对于弱势方言的影响、渗透或覆盖，是内部语言要素和外部非语言要素共同合力的结果。

仅从全浊声母自身内部的演变来看，浊音弱化和浊音清化可以看成是全浊声母演变的两种模式。浊音弱化是指全浊声母在浊音消失之前，不断朝着响度更大，强度更弱的方向发展演变。但从音系的角度来看，浊音弱化并不会造成清浊对立的消失，即全浊声母与相应的清音声母虽然不处于同一发音部位，但仍然清浊有别。如益阳方言的全清、次清、全浊声母的读音如下：

栽	猜	柴	装	窗	床
tsai˧	tsʻai˧	lai˩	tsɔ̃˧	tsʻɔ̃˧	lɔ̃˩

分别属于全清、次清和全浊声母的"栽—猜—柴"和"装—窗—床"，其中全清、次清声母分别读不送气和送气的清塞擦音，而相应的全浊声母则读弱化的边音声母。从音系角度来看，全浊声母既没有与全清声母合流，也没有与次清声母合流，虽然改变了发音部位，但仍然保留了清浊对立。

与浊音弱化不同，浊音清化则是全浊声母并入全清或次清声母的过程。即音系中的塞音只有不送气清音和送气清音两套，不再有第三类塞音声母。如北京话全清、次清、全浊声母的读音如下：

栽	猜	柴	冻	痛	动
tsai˥	tsʰai˥	tsʰai˧˥	tuŋ˥˩	tʰuŋ˥˩	tuŋ˥˩

北京话中，同部位的全清、次清、全浊声母已经合流为两类，其中全浊声母平声字读送气清音，与相应的次清声母合流，全浊声母仄声字读不送气清音，与相应的全清声母合流。从音系角度来看，北京话中的塞音声母不再具有清浊的对立，只有清音不送气与清音送气的对立，清浊对立消失，全浊声母已经清化。

本书第二章就已经提到，音系上的清浊对立与语音学上的"清浊"不同，语音学上的清浊可以视为不带音与带音的关系，而音系上的"浊音"有许多不同的表现。如在汉语中普遍存在的气声（清音浊流）以及内爆音等成分，均可以看成是清浊对立的音系表现。而语音学上的浊音可以视为带音，指声带振动时发出的声母。因此，从音系上来说，浊音清化的过程不仅仅是带音声母清化为不带音声母的过程，还可以指气声、内爆音、弱化音等声母与全清、次清声母合流的过程。从这个方面来说，浊音弱化并没有改变音系对立的本质，浊音清化则是音系改变的过程。不过，浊音弱化和浊音清化无论是在同一语音系统内部还是不同语言系统之间都产生了演变与竞争的关系，造就了今天汉语方言错综复杂的面貌。

一 弱化和清化是全浊声母演变的两种模式

综观汉语方言全浊声母的演变，如果从发音方法的角度考察，弱化和清化是其演变的两种模式，这两种模式可以表示为如下图形：

```
           全浊声母
          ↙      ↘
      浊音弱化 ──→ 浊音清化
```

在上图中，"全浊声母"表示全浊声母发展演变的初始状态，"浊音弱化"和"浊音清化"分别表示全浊声母演变的两条道路；发生弱化的全浊声母仍有可能进行清化的演变，但是清化之后并不能进行弱化的演变，因为浊音清化之后，全浊声母在音值上已经属于清音声母，之后发生的演变也相应属于清辅音声母的演变，而不属于浊音演变的范畴了。

尽管全浊声母在汉语方言中的读音十分复杂，但它在汉语方言中的演变均可以对应到上图的不同阶段。例如武冈等地湘语的全浊声母较为完整地保留浊音，处于全浊声母"保留浊音"的阶段；温州等地吴语的全浊声母虽然保留了浊音的读法，但其浊音声母多数发生弱化，处于"浊音弱化"的阶段；再如多数北方汉语方言的全浊声母全部清化，处于清音的阶段。当然，由于全浊声母还会根据不同的声类或调类有演变快慢的不同，同一个方言的全浊声母可能同时处于不同的演变阶段，例如湘语益阳方言的并定群母清化为同部位的清音声母，而从澄群崇船禅等母弱化为边音声母，导致该方言的全浊声母处于部分"弱化"，部分"清化"的阶段。还有为数不少的吴语和湘语的全浊声母处于部分"保留浊音"，部分"清化"的阶段。

不管是弱化还是清化，都会使语音系统简化。就拿弱化来说，弱化造成了不同浊音声母之间的合流，使语音系统中的浊音声母数量减少，从而达到使音系简化的目的。如曾献飞（2012）所调查的永州邮亭墟方言，全浊声母绝大多数发生了弱化，全浊声母之间以及全浊声母与次浊声母之间出现了大规模的合流现象。例如并母与影母、喻母合流为零声母，定母与来母合流为边音声母，其他全浊声母均合流为浊擦音声母。全浊声母弱化后，原有的浊塞音塞擦音声母全部消失，永州邮亭墟方言只剩下 [v z ɣ] 三个浊擦音声母，声母系统大大简化。浊音清化对语音系统的简化作用更加显而易见，在浊音已经清化的方言中，浊音声母作为一个整体全部消失，原来的全浊声母全部并入清塞音清塞擦音或清擦音声母，原来语音系统中塞音塞擦音声母"不送气—送气—浊音"的三分格局相应地变成了"送气—不送气"的两分格局。

二 弱化和清化在同一语言系统内部的竞争

由于弱化并没有打破音系的清浊对立，因此弱化和清化存在一个逻辑先后顺序，即"弱化"在先，"清化"在后。这是因为浊音弱化是浊音声母内部的重组，浊音清化则是浊音声母与清音声母之间的重组，即浊音并入清音的过程。但一个方言采用弱化还是采用清化，则是由不同的方言发展演变而形成的。总的来说，浊音弱化和清化会有互补和交叉两种关系。

（一）互补

弱化和清化的互补表明弱化和清化在同一时间和空间内不会相遇，它们各自独立地发生着演变。可以表示为如下三种类型：

类型	弱化	清化
Ⅰ	+	−
Ⅱ	−	+
Ⅲ	+	+

（1）浊音弱化，尚未清化。在吴语和湘语等全浊声母今读浊音的方言中，塞音声母在音系中保留清浊对立，但某些浊塞音塞擦音和擦音声母已经变成相邻部位的弱化声母，如浊塞音变成鼻边音、浊塞擦音声母弱化为浊擦音声母，浊擦音声母弱化为零声母等。如果没有外力的作用，浊音声母会一直弱化下去，使方言中的全部浊音声母均完成弱化的过程。全浊声母全部弱化了吴语宣州片的极个别方言之外，十分少见。

（2）浊音清化，不弱化。这种类型与第一种类型完全相反。在官话方言中，浊音已经完成了清化的演变，但并没有经历弱化的过程。不过这是就大的规律而言的，即使在官话方言当中，某些全浊声母还是可以找到弱化的痕迹。如崇船母字在官话方言中今读清擦音声母，而不与相应部位的全清次清声母一样读塞擦音声母，这种演变过程被称为擦音化。不过这种擦音化只是零星的现象，大部分全浊声母还是朝同部位的方向清化，并没有经历弱化的过程。

（3）先弱化后清化。这种类型表明弱化和清化在同一方言中都曾发生，但二者是按照时间先后顺序发生的，先完成弱化的过程，再在弱化的基础上发生清化。这种类型中也没有残留的产生。如庆元吴语的浊塞擦音从崇船禅母今读清擦音声母，就是经历了一个"浊塞擦音—浊擦音—清擦音"的过程。可以与庆元邻近的景宁吴语对照起来考察。

	财	坐	皂	凿	柴	床	状	船	城	常
庆元	sai	so	sɒ	soʔ	sɑ	ɕiɔ	ɕiɔ	ɕyē	ɕien	ɕiā
景宁	za	zɐu	zɔ	zoʔ	za	ziɔ	ziɔ	zyə	ziŋ	zɔ̄

在吴语景宁方言中，全浊塞擦音从崇船禅母均读浊擦音声母，而庆元

方言读成相应的清擦音声母,规律相当整齐。如果将景宁方言看成是庆元方言的早期阶段,可知庆元方言的从崇船禅母是在浊擦音声母的基础上进一步清化而来的,也就是经历了一个由弱化再清化的过程。

(二) 相交

如果浊音弱化和清化以互补的方式出现,那么全浊声母就会按顺序进行演变,并且在音系里不会出现剩余的残留。然而,前面我们已经提到,无论是浊音清化,还是浊音弱化,均是以有序的词汇扩散方式进行的,因此每个方言无论是清化还是弱化,其演变的速度和范围均不一样,使得不同的演变模式在同一空间和时间交叉进行,造成了William, S-Y(1969)提出的竞争产生真正的残留。

浊音弱化和浊音清化的竞争来自于两个方面:(1) 弱化和清化是音系中的历时演变。(2) 弱化和清化是音系中的共时现象,其中弱化是历时性音变,而清化来自于强势方言尤其是官话方言的影响。但是无论浊音弱化还是浊音清化,呈现出来的结果并没有给人提供一个特定的标签,今天看到的都是共时平面上呈现出来的现象。我们可以用两个方言的例子来说明弱化和清化之间的竞争关系。

(1) 新化方言。新化方言属于湘语娄邵片,其全浊塞擦音声母一部分读浊塞擦音,一部分读浊擦音,表明其正在进行擦音化的弱化音变,与此同时,浊音清化在新化方言已经开始。浊音清化与浊音弱化之间出现了竞争性演变,导致全浊塞擦音声母在新化方言中出现了四种读音。

浊塞擦音:撞 dzʅõ˧ | 权 dzʅyɛ˧ | 柴 dzʅæ˧ | 床 dzʅõ˧ | 船 dzʅyɛ˧

清塞擦音:传 dzʅyɛ˧ | 长 tɕiõ˧ | 锤 tɕy˧ | 柱 tɕy˩

浊擦音:茶 za˧ | 柱 ʐy˩ | 锄 ʐuɛ˧ | 愁 ʑiɤ˧ | 床 ʐõ˧ | 船 ʐyɛ˧

清擦音:柿 ʂʅ˩ | 顺 ɕyn˩ | 舌 sɤ˧

在新化方言中,澄群崇船母字既有浊塞擦音声母的读法,又有浊擦音声母的读法,读浊塞擦音还是读浊擦音看不出明显的规律。有时,同一个字有浊塞擦音和浊擦音两读,例如"床、船"等字,说明该方言中"浊塞擦音—浊擦音"的演变是以扩散的方式进行的。但是新化方言的一部分浊塞擦音在弱化的队伍中行进得很慢,来不及弱化,就在清化的影响下直接清化为清塞擦音声母了,例如"虫、锤、局"三个字今读清塞擦音声母,同时它们并没有擦音声母的又读,说明这三个字由浊塞擦音声母直接清化而来的。也就是说，新化方言中的"清化"中断了一部分全浊声母字弱化的途径，这是一种典型的扩散式音变的中断。

在新化方言中，由于弱化和清化这两种演变在进行过程中，相互之间展开了竞争，导致了不同语音层次的产生。一是未变化的浊塞擦音层，二是发生弱化的浊擦音层，三是发生清化的清塞擦音层。不过这种竞争并不是在不同语音系统之间产生的，而是发生在同一语音系统的内部，属于单一语音系统内部的演变。对于由单一语音系统内部的演变造成的语音层次，王福堂（2003、2009）称之为自源层次，并指出"由于扩散式音变的存在，同源层次的建立有其必要性"。这种由于扩散式音变造成的自源层次在全浊声母演变过程中并不少见，如我们前面介绍匣母字弱化为零声母的演变时，一些方言中少数匣母字读作零声母，大多数读作清擦音声母的现象，便是匣母字在弱化过程中出现中断，形成了来自同一语言系统内部的零声母和清擦声母两个不同的层次。

（2）益阳方言

从理论上说，弱化和清化是全浊声母演变的两种模式，浊音弱化和浊音清化都应该是全浊声母演变过程中十分普遍的语音现象。但是不容否认，清化是汉语方言全浊声母演变的主流，具有十分强大的影响力和扩展力。事实证明，只发生弱化而不发生清化的方言是少之又少的。由于浊音清化是主流，同时也是官话方言全浊声母演变的模式，这样一来，官话等强势方言中的"全浊声母今读清塞音清塞擦音和清擦音"以压倒性的绝对优势，对发生浊音弱化的方言产生着强烈的冲击。这时弱化和清化之间的竞争出现在不同的语音系统之间，形成通常所说的"叠置式音变"，对于由叠置式音变所产生的语音层次，王福堂（2003、2009）称之为"异源层次"。

当一个发生浊音弱化的方言受到强势方言全浊声母读音的影响时，在该方言的字音中会形成文白异读现象，即同一个字音，既有清音声母的读法，又有弱化声母的读法。如益阳方言的从崇澄船邪禅母舒声字除了跟撮口呼韵母相拼的字外，一律读为边音或浊擦音等弱化声母。然而这些弱化声母由于受到长沙等地方言的全浊声母今读清音声母的影响，绝大多数都有清音声母的文读，且白读音和文读音都与不同的词汇环境相对应。文读音多出现于一些非日常口语词中，但有时也进入了日常口语交际的领域。白读音多出现于日常口语中，但有些白读音若不是细心研究，也很难得出相应的本字。下面是益阳方言从崇澄船邪禅母舒声字的文白异读举例。

例字	白读	文读	例字	白读	文读
脐	li˧˥~带子	tɕi˥~肚~	像	liɔ˧˩~相~	ɕiɔ˥~铜~
囚	liəu˧˥~犯	tɕiəu˥~死~	状	lɔ˧˩~告~	tsɔ˥~奖~
就	liəu˧˩~势	tɕiəu˥~成~	邪	lia˧˥~信~	ɕie˧˥~恶~
聚	li˧˩~钱	tɕy˥~相~	贱	liẽ˧˩~骨头	tɕiẽ˥~下~
袖	liəu˧˩~衫~	ɕiəu˥~子~	罪	li˧˩~得~	tsəu˥~犯~
射	la˧˩~出去	sə˥~中	寨	lai˧˩~子	tsai˥~山~

在益阳方言中，从澄崇船邪禅母舒声字的白读音和文读音构成了白读层和文读层两个不同的语音层次，其中白读层对应于益阳方言中原有的弱化声母，文读层对应于异方言的清塞音清塞擦音以及清擦音声母。目前益阳方言的白读层和文读层正处于文白相持的阶段，几乎所有的弱化音节均有白读音和文读音的异读，其中文读音多出现在一些新起的词语当中，白读音多出现于本方言的日常口语词汇当中。但是益阳方言的全浊声母读弱化声母的地域范围和影响力毕竟十分有限，而且随着社会的变革，经济文化的发展，广播电视的普及以及推广普通话工作的不断深入，益阳方言的弱化声母将会受到越来越严重的威胁。特别是在青少年中，全浊声母读为弱化声母的现象已经大大减少，这也势必会影响弱化声母今后生存的空间。也许有一天，弱化声母作为益阳方言全浊声母的白读层语音，会在文读层语音的强势影响之下，逐步退出历史的舞台。

三 不同的竞争性演变产生真正的残留

"一种语音演变如果没有其他的演变相竞争（着重号为作者为加），这种语音演变就是有规律的。但是确有两种（或更多？）演变同时适用于同一部分词项的情况，这样保存下来的残留形式是半途受阻的语音演变直接产生的结果。"（王士元，2000：2）在全浊声母的演变过程中，不管是浊音弱化还是浊音清化，只要没有外力的干扰，朝着既定的方向演进，总会出现规律性的语音演变。如吴语南汇方言的从澄崇船禅母字已经弱化为浊擦音声母，群母字逢细音时基本上保留浊塞擦音声母，但是个别群母字已经出现读浊擦音声母的现象，例如：棋 zi˧˩ | 权 zyo˧˥ | 件 zi˧˩。虽然从共时平面上看，南汇方言的群母字出现了部分读浊塞擦音，部分读浊擦

音的不规则分化，但这种不规则的状态是暂时的。因为可以预见，如果没有其他因素的干扰，南汇方言的群母字在将来某一天也会全部弱化为浊擦音声母。这样一来，该方言的浊塞擦音声母将无一例外地演变为浊擦音声母，其结果和采取渐变式的语音演变方式相同，出现"语音演变无例外"。

但事实上并没有这么简单。由于全浊声母的演变存在着弱化和清化的两种模式，而且这两种模式既可以在同一语音系统内部，又可以在不同语音系统之间展开竞争，其竞争的结果可能产生真正的残留。这些真正的残留成了语音演变过程中的不规则现象，很难找出其中的语音演变规律。

官话方言中的崇船禅母字部分读塞擦音声母，部分读擦音声母，出现了不规则的分化现象。对于崇船禅母字的分化，如果从语音演变的规律性角度进行解释，将会遇到无法解决的困难。首先，这些分化从语音上无法找出相应的条件。其次，崇船禅母的演变不是一种正在进行的变化，即崇船禅母字在将来的某一天也不会全部演变为塞擦音声母或擦音声母（至少在目前看来如此）。崇船禅母字读音的不规则现象是由于浊音弱化和浊音清化的竞争引起的。在崇船禅母字弱化为浊擦音声母不久，浊音清化便开始发生。这样一来，原来已经弱化的部分保留了擦音声母的读法，而未弱化的部分则清化为相应的清塞擦音声母，不再参与弱化。当浊音清化在官话方言中全部完成后，崇船禅母在共时平面上出现了部分读清擦音声母的残留。官话方言中崇船禅母读清擦音声母的残留是由于浊音弱化和浊音清化在同一语音系统内部的竞争造成的，而对于其他汉语方言中的崇船禅母部分读塞擦音，部分读擦音的现象（读擦音声母的字往往比官话方言要多），恐怕不仅有同一语音系统内部的浊音弱化与浊音清化之间的竞争，还有来自官话的浊音清化与本方言浊音弱化之间的竞争。不过，对于历史上已经完成的这种语音演变过程，今天已经无法确知究竟采取了哪些方式，这也增加了我们区分哪些演变或竞争是来自语言内部，哪些是来自语言外部的难度。对于全浊声母的演变来说，重要的是用科学的态度发现造成这些例外或"残留"现象的原因。用维尔纳（Karl Verner）的话来说："不规则变化本身一定有一种规则，问题是在于怎样发现它"（转引自王士元，2000：1）。

参考文献

［美］阿托罗（Anthony Arlotto）著，冯蒸译　2006　音变，载《冯蒸音韵论集》，学苑出版社。
鲍厚星　1989　湖南邵阳方言音系，《方言》第 3 期。
鲍厚星　2004　湘南土话系属问题，《方言》第 4 期。
鲍厚星　2006　《湘方言概要》，湖南师范大学出版社。
鲍厚星、颜　森　1986　湖南方言的分区，《方言》第 4 期。
鲍厚星、陈　晖　2005　湘语的分区（稿），《方言》第 3 期。
北京大学中国语言文学系语言学教研室　1989　《汉语方音字汇》（第二版），文字改革出版社。
贝先明　2017　湘语浊塞音的声学特征，《语言研究》第 3 期。
曹剑芬　1982　常阴沙话全浊声母的发音特点，《中国语文》第 4 期。
曹剑芬　1987　论清浊与带音不带音的关系，《中国语文》第 2 期。
曹志耘　1996　《严州方言研究》，［日本］好文出版。
曹志耘　1998　汉语方言声调演变的两种类型，《语言研究》第 1 期。
曹志耘　2002　《南部吴语语音研究》，商务印书馆。
曹志耘　2006　桂北"资全灌"土话记略，《方言》第 1 期。
曹志耘　2007　湘西方言概述，《语文研究》第 1 期。
曹志耘　2008　《汉语方言地图集》前言，《语言教学与研究》第 2 期。
曹志耘　2009　湘西方言里的特殊语音现象，《方言》第 1 期。
曹志耘　2014　通道侗语声母的不送气化现象——兼与赣语比较，《民族语文》第 3 期。
曹志耘主编　2008　《汉语方言地图集》，商务印书馆。
曹志耘、秋谷裕幸、太田斋、赵日新　2000　《吴语处衢方言研究》，［日本］好文出版。
陈保亚　1996　《论语言接触与语言联盟：汉越（侗台）语源关系的解

释》，语文出版社。
陈保亚　2002　论禅船崇母的分化规律——兼说"有条件音变"和"音变规律"，载《纪念王力先生百年诞辰学术论文集》，商务印书馆。
陈昌仪　1991　《赣方言概要》，江西教育出版社。
陈昌仪主编　2005　《江西省方言志》（上），方志出版社。
陈　晖　2003　异纽同调和异纽异调——兼论湘语娄邵片与吴语在古全浊声母演变上的差异，《第四届研究生语言学学术会议论文集》，香港大学，2003 年 10 月。
陈　晖　2006　《湘方言语音研究》，湖南师范大学出版社。
陈　晖　2016　《湖南泸溪梁家潭乡话研究》，湖南师范大学出版社。
陈　晖、鲍厚星　2007　湖南省的汉语方言（稿），《方言》第 3 期。
陈立中　2004　论湘鄂赣边界地区赣语中的浊音走廊，《汉语学报》第 2 期。
陈蒲清　1981　益阳方言的边音声母，《方言》第 3 期。
陈其光　1991　华南一些语言的清浊对转，《民族语文》第 6 期。
陈庆延　1989　古全浊声母今读送气清音的研究，《语文研究》第 4 期。
陈泽平　1998　《福州方言研究》，福建人民出版社。
陈章太、李如龙　1991　《闽语研究》，语文出版社。
陈忠敏　1995　作为古百越语底层形式的先喉塞音在今汉语南方方言里的表现和分布，《民族语文》第 3 期。
陈忠敏　2010　吴语清音浊流的声学特征及鉴定标志——以上海话为例，《语言研究》第 3 期。
储泰松　1996　施护译音研究，载谢纪峰、刘广和主编《薪火编》，山西高校联合出版社。
崔荣昌　1996　《四川境内的湘方言》，台北中研院历史语言研究所，田野工作报告之一。
戴庆厦　1984　藏缅语族某些语言弱化音节探源，《民族语文》第 2 期。
邓永红　2004　湖南桂阳洋市土话音系，载鲍厚星等著《湘南土话论丛》，湖南师范大学出版社。
丁邦新　1998　论官话方言研究中的几个问题，《丁邦新语言学论文集》，商务印书馆。
丁邦新　1999　上古音声母 *g 和 *ɤ 在闽语的演变，*Comtemporary Studies*

on the Min Dialects (Jouranal of Chinese Linguistics, Monograph Series No. 14), 247-261。

丁邦新　2003　《一百前的苏州话》，上海教育出版社。

董为光　1989　湘鄂赣三界方言的送气声母，《语言研究》第 2 期。

范俊军　2000　湘南嘉禾土话的几个语音现象及其成因探析，《湘潭大学学报》（社会科学版）第 4 期。

冯爱珍　2000　山东荣成方言古全浊声母平声字的今读音与闽方言古全浊声母字的不规则分化，载钱曾怡、李行健主编《首届官话方言国际学术研讨会论文集》，青岛出版社。

冯　蒸　1991a　《尔雅音图》音注所反映的宋代浊音清化，《语文研究》第 2 期。

冯　蒸　1991b　《尔雅音图》音注所反映的宋初零声母——兼论中古影、云、以母的音值，《汉字文化》第 1 期。

冯　蒸　1993　《〈尔雅音图〉音注所反映的宋代浊音清化》补遗，《语文研究》第 4 期。

傅根清　2001　从景宁畲话古全浊声母的今读看畲话的性质，《中国语文》第 3 期。

高本汉著，赵元任、李方桂、罗常培译　1940　《中国音韵学研究》，商务印书馆。

高永安　2007　《明清皖南方音研究》，商务印书馆。

龚煌城　1981　十二世纪汉语的西北方音（声母部分），《历史语言研究所集刊》第 52 本第 1 分。又载龚煌城著《汉藏语研究论文集》，北京大学出版社　2005。

龚煌城　2005　《西夏语言文字研究论集：祝贺龚煌城教授七十华诞纪念文集》，民族出版社。

顾　黔　2001　《通泰方言音韵研究》，南京大学出版社。

关英伟　2005　广西恭城直话音系，《方言》第 3 期。

韩沛玲　2006　山西及其周边方言浊声母清化类型及历史层次，《语言科学》第 4 期

何大安　1986　永兴方言的两套浊音声母，《史语所集刊》第五十七本。

何大安　2004　《规律与分化——变迁中的音韵结构》，商务印书馆。

贺凯林　2003　湖南道县寿雁平话音系，《方言》第 1 期。

侯精一　1982　《平遥方言简志》，山西省平遥县县志编纂委员会编，《语文研究》编辑部。

侯精一　1999　《现代晋语的研究》，商务印书馆。

侯精一、温端政主编　1993　《山西方言调查研究报告》，山西高校联合出版社。

侯精一主编　2002　《现代汉语方言概论》，商务印书馆。

胡　方　2001　温州话浊塞音的声学分析，《第五届现代语音学学术会议论文集》。

胡　萍　2007　《湘西南汉语方言语音研究》，湖南师范大学出版社。

胡斯可　2007　湖南永兴城关方言音系，《湘南学院学报》第1期。

黄群建　1994　《通山方言志》，武汉大学出版社。

黄群建　2002　《鄂东南方言音汇》，华中师范大学出版社。

黄晓东　2004　《浙江安吉县官话方言岛研究》，北京语言大学博士学位论文。

黄雪贞　1987　客家话的分布与内部异同，《方言》第2期。

贾　坤　2007　《徽州（呈坎）方言语音研究》，北京语言大学硕士学位论文。

江蓝生　2002　语法化程度的语音表现，载《著名中年语言学家自选集·江蓝生卷》，安徽教育出版社。

江苏省和上海市方言调查指导组　1960　《江苏省和上海市方言概况》，江苏人民出版社。

江西省志编纂委员会　2005　《江西省方言志》，方志出版社。

蒋冰冰　2003　《吴语宣州片方言音韵研究》，华东师范大学出版社。

李殿臣　2002　翼城方言的文白异读，载李如龙主编《汉语方言研究文集》，暨南大学出版社。

李方桂　1971　上古音研究，《清华学报》新9卷第1、2期合集。

李济源、刘丽华、颜清徽　1987　湖南娄底方言的同音字汇，《方言》第4期。

李建校　2006　《陕北晋语语音研究》，北京语言大学博士学位论文。

李　荣　1956　《切韵音系》，科学出版社。

李　荣　1982　温岭话"鹹淡"倒过来听还是"鹹淡"，《方言》第2期。

李　荣　1983　方言研究中的若干问题，《方言》第 2 期。
李　荣　1985　关于汉语方言分区的几点意见（二），《方言》第 3 期。
李　荣　1989　汉语方言的分区，《方言》第 4 期。
李如龙　1985　中古全浊声母闽方言今读的分析，《语言研究》第 1 期。
李如龙　2001　《福建县市方言志 12 种》，福建教育出版社。
李如龙　2014　全浊声母清化的类型与层次，《语言学论丛》第 50 辑。
李如龙、邓享璋　2006　中古全浊声母字闽方言今读的历史层次，《暨南学报》第 3 期。
李如龙、辛世彪　1999　晋南、关中的"全浊送气"与唐宋西北方音，《中国语文》第 3 期。
李无未　1996　南宋《示儿编》音注的浊音清化问题，《古汉语研究》第 1 期。
李惜龙　2011　《祁阳、平江、临湘浊塞音发声态研究》，湖南大学硕士学位论文。
李小凡　2008　吴语的"清音浊流"与南曲的"阴出阳收"，第五届国际吴语学术讨论会，江苏常州。
李小凡　2014　闽粤方言古全浊声母的文白异读和历史层次，《语言学论丛》第 50 辑。
李新魁　1991　近代汉语全浊声母的演变，《中国语言学报》第 4 期。
李星辉　2003　湖南永州岚角山土话音系，《方言》第 1 期。
李永燧　1990　汉语古有小舌音，《中国语文》第 3 期。
梁金荣　1994　临桂两江平话的声韵调，《方言》第 1 期。
刘　倩　2008　《九姓渔民方言研究》，北京语言大学博士学位论文。
刘祥柏、陈　丽　2015　安徽泾县查济方言同音字汇，《方言》第 3 期。
刘镇发　2007　现代方言的［j］浊擦音——附论中古邪母的形成，《中国语文》第 2 期。
卢继芳　2007　《都昌阳峰方言研究》，文化艺术出版社。
卢小群　2003　湖南嘉禾土话的特点及内部差异，《方言》第 1 期。
鲁国尧　2003　客、赣、通泰方言源于南朝通语说，《鲁国尧语言学论文集》，江苏教育出版社。
陆志韦　1940　《说文》《广韵》中间声类转变的趋势，《燕京学报》第 28 期。又载《陆志韦语言学论文集》［二］，中华书局 1999。

罗常培　1930　《中原音韵》声类考，《中研院历史语言研究所集刊》第二本第四分。又载《罗常培语言学论文集》，商务印书馆 2004。

罗常培　1933　《唐五代西北方音》，台北中研院历史语言研究所，单刊甲种之十二。

罗常培　1956　《汉语音韵学导论》，中华书局。

罗常培　1963a　汉语方音研究小史，载中国科学院语言研究所编《罗常培语言学论文选集》，中华书局。

罗常培　1963b　《经典释文》和原本《玉篇》中的匣于两纽，载中国科学院语言研究所编《罗常培语言学论文选集》，中华书局。

罗常培　1989　《语言与文化》，语文出版社。

罗杰瑞　1986　闽北方言的第三套清塞音和清塞擦音，《中国语文》第 1 期。

罗杰瑞著，张惠英译　1985　《汉语概说》，语文出版社。

罗美珍　2000　畲族所说的客家话，《中央民族学院学报》第 1 期。

罗香林　1992　《客家研究导论》，台北：南天书局。

罗昕如　2002　湖南蓝山土话的内部差异，《方言》第 2 期。

罗昕如　2004a　湖南蓝山县太平土话音系，载鲍厚星等著《湘南土话论丛》，湖南师范大学出版社。

罗昕如　2004b　湘南土话中的底层语言现象，《民族语文》第 1 期。

马伯乐著，姚彦铭译　1985　唐代长安方言的声母系统，《音韵学研究通讯》总第 14 期。

梅祖麟　1995　现代吴语与"支脂鱼虞，共为不韵"，《中国语文》第 1 期。

毛宗武、蒙朝吉　1986　《畲语简志》，民族出版社。

潘悟云　1997　喉音考，《民族语文》第 3 期。

潘悟云　2000　《汉语历史音韵学》，上海教育出版社。

潘悟云　2002　流音考，载《中年语言学家自选集·潘悟云卷》，安徽教育出版社。

潘悟云　2006　竞争性演变与历史层次，《东方语言学》创刊号。

彭建国　2010a　益阳方言浊声母的近音化现象成因分析——兼论汉语方言古全浊声母清化的一种特殊模式，《中国语言学集刊》第 4 卷第 1 期，143-152 页。

彭建国　　2010b　　湘语爆发音的类型，《语言科学》第 5 期。
彭建国　　2010c　　《湘语音韵历史层次研究》，湖南大学出版社。
彭泽润　　2002　　湖南宜章大地岭土话的语音特点，《方言》第 3 期。
平田昌司　1982　　徽州方言全浊声母的演变，［日本］《均社论丛》12 号。
平田昌司　1988　　闽北方言"第九调"的性质，《方言》第 1 期。
戚雨村等编　1993　　《语言学百科辞典》，上海辞书出版社。
钱乃荣　　1992　　《当代吴语研究》，上海教育出版社。
钱曾怡　　1981　　文登、荣成方言中古全浊平声字的读音，《中国语文》第 4 期。
乔全生　　2004　　现代晋方言与唐五代西北方言的亲缘关系，《中国语文》第 3 期。
乔全生　　2005　　晋方言古全浊声母的演变，《山西大学学报》第 2 期。
桥本万太郎著，余志鸿译　1985　　《语言地理类型学》，北京大学出版社。
丘　冬　　2005　　《湖南省岳阳县张谷英镇方言的语音研究》，湖南师范大学硕士学位论文。
秋谷裕幸　2001　　《吴语江山广丰方言研究》，［日本］松山：爱媛大学法文学部综合政策学科。
秋谷裕幸、赵日新、太田斋、王正刚　2001　　《吴语兰溪东阳方言调查报告》，日本学术振兴会平成 13-15 年度基盘研究（B）。
邵荣芬　　1982　　《切韵研究》，中国社会科学出版社。
邵荣芬　　1985　　明代末年福州话的声母系统，《中国语文》第 2 期。
邵荣芬　　1991　　匣母字上古一分为二试析，《语言研究》第 2 期。
沈钟伟、王士元　1995　　吴语浊塞音的研究，载《吴语研究》，香港中文大学出版社。又载《王士元语言学论文集》，商务印书馆 2002。
施向东　　1983　　玄奘译著中的梵汉对音和唐初中原方音，《语言研究》第 1 期。
辻伸久　　1979　　湖南诸方言の分类と分布——全浊声母の变化に基く初步的试み，［日本］《中国语学》第 226 期。
石　锋　　1983　　苏州话浊塞音的声学特征，《语言研究》第 1 期。
史有为　　1985　　从吴方言看音变扩展的不平衡性——吴方言部分奉、微母字声母清化现象,《语言研究》第 1 期。
孙宜志　2003　江西赣方言来母细音今读舌尖塞音现象的考察,《南昌大学学报》(人文社会科学版)第 1 期。
孙宜志　2008　江西赣方言全浊声母今读新论,《汉语学报》第 3 期。
覃远雄　2007　平话和土话,《方言》第 2 期。
唐　伶　2010　《永州南部土话语音研究》,北京语言大学出版社。
唐湘晖　2000　湖南桂阳县燕塘土话语音特点,《方言》第 1 期。
唐作藩　1960　湖南洞口黄桥镇方言,《语言学论丛》第 4 辑。
唐作藩　1991　《音韵学教程》,北京大学出版社。
唐作藩　1997　从湖南黄桥镇方言定母字的读音探讨湘方言全浊声母的演变,《桥本万太郎纪念中国语学论集》,[日本]内山书店。又载《汉语史学习与研究》,商务印书馆　2001。
陶　寰　2017　吴语浊音声母的类型及其音系地位,《方言》第 3 期。
万　波、庄初升　2011　客、赣方言古全浊声母今读不送气塞音塞擦音的性质,《方言》第 4 期。
王本瑛　1997　《湘南土话之比较研究》,台湾清华大学博士学位论文。
王福堂　1994　闽北方言弱化声母和"第九调"之我见,《中国语文》第 6 期。
王福堂　1999　《汉语方言语音的演变和层次》,语文出版社。
王福堂　2001　平话、湘南土话和粤北土话的归属,《方言》第 2 期。
王福堂　2002　汉越语和湘南土话、粤北土话中并定母读音的关系,载《纪念王力先生百年诞辰学术论文集》,商务印书馆。
王福堂　2003　汉语方言语音中的层次,《语言学论丛》第 27 辑,商务印书馆。
王福堂　2006　壮侗语吸气音声母 ɓ ɗ 对汉语方言的影响,《语言学论丛》第 33 辑,商务印书馆。
王福堂　2008　全浊声母清化后塞音塞擦音送气不送气的问题,《语言学论丛》第 36 辑,商务印书馆。
王福堂　2009　文白异读和层次区分,《语言研究》第 1 期。
王洪君　1987　山西闻喜方言的白读层与宋西北方音,《中国语文》第 1 期。
王洪君　1992　文白异读与叠置式音变——山西闻喜方言文白异读初探,

《语言学论丛》第 17 辑，商务印书馆。

王洪君　1999　《汉语非线性音系学》，北京大学出版社。

王洪君　2006a　文白异读、音韵层次与历史语言学，《北京大学学报》（哲学社会科学版）第 2 期。

王洪君　2006b　文白杂配与析层拟测，载《语言暨语言学》专刊外编之六，《山高水长：丁邦新先生七秩寿庆论文集》，台北中研院语言学研究所。

王　力　1980　《汉语史稿》，中华书局。

王　力　1985　《汉语语音史》，中国社会科学出版社。

王士元著，石　锋等译　2000　《语言的探索——王士元语言学论文选择》，北京语言文化大学出版社。

王淑霞　1995　《荣成方言志》，语文出版社。

韦树关　2002　古帮、端、心母在广西汉语方言中的特殊读音，《广西民族学院学报》（哲学社会科学版），第 1 期。

尉迟治平　1982　周、隋长安方音初探，《语言研究》第 2 期。

尉迟治平　1985　论隋唐长安音和洛阳音的声母系统——兼答刘广和同志，《语言研究》第 4 期。

魏钢强　2008　吴语"浊流"的音系学性质，中国语言学会第 14 届学术年会，北京。

伍　巍　2000　中古全浊声母不送气探讨，《语文研究》第 4 期。

伍云姬　2000　湖南古丈瓦乡话的音韵初探，载丁邦新、余霭芹主编《语言变化与汉语方言——李方桂先生纪念论文集》，台北中研院语言学研究所筹备处、美国华盛顿大学。

夏俐萍　2008　益阳方言的古全浊声母，《中国语文》第 6 期。

夏俐萍、胡方、李爱军　2016　湘西泸溪乡话浊音声母的发音特点，《中国语音学报》第 1 辑。

向　熹　1960　湖南双峰方言，《语言学论丛》第 4 辑，商务印书馆。

项梦冰　2006　客家话古日母字的今读——兼论《切韵》日母的音值及北方方言日母的音变历程，《广西师范学院学报》（哲学社会科学版），第 1 期。

谢建猷　2007　《广西汉语方言研究》，广西人民出版社。

谢留文　1999　重读《临川音系》，《方言》第 3 期。

谢留文　2003　《客家方言语音研究》，中国社会科学出版社。
谢留文　2006　赣语的分区（稿），《方言》第 3 期。
谢奇勇　2010　《湘南永州土话音韵比较研究》，湖南师范大学出版社。
熊正辉　1987　广东方言的分区，《方言》第 3 期。
熊正辉、张振兴　2008　汉语方言的分区，《方言》第 2 期。
徐瑞蓉、伍　巍　2000　长泰县石祭头畲话的语音特点，载林立芳主编《第三届客家方言研讨会论文集》，《韶关大学学报》（增刊）。
徐通锵　1990　山西方言古浊塞音、浊塞擦音今音的三种类型和语言史的研究，《语文研究》第 1 期。
徐通锵　1991　《历史语言学》，商务印书馆。
徐通锵　1997　《语言论——语义型语言的结构原理和研究方法》，东北师范大学出版社。
徐云扬　1994　A theory of the bifurcation of the middle Chinese voiced syllable-initial stops and affricates into aspirates and unaspirates after devoicing，载李壬癸、黄居仁、汤志真编《中国境内语言暨语言学》，台北中研院历史语言研究所。
许宝华　1997　中古全浊声母在现代方言里的演变，载复旦大学中国语言文学研究所编《中国语言文学研究的现代思考》，复旦大学出版社。
严修鸿　1998　连城方言中古全浊声母今读的四种类型，《语言研究》第 4 期。
严修鸿　2004　客家话匣母读同群母的历史层次，《汕头大学学报》（人文社会科学版）第 1 期。
颜　森　1986　江西方言的分区（稿），《方言》第 1 期。
杨焕典、梁振士、李谱英、刘村汉　1985　广西的汉语方言，《方言》第 3 期。
杨耐思　1981　《中原音韵音系》，中国社会科学出版社。
杨耐思　1988　元代汉语的浊声母，《中国语言学报》第 3 期。
杨时逢　1971　灵宝方言，《清华学报》新 9 卷。
杨时逢等著　1969　《云南方言调查报告（汉语部分）》，台北中研院历史语言研究所。
杨时逢等著　1974　《湖南方言调查报告》，台北中研院历史语言研究所。

杨　蔚　1999　《沅陵乡话研究》，湖南教育出版社。

杨　蔚　2010　《湘西乡话语音研究》，广东人民出版社。

杨秀芳　1989　论汉语方言中全浊声母的清化，[台湾]《汉学研究》第 2 辑。

游汝杰　2004　《汉语方言学导论》，上海教育出版社。

余霭芹　1976　古代中国声母の音韵对立（论古汉语声母的音韵对立），《中国语学》第 223 期。

余霭芹　1982　遂溪方言里的文白异读，《中研院历史语言研究所集刊》第 53 本第 2 分。

俞　敏　1987　北京话全浊平声送气解，《方言》第 1 期。

曾献飞　2002　汝城话的音韵特点，《湖南师范大学社会科学学报》第 5 期。

曾献飞　2005　湘南、粤北土话古全浊声母送气/不送气成因初探，《语言研究》第 3 期。

曾献飞　2012　《湘南官话语音研究》，江西人民出版社。

曾毓美　2001　《湘潭方言语法研究》，湖南大学出版社。

曾运乾　1928　喻母古读考，《东北大学季刊》第 12 期。

詹伯慧主编　2002　《广东粤方言概要》，暨南大学出版社。

张成材　1983　商县（张家塬）方言单音词汇释（一），《方言》第 4 期。

张成材　1984a　商县（张家塬）方言单音词汇释（二），《方言》第 1 期。

张成材　1984b　商县（张家塬）方言单音词汇释（三），《方言》第 2 期。

张福平　1996　天息灾译著的梵汉对音研究与宋初语音系统，载谢纪峰、刘广和主编《薪火编》，山西高校联合出版社。

张光宇　1999　东南方言关系综论，《方言》第 1 期。

张清常　1963　唐五代西北方音一项参考材料——天城梵书金刚经对音残卷，《内蒙古大学学报》第 2 期。

张盛裕、汪　平、沈　同　1988　湖南桃江（高桥）方言同音字汇，《方言》第 2 期。

张世方　2008　北京话古微疑母字声母的逆向演变，《语文研究》第 2 期。

张双庆主编　2000　《乐昌土话研究》，厦门大学出版社。

张双庆、万　波　1998　乐昌（长来）方言古全浊声母今读音的考察，《方言》第 3 期。

张维佳　2002　《演化与竞争：关中方言音韵结构的变迁》，陕西人民出版社。

张一舟　1987　从中兴话古全浊声母字的读音看全浊声母的演变，《四川大学学报》第 1 期。

张勇生　2009　古浊闭塞音声母在新铺苗语中的发展和演变，未刊。

张振兴　1996　蓬勃发展中的汉语方言学，载许嘉璐、王福祥、刘润清主编《中国语言学研究与展望》，外语教学与研究出版社。

赵日新　2002　徽语古全浊声母今读的几种类型，《语言研究》第 4 期。

赵日新　2004　方言接触和徽语，载游汝杰、邹嘉彦主编《语言接触论集》，上海教育出版社。

赵日新　2005　徽语的特点和分区，《方言》第 3 期。

赵元任　1928/1956　《现代吴语的研究》，科学出版社。

赵元任　1935/2002　中国方言中爆发音的种类，《赵元任语言学论文集》，商务印书馆。

赵元任等著　1948　《湖北方言调查报告》，商务印书馆。

郑　伟　2018　"匣入喻三"与南朝江东方言，《语言学论丛》第 57 辑。

郑张尚芳　1985　浦城方言的南北区分，《方言》第 1 期。

郑张尚芳　1995a　赣、闽、粤语里古全浊声母今读浊音的方言，载《吴语和闽语的比较研究》（中国东南方言比较研究丛书第 1 辑），上海教育出版社。

郑张尚芳　1995b　浙西南方言的 tɕ 声母脱落现象，载《吴语和闽语的比较研究》（中国东南方言比较研究丛书第 1 辑），上海教育出版社。

郑张尚芳　2003　《上古音系》，上海教育出版社。

郑张尚芳　2012　浙江南部西部边境方言全浊声母的清化现象，《方言》第 4 期。

中国社会科学院、澳大利亚人文学院 1987　《中国语言地图集》，香港朗文出版（远东）有限公司。

周长楫　1981　中古全浊声母在厦门话里的读法再证，《厦门大学学报》（哲学社会科学版）第 4 期。

周长楫　1991　浊音清化溯源及相关问题，《中国语文》第 4 期。

周赛红　2007　中古全浊声母在湘方言历史文献中的表现，《语文学刊》（高教版）第 5 期。

周先义　1994　湖南道县（小甲）土话同音字汇，《方言》第 3 期。

周祖谟　1943　宋代汴洛语音考，《辅仁学志》12。又载《问学集》下，中华书局 1966。

朱晓农　2003　从群母论浊声和摩擦——实验音韵学在汉语音韵学中的实验，《语言研究》第 2 期。

朱晓农　2006　试论清浊音变圈——兼论吴、闽语内爆音不出于侗台底层，《民族语文》第 3 期。

朱晓农　2010a　全浊弛声论——兼论全浊清化（消弛）低送高不送，《语言研究》第 3 期。

朱晓农　2010b　《语音学》，商务印书馆。

朱晓农　2011　语言语音学和音法学：理论新框架，《语言研究》第 1 期。

朱晓农、寸　熙　2007　清浊音变圈：自然音变与泛时层次，载丁邦新主编《历史层次与方言研究》，上海教育出版社。

庄初升　2004a　中古全浊声母闽方言今读研究述评，《语文研究》第 3 期。

庄初升　2004b　《粤北土话音韵比较研究》，中国社会科学出版社。

邹晓玲、朱晓农　2017　清浊同调还是气声分调——在音节学和类型学普适理论中安排湘语白仓话的声调事实，《南方语言学》第 12 辑。

Bauer, L. 1988. What is lenition, *Journal of Linguistics*. Vol. 24. No. 2: 381-392.

Campbell Lyle 2008. *Historical Linguistics: An Introducçion*, 2nd Edition. Edingburgh University Press.

Cao, Jianfen and Ian M. 1992. An explration of phonation types in Wu dialects of Chinese. *Journal of Phonetics* 20: 77-92.

Ladefoged, P. and Keith Johnson 2011. *A Course in Phonetics* (sixth edition), Michael Rosenberg.

Ladefoged, P. and Ian Maddieson 1996. *The Sound of the world's Language*, Black Publishers Ltd.

Maddieson, I. 1984. *Patterns of Sounds*. Cambridge: Cambridge University Press.

Norman, J. 1974. The initails of Proto-Min. *Journal of Chinese Linguistics* 2.1: 27-36.

Ohala, J. J. 1983. The origin of sound patterns in vocal tract constraints. In: P. F. Mac Neilage (ed.), The production of speech. New York: Springer-Verlag. 189-216.

Ruhlen, M. A. 1975. *A Guide to the Language of the World*. Stanford University Press.

William, S-Y. 1969. Competing changss as a cause of residue, *Language* 45: 1.

致　　谢

  本书是在博士学位论文《汉语方言古全浊声母演变研究》的基础上修改、完善而成的。我首先要感谢博士生导师曹志耘教授和他主持的教育部"十五"规划项目"汉语方言地图集"，该项目930个地点方言实地调查的全浊声母语料，是本书写作的基础和语料来源。我还要感谢中国社会科学院创新工程学术出版资助项目，使书稿在电脑中"沉淀"十年之后，还有机会与大家见面。

  业师曹志耘教授以他的学识、眼界和创新精神无时无刻不在引导和激励着学生前行。博士还没入学，我们便开始接触"汉语方言地图集"中各类纷繁复杂的语料，不知不觉从单一母语的空间扩展到包罗万象、五彩缤纷的语言世界。曹老师"抓大"但绝不"放小"，博士就读期间，他亲自带领我们到美丽遥远的四川丹巴调查汉语方言和少数民族语言，亲身示范调查记录的每一个细节，包括国际音标符号的书写。十多年过去，我还清楚地记得当时我写的"[ç]"声母像个"6"字，曹老师给我纠正的情景。博士论文从开题到定稿，从行文格式到框架内容，更是无一不凝聚着曹老师的心血。如今毕业多年，在曹门求学的点点滴滴却愈加温暖而清晰，当年老师对自己的严格要求也终于转化为科研和工作上的养分，源源不断地给我输入能量。

  这些年来，曹老师一直不遗余力地为中国语言资源的保存、利用、开发而奔波，将全部精力投入到中国语言资源保护工程。正如冯骥才先生在《文化遗产日的意义》中提到的："不少文化界的知识分子离开书斋，奔往田野，为文化的存亡而贡献，在商品化的沙尘暴弥漫着中国人的精神天地之时，这些知识分子显现出一种难得的灵魂的纯净，一种舍我其谁的高贵的责任感。"曹老师这种高贵的责任感，对我们每一位学生都产生着潜移默化的影响。师母高丽老师，一直默默支持曹老师的各项工作，为老师免去许多后顾之忧，也一直关心着我们每一位学生的成长，令我们十分感动。

在本书出版之际，我要借此机会向博士论文指导委员会钱曾怡教授、侯精一教授、张振兴教授、张双庆教授、沈明教授、赵日新教授表示衷心的感谢。在博士论文开题和答辩时，各位先生给我提供了许多中肯的意见和建议，使我在写作时，思路更加清晰，行文更加规范、严谨。

博士论文从完成到出版的十年，对很多研究者来说，是自我钻研、"十年磨一剑"的十年，而我十分有幸地在不同领域得到众多师友的提携和帮助。2011年，我有幸跟着刘丹青教授从事博士后研究，一下从之前的全浊声母演变研究跨入汉语方言参考语法的研究。刘老师学识渊博、风趣幽默，对我的每一点想法和成绩总是大加鼓励，大大地激发了我研究的信心和勇气。刘老师精通语言学理论与汉语研究，曾调查研究过难度极大的皖南吴语，对我的研究提出过许多重要的见解。博士后出站后，我幸运地入职中国社会科学院语言研究所语音室，在李爱军教授、胡方教授和熊子瑜教授等的指导下，学习了较为系统的语音学理论和实践知识，同时也从实验语音学角度对吴湘语的全浊声母进行了一些专题研究。我还要特别感谢曹剑芬教授，曹老师对吴语浊音的性质进行了里程碑式的研究，她知道我的研究兴趣后，不仅经常给我提供相关参考书目，每次来所，还必与我讨论许久，对我鼓励有加。麦耘教授对全浊声母的研究有许多重要见解，与他的讨论总是给我重要的启发。正是有了这么多老师的无私帮助，使我的博士毕业论文在这十年中并没有束之高阁，无论学术兴趣怎么转移，全浊声母的研究相当于我的一块自留地，时不时可以种下点什么。

2017年年底，我又幸运地进入语言所方言研究室工作，在这里深刻感受到方言研究者严谨和务实的学风。麦耘教授、沈明教授、谢留文教授等对我的工作给予了具体指导，手把手地教导我杂志的审编校工作，使我再一次拓展了工作领域。沈明教授、谢留文教授对我博士论文的出版十分关心，亲自为我向中国社会科学院学术委员会和中国社会科学出版社推荐这本小书。本书责任编辑、中国社会科学出版社的张林老师对书稿做出了很多具体的修改，避免了诸多差错疏漏。方言研究室李琦老师和编务小王，为本书的编辑排版付出了很多心血，那些密密麻麻的音标符号和表格，就是最好的证明。

回顾自己的学术道路，我时时感慨自己何其"幸运"。我也深深地知道，之所以幸运之门时不时向我打开，都是因为得到了无数老师、长辈和亲友的关心爱护，在此也只能挂一漏万地表示感谢。最后我还想把"last but not least"的感谢送给我的家人。我的父母双亲，他们自己没有多少文化，却摒弃世俗的眼光，一路将我培养到博士。我的先生和儿子，给了我最温馨的家庭港湾，是我的精神支柱和力量源泉。

阳春三月，一切都是生机勃勃的景象，我也要趁着这大好的春光，尽情地在这天地间自由地呼吸，欢快地成长！

夏俐萍
2019年3月15日于北京蔚秀园